都市蔬菜产业与经济发展研究 2016

上海蔬菜经济研究会　编著

中国农业科学技术出版社

图书在版编目（CIP）数据

都市蔬菜产业与经济发展研究——2016／上海蔬菜经济研究会编著．—北京：中国农业科学技术出版社，2017.7

ISBN 978－7－5116－2988－3

Ⅰ.①都…　Ⅱ.①上…　Ⅲ.①城市－蔬菜产业－关系－经济发展－研究－中国　Ⅳ.①F326.13

中国版本图书馆 CIP 数据核字（2017）第 036824 号

责任编辑　徐　毅
责任校对　贾海霞

出 版 者　中国农业科学技术出版社
北京市中关村南大街 12 号　邮编：100081
电　　话　（010）82106631（编辑室）（010）82109702（发行部）
（010）82109709（读者服务部）
传　　真　（010）82106631
网　　址　http://www.castp.cn
经 销 者　各地新华书店
印 刷 者　北京富泰印刷有限责任公司
开　　本　720mm×1 000mm　1/16
印　　张　22
字　　数　360 千字
版　　次　2017 年 7 月第 1 版　2017 年 7 月第 1 次印刷
定　　价　55.00 元

版权所有・翻印必究

《都市蔬菜产业与经济发展研究——2016》

编 委 会

编委会主任：衣开端

编委会副主任：顾晓君

编　　委：朱为民　赵京音　王永芳　黄丹枫
魏　华　张瑞明　俞菊生

统稿与编排：俞菊生　贝和芬　陈建林　鲁　博
谈　平　董家田

目　　录

第一部分　征集专家论文

第二部分　研究会会刊论文精选（2015—2016）

第一部分

征集专家论文

推进蔬菜废弃物资源化利用 构建循环经济发展模式

李珍珍[1]　叶建平[1]　沈海斌[2]

(1. 上海市农业委员会蔬菜办公室，上海黄浦；
2. 上海市农业技术推广服务中心，上海闵行)

蔬菜废弃物的有效处理不仅关系到资源的再利用和环境安全，同时，与产业的可持续发展和社会主义新农村建设紧密相关。为防止蔬菜废弃物不合理利用造成的环境污染，应大力推进上海市蔬菜废弃物资源化利用，促进上海市蔬菜生产持续、健康发展，构建新型蔬菜循环经济模式。

1　蔬菜废弃物生产现状

1.1　现状

蔬菜废弃物是指由于蔬菜生产、加工等而产生的目标组织以外、没有被合理利用的部分。据统计，2014 年上海市常年菜田面积 54.9 万亩（15 亩 = $1hm^2$。全书同），播种面积 178 万亩次，蔬菜上市量 330 万 t，全市每年蔬菜废弃物总量达 244 万 t，每亩次蔬菜废弃物产生量 1.37t。从当前蔬菜经济利用实际和产生废弃物的形态，蔬菜废弃物主要有叶菜类、茎秆类、藤蔓类、水生类以及多年生蔬菜等。其中，青浦区 1.5 万亩茭白，废弃物达 12 万 t，每亩（1 亩≈$667m^2$。全书同）废弃物量 8t；崇明县 1 万亩芦笋，废弃物量约 10 万 t，每亩废弃物量 10t，较其他蔬菜种植区域集中，但废弃物量大得多。2014 年市郊蔬菜废弃物资源化利用量仅 29 万 t，占到废弃物总量的 11.6%，还有 38.4% 用于饲喂牲畜或直接还田，剩余 30% 则堆置田边、沟边待其自然腐烂，20% 直接晒干焚烧，对生态环境安全造成一定影响。

1.2　政策扶持

从 20 世纪 80 年代开始，国外陆续开始研究专门针对蔬菜废弃物的处理方法，主要包括好氧堆肥、厌氧消化法以及好氧、厌氧联合处理法，这些方法能生产出有机肥料和回收沼气能源。国内近年来对蔬菜废弃物处理多集中在堆肥研究上，各省市在积极推动蔬菜废弃物资源化利用，如北京市、贵州省等在循环利用方面进行了一些研究性、探索性的扶持，但目前各省市尚未对蔬菜废弃物资源化利用进行专项补贴。

上海市农委为促进蔬菜废弃物资源化利用，通过设施菜田建设、绿叶菜上市量考核奖励资金以及蔬菜标准园创建等政策支持，共投入2 800万元左右用于蔬菜废弃物处理设施设备基础性投入，结合第五轮3年环保行动计划要求，市郊菜区已建成50个蔬菜废弃物资源化利用点，进一步提高了蔬菜废弃物处理能力。在推进蔬菜废弃物资源化循环利用过程中，各区县根据建设规模和内容补贴各有不同，宝山区利用考核奖励资金对区内14个园艺场蔬菜废弃物处理给以8万元的建设补贴，松江区对建设的8个蔬菜废弃物堆肥处理给以25万~35万元补贴不等，金山区利用设施菜田建设项目建设9个沼气发酵工程，一次性补贴在30万元左右，奉贤区、崇明县等区县也有一定的补贴政策。

2 蔬菜废弃物资源化利用技术模式

结合国内外研究成果及上海蔬菜生产基地调研实际，目前本市蔬菜废弃物资源化利用主要有4种模式：一是蔬菜废弃物肥料化利用模式；二是蔬菜废弃物能源化利用模式；三是蔬菜废弃物饲料化利用模式；四是蔬菜生产单位联合有机肥厂制肥模式。

2.1 蔬菜废弃物肥料化利用

肥料化利用是借助专门的设施设备将蔬菜废弃物进行粉碎、堆置、发酵，将“废料”变“肥料”，循环利用。添加畜禽粪便充分腐熟后生产的有机肥经专业检测部门认定可达到商品有机肥标准要求。当前通过政策引导，技术人员负责，对有条件的园艺场或蔬菜生产企业搭建棚架、硬化地面、购置设施机械等进行补贴，在沤堆制肥上不断探索，积极示范推广。松江区补贴建设8个园艺场进行肥料化利用，宝山区14个园艺场建设了简易的堆肥设施，奉贤区4家园艺场开展堆肥利用，该模式在全市其他区县园艺场或合作社也均有应用。

2.2 蔬菜废弃物能源化利用

通过沼气发酵工程，生产沼气能源，及沼渣、沼液等生态肥料，沼气可用于基地食堂烧饭和发电加工饲料，沼液作为液肥用于蔬菜生产，沼渣可用于底肥，是迟效速效兼备的无公害肥料。目前，金山区已建成蔬菜废弃物资源化利用处理点8处，与沤堆还田技术类似，要求处理前将蔬菜废弃物进行简单的碎化及晾干处理后，人工均匀投放入池内。根据不同蔬菜废弃物，添加促进有机物料腐熟发酵的菌剂，及相应的玉米秸秆、人畜粪便等，同时，要加入足够数量的沼气接种物，没有沼气细菌的作用，池内有机物就不会转变成沼气。

2.3　蔬菜废弃物饲料化利用

崇明县港沿蔬菜公司利用芦笋秸秆开发生物营养饲料，运用仿生学原理，将芦笋茎秸进行深度生化加工，改变其物理化学性质，将茎秸转化为消化吸收率高、营养好、吃口软香的饲料，用以满足不同动物及不同生长阶段的营养需求，目前主要在崇明白山羊饲喂方面进行研究试验。

2.4　蔬菜生产单位联合有机肥厂制肥

联合制肥技术主要是针对不具备废弃物处置能力的蔬菜园艺场及合作社，但具有靠近肥料厂的区位优势，将其产生的蔬菜废弃物运送至有机肥厂统一加工处理的模式。目前，青浦区茭白废弃物主要依托上海练科生物有机肥公司加工生产有机肥，青浦区茭白有其特殊性，废弃物量大，但生产区域集中，适度规模化种植便于茎叶废弃物收集和回收处理，针对这一特点，青浦区茭白处理与有机肥合作的模式极大地解决了青浦区茭白废弃物有效利用的问题，适宜进一步推广应用。

3　取得成效

上海市通过50个蔬菜废弃物资源化利用点建设，对发展资源节约型、环境友好型农业发挥了积极的作用。一是生态环境得到改善。极大地解决了基地内蔬菜废弃物对环境的污染，对规模化基地周边河道和地下水起到了保护作用，优化了菜田生态环境，将蔬菜废弃物作为农业生产的重要资源加以充分利用，推进了生态文明建设。二是土壤状况不断改良。蔬菜废弃物资源化利用点自制有机肥回施到菜地，起到了改善土壤理化性状，培肥地力的作用，部分规模化基地自制有机肥能够做到自给自足，平均每亩施用2t以上，基本无需采购商品有机肥，平均亩减化肥使用量30%左右，降低了化肥的使用成本。三是病虫为害有所减轻。摒弃了原有的随意堆置任其腐烂的原始处理方式，蔬菜废弃物资源化利用点区域范围内有效地减少了害虫、病原菌栖息地，防止了病虫害的发生和蔓延，减少了农药的使用。

4　蔬菜废弃物资源化利用存在问题

4.1　重视程度不够

虽然政府出台了诸多政策用于发展蔬菜生产，但在蔬菜废弃物处理及综合利用上，缺乏相关的政策支持，与粮食、畜牧政策相比，明显存在政策缺位、严重滞后的局面。而合作社和菜农更注重蔬菜生产效益，对蔬菜废弃物资源化利用缺乏必要的思想认识，重视程度不够，并未充分认识到蔬菜废弃物作为资源应有的经济价值和社会效益，同时，对于焚烧和随意堆置造成的环境危害认识不足，缺乏实施蔬菜废弃物资源化利用的动力。

4.2　处理成本偏高

肥料化利用亩均成本达 630 元/亩，而农民采购商品有机肥除去政府补贴，自己只需支付 200 ~ 300 元/t，远低于自己生产的成本，而沼气发酵运营维护费每年达 7 万多元，蔬菜废弃物资源化利用，一方面提高了生产成本投入；另一方面加大了人力物力资源投入，加重合作社和菜农的负担，同时，蔬菜比较效益低，不利于资源化利用在蔬菜废弃物上的应用。

4.3　技术难度较大

目前，郊区虽有部分基地在进行了小范围的尝试，但大多数区县及园艺场还处于起步和观望状态，总体上缺乏适应蔬菜废弃物的专项处理技术。由于规模化基地场条件差异，蔬菜废弃物种类不同，操作人员技术水平的不同，操作存在一定难度，特别是机械设备的操控。肥料化利用和能源化利用均需按照相应的操作规程，并且定期清理，需要技术人员负责。沼气工程发酵存在一定难度，部分合作社沼气池酸化严重，不能有效出料，并且定期需做专业清理，对制成的沼液、沼渣难以充分利用。

4.4　配套设备不足

蔬菜废弃物循环利用技术中对于配套机械的使用方面还在探寻更合适的设施，特别是粉碎、翻堆机械，工作效率不高。同时，现有的设备未得到及时保养和维护，导致不能得到正常的运作，影响堆置肥料的进程。

5　蔬菜废弃物资源化利用政策建议

蔬菜废弃物的处理，已成为生产管理部门、技术部门和农户颇感头痛、无奈的生产实际问题，也成为农业清洁化生产的一大难题。蔬菜废弃物的循环利用，对于缓解资源不足，减少环境污染，提高农业的综合效益，具有重要的意义。

5.1　加强宣传引导，统一思想认识

蔬菜废弃物资源化利用是认真贯彻落实《上海市 2015—2017 年国家现代农业示范区建设三年行动计划》关于着力加强农业生态环境保护建设，发展资源节约型、环境友好型农业，努力提升农业可持续发展水平文件要求

的重要举措，也是相应国家美丽乡村建设的重要内容，更是广大蔬菜生产企业的现实要求，为此，应形成政府部门、技术部门及生产企业等各方合力，加大蔬菜废弃物资源化利用的宣传教育力度，加大对企业、园艺场、蔬菜种植散户的宣传培训，使循环农业、生态农业的发展理念深入人心，从根本上改变农户对传统处理废弃物的认识。

5.2　建立专项资金，加大政策倾斜

设立专项资金用于鼓励和扶持规模化园艺场开展蔬菜废弃物资源化利用，相关职能部门要提高认识，加强领导，明确部门职责，扩大宣传覆盖面，提高政策的知晓度，规范操作流程，动员有条件的园艺场和生产企业将蔬菜废弃物充分利用起来。加大对已建成的50个蔬菜废弃物资源化利用点的扶持力度，对青浦区茭白和崇明县芦笋废弃物资源化利用点进行重点扶持。同时，本着成熟一家发展一家的原则，逐步扩大蔬菜废弃物资源化利用实施范围。有条件的地区，应结合当地蔬菜产业实际，争取相应的配套政策，加快开展此项工作。

5.3　注重技术攻关，加紧配套应用

组织力量开展技术研发、技术集成，加大机械设备开发力度，把新技术、新工艺的研究放在突出位置，依靠现代生物技术、信息技术和工程技术，提升产品的技术含量。涉及资源化利用过程中相关辅料的研究，如发酵工程中微生物的筛选和合适生物菌剂的培育以及相关农业机械装备的购置应用，如秸秆还田机、秸秆粉碎装置等的配套完善，不断推进科技创新，提高废弃物利用机械化水平。尽快形成与蔬菜废弃物综合利用技术相衔接、与农业技术发展相适宜、与农业产业经营相结合、与农业装备相配套的技术体系。形成适合于规模化生产基地的有效的蔬菜废弃物资源化利用技术模式，在郊区基地上进行推广应用。

上海市建立蔬菜调控目录制度的思路与基本框架

李　强
（上海交通大学农业与生物学院，上海闵行）

摘　要　蔬菜调控目录制度是通过筛选部分蔬菜品种，实施相应的配套政策，以确保这些品种的稳定供给，从而达到对整个蔬菜市场的有效调控。本文在探讨上海市建立蔬菜调控目录制度的必要性与可行性的基础上，对上海市蔬菜调控的目标、品种、价格范围和手段等目录制度的基本内容和框架进行了探讨。

关键词　蔬菜调控目录制度　价格调控　市场预警

1　上海市建立蔬菜调控目录制度的必要性与可行性

蔬菜调控目录制度是通过筛选部分蔬菜品种，实施相应的配套政策，以确保这些品种的稳定供给，从而达到对整个蔬菜市场的有效调控。上海是一个拥有2 400多万人口的超大型城市，日均消费蔬菜约1.5万t，但上海耕地面积只有1 900km^2，人均耕地面积仅为0.12亩（1亩=667m^2，下同），不足全国人均水平的1/12，确保蔬菜供应与蔬菜价格的相对稳定是重大民生问题。

1.1　上海市建立蔬菜调控目录制度的必要性

1.1.1　蔬菜产销对时间空间匹配的要求非常严格

总体上讲，蔬菜都不耐储运，从而蔬菜价格形成的范围非常狭小，同一个时间不同市场价格都有很大的区别。表1显示，不同市场同一天的价格不一样，2015年6月20日上海市3个不同的一级批发市场的青菜的平均价格最高和最低相差1.65元，最高平均价是最低平均价的1.85倍。即使是同一个市场同一天不同时段的价格也不一样，2015年6月20日当天，上海农产品中心批发市场青菜的最高价和最低价相差1.2元，与均价比上下波动幅度为20%；上海西郊国际农产品交易中心的最高价是最低价的接近2倍。表2显示，同一天不同地点的田头市场价格差距也非常大，2015年6月19日，上海田头市场青菜价格最低的是金山区亭林镇油车村，每千克1.6元，最高的是浦东新区大洪园艺场，每千克4.7元，是最低价的接近3倍，即使在同一个区，浦东新区大洪园艺场4.7元每千克的价格是浦东新区环东基地2.0元每千克的2.35倍。这种巨大的价格差，除了有质量差异的原因外，更主要的是由同一时点的供求对比状况决定的，对市场的合理引导和调控，可以缩小这种差距。

表1 上海一级批发市场青菜交易情况（2015.6.20）

（单位：元/kg，t）

交易市场	最低价	平均价	最高价	交易量
上海农产品中心批发市场	3.0	3.6	4.2	27.0
上海江杨农产品批发市场	2.8	3.5	4.5	114.0
上海西郊国际农产品交易中心	1.6	1.95	3.0	27.4

表2 上海田头市场青菜交易情况（2015.6.19）

田头市场	价格（元/kg）
闵行区浦江镇永丰村	2.4
宝山区罗店镇蔡家弄村	2.0
奉贤区奉城镇北宋村	2.5
松江区泖港镇黄桥基地	1.8
松江区叶榭镇兴达村	2.3
金山区亭林镇油车村	1.6
青浦区重固镇新丰村	3.6
青浦区淀盛蔬菜合作社	2.2
浦东新区大洪园艺场	4.7
浦东新区爽快合作社	2.6
浦东新区环东基地	2.0
崇明县上海绿瑞蔬果专业合作社	1.8
崇明净达蔬菜专业合作社	2.0

1.1.2 蔬菜价格大幅下跌会严重损伤生产者的积极性

目前，上海蔬菜基本实现了适度规模和规模化经营，而且，未来的规模化经营程度会越来越高。在规模化经营情况下，价格的大幅下跌将会对生产者造成巨大损失，从而严重损伤生产者的积极性。以冬季青菜生产为例，亩产约为 1.5t，每千克成本约为 1 元，若价格为每千克 0.9 元，一亩的损失就达到 150 元，若下降 20%，每亩损失就达 300 元，一般一个规模种植户能种 10 亩，一茬（约 2 个月）青菜就损失 3 000元，实际情况是，若是没有合理引导和调控，价格下降 50% 甚至以上都很正常，如果这样，一茬青菜一个农户就损失 7 000元。如果根据利润率来算，由于进入门槛低，利润率达到 20%（即约为一年期银行存款利率的 7 倍），应该是非常不错了，但农产品价格下降 20% 也非常普遍，也就是说，如果没有合理的调控，农产品价格的下降非常容易的就把生产者赚的即使是暴利（例如，20%）的钱吞噬掉。所以，最近几年国内部分地区没有政策支持的蔬菜生产，其菜农的积极性有所下滑。

1.1.3 蔬菜价格大幅上涨会令消费者有非常明显的感受，也一定程度会影响消费者的生活质量

尽管随着人们的收入水平的上升，购买蔬菜的支出在总的消费支出的算不了什么，以 2014 年为例，上海城市居民人均消费支出约为 3 万元，其中，食物支出约为 1 万元（恩格尔系数 33%），蔬菜人均消费量约为 100kg，若按平均价 5 元/kg，一年人均蔬菜消费只有 500 元，为全部支出的 1.67%，食物支出的 5%，这是非常小的比例。即使蔬菜价格上涨 100%，达到 10 元/kg，一年也只是多支出 500 元，大约是一件质量稍微较好的衬衣的价格，但是为什么市民对蔬菜价格上涨很敏感呢？这就像目前上海市公交车的价格是每次 2 元，如果上涨 100%，到 4 元，即使每天上下班坐 2 次，一天多 4 元，一年多 1 500元左右，大概相当于请朋友到酒店吃一次饭，但民众肯定会抗议，甚至会走上街头。为什么人们对蔬菜、公交车涨价敏感，对衣服、酒店吃饭涨价不敏感，因为，蔬菜和公交车是必需品，是每天都在支付，每天都有感觉，衣服和请朋友吃饭不是每天都在发生的事，这就是群众的心理。实际情况是，由于人们在买蔬菜时，如果原本 1 元的，突然涨到 1.5 元，人们可能就会反弹，或许就会减少购买，从而影响生活质量。所以保持蔬菜价格在人们的心理接受范围是很重要的，这种范围是多少主要取决于人们的收入水平以及购买者的年龄阶段。收入水平越高，年龄约年轻，接受范围越大，收入高、工作繁忙的年轻人一般对价格波动没有感觉，甚至也记不住价格，昨天 1 元变为今天的 2 元，也没有感觉；收入低、相对比较清闲的中老年人对价格就很敏感，涨 1 毛钱也有感觉。

1.2 上海市建立蔬菜调控目录制度的可行性

1.2.1 调控的有效性

对一部分，甚至是总量中少部分的品种进行调控就能实现对蔬菜价格整体水平和价格波动有效调控的原因在于大多数蔬菜产品之间都具有不同程度的可替代性，如果能够筛选出对其他品种具有较强替代性的品种，并确保这些品种的价格水平相对较低且稳定，那么，其他品种的成本上升或短期供给变化，也不会带来价格的大幅上升和波动。

1.2.2 调控的科学性

减少行政干预，充分发挥市场机制的决定性作用是我国经济体制改革的大方向。调控品种越多，行政干预越深、行政成本越大；市场运行中人为因素越多，政策中出现顾此失彼的情况就越多。对少量关键品种进行考核和调控，一方面让更多品种由市场调节，确保市场机制能够发挥作用；另一方面又能保障市场的平稳运行，符合科学行政的要求。

1.2.3 调控的可靠性

可靠性是对政策实施能够实现政策目标的要求，对重点品种进行调控就能够实现政策的目标，是由市场机制的规律性决定的。只要品种选择科学，调控措施得当，根据市场供求规律，平抑物价、稳定市场等政策目标将能够可靠地实现。

2 上海市蔬菜调控目录制度建立的基本思路

2.1 调控的目标

建立蔬菜调控目录制度总的目标是保持市场的稳定，延伸下去，包括三大具体目标：第一，保持市场价格的基本稳定，市场的稳定首先表现为价格的基本稳定，也就是价格的波动幅度能够控制在一定范围。第二，保护消费者的消费利益，蔬菜是消费者的刚性需求，蔬菜价格上涨直接关系到消费者的利益，所以，基于消费者利益，价格上限是调控的主要着力点之一。第三，保护生产者的经济利益。生产者的经济利益决定了生产者的积极性，保护生产者的积极性是保障市场稳定的根本之策，价格下限是决定生产者经济利益的主要因素，从而也是调控的主要着力点之一。

2.2 调控思路探讨：以价格定产量还是以消费定产量

从根本来讲，要稳定市场，最终是依靠市场供给量的稳定，市场供给量稳定了，价格自然就稳定了，所以，只要供给量确定了，就可以通过各种措施来稳定这个供给量，确定合理供给量是建立调控制度的核心所在，但这个供给量应该是多少呢？确定合理供给量有2条路径。第一，基于价格和供给量之间的关系，通过确定合理价格范围来确定合理的供给量范围。第二，如果消费量有一个大致区间，就直接根据消费量范围来确定合理的供给量范围。

2.2.1 根据合理价格范围来确定合理的供给量范围

这个问题的分析需要分三步走。

第一，供给量与价格之间是否是存在一一对应的关系？在理论上讲，供给量上升，价格下跌，供给量下降，价格上涨，似乎供给量和价格之间有一一对应的关系。实际情况并非如此。①即使按照经济学理论来讲，一种商品的价格也取决于多种因素，包括本身的供给量、其他互补产品和替代产品的价格，同一个供给量，其他产品价格一变，该商品的价格也可能变，即使西红柿的供给量不变，只要茄子的价格变了，也会影响到西红柿的销售，从而影响到西红柿的价格。②根据上面提到的实际交易情况看，上海市青菜的批发价格同一天在不同的市场，同一个市场在不同时段的价格都不一样，少则相差20%~30%，多则差1~2倍。全市的供给量一天只有一个，价格却有很多，供给量如何与价格一一对应。

第二，是否存在合理价格范围？所谓合理价格范围，应该包括基准价格和波动范围两个因素。首先，是否存在合理的基准价格？是否合理应该同时考虑生产者和消费者的利益，从生产者角度考虑应该是成本加适当的利润率，实际情况是每一种蔬菜的成本由于生产者规模和设施的区别，单位成本有所差别，但大致可以根据主流的规模和设施来确定，利润率也大致可以确定，但可以肯定，生产者的基准价格很难是一个精确的数据；从消费者角度考虑，是否存在合理基准价格？这是非常困难的，消费者只能通过比较选择，不会存在绝对价格，对于消费者来说，青菜的合理价格，是1.5元，还是2元，或是3元，是不清楚的，我们只是知道如果质量相同，有1.5元的，消费者不会选择2元的。或者可以说，消费对价格波动敏感度超过基准价格。其次，是否存在合理波动范围，对于生产者来讲，只要低于成本价，生产者就会亏损，到底下降多少，生产者能承受，这与生产者的实力有关，而且肯定不能老是亏损，所以很难讲，到底波动下限是多少是合理的，很难精确，重要的是能够保证生产者在较短周期内能够获得适当的利润率，否则，就会离开这个行业。对于消费者来讲，到底上涨多少，关键看消费者的承受能力，也很难精确，重要的是不能一直涨，但正常的情况，价格上涨会引起生产的增长，一般不会长期上涨，除非成本不断上涨。所以，政策不能把波动范围定得过小，否则，经常性的触发市场干预，因此，需要根据经验确定，如果80%的时间在20%以内的幅度内波动，那么就应该认为20%的波动幅度是正常的。

第三，在实践中能否判断价格是否在合理范围？如果价格和供给量一一对应，价格波动的合理范围也能确定，剩下的问题就是能否很简单的判断价格是否在合理范围内，这其实也很复杂，原因同第一点，即使同一市场，不同时段的价格都不一样，而且往往相差的价格还比较大，到底采用哪一个价格，还是一件比较复杂的事。

为此，我们认为以合理价格范围来确定合理的产量范围，进而实施调控是存在很多实践障碍。

2.2.2 根据消费来确定合理的供给量范围

整体上讲，蔬菜属于生活必需品，一般不会出现价格高了就大幅减少购买，也不会出现价格低了就大量地购买，也就是人们对蔬菜的消费总量是有一个范围的，这个范围主要与人们的营养需求、消费习惯和收入水平有关，即在短期内是相对稳定的。但有一个问题，由于蔬菜相互之间具有一定的替代性，一般很少有一种蔬菜的消费量是固定的，但某一类蔬菜有可能是相对固定的，例如，在上海市居民的消费中，从重量上讲，绿叶菜基本上要占到蔬菜的1/4，但绿叶菜中的哪一种占多少，一般又不固定，几种菜相互之间具有替代性。这就给我们提供了一个非常好的确定供给量范围的方法，就是根据年人均消费量确定城市总消费量，然后根据城市总消费量来确定总供给量的合理范围，最后根据供给量的合理范围确定生产面积和均衡供应方法，这就是上海市20万亩常年绿叶菜菜地的确定来源。这样确定的供给量有三点好处。

第一，在总供给量和总消费量基本一致的情况下，通过合理引导生产和流通，价格应该是平稳的，即使有个别或局部的超高价或超低价，都不会引起市场的大幅波动，市场的力量能够引导总体平衡。

第二，消费者可能得到较平稳的价格，生产者可以获得非暴利，但基本适当的利润率，在竞争状况下，生产者可以获得成本+平均利润率。

第三，政府调控相对简单，只需根据消费量的长期趋势，适度增加供给量，即可保持市场稳定，而无须根据个别价格情况进行过度干预。

2.3 调控的工具

根据上面的分析，政府对蔬菜的调控，关键是保持生产规模的稳定，从而调控工具主要包括三大类：一类是生产条件的支持，从而保持面积的稳定；一类是生产成本支持，使菜农不亏损，确保菜农的积极性；另一类是应急措施，确保出现突发状况时，能保障市场的基本稳定。

3 上海市蔬菜调控目录制度的基本框架

根据上面分析的建立上海市蔬菜调控目录制度的基本思路，对上海市蔬菜调控目录制度的基本框架分析如下。

3.1 品种选择

调控品种选择的关键在有效性，包括两个有效性，一是能对所选择品种的市场进行有效调控，保证所选择品种的市场基本稳定；二是通过所选择品种的调控，实现对整个市场的有效调控。

首先，能够对选择品种进行有效调控，就是要确保选择品种的价格基本稳定，要实现价格基本稳定，政府只能通过调控供给量，不能直接限价或提价，也就是政府能够对市场供给量进行有效调控。地方政府调控本地市场供给量可以做 2 件事：一是调控本地生产规模，并确保这些生产出来的产品主要销往本地；二是从外地组织采购。但也有 2 件事是不能做的，一是人为阻止本地生产者销往外地；二是人为阻止外地生产者销往本地，这 2 件事是违反市场的。因此，地方政府真正能够做的，就只有 2 种情况，一是所调控的本地生产，生产出来的产品只能在本地卖，政府不用阻止，生产者也不能卖出去；二是通过相关补贴要求相关企业从外地采购。根据上海的具体情况，上海的绿叶菜一般不会卖到外地去，这是由绿叶菜的不耐储运特点决定的，也就是说，从生产角度，上海市只能调控绿叶菜，其他大宗蔬菜，如黄瓜、番茄、茄子等，即使上海扶持了一定的生产规模，当本地价格低于外地价格时，上海市不能阻止生产者将这些产品卖到外地去，所以根据总消费量确定的总生产量，根本无法保证最后都卖到上海市场；同样，当本地价格高于外地价格时，尤其是本地价格已经等于或低于成本价时，上海市也不能阻止外地产品卖到本地来，无法通过保持本地价格以保障农民利益。总之，只要属于大流通品种，上海市就很难通过调控本地生产来确保价格的稳定，只要是地产地销的产品，就可以通过调控本地生产来实现这些品种的市场稳定。就目前来看，一个品种的产量和销量主要都在上海市本地进行的就只有绿叶菜，所以上海市能够有效调控的就只有绿叶菜。

其次，通过所选择品种的调控，实现对整个市场的有效调控，这要求所选择品种在整个市场的重要性和基础性。这里有两层含义：一是选择品种以外的其他品种可以被选择品种所替代，或者说只要选择品种供应充分，能够满足消费者的需求，其他品种的依赖性不强，因供给量减少而引致的价格升高，会导致消费减少，从而价格不会升的太高；二是选择品种具有消费刚性，比较难以替代，其他品种容易找到替代产品，从而只要保障了所择产品的市场稳定，整个市场就容易稳定。绿叶菜在上海居民的消费中基本就属于后一种情况：绿叶菜属于上海市民的刚性需求，不容易被替代，除此以外的产品相互替代性强，因此，上海市只要调控好了绿叶菜，整个蔬菜市场相对就比较稳定。这就是上海市调控绿叶菜的第二个有效性。

绿叶菜在上海市蔬菜生产和消费中占有重要地位。首先，上海人素有吃绿叶菜的消费习惯。绿叶菜常年消费量为 158 万 t，占蔬菜总消费量的 25.5%，其中，青菜、鸡毛菜、米苋、生菜、杭白菜消费量分别占绿叶菜的 38%、7%、6%、15%和 16%，共计 82%。其次，绿叶菜具有地产地销的产销优势。绿叶菜易腐烂、难运输、难储存、难保鲜、生长快的特点，决定了绿叶菜地产地销是最好的生产和销售方式，上海市绿叶菜的自给率稳定在 90%左右；2014 年，地产绿叶菜上市量 158 万 t（其中，青菜、鸡毛菜约占 45%），占地产蔬菜上市量的 47.9%。绿叶菜价格的暴跌，将直接影响农民种菜经济效益，是事关上海市菜农收入的严重桎梏。再次，绿叶菜是上海蔬菜价格变动的晴雨表。一般来讲，绿叶菜价格上涨，蔬菜总体价格也呈上涨态势；绿叶菜价格下跌，蔬菜总体价格也呈下降态势。在一定程度上，只要保证了绿叶菜价格的合理波动，也就保证了整个蔬菜价格的相对稳定。

因此，结合上海市的调控经验，上海市蔬菜调控目录制度的选择品种就是青菜、鸡毛菜、米苋、生菜、杭白菜等五种绿叶蔬菜。在五大品种以外的地产绿叶菜，主要是草头、茼蒿、荠菜、雪菜等一些非刚性品种，不能多吃，也不能对其他绿叶菜进行有效替代，所以，调控意义不大。

3.2 价格合理波动范围

调控品种的合理波动范围包括波动上限和下限。

3.2.1 关于价格合理波动下限

价格下降主要损害生产者利益，影响生产者积极性。上海市的调控制度是通过生产规模的调控，实现供给量的基本稳定，从而实现市场价格的基本稳定，要保障生产者的利益，确保生产规模，就肯定不能让生产者发生亏损，因此，上海市将触发调控政策的价格下降下限定位为生产成本，具体工具就是成本价格保险。

上海市独特的地理位置，使得绿叶菜生产供应具有明显的“两淡”现象。首先，是“夏淡”。夏季天气炎热，高温不利于绿叶菜生长，导致产量下降，市场供应偏紧，价格升高。其次，是“冬淡”。冬季天气寒冷，低温使得绿叶菜生长放缓，导致供应减少，价格上涨。“两淡”问题是制约上海蔬菜市场价格合理波动的瓶颈；解决好“两淡”问题，上海绿叶菜生产供应就有了保障，价格相对稳定也能够实现。在“两淡”期间，规定的绿叶菜品种零售价格低于前3年“两淡”期间的零售价格平均值，将补偿生产者的成本价格差（零售价下降10%，就补偿成本价格的10%，依此类推）。保险品种为“夏淡”期间（6月16日至9月15日）的青菜、鸡毛菜、米苋、生菜、杭白菜，“冬淡”期间（2月16日至翌年3月15日）的青菜、杭白菜。投保对象为蔬菜生产龙头企业、专业合作社和种植大户以及2亩以上的绿叶菜种植散户。投保面积“夏淡”期间最高保险面积为13万亩次，“冬淡”期间最高面积为8万亩次。保险金额按照保险产量与单位生产成本乘积计算，保险基本费率为10%；市级财政给予50%保费补贴，各区县自行配套，投保人自缴保费比例应不低于10%（表3、表4）。

表3　2014年“夏淡”绿叶菜成本价格保险

“夏淡”保险品种	保险产量（kg/亩次）	生产成本（元/kg）	保险金额（元/亩次）	基本保费（元/亩次）
青菜	700	1.83	1 281	128.1
鸡毛菜	280	2.90	812	81.2
米苋	490	1.69	828.1	82.81
生菜	420	2.56	1 075.2	107.52
杭白菜	770	1.53	1 178.1	117.81

表4　2014年“冬淡”绿叶菜成本价格保险

“冬淡”保险品种	保险产量（kg/亩次）	生产成本（元/kg）	保险金额（元/亩次）	基本保费（元/亩次）
青菜	1 600	1.11	1 776	177.6
杭白菜	1 400	1.02	1 428	142.8

3.2.2　关于价格合理波动上限

价格上涨损害消费者利益，需要对价格上涨进行调控，一方面是顾及到消费者的承受能力和价格敏感性；另一方面也确实需要注意到市场供给量是否真的存在问题。上涨的上限以及不同上涨幅度采取不同调控措施的确定，一方面要考虑消费者的承受能力和敏感度；另一方面也要考虑市场供给问题的严重程度。考虑到蔬菜价格的实际波动状况和居民的价格波动敏感性，上海市将启动应急预案的上涨幅度定为20%以上。

尽管上海市蔬菜调控目录制度可以对现有调控政策进行明确和规范即可建立，但制度本身还有较大的完善空间。其中，最重要的就是探索通过目录调控引导集中连片生产。要确保城市蔬菜的安全稳定供给，必须建立稳定的蔬菜生产供给体系，而依据产业基础和资源优势建立蔬菜集中连片的标准化生产基地是建立稳定蔬菜生产供给体系的根本途径。集中连片标准化生产的基本特征是建立在规模化、组织化和信息化基础上的标准化。区域规模化可以使相关配套服务和设施具有规模效应；相对于庞大的需求市场，一个区域性基地内的生产经营者之间更多的是合作者，而不是竞争者，可以通过强化组织性（采购、技术、销售、品牌等协同）增强在整个市场的竞争能力；为了更好地协调和管控区域性基地，构建关于品种、规模、生产过程、销售等信息的信息化管控体系是非常必要的。在规模化、组织化和信息化的支撑下，标准化生产才是真正可靠的可持续的标准化生产。

上海市新型职业农民培育实践与探索

金 英 陈 云 曹 云

（上海市农业委员会社会发展协调处，上海黄浦）

摘 要 未来“谁来种地，如何种好地”的问题，已引起了各方关注。上海市从2013年开展新型职业农民培育的试点工作，到2014年全市整体推进，取得了一定的实践经验。面临“十三五”上海现代农业的发展目标，为进一步推进新型职业农民的培育工作，提出相关举措。

关键词 职业农民 教育培养 实践探索

近年来，我国农业劳动力结构性矛盾突出，农业后继乏人问题凸显，“谁来种地”引起各方关注。2012年，中央“1号文件”首次提出了“大力培育新型职业农民”。之后每年中央“1号文件”都提出了要大力培育新型职业农民的工作要求。2013年年底，习近平总书记在中央农村工作会议上，将“谁来种地”作为讲话的五个重要问题之一进行了深刻阐述。总书记指出，提高农民，就是提高农民素质，培养造就新型农民队伍。2014年全国“两会”上，培育新型职业农民写入了当年的政府工作报告。2016年4月，习近平总书记在安徽考察时指出，以吸引年轻人务农、培育职业农民为重点，加快构建职业农民队伍，形成一支高素质农业生产经营者队伍。2012年8月，农业部在全国正式启动新型职业农民培育试点，上海市开始了对新型职业农民培育工作的积极探索。

1 新型职业农民的诞生

1.1 新型职业农民概念的形成

早在2005年党的十六届五中全会就提出要培养有文化、懂技术、会经营的新型农民。2006年中央“1号文件”沿用了“新型农民”概念。2007年10月，新型农民的培养写进了“十七大”报告，并发生了从培养到培育的变化。明确要培育有文化、懂技术、会经营的新型农民，强调了新型农民要通过教育和培训去培，也要通过环境和扶持去育。2012年，中央“1号文件”聚焦农业科技，明确提出要大力培育新型职业农民。培育新型职业农民的概念正式出现在中央文件里。随后，农业部牵头开展专题调研，为全国开展新型职业农民培育实践提供了理论基础。

1.2 新型职业农民的定义

新型职业农民是具有一定的专业技能、收入主要来自农业的现代农业从业者。与传统农业相比，新型职业农民有不同的内涵特征。

1.3 新型职业农民的类型

1.3.1 生产经营型

指以农业为职业、占有一定的资源、具有一定的专业技能、有一定的资金投入能力、收入主要来自农业的农业劳动力，主要是专业大户、家庭农场主、农民合作社带头人等。

1.3.2 专业技能型

指在农民合作社、家庭农场、专业大户、农业企业等新型生产经营主体中较为稳定地从事农业劳动作业，并以此为主要收入来源，具有一定专业技能的农业劳动力，主要是农业工人、农业雇员等。

1.3.3 专业服务型

指在社会化服务组织中或个体直接从事农业产前、产中、产后服务，并以此为主要收入来源，具有相应服务能力的农业社会化服务人员，主要是农村信息员、农村经纪人、农机服务人员、统防统治植保员、村级动物防疫员等农业社会化服务人员。

2 国外经验借鉴

国内新型职业农民培育刚刚起步，总体上仍然处于探索阶段。国外发达国家的职业农民培养教育起步较早、体系成熟。梳理国外职业农民培养发展经验，对推进上海的培育工作有很好的借鉴作用。国外比较成熟的经验做法主要有以下方面。

2.1 有完善的培养体系

国外职业农民培养经过多年发展，培训体系已相当完善，形成初等、中等、高等3个互为补充的有机系统。

2.1.1 初等职业农民培训

主要是面向现有的农民，通过阶段性的培训课程、技术指导等方式，提高他们的知识和技术水平，改善农业经营管理能力。

2.1.2 中等职业农民培训

它是培养“农业后继者”的主要形式。主要是对没有接受过农业教育的新农民提供从事农业经营所需的基础知识培训，并根据专业特点将其培养为具有独立经营能力或具备某项专门农业技术的职业农民。

2.1.3 高等职业农民培训

它是培养创新型和专业型农业人才的重要手段，采用理论与实践教育相结合的方式，培养达到一定的专业水平的农业经营者、农业技术员及农业科研人员。高等院校和科研机构是高等职业农民培训的主体力量。

2.2 有充分的法律依据

世界许多国家在职业农民培养初期，都注重通过立法手段推进职业农民教育培训，规范培训市场，保障农民基本利益不受侵害。英国和德国长期保持重视职业教育立法的传统。1982 年，英国政府颁布了《农业培训局法》，1987 年进行大量修改和补充，强化了农民的职业教育与技能培训。

2.3 有健全的培育体制

北美、西欧及东亚发达国家已形成了“以政府为主导、以农业院校为主体、以社会培训机构为补充”的职业农民培训体制，实现行政、教学、科研、推广“四位一体”。国家负责制订农民培育规划，政府农业主管部门负责统一协调，其他部门密切配合，实现了未来农民的学校教育、有志从事农业的青壮年职前培训、在岗农民的继续教育等多种形式的有效衔接，构建了职业农民的终身教育体系。

2.4 有严格的准入制度

大多数西方发达国家的职业农民都建立了职业准入制度。英国农民职业证书分为农业职业培训证书和技术教育证书两类。法国农民培训职业资格证书有 4 种。加拿大推行“绿色证书”制度，不获取绿色证书不能成为职业农民，也不能继承或购买农场。德国职业农民准入制度更为严格，想成为一个合格的德国农民，要经过严格的实践劳动锻炼和理论学习过程。

3 主要做法

近年来，上海市委、市政府高度重视新型职业农民培育工作。2015 年、2016 年连续 2 年将其写入了市政府工作报告。2015 年，市政府出台相关文件，都对新型职业农民培育作出了明确的部署。2016 年，市委、市政府又将新型职业农民培育列入重点工作，纳入城乡发展一体化工作目标管理，加大推进力度。上海从教育培训、认定管理和政策扶持等多个方面进行了积极的探索。

3.1 加强培育制度建设

3.1.1 市级层面，加强顶层设计

2014年，根据农业部的要求，结合浦东、崇明试点情况，制定了《关于上海市新型职业农民培育试点工作的实施意见》，为培育工作明确了目标任务。基本建立起教育培训、认定管理和政策扶持“三位一体”的培育格局。2015年，制定了《上海市新型职业农民认定管理办法（试行）》，对全市认定工作进行规范，明确由区县农委负责新型职业农民的培训认定工作，对申报条件、教育培训实施、属地化认定管理及政策扶持作了明确的规定。

3.1.2 区县层面，完善推进机制

根据《上海市新型职业农民认定管理办法（试行）》，各区县积极探索，9个涉农区县均建立了工作推进机制，成立了区县新型职业农民工作领导小组，先后出台了本区域新型职业农民培育工作的实施方案以及认定管理办法，细化了认定程序、承办机构、相关责任以及建立动态管理机制等规定。

3.2 精准开展教育培训

3.2.1 定向遴选培育对象

各区县开展农业从业人员基础情况调研，建立从业人员信息档案，并制定了遴选标准，让真正从事农业生产、迫切需要提升培训的农民作为培育对象，按照个人申请、基层推荐、部门审核等流程严格把好入口关。培育对象重点聚焦家庭农场主、农民合作社带头人和农业龙头企业管理人员等。

3.2.2 科学制订计划方案

围绕认定前培训和继续教育培训两大内容，区县制定年度培训工作方案以及每期培训班方案，保证教育培训工作规范化、制度化的开展。各区县还结合实际，不断丰富培训计划内容。如松江区结合家庭农场“机农一体”的特点，制定了不同于以往农机专业化培训的计划，采取初次培训和上岗前培训两次培训，强化下田农机复训，提高培训的实战性。

3.2.3 创新教育培训模式

通过开展职业技能竞赛、创业演讲大赛等形式，活跃培训形式，提升培训效果。一是开展职业技能竞赛。2013年起，市农委每年分种植、蔬菜、畜牧、水产和农机等行业组织开展全市职业技能竞赛。二是开展创业演讲大赛。通过讲述新型职业农民的创业经历，激发有志青年投身现代农业发展。三是实施青年农场主计划。启动了上海现代青年农场主培育计划。经过培育，创业创新活力得到激发，在开拓市场、持续发展产业等方面的能力得到

显著提升。

3.3 不断提升培训能力

3.3.1 强化师资队伍建设

成立市级“讲师团”，建立新型职业农民培育市级师资库。多渠道提升师资队伍素质，提高教学能力和水平。突出教学方法、手段等重点，加强师资培训，提高教学质量。

3.3.2 加强培训教学资源标准化建设

为新型职业农民培育确定了33家市级教学实训示范基地，对符合一定条件、示范引领作用强的农民专业合作社、农业企业等赋予“田间课堂”的功能，提高实训成效。

3.4 规范组织认定管理

全市在农业从业人员自愿提出的基础上，按照公开、公平、公正的原则，探索推进新型职业农民认定工作。

3.4.1 严格申报条件

市、区县认定办法对申请条件作了严格规定，包括申请人员的年龄、文化程度、从事农业生产年限、经营规模、收入来源以及经营理念、技术能力、社会诚信，等等。对生产经营型、专业技能型、专业服务型新型职业农民的特征及主要来源人员作了详细界定，提高了认定的操作性。

3.4.2 落实属地管理

新型职业农民认定遵循农民自愿、政府主导、严格标准、公平公开、动态管理的原则，认定工作实行属地化管理，由各个区县政府负责实施。区县农业行政主管部门负责审核认定具体工作。

3.4.3 规范认定流程

由从业者提出申请，经所在村委会、镇农业主管部门核实推荐，由区县农委（认定工作领导小组）审核，审核合格者信息进行公示，公示无异议者被认定为新型职业农民。区县农委颁发新型职业农民证书，同时将相关信息上传到信息平台备案。区县进行复审，根据复审结果确定证书的延续或失效。

4 工作目标

“十三五”期间，按照率先实现现代化的都市农业发展目标，对标国际，积极探索，建立完善教育培训、认定管理和政策服务“三位一体”、生产经营型、专业技能型以及社会服务型“三类协同”、初中高“三级贯通”

的培训体系，进一步精准开展培训，规范衔接认定工作，强化工作监督管理。促进新型职业农民培育和学历教育、职称评定等衔接，进一步提高农民职业化水平。

到 2020 年全市培养 2 万名新型职业农民，农业从业人员持证比例达到 70%。加快培育以本土化为主的有文化、懂技术、善经营、会管理、能担当的新型职业农民队伍。

5　主要举措

面向“十三五”，上海新型职业农民培育工作要对照国际先进做法，破解瓶颈制约，夯实薄弱环节，争取在新的起点上取得新的进展。主要采取以下举措。

5.1　加强统筹协调管理

5.1.1　巩固完善顶层设计

进一步完善全市新型职业农民培育工作的顶层设计，从培育目标、培育途径、认证管理、扶持政策等方面进行系统规划，建立健全完善的教育培训、认定管理与政策扶持“三位一体”的制度体系。修订和完善现有的相关制度，探索制订培训机构、实训基地等相关准入条件。完善市、区县、乡镇工作机制，重点强化区县政府主体责任，完善区县领导小组工作机制。提升全市新型职业农民培育管理队伍建设。

5.1.2　构建教育培养体系

充分发挥市级现代农业技术培训基地的作用，整合资源，开展联合教育培养。市农民科技教育培训中心要发挥新型职业农民教育培训的主阵地、主渠道作用，联合各级农业技术推广部门、农业科研院所、中高等农业职业院校、农业龙头企业、农民合作社等广泛参与。定期开展调研、督导等日常培训管理业务。在农民合作社、农业企业、农业园区建立现场教学和实训基地。

5.2　强化精准教育培训

5.2.1　科学设置培训方案

围绕认定前后两个阶段设置全程培训计划。针对不同的新型职业农民，设置课程重点。一是对于生产经营型，主要是提高他们的生产管理水平、经营能力、驾驭市场风险能力，增强农产品安全生产意识、诚信经营法制意识和环境保护意识。二是对于专业技能型和专业服务型，主要是提高他们的专业知识水平，掌握先进实用的专业技术和实际操作技能，牢固树立农产品安全生产意识。三是根据学员的文化、年龄、产业机构、经营规模以及家庭结构，量身定制教学计划。做到“个性的培训计划、标准的培训服务”，切实提高培训质量。

5.2.2 创新培训培育模式

一是强化实践教育培训。依托市、区县各级教学实训基地，开发拓展田间学校功能，逐步提高实践教学比重。二是强化典型示范。通过开展行业技能大赛、创业演讲大赛等形式，展示新型职业农民风采。三是通过各方面典型宣传，强化交流学习，提高教育培训的质量，取得更好的效果。

5.2.3 探索实施分级培育

目前，各区县还处于试点阶段，新型职业农民认定还没有做到初、中、高“三级贯通”。今后，要界定不同等级的界限，从培育方式、过程等加以区分。

5.3 提升建设培育能力

5.3.1 加强师资队伍建设

加强对农民培育市级师资库的动态管理，及时遴选新的优秀师资入库。开展教学方式方法创新研究，注重实践教学；对于农业企业高管、科研院所专家等兼职教师，尝试与所在培训单位签订合作协议，发挥其更大作用。

5.3.2 加强教材资源建设

教材资源库的建设和管理是新型职业农民培育工作的重要组成部分。要编写出版一批适应本土新型职业农民培育需要的教材，构建特色鲜明、内容全面、形式多样、务实管用的新型职业农民培育规划教材体系，充实教材资源库。

5.4 强化认定管理工作

5.4.1 完善认定管理办法

围绕“十三五”新型职业农民培育目标，推动培训和认定工作同步提升，切实提高培育成效。完善已出台的认定管理办法，对专业服务型、专业技能型的认定也要作相关要求。参照农机化服务人员参加新型职业农民认定的做法，研究制定种植、畜牧、水产等行业相关人员参加新型职业农民认定的操作办法，规范有序的开展各类人员的新型职业农民认定。

5.4.2 规范认定管理程序

区县要根据试点情况，完善本地区的实施方案和认定细则。坚持按照自愿申报、镇村审核、区县审核、市级备案的程序，规范开展认定工作。加大公开力度，在村、镇、区三级公示，接受社会监督。及时将相关信息录入全市新型职业农民信息管理平台，方便动态管理和监督。区县对新型职业农民及时进行复审，实行退出机制。

6 保障措施

6.1 加强组织领导

新型职业农民培育是一项基础性、长远性、系统性的工作，培育周期长、见效慢。围绕“十三五”目标，要加快建立和完善教育培训、认定管理和政策扶持“三位一体”的新型职业农民培育体系。区县、乡镇要层层分解培育的目标任务。建议市、区县各级部门要进一步重视新型职业培育工作，以百年树人的战略视角，把这项工作摆在重要位置。

6.2 加大政策扶持

新型职业农民刚刚兴起，还在成长中，实力普遍不强，生产发展、就业创业还面临许多困难和问题，迫切需要强化政策扶持，以扶持促认定、以认定促培育。建议国家和市级层面加快研究对新型职业农民的系统扶持政策，整合各方资源，加强部门联动，加大政策支持。推进支农政策向新型职业农民倾斜，帮助新型职业农民解决贷款难、生产辅助设施用地难等问题。在打通农民合作社等集体参加职保（职工养老保险）通道的基础上，积极引导区县加快出台社保缴费补贴政策，提高职业农民参保的积极性，努力化解新型职业农民后顾之忧。

6.3 提高职业荣誉感

真正要让农民成为一份体面的职业，要提高新型职业农业农民的职业荣誉感。建议市政府出台相关文件，建立新型职业农民激励表彰制度，将新型职业农民优秀代表纳入上海市劳动模范、先进工作者候选对象，择优评选，充分体现市劳模的先进性和时代性。同时，加大对先进典型的宣传，在全市形成“尊重职业农民，争当职业农民”的良好氛围。

蔬菜园艺场可持续生产模式的探索与建议

杨华丽[1]　崔轶雄[1,2]　黄丹枫[2]

(1. 上海城市产销专业合作社，上海闵行；
2. 上海交通大学农业与生物学院，上海闵行)

摘　要　在浦江现代农情园标准化蔬菜园艺场施行农业生态园生产模式，采取种养结合、废弃物综合循环利用等措施，建立以保护和改善生态环境为前提，提高经济效益为指标的新型农业发展模式，为标准化蔬菜园艺场可持续生产提供理论依据和技术指导。

关键词　蔬菜园艺场　种养结合　废弃物利用　可持续　生产模式

生态农业在食品安全及土地可持续利用等方面将发挥着重要和不可替代的作用，因此，发展生态农业是符合我国国情的农业发展趋势。而生态农业技术是一种追求生态效益、社会效益和经济效益最优化的农业可持续发展技术。从可持续发展的要求来看，发展和保护始终中国农业生产面临的一对基本矛盾。近十几年来，中国农业生产力实现了高速增长，但这种高速增长在相当程度上是以牺牲生态环境为代价的，其结果是资源和环境承受的压力越来越大，甚至不堪重负。适合于中国国情而得到迅速发展与应用本文所介绍的农业生态园生产模式，这是一种依据循环经济理论和工业生态学原理建立的新型组织形态，模拟自然生态系统“生产者－消费者－分解者”的循环途径，实现物质闭路循环和梯级利用。通过应用防虫网、杀虫灯、性引诱剂、黄板等绿色措施进行蔬菜病虫害防控，有效控制蔬菜病虫害的发生、减少蔬菜病虫害防治用药量；沼气、沼液和沼渣综合利用的形式、内容与13俱增，在发展生态农业，实现农业生产无害化方面发挥着不可低估的作用。发展以沼气为核心的生态农业，节本、提质、增效、环保、抗病虫，对农民增收、农业增产具有十分重要的作用；开展种养结合项目，构建“蔬菜种植、畜禽养殖、资源回收与能源再生”三位一体系统，利用猪粪尿肥田，增产蔬菜，利用蔬菜废弃物发展养殖业，这样的种养结合，相互依赖、相互促进的模式把人、土地、动植物和农场视为一个相互关联的整体，把农业生产系统中的各种有机废弃物重新投入到农业生产系统内，从而实现物质循环利用的综合农业系统，使得生态系统内各部分（生物、环境、人）的结构和功能处于相互适应与协调的动态平衡。本论文就是将养殖业、种植业和沼气有机的组合在一起，通过各单元的合理布置和匹配，实现节约生产成本，废弃物再利用，保护环境，提高产品品质的目的。

1 浦江现代农情园的可持续生产模式

1.1 可持续生产模式的主要内容

浦江现代农情园的可持续生产模式的主要内容包括：①蔬菜绿色种植、农残检测、肉禽轮地休养等相关技术培训；②浦江现代农情园示范基地采用病虫害绿色防控措施；③ 种养结合生产方式提高标准化蔬菜园艺场废弃物利用率；④在浦江现代农情园建立 500 亩“菜 – 禽 – 肥”的现代农情园，调整作物茬口结构，提升经济效益；构建“蔬菜种植、畜禽养殖、资源回收与能源再生”三位一体系统，建立标准化蔬菜园艺场可持续生产模式示范与集成的示范基地。

1.2 本论文课题任务执行情况概述

该项目自 2009 年 7 月实施以来，上海城市食品配送有限公司遵循该课题任务书的要求，积极投入项目实施工作，已经完成项目所规定的目标任务，取得较好经济和社会效益，主要做了以下几项工作。

1.2.1 完成课题前期准备，包括课题设计和人员分工

研究了“三位一体”种养结合模式的建立与运作管理技术，主要包括蔬菜绿色种植、肉禽轮地休养、废弃物分类处理等技术以及种养结合系统模式的组建运作等。对蔬菜绿色种植、农残检测、肉禽轮地休养等相关技术培训 5 次，累计 100 人次。

1.2.2 完善园艺场基础设施

6m 大棚改建成为 8m 的大棚；增加了养殖设施；增加了内外遮阳设施；完成了对沼气池区域的建设。

1.2.3 蔬菜绿色种植技术即绿色防控、超低农药残留蔬菜生产技术应用示范

通过合理安排周年种养茬口与蔬菜品种结构优化改善土壤结构，降低蔬菜连茬指数；综合应用防虫网、杀虫灯、性引诱剂、黄板等绿色措施进行蔬

菜病虫害防控，实现示范基地全覆盖应用，有效控制蔬菜病虫害的发生、减少蔬菜病虫害防治用药量，在改善园艺场空气、水质、土壤的同时，节约了生产成本。

1.2.4 肉禽轮地休养技术应用示范

（1）根据肉禽饲料类型需求特点与养殖技术要求，结合园艺场产生蔬菜废弃物种类与数量、肉禽销售情况、动物疫病的控制，研究确定肉禽养殖的种类和规模，有计划开展鹅与鸡两种肉禽的养殖研究。

（2）根据蔬菜园艺场的土地资源情况以及相关政策规定，开展肉禽轮地休养技术研究，采用砻糠或木屑等垫料，轮换式利用空茬管棚进行肉禽的养殖，每批出售后调换养殖区域，对囤积的有机肥加以回收利用，调换区域可使原来的饲养地存在的动物病原体自然净化，确保养殖安全，同时，对土壤的有机物累积不至于过剩而影响种植。

（3）根据不同苗龄研究喂料中相应的饲料和青料投放比例，通过补饲青料，延长养殖周期 2 ~ 3 个月，提高肉禽品质。

1.2.5 废弃物分类处理技术应用示范

对于不同质地类型的蔬菜废弃物，研究合适的处理方法，将其作为饲料、垫料或者有机肥的原料；根据不可饲用的蔬菜废弃物和畜、禽粪便的储量，研究合适的腐熟方式以及相应的腐熟技术；通过堆制腐熟与沼气池发酵腐熟相结合的方式回收利用废弃资源，以有机肥的形式还田，减少环境污染、节约肥料成本的同时，有效地改善园艺场土壤。

1.2.6 种养结合模式系统的组建与运作

建立“菜—鹅—肥、菜—鸡—肥、菜—羊—肥、猪—沼—菜”4 种种养结合模式系统，根据园艺场生产实际情况，进行种养示范；研究有机肥堆制腐熟与沼气池发酵腐熟以及地下发酵腐熟与地面堆制腐熟的合理布局，提高场地的利用率和工作效率；研究利用沼气开发电能制冰，满足蔬菜保鲜需要。

1.2.7 废弃物生产沼气的开发应用

利用不同的蔬菜废弃物，进行沼气开发应用，电能转化应用等技术，并取得一定的效果。利用示范园艺场中的猪粪尿和部分蔬菜废弃物在沼气池中产生的沼气可以作为农场部分生活能源利用，冬季在大棚内安装沼气灯，既可作育雏加温，也可点灯作 20 亩大棚二氧化碳施肥，同时，增加棚温，提高蔬菜产量和品质；夏季利用沼气发电，制冰后作蔬菜配送加工保鲜用。沼液经酸化处理、固液分离主要作为茄果类蔬菜基质栽培的营养液，或通过微灌技术作为绿叶蔬菜叶面营养液，年沼液微灌3 000亩次，减少化肥使用和病虫害发生，提高蔬菜产品质量；沼渣可直接还田或作为好氧发酵的微生物菌源提高秸秆沤堆肥效。

2 研究过程和技术总结

2.1 蔬菜绿色种植技术

蔬菜绿色种植技术即绿色防控、超低农药残留蔬菜生产技术，通过合理安排周年种养茬口与蔬菜品种结构优化改善土壤结构、降低蔬菜连茬指数，综合应用防虫网、杀虫灯、性引诱剂、黄板等绿色措施进行蔬菜病虫害防控，实现了示范基地全覆盖应用，有效地控制蔬菜病虫害的发生、减少蔬菜病虫害防治用药量，改善了场地空气、水质、土壤等环境的同时节约生产成本5%。综合应用蔬菜绿色种植技术后，农场农药用量明显减少。具体数据，如表1所示。

表1 农场农药用量统计表

分类	处理前	加绿色防控后			
		小菜蛾性诱剂诱芯	黄板	亮挂频振式杀虫灯	防虫网
防控面积（亩）	1 500	30	30	300	1 140
用药量（元/亩）	1 000	900	850	840	905
最终减少量（元/亩）	109. 2				
备注	约减少农药用量的10. 9%				

表2 农药残留检测数据统计表

分类	品名	送检单位	合格是否	合格标准	抑制率（%）
叶菜类	青菜	7组	合格	30	1. 2
叶菜类	杭白菜	7组	合格	30	18. 8
叶菜类	空心菜	新5组	合格	30	22. 4
果菜类	大红番茄	7组	合格	30	5. 6
果菜类	本地黄瓜	7组	合格	30	17. 3
果菜类	细茄	7组	合格	30	1. 5

（续表）

分类	品名	送检单位	合格是否	合格标准	抑制率（%）
生菜类	西绿生菜	7组	合格	30	1.1
芳香类	罗勒	3组	合格	30	0.3
芳香类	芝麻菜	3组	合格	30	1.4
芳香类	九层塔	3组	合格	30	3.2
芳香类	其他芳香类	各组	合格	30	< 30.0
野菜类	所有野菜	各组	合格	30	< 30.0

浦江园艺场在全面应用绿色防控技术后，防控面积达到了1 500亩，其中小菜蛾性诱剂诱芯30亩、黄板30亩、亮挂频振式杀虫灯300亩和防虫网1 140亩。通过以上措施使得园艺场的全年用药数量比去年减少10.9%。

在表2中可以看出所有农场内蔬菜的产品农残检测合格率均达到100%，农药残留检测抑制率不也超过30%，符合蔬菜绿色种植的标准。

2.2 沼气、沼液和沼渣在设施蔬菜生产上的应用

2.2.1 利用沼气燃烧补充气肥

沼气中一般含有55%～65%的甲烷和30%～45%二氧化碳，燃烧1m³沼气可产生0.975m³氧化碳，因此，可通过沼气在温室内的燃烧，为蔬菜提供二氧化碳来提高蔬菜产量和品质。沼气灯或沼气灶在温室内安装数量要与温室面积相配套，施用二氧化碳气肥浓度应根据蔬菜种类、光照强度和温室温度的情况而定。一般黄瓜、番茄、芹菜和豆类等蔬菜在营养生长盛期需要二氧化碳浓度高一些，在强光、高温和叶面积系数大时宜采用较高二氧化碳浓度，反之，则采用较低浓度。另外，二氧化碳施用的时间与光照强度有关，蔬菜上午光合作用最强，需要二氧化碳量比较大，特别是在早晨揭开草毡后，随光照强度的增加，光合作用随之加强，温室内的二氧化碳浓度迅速降低，这时就要开始点燃沼气灯或沼气灶施放二氧化碳气肥。

沼气燃烧后产生的 CO_2 能为蔬菜的光合作用提供原料，使蔬菜增产20%～30%。具体做法是：沿温棚室北侧每50m² 安装1盏沼气灯，日出30min后开始点火燃1～1.5小时，施放速度以0.5m³/h为宜。同时，注意燃火时间不应超过2小时，以免沼气中所含硫化氢燃烧产生的 SO_2 浓度过高造成危害。阴雨天气，蔬菜光合效率低，可不燃烧。

2.2.2 利用沼液追肥防病

选择产气30天以上的沼气池，从出料口提取浮渣层下面的第二层清液，

通过以下 2 种处理方式对蔬菜进行防虫和防病。

（1）叶面喷施。用纱布过滤澄清沼液，分别在蔬菜苗后定期进行全株喷雾，浓度应根据料液浓度、生育期和季节酌情确定。当料液浓度为 10%时，在苗期和其他季节每份沼液对水 3～4 份，在成株期和其他季节每份对水 2～3 份。时间以上午 10：00 前或下午 3：00 后为宜。一般 7～10 天喷施 1 次。沼液还可与其他农药、化肥混合施用，以提高补养防病效果。

（2）沟施和灌施。根据不同蔬菜的需肥特点，每次可结合浇水顺沟每亩追施沼液 300～350kg。茄果类蔬菜可按每份沼液对水 3～4 份灌根，每株灌液 500g 左右，对控制根部病害发生有较好作用。

2.2.3 利用沼渣施肥改土

具体用法用量如下：

基肥：蔬菜播种或定植前，每亩用沼液 2 500～3 000kg 均匀撒施于地表，旋耕 30cm 后，按不同栽种方式打垄筑畦。同时，还可将部分沼渣在蔬菜栽种前进行穴施和沟施增加肥效。

追肥：可同沼液一起追施。在蔬菜需肥高峰期，提取沼液、沼渣的混合液搅匀，按每次 300～400kg/亩，结合浇水冲施。一般茎叶类菜追施 1～2 次，茄果类蔬菜追施 3～4 次。不仅能有效提高产量，还能很好地改善蔬菜的外观和内在品质，达到安全无害的目的。

2.3 种养结合模式系统的组建与运作

为充分利用资源，提高场地的利用率，项目将研究有机肥堆制腐熟与沼气池发酵腐熟的合理空间布局，构建地下发酵腐熟与地面堆制腐熟的整体布局，同时，研究利用沼气开发电能制冰以供蔬菜保鲜需要，并在各项技术研究的基础上建立“菜－鹅－肥、菜－鸡－肥、菜－羊－肥、猪－沼－菜”4 种种养结合模式系统，根据园艺场生产实际情况因地制宜构建适宜的运作体系，确保系统布局合理、运作科学、管理便捷。

废弃物循环利用模式如下：

模式一：菜－鹅－肥（蔬菜种植－大棚养鹅－鹅粪还田）：年养鹅 4 000只，利用可饲类蔬菜废弃物给鹅补饲青料，年消化多余蔬菜废弃物 4 800t，减少 2/3 鹅饲料成本，同时，提高鹅肉品质。禽粪与池塘污泥混合，并发酵成有机肥，用泥浆泵抽取还田，增加了肥效的同时，还改良了土壤。

模式二：菜－鸡－肥（蔬菜种植－鸡舍养鸡－鸡粪还田）：年养鸡 5 000只，多片或散养，将嫩菜类多余蔬菜废弃物喂养鸡，年消化多余蔬菜废弃物400t，产生的鸡粪堆积沤成有机肥料。

模式三：菜－羊－肥（蔬菜种植－羊舍养羊－羊粪还田）：年养羊2 000只，将老菜类多余蔬菜废弃物喂羊，年消化多余蔬菜废弃物400t。同时，通过轮流方式放养羊，产生的羊粪堆积沤成有机肥料，年产有机肥146t。

模式四：猪－沼－菜（肉猪养殖－厌养发酵－沼气沼渣沼液综合利用）：大棚养猪800只，用多余蔬菜和自有饲料喂养，年消耗200t。利用产生的猪粪尿和部分蔬菜废弃物在沼气池中进行厌氧发酵使之产生沼气，年产沼气1.6万m^3。产生的沼气可以作为农场部分生活能源利用，冬季在大棚内安装沼气灯，既可作育雏加温，也可点灯作20亩大棚二氧化碳施肥。同时，增加棚温，提高蔬菜产量和品质；夏季利用沼气发电，制冰后作蔬菜配送加工保鲜用。日产沼液30～36t，沼液经酸化处理、固液分离主要作为茄果类蔬菜基质栽培的营养液，或通过微灌技术作为绿叶蔬菜叶面营养液，年沼液微灌3 000亩次，减少化肥使用和病虫害发生，提高蔬菜产品质量。沼渣可直接还田或作为好氧发酵的微生物菌源提高秸秆沤堆肥效，具体数据，见表3。

由表3可以看出，通过采取4种种养结合的生产方式后，废弃物被转化量达到了1 781.3t，减少精饲料用量95.3t，提高废弃物利用率30.7%。在未实行种养结合前，农场肥料用量大约为6 500t，现直接生产出有机肥量达到了1 781.3t，节约肥源的量为27.4%。

2.4　示范基地种植的蔬菜详情与轮作休养情况

在示范基地根据作物的不同生长周期习性，对园艺场的现有资源合理利用和对作物进行科学的茬口结构安排。通过作物茬口结构调整来优化改善土壤结构、降低蔬菜连茬指数，提升经济效益；再完成周年种养茬口的安排后，优化了蔬菜品种结构，已将6m大棚改建成为8m的大棚，增加了内外遮阳设施，对部分土地进行轮作休耕，从而构建“蔬菜种植、畜禽养殖、资源回收与能源再生”三位一体系统，建立标准化蔬菜园艺场可持续生产模式示范与集成的示范基地。具体的作物茬口结构和轮作安排明细，如表4至表6所示。

表 3　种养结合年经济效益分析表

		数量（只）	消耗饲料（t）	消耗多余蔬菜废弃物（t）	有机肥产量（t）		年产沼气（万立方米）		有机肥经济价值（万元）	养殖利润（万元）	效益总计（万元）
鹅	项目实施前		70	—	—	—	—	—	—	2	2
	项目实施后	4 000	23.3	20/日	4 800/年	4/日	1 460/年	—	58	4	62
鸡	项目实施前		13	—	—	—	—	—	—	1	1
	项目实施后	5 000	5	2.5/日	400/年	0.25/日	91.3/年	—	3.7	2.5	7.2
羊	项目实施前		50	—	—	—	—	—	—	8	8
	项目实施后	2 000	15	4/日	400/年	0.4/日	146/年	—	7.3	20	27.3
猪	项目实施前		25.6	—	—	—	—	—	—	8.4	8.4
	项目实施后	800	20	1.6/日	200/年	—	84/年	1.6	4.2	16	17.2

表 4　浦江农场作物茬口结构和轮作安排明细表

面积/亩	草头	荠菜	菠菜	蓬蒿	豆苗	早花菜	西兰花	白花菜	宝塔花菜	奶白菜	孢子甘蓝	朝鲜蓟	长白萝卜	半身红	圆白萝卜	青白萝卜	一点红萝卜	双红萝卜	哈麻古
青米苋	6	6																	
红米苋	4		4																
空心菜	8			8															
紫角叶	3		2	1															
西洋菜	2							1											1
本地黄瓜	3					4								2					
荷兰黄瓜	2.5					2									1	1	1		
西葫芦	1.5								3										
青节瓜	1							2											
黄节瓜	1							2											
细茄子	4				2														2
胖茄子	2				2														
直茄子	4														2		1	1	
粉红番茄	6									6									
大红番茄	6													6					
粉红樱桃	4										4								
大红樱桃	4									2		2							
紫番茄	1						1												
串番茄	1						1												
天才挂	2						2												
圆青椒	5	5																	
胖椒	3				3														
杭椒	3								3										
中央尖椒	3							3											
红中央尖椒	3							3											
黄彩椒	5														1	2		2	
红彩椒	5								3		1		2						
合计	102																		

表 5　浦江农场作物茬口结构和轮作安排明细表

面积/亩		高温菜	鸡毛菜	广苋菜	金丝菜	橄榄菜	油麦菜	毛豆	早大白菜	美芹	白花菜	西兰花	豆苗	塔菜	大葱	紫甘蓝	红菜头	冬闲	大蒜	洋葱	土豆	蚕豆	秋刀豆	秋芸豆	晚大白菜	冬闲	冬闲	荷兰豆
苦瓜	2														2													
丝瓜	4											4																
毛节瓜	2														2													
夜开花	2														2													
红南瓜	30	20	10								3					3				15					10			
青南瓜	3					3													3									
黄狼南瓜	20																					20						
冬瓜	10																					10						
红扁豆	2													2														
青扁豆	2													2														
山芋	5																										5	
紫山芋	5													3				2										
玩具南瓜	1																1											
矮刀豆	2						2																2				2	
架刀豆	3			3																			1					2
芸豆	2	2																						2		2		
甜豆	2				2				2																	2		
长豇豆	3												3	3														
紫豇豆	1												2															
花生	5																				5							
甜玉米	2.5																				5							
糯玉米	2.5																				5							
白玉米	2.5																				5							
玉米笋	0.5												1															
美芹	4							4		4																		
大南瓜	20																					10					10	
荷兰豆	2		2						2																	2		
合计	152																											

表 6　浦江农场常年生蔬菜种植安排详细表

绿叶菜		香料		野生蔬菜		各类生菜	
品种	面积/亩	品种	面积/亩	品种	面积/亩	品种	面积/亩
青菜	30	芝麻菜	1.5	枸杞头	4	西绿生菜	20
毛菜	15	莳萝	1	马兰头	2	西班牙红	3
杭白菜	9	马郁兰	1.5	观音菜	4.5	罗马绿	3
金丝菜	5	牛至叶	1.5	菊花头	3	本地绿	2
广苋菜	6	酢浆草	0.5	番杏	3	罗沙绿	5
橄榄菜	6	地榆	1	费菜	1	罗沙红	10
油麦菜	8	迷迭香	1.5	明日叶	3	相叶绿	3
香菜	5	百里香	1.5	燕尾菜	0.5	相叶红	3
小葱	8	薄荷叶	2	香椿头	1	软叶绿	4
叶芹	10	罗勒	1	绿茸菜	2	奶油红	4
卷心菜	10	九层塔	1	紫苏	0.5	苦细	8
韭菜	10	鼠尾草	1	芹根	0.5		
迷你胡萝卜	5	意大利芹	0.5	青甜叶菜	0.5		
大葱	2	荷兰芹	1	红甜叶菜	0.5		
		龙蒿草	1				
		球茎茴香	1.5				
合计	129	合计	19	合计	26	合计	65
总计	249 亩（包括育苗组种植 10 亩）						

由表 4 与表 5 为季节性作物的茬口结构与种植情况，面积为 254 亩，总种植面积达到了 503 亩。表 6 可以看出全年种植作物 249 亩，包括绿叶菜 129 亩、香料 19 亩、野生蔬菜 26 亩、生菜类 65 亩和育苗组 10 亩。通过对 254 亩不同季节性作物茬口结构的调整和轮作安排，实现了对土地利用效益的最大化。使得蔬菜供应量增加了 1 000t/年，两年内新增产值达到 350 万元，净利润达 184 万元。

3　结论与展望

3.1　结论

本课题项目是建立一个农业生态园模式，开展种养结合项目，构建

"蔬菜种植、畜禽养殖、资源回收与能源再生"三位一体系统，利用猪粪尿肥田，增产蔬菜，利用蔬菜废弃物发展养殖业，把农业生产系统中的各种有机废弃物重新投入到农业生产系统内，从而实现物质循环利用的综合农业系统，是一种以保护和改善生态环境为前提，以经济效益为指标的新型农业发展模式，通过项目的建设促进标准化蔬菜园艺场可持续生产模式示范与集成，提升蔬菜的产能和质量，增强蔬菜的综合竞争力，并带动周边地区的农民来参与种植蔬菜，实现增加农民收入、农业增效的目的。

首先，本园艺场的耕地面积为 1 200 亩，亩产量近 5t，年上市蔬菜 5 800t，每天则有近 16t 的蔬菜废弃物，在处理过程中需要一定的人力和运输工具，本项目筹建生态养猪场可以使蔬菜废弃物转换为饲料，可节省劳力和运输开支；其次，园艺场每年需要花费大量资金购买有机肥，生态养猪场建成后，猪粪尿转换为有机肥，可为园艺场节省购肥资金；再次，以绿叶菜等有机饲料喂养的优质猪肉将为市民提供安全、放心的农副产品，从而带来一定的经济和社会效益。

另外，通过这些农作物残体，如利用菜皮、菜壳和猪粪便发展沼气生产，生产沼肥，可降低肥料和农药的成本近 30% 以上，而每年每亩常规在 1 000元，因此，可每亩节约 300 元，全年可节约 36 万元。

3.2 *展望*

尽管目前在建设生态农业成效显著，取得了一些成果和经验，但是存在的问题也很突出：一是从发展总体来看，生态农业只是初具规模，还没有成为经济发展的主导模式；二是循环模式产出效益仍不够高，缺少可控性与精准性；三是生态农业模式与社会、经济交融还不够紧密，属于初级水平循环农业。因此，如何在上海市率先构建一个以循环经济理论为指导，资源高效循环利用的都市型生态农业发展模式，实现都市经济与现代生态农业交融发展，是我们近几年的首要发展方向。

参考文献

顾益康，黄冲平 . 2008. 浙江发展高效生态农业的战略与思路［J］. 浙江农业科学（2）：125 –127.

李树森，张玉梅 . 2010. 日光温室蔬菜病虫害发生及无公害防治技术［J］. 农业科技与信息（5）.

刘发伦 . 2011. 蔬菜虫害绿色防控技术试验与示范推广［J］. 长江蔬菜（21）.

刘红梅，玉浸，陶战，等. 2006. 生态农业产业化是我国农业发展的根本出路［J］. 中国生态农业学报，14（3）：217－219.
刘勇，胡昌弟. 2002. 应用生态农业技术发展无公害蔬菜生产［J］. 湖南农业科学（6）：38－40，42.
杨极武，冯万贵，安恒军，等. 2006. 沼气、沼液和沼渣在蔬菜生产中的应用［J］. 北方园艺（3）：80－81.
杨志坚. 2008. 种养结合型农业生产结构调整的实证分析［J］. 贵州农业科学，36（1）：147－148.
俞菊生. 2007. 上海发展生态农业的探索与建议［J］. 上海农村经济（7）：8－10.

为都市生态农业发展撑好“保护伞”

沈耀家
（安信农业保险股份有限公司
上海崇明支公司）

农业是上海市全面和可持续发展不可或缺的战略性基础产业，是城市的有机组成部分，特大型城市发展都市现代农业，是体现城市综合实力和城乡发展一体化的重要标志。虽然上海市农业占 GDP 份额很低，但农业的多功能性和基础产业的地位却是其他产业不可比拟的，是全市食品供给安全、保持城乡经济社会稳定、保全国土、保障生态安全、提升城市内涵与魅力、实现可持续发展的重要产业基础。但随着工业化的发展和城市化的推进，上海市农业面临着生态环境恶化、耕地资源约束加剧，规模化、组织化程度低，生产方式落后，劳动生产率、土地产出率、科技贡献不高，农业从业人口科技素质低，老龄化问题严重，懂技术、会管理、善经营的农业人才不足，现代市场物流体系构建滞后于其他要素市场的建设。同时，由于上海市所处特殊的地理条件，会经常遭受台风暴雨灾害，且是高度非农业化城市，上海市地产农产品生产成本较高，因此，从事农业生产的风险较大。如何保证农民收入稳定、提高农业比较效益是各级政府部门高度关注的问题。

农业保险是现代农业可持续发展的保障，发达国家普遍通过建立农业政策保险制度来化解风险。上海市是改革开放以来我国最早恢复农业保险业务的地区之一。2004 年，安信农业保险股份有限公司作为全国首家专业运营农业保险业务的保险公司在上海市成立。10 年来，上海市农业保险依托各级农业部门，不断探索，积极开拓，勇于创新，逐步形成了“政策扶持、市场化运作、专业化经营、以险养险”的农业保险发展模式。截至 2014 年年底，上海市农业保险深度达到 3.48%，保险密度超过 320 元/人，接近发到国家水平。上海市农业保险经过 20 多年的实践运作，规模保持稳步增长，服务能力和创新发展水平逐步提升，在有效化解农业自然风险、分担政府公共管理职责、促进社会稳定和完善上海市农村保险保障服务体系等方面发挥了积极而显著的作用，无论在经营方式还是发展实践中都走出了一条创新之路。

1 农业保险服务上海都市农业的举措

1.1 实行“广覆盖，保基本”农业保险

一是保险覆盖面广，保费标准明确。上海市农业保险覆盖范围涉及种植业、养殖业和农机、渔业等农业生产领域，其中，水稻、蔬菜、生猪（能繁母猪）、奶牛、家禽等大宗类农产品的保险覆盖率基本达到100%。同时，按照保障农户灾后恢复生产的基本要求，对各补贴险种规定了单位保额标准、保险费率和保费补贴标准，既确保了农户获得基本保险保障，又体现财政扶持政策导向。二是农业保险费率水平低，保险惠及面宽，保险保障程度高。本市农业保险平均费率约为3%，低于全国4%~6%的水平，有效减轻了农民缴费负担。三是对重要农产品实行保险保费高额补贴。上海市对一些重要的大宗农产品包括水稻生产、奶牛生产、生猪防疫等实行保险保费高额补贴，惠及农户100%，夯实了农业保险的发展基础。以水稻为例，上海市目前每公顷的保险金额为15 000元，广东省每公顷的保险金额为4 500元，浙江省每公顷的保险金额9 000元，江苏省每公顷保险金额分3 000元、4 500元、6 000元和7 500元4个档次。上海市的保险金额位居全国前列，即使发生全损，基本可弥补包括土地成本、农资成本、人工成本在内的损失。

1.2 拓展农业保险新领域，设置市场风险的“安全阀”

1.2.1 保淡绿叶菜成本价格保险

2010年，上海市探索并建立了“淡季”绿叶菜价格保险机制，在全国首创“淡季”绿叶菜成本价格保险，有效化解了市场风险。以2013年冬季为例，上海市遭遇暖冬气候，气温偏高，市郊蔬菜上市量较常年增长明显，造成蔬菜价格较上年下降明显。冬淡期间收取保费1 108万元，赔付金额达3 077万元，惠及农户2 289户次，惠及合作社852户次。据统计，2011—2014年，淡季绿叶菜价格保险平均赔付率在70%左右。上海市连续3年鲜菜价格波动指数在全国36个大中城市重位列25位之后，发挥了价格保险稳定农副产品物价水平，保障菜农服务民生的积极作用。

1.2.2 初步探索保险+期货模式

我国已于2013年11月推出了第一个鲜活农产品期货品种—鸡蛋期货，为探索通过利用资本市场工具分散价格保险风险提供了便利。通过一年的调

研和分析，安信农保在浦东新区进行鸡蛋价格期货保险试点。鸡蛋价格保险以上海市蛋品行业协会发布的鸡蛋价格为参照，当每箱（15kg）鸡蛋价格低于约定价时，保险公司将按照约定进行赔款，赔款计算按照跌价区间采取阶梯理赔。截至目前，公司共承保蛋鸡 65 万羽，约 74 万箱，保费收入 104 万元，总计赔款 143 万元。为了对冲鸡蛋价格大幅下跌风险，安信农保采取"保险期货合作"模式，通过引入基于期货的期权，与期货公司签订了的看跌期权协议，从而将执行价以下的价格风险转移给期货市场，保险公司仅承担执行价和保险价格之间的有限风险，其实质就是给保险公司提供价格下跌的再保险，达到锁定经营风险的目的。

1.3　创新担保方式，缓解新型农业经营主体贷款难

近年来，上海市家庭农场、农民专业合作社等新型农业经营主体在各级政府支持下得到了迅速发展，新型经营主体规模经营后，对生产过程中的基础设施和流动资金需求都很大，但却普遍存在"贷款难"和"贷款贵"的问题，一定程度上制约了其进一步发展壮大。为缓解家庭农场和农民专业合作社融资难问题，2008 年安信农保在上海市农委、市财政局和市金融办支持下创新开设小额贷款信用保证保险，为农民专业合作社提供 100 万元以内的贷款担保，由银行按照基准利率给予贷款。2014 年，上海市进一步加大对新型农业经营主体的信贷支持力度，将家庭农场贷款纳入担保贷款范围，给予最高 50 万元的贷款担保额度，并对农民专业合作社的小额贷款信用保证保险最高担保额度提高到 200 万元。2008—2014 年，已为 1 000多家合作社累计提供了近 3 000笔贷款信用保证，贷款总额 24. 83 亿元。贷款质量总体良好，坏账率不足 0. 5%。2014 年年末贷款余额 5. 59 亿元。小额信贷保证保险的推出，基本解决了上海新型农业经营主体发展过程中的融资贷款需求，受到了家庭农场和农民专业合作社普遍欢迎

1.4　创新农业保险产品，提高农户保障水平

1.4.1　收入保险

2014 年 11 月，安信农保在上海市浦东、松江，浙江省衢州柯城区、衢江区、江山市、常山县、龙游县、开化县等地试点开展家庭农场收入保险。当家庭农场遭受自然灾害、病虫害、意外事故或是生产的农作物因市场价格波动导致收入大幅度降低，保险保证保单约定的收入（按上一年度家庭农场实际总收入的 70% 来确定），有效化解农户因不可抗力返贫的风险。收入保险的保障涵盖农业生产的自然风险，农产品流通的市场风险，农产品交易的违约风险等多重风险，是农户最为理想的保险模式。

1.4.2 气象指数保险

（1）露地种植绿叶菜（青菜、鸡毛菜）气象指数保险。该产品填补了国内园艺蔬菜气象指数保险应用的空白，把高温、降水对农作物损害程度指数化，免去现场查勘，自动化理赔，提高农户防灾防损意识。菜农每亩只需自缴30多元保费，最高可获赔1 200多元。

（2）农作物风力指数保险。农作物天气指数保险是在“互联网+”的风口上，打破传统农业保险地域局限，降低传统农业保险准入门槛，解决传统农业保险查勘理赔难的一种新型农业保险模式。首轮风力指数保险于2015年9月11日正式在支付宝平台上线，取得了良好的社会反响，2016版全新上线。

2 农业保险发展面临的问题

2.1 查看及定损的时效性与正确性问题

农业生产是野外分散作业，需要专门的技术水平核保和理赔，但目前各区、县农业保险人员的专业技术水平不高，在赔偿中粗略定性，缺乏精确的量化，并且理赔速度偏慢，易引起农民的不满。此外，农作物生长期内受到损害后有一定的自我恢复能力，从而使农业保险的定损变得更为复杂，有时需要收获时二次定损。因此，定损的时效性及准确性问题一定程度上制约了农业保险的发展。

2.2 “以险养险”经营模式遭遇挑战

由于农业保险的特殊性，上海对农业保险采取的做法是“以险养险”，即安信农保通过企业财产保险、责任保险和工程保险、车险等商业险种的利润来弥补农业险的亏损（微利），这种做法在无重大农业灾害时可行，但是遭遇重大农业灾害时往往显得力不从心。2012年台风“海葵”使得上海农业遭受重创，估损金额超过2亿元，使得安信农保公司面对重大灾害时，无法“以险养险”，这是台风灾害频发的上海农业保险面临的一个难题。

2.3 收入稳定型保险产品缺乏

目前的农业保险基本针对自然灾害造成的损失进行补偿，随着经济发展，农业除了面临自然风险外，还要面临很大的市场风险，由此造成的损失还需要相应的农险产品进行保障。2011年，金山区亭林镇的油车蔬果种植专业合作社种植的大量卷心菜无人采收，造成较大的经济损失。该合作社一年种二季卷心菜，包括土地流转、种子、人工、灌溉等费用在内的地均成本为2.7万~3.0万元/hm^2，一季地均产出6万~9万kg/hm^2，“田头价”达到0.4元/kg。当收购价过低甚至低于人工成本时，菜农必然选择将卷心菜当做绿肥进行翻耕而不推向市场。这些市场风险造成的“菜贱伤农”直接影响农民的经济收入和农业生产的积极性，急需创建收入稳定型的农险产品来保障。

2.4 农户兼业化与农险之间的矛盾

除了农民专业合作社、家庭农场、龙头农业企业外，上海农户的经营规模普遍偏小，农户兼业化现象比较突出。农业经营收入在家庭收入中比重不断降低，很多农户并不指望农业创收，仅仅想保留土地而已，由此带来的必然结果就是农业经营“靠天吃饭”，农户不愿付出现实的保险成本。

2.5 农业保险各方缺乏有效衔接的利益机制

由于农业保险的特殊性和复杂性，农业保险的条款设计、费率厘定、勘察定赔等环节都需要诸如农技部门的支持，单纯凭借农保公司无法解决这一难题。但目前农业保险经营机构与这些部门甚至农民专业化合作社之间的配合仅局限在业务层面，缺乏有效的利益衔接机制，导致农技部门参与农业保险的积极性不高，作用没有得到充分发挥，不利于农业保险工作的开展。

3 推进农业保险发展的对策与建议

2014—2018年，美国农业法案对农业补贴政策进行了重大调整，取消了实施近18年、每年耗资近50亿美元的农业直接补贴，转而扩大农业保险覆盖范围和补贴额度，这标志着美国对农业保险的重视认识越来越高。我国长期以来，价格支持和挂钩补贴逐步成为主要政策工具，对市场的干预和扭曲作用日益明显，下阶段补贴政策转向“绿箱”农业支持政策，将日益成为强农惠农富农政策的重要形式。上海市现代农业“十三五”规划中明确提到：要加大对农业保险的政策扶持和工作推进力度，扩大农业保险的保障范围和保障程度，从而更好地发挥农业保险对农业产业化、农民增收和新农村建设的推动作用。站在这一高度，结合上海现代农业发展特点，对上海市农业保险提出几点建议。

3.1 进一步强化公共财政对农业保险的支持

农业保险具有高风险、高赔付的特征，政府公共财政对农业保险的补贴是其健康发展的必要保证。政府应进一步加大对农业保险的扶持力度，增加财政补贴险种的范围，提高财政补贴保额标准，在现阶段农业保险金额主要“保成本”的基础上，逐步发展为“保产量”或“保收入”。探索以奖代补方式，鼓励区县政府加大对区域特色险种扶持力度，提高区县政府参与农业保险的积极性和主动性。

3.2 提高现代都市农业保险服务水平，提升农民对农险的满意度

（1）畅通农险购买和理赔渠道，形成市、区（县）、镇、村农业保险服务网络。以农业技术推广站、农村经营管理站为依托，建成区县农保中心、乡镇农保服务站、村农保服务站点3级农业保险基层服务网络，提升农业保险工作的服务水平。

（2）简化理赔手续和工作程序，提高理赔速度，做到快速查勘、快速定损、快速理赔，提高农业保险公司在农民心中的公信力。

（3）完善农业保险信息化系统建设。通过该系统方便农户及农业生产企业可以及时了解农业保险产品、保险补贴政策、承保及理赔范围，并能在出险后及时查询理赔信息。

（4）应从完善农业保险的服务体系管理和考核出发，建议进一步发挥农业主管部门在农业保险发展过程中的组织和引导作用，并逐步建立农业保险考核机制。上海市级对区县级的考核应以经营的规范性、数据的真实性、地方特色农业保险发展、农业保险大灾风险分散机制、基层服务组织体系和农民的满意度为主要内容。根据考核结果，采取相应的奖惩措施，进而推动农业保险健康可持续的发展。

3.3 建立多层次的农业风险分散机制，特别是巨灾风险分散机制

单一农业保险主体很难应对重大灾害，建立多层次的农业风险分散机制来分散巨灾风险势在必行。

（1）通过再保险分散农业巨灾风险。可由政府组织成立农业再保险公司或由政府通过招投标的方式直接购买农业再保险，增强风险的分散效力。

（2）农保公司每年按照盈余或者保费收入的一定比例建立巨灾风险准备金。

（3）政府建立农业巨灾风险基金。

3.4 形成农业金融和农业产业政策联动局面，加快都市农业发展

为加快上海都市农业发展，建议应加快研究并推进农业保险政策与农业信贷、农村担保等农村金融政策之间，农业保险政策与粮食直补、生态补偿等其他惠农政策之间，农业保险与灾害救助之间的政策联动、资金联动和信息联动，发挥政策合力，切实提高惠农政策的效率和效果。

农业标准化安全生产管理模式的探索与问题

徐凤娇[1]　马　天[2]　马铁军[3]
(1. 上海浩丰果蔬专业合作社，上海金山；
2. 浩丰〈上海〉科技有限公司，上海金山；
3. 浩丰〈青岛〉食品有限公司，山东青岛)

摘　要　农业标准化安全生产管理已经成为了农业企业和农业合作社进行现代农业发展的重要内容和必经之路。农业标准化是提高农产品市场竞争力、农业企业增收增效的基础和关键。浩丰公司在十几年的生产管理过程经历了标准化生产体系建立的研讨、制定、试行、推广、改进的全过程。上海浩丰果蔬专业合作社积极践行了农业标准化安全生产管理体系，并取得理想成果。

关键词　标准化生产　浩丰标准化模式　农业标准化面临的问题和对策

自20世纪80年代初农村改革开放以来，我国的农业生产取得了举世瞩目的成效，但基于大量化学投入品的农业生产方式，对水土资源造成了极大的压力，使其长期处于被“剥夺”的状态。同时，也对其造成了愈来愈严重的污染，进而对农产品的质量安全、国内消费者的健康构成威胁。因此，农业的绿色转型发展成为必然趋势。

对此，相关专家认为，随着工业化、城镇化的推进，水土资源数量与质量受到的压力越来越大，从而对农业绿色转型发展构成了双重约束。实现农业的绿色转型发展，确保农产品质量安全除了克服优质水土资源短缺问题之外，重点还要克服农产品生产标准化体系不规范以及农业生产主体目标与国家目标不一致等一系列问题。

我国是农业大国，也是果蔬类产品的生产供应大国。传统农业正在向标准化、规模化、集约化、精细化转型，并已进入快速转型阶段。农业的加速发展离不开标准化生产体系的建立、智能设备、农业大数据的应用和先进栽培技术的支撑。

浩丰公司以“从种子到餐桌的绿色”为理念，全面致力于现代农业科技研究、现代农产品生产基地建设、现代农业栽培模式构建、现代农产品加工技术研发与国内外销售的综合性公司。2008 年，公司所有基地全部通过 GLOBAL GAP 认证；企业通过 ISO 9001 国际质量体系和 HACCP 认证。

浩丰公司在十几年的生产管理过程经历了标准化生产体系建立的研讨、制定、试行、推广、改进的全过程。建立了一套内容完善、切实可行的标准化安全生产体系。浩丰公司已成为目前国内唯一实现结球生菜露地种植周年均衡供应的企业，结球生菜的种植技术研发水平、生产规模、年出口量等，均居全国第一。上海浩丰果蔬专业合作社作为浩丰的下属公司积极践行了农业标准化安全生产管理体系，并取得理想成果。

上海浩丰果蔬专业合作社成立于 2010 年，由浩丰集团旗下的浩丰（上海）农业科技有限公司出资成立的农产品种植合作社，基地在上海市金山区自有基地 2 800亩，基地在管理方面始终以食品安全为原则，完全按照总公司统一规划的生产管理标准进行生产，按照 GLOBAL GAP 标准化农业进行作业，并实行 6 个统一的管理模式，尤其在农药的使用管理方面更是严格把关，有一套明确的农药使用指南和完整的农药使用管理方法及记录。在每个生产基地都有一套完整的生产管理体系，并有完整的田间档案记录，以便使所有产品都有可追溯性。

合作社在上海基地种植的蔬菜并已通过上海市无公害农产品认证和 SGS 公司的“GAP”（良好农业操作规范），合作社也已完成标准化生产体系中的配套设施建设：蔬菜保鲜冷库 5 000m^3，包装间 300m^2，保鲜加工厂总占地面积 5 000m^2，年保鲜配送蔬菜量 3 000余 t，可确保农产品质量品质的冷链完善。产品畅销国内外，并获得一致好评。

1　浩丰公司标准化安全生产模式

1.1　基地生产管理的标准化

浩丰公司采用统一土地管理、统一种子和育苗、统一栽培管理、统一防治、统一采收加工、统一冷链管理的“六个统一”模式，进行集约化、产业化经营，改变传统农业发展模式，发展现代农业。

规模化种植、机械化生产、商品化处理、品牌化销售、产业化经营，公司积极借鉴国外现代先进农业模式，大力推行机械化种植蔬菜的力度，提高生产力。自动精量播种机、激光平地仪、犁地机、撒肥机、耙地机、起垄铺膜铺带一体机、定植机、打药机、采收机等全部配套齐全，做到从种子播种——平地——犁地——撒肥——旋地——起垄铺膜铺带——定植——打药——采收等全过程的机械化生产。通过机械化生产，基地既做到各项生产指标的标准化落实，又极大地提升了生产速度，保证生产计划的按时按量完成。

1.2 质量体系建立与体系三方认证

由于执行完善的农业管理体系，公司基地通过 Global GAP 认证，部分基地通过有机产品认证，产品通过绿色食品认证。良好的产品质量和优质的服务，为公司赢得了稳定的客户群，产品实行订单销售。销售客户主要面向世界 500 强企业。在国内，于 2008 年供应北京奥运会、残运会并受到表彰，目前主要的客户有亚太国际、金鲜食品公司、肯德基、必胜客以及大型的连锁超市麦德龙、乐购、乐天利等。国外主要销往韩国、新加坡、中东等客户。

1.3 冷链运输标准化管理

为实现采收后 2 小时内进行预冷保鲜，公司在河北、福建、上海等省市的基地配置了真空预冷保鲜机；山东省基地配置了压差预冷。保鲜预冷要求迅速将菜心温度降到 1 ~ 4℃。真空预冷所需要的时间小于等于 1 小时，压差预冷所需时间小于等于 6 小时。

1.4 加工标准化管理

公司已经在上海、福建、河北、山东等省市的基地建设了标准化的配套工厂。基地生产的蔬菜可以在采收后 2 小时内被运到工厂进行迅速预冷。最大程度地实现了蔬菜的保鲜处理。公司还通过引进国内外一些优秀企业的加工管理标准，形成了一套各品类蔬菜的加工操作标准（SOP），有效地提高了加工效率和加工质量。

1.5 销售系统管理

经过多年的不懈努力，公司已经具备了完善的销售系统，目前还进一步拓展了电商、网络销售等销售渠道。公司的有生菜、胡萝卜、洋葱等 10 个品种实现周年均衡供应。外销方面，在日韩、加拿大、埃及等近 20 个国家和地区建立了稳定的客户群，占据着韩国 50%、新加坡 90% 的生菜市场。内销方面，赢得两大国际快餐巨头在国内上游原料市场的大部分份额，成为美国百胜餐饮、美国通用磨坊、英国乐购、韩国乐天、三星、新世界等数家世界五百强企业在中国的商业合作伙伴。

1.6 安全追溯体系的建立

公司已经建成了一套完善的安全追溯体系，可以实现从产品销售终端到物流—加工—采收—生产—用肥—用药—育苗—种子的全产业链追溯。

目前，公司正在建立完善农业生产物联网系统，农业产品全程质量安全管控和追溯服务分为农业种植、加工包装物流、直至销售终端，农产品溯源系统是农产品从初级阶段到深加工建立了一个详细的数据库，一旦出现安全问题，能即时发现、即时处理，减少损失，同时，也规范了种植和加工对农产品企业品牌也有促进作用。农产品的种植、加工、储藏、运输及销售的全过程监控，解决了之前消费者使用后才发现问题的弊端，完善了食品安全监督体系，为企业提供了科学的管理平台，使食品保鲜安全、出入库管理更科学，效益提高，市场竞争力增强，追溯系统可与物联网农业智能监测等系统共享数据库，数据库更安全，可靠性更高。

2 企业生产管理标准化体系建立的积极作用

农业标准化是提高农产品市场竞争力、农业企业增收增效的基础和关键。

2.1 农业标准化是农业产业化的基础和保障

农业企业想走产业化道路，标准化管理便成为了农业发展的必由之路。农业产业化的实质是市场化和社会化，即按照市场需求，引导农业走专业化、规模化、市场化道路。农业标准化就是遵循统一、简化、协调和选优的原则，制订农业生产产前、产中、产后生产标准，把农业产业化全过程都纳入标准生产和标准管理的轨道，指导、规范农业产、加、销等全部活动，使各区域的生产基地有统一的技术标准和工艺流程。促使传统农业生产模式向现代农业转变，不断提高农业生产的专业化、规模化和社会化水平。因此，农业标准化在农业产业化中起协调和纽带的作用，是农业产业化顺利发展的基础和保障，没有农业标准化，就不可能有农业专业化、规模化和市场化，也就不可能有农业产业化。

2.2 农业标准化是农业科技成果转化为生产力的纽带和桥梁，有利于企业引进先进技术

现代农业建立在现代科技基础上，如何将农业科技与农业产业发展有机结合，使农业科技成果迅速有效地转化为现实生产力，直接影响着现代农业的发展进程。农业标准化是农业科技成果转化为生产力的纽带和桥梁，通过标准化，可以将科技成果转化为一系列农业技术和管理标准，从而使科技成

果渗透到农业生产的全过程中，加速科技成果转化为现实生产力。

2.3 农业标准化是降低生产成本，农业增效、企业增收的有效途径

世界上农业发达国家的每个农业生产环节都实行了标准化，形成了现代农业的生产方式、协作方式、管理方式以及机械化作业方式，极大地降低了农业的生产成本，提高了农业的生产效率。浩丰公司推广农业标准化的实践表明，农业标准能有效地降低生产成本、增加经济效益，是发展现代高效农业的重要有效途径，同时，也是农民增收的一个行之有效的方法。

2.4 农业标准化是提高农产品质量、增强企业农产品市场竞争力的关键

是确保农产品质量的基础和重要组成部分，是现代农业的重要标志。提高农产品质量最根本的就是通过标准化生产的技术措施，控制农药残留，降低有害物质，确保农产品质量安全。在市场竞争中，农产品的竞争主要是质量的竞争、品牌的竞争，只有质量高、品牌好，才能赢得市场先机，提高市场占有率。没有农业标准化，就不可能保质量、创品牌、树形象；就不可能将特色农产品的资源优势、生产优势转化为市场优势和商品优势，进而形成竞争力优势。

3 生产管理标准化体系建立与管理面临的问题及对策建议

3.1 生产管理标准化体系建立与管理面临的问题

（1）对农业标准化体系建设工作的重要性认识不足，重视不够，培训不到位，推广、实施力度不大。总公司和有关部门还没有真正把这项工作列入议事日程，基层管理者对农业标准化体系建设还不了解，实施标准还不能成为生产人员的自觉行动。

（2）缺乏统一规划。制订和实施农业生产管理标准还处于自发和分散状态，针对性不强，导致农业标准化的重点不突出，主导产品缺少配套和完整性，且标准制订周期太长，跟不上市场变化的需要，标准水平偏低，修订不及时，标龄过长，满足不了产品更新和产业升级的需要。

（3）农产品质量标准和监测标准尚未与国际接轨，特别是部分农产品的质量分级标准缺乏公正、客观、科学的依据，标准的制订与实施、推广严重脱节，存在着重制订标准、轻实施的现象。

（4）农业标准体系不够健全，很多产品的环保、检测技术标准还是空白，缺少农业标准化推广实施体系、检测体系、监督服务体系、评价体系。

（5）监测机构和法规体系不完善，监测手段落后，对农产品生产环境控制以及种子、化肥等农业生产资料的质量监测，多数还停留在感官评判阶

段，认证不规范，监督检查不到位，执行不严格，农业标准化工作法制化有待进一步加强。

3.2 对策建议

3.2.1 强化领导，狠抓落实，确保农业标准化体系

农业标准化是农业生产的又一次革命，只有强化领导，引起各部门的高度重视，才能搞好农业生产的改革。各部门要加强对农业标准化体系建设工作的领导，在人力上、资金上予以重视和保证；建立健全相应的机构，确保技术有人推，工作有人管；严格落实，上下各级达成共识，共同努力，确保农业标准化工作体系建设的顺利进行。

3.2.2 加快农业标准化体系建设步伐

加快制订农业标准化体系建设发展规划；加强农业标准化体系建设的科学研究与技术开发工作；加强国际合作交流，采用国际标准和国外先进标准，缩短与国际先进水平的差距；加快农业质量标准的制订和修订工作。

3.2.3 抓好农业标准化推广体系建设

针对目前存在企业存在的标准化文件繁多，落实执行不力的现状，要重点抓好农业标准的落实与监管。重点抓好“标杆”单位标准化工作，以此带动其他基地或子公司，推进各类农业标准的实施；因地制宜的根据各个基地的实际情况，制定适宜的生产管理标准；加强农业标准化生产智能信息技术的研究和应用工作，建立起快捷、实用、有效的技术信息网络，迅速推广农业标准。

奉贤区蔬菜产销模式的思考与实践

李一帆　施颖红　曹欢欢
（上海市奉贤区蔬菜技术推广站，上海奉贤）

随着社会经济的不断发展和蔬菜产业化进程的加快推进，蔬菜营销模式的建立直接影响着蔬菜产业的发展和蔬菜经营者的经济效益。针对近年来蔬菜产品安全要求高、价格波动大、产品销售难等普遍问题，本文就如何转变传统营销模式，改变现阶段产销衔接滞后问题，有效解决“小生产与大市场”之间的矛盾，对提高农民收入，真正做到增产增收起到重要作用。本文就目前蔬菜的主要产销模式进行了调研，发现了存在的问题，提出了粗浅的建议。

1　蔬菜产销渠道模式

蔬菜采摘后易腐、易损。根据产量、储存、运输等条件设备的不同，蔬菜的营销渠道模式也形成了多种方式。目前来看，主要可归纳为以下几大类。

1.1　自产自销模式

自产自销模式是蔬菜种植散户中较为常见的销售模式。生产量较少的种植散户，直接利用简便交通工具将采摘的蔬菜直接运往马路菜场、农贸市场等地点进行销售，与消费者直面交易。这种方式简单直接，没有中间环节，有效降低了交易费用。但费时费力、销量受限，不利于规模化发展和标准化种植。同时，蔬菜供需信息交流阻碍，买卖单纯依靠直面交易时的选择，无法有效调节，销售波动性与风险较大。

1.2　批发模式

蔬菜产品从生产者到消费者的转换过程中，经历了由收购商、批发商、零售商、代理商等渠道成员构建起的多层中间商环节。种植户通过田头直接交易或运往批发市场交易的方式，以批量形式与中间商进行较大量的蔬菜产品交易。也是目前最为主流的蔬菜营销模式。而中间商通过产品加工、运输、分销等过程，将利润逐级放大，但这些利润却无法到达蔬菜生产者手中，最初的批发价最为低廉。同时，居民对于蔬菜品种、质量的要求愈来愈高，蔬菜的需求变化波动剧烈。蔬菜产品买卖的主动权多数掌握在中间商的手中，这使得蔬菜生产者不仅利润微薄，还要肩负蔬菜卖不出的窘境。这也是为什么许多蔬菜经营商更倾向于收菜倒卖的原因之一。

1.2.1 地头批发

主要是没有运输能力的大农户，种植户与来到田头的收购商进行交易，批发蔬菜。收购商与中间商确定好收购价和收购量后，进行蔬菜采摘装袋，直接批发给收购商。在此过程中，各蔬菜生产者以相互竞争的关系向中间商提供蔬菜产品。由于单个生产者的蔬菜产品只是作为中间商收购产品的极小部分来源，在激烈的竞争环境中，卖给中间商的蔬菜售价受限极大，生产者普遍处于被动接受价格的状态。

1.2.2 批发市场

主要是具有一定运输能力的大农户，种植户将采后蔬菜运往批发市场销售给中间商。相较于地头收购，销售对象的范围有所扩大，但蔬菜的采收量无法确定，无法销售完的蔬菜只能运回，容易造成损耗。同时，增加了一定的运输成本。在行情不好时，菜农往往只能压低售价，尽可能地卖完采收后的蔬菜，以期保住种植成本。

1.3 合作社、龙头企业带动的产销衔接模式

依托合作社或龙头企业组织化、商品化、品牌化的优势，以合作社或企业为主导，辐射带动周边、地方区域蔬菜种植户。既解决了企业基地蔬菜上市，同时，解决了周边蔬菜种植户的销售出路问题。对生产和收购的蔬菜进行统一加工和处理，确保了蔬菜产品质量。通过合作社或企业品牌、商标的知名度，与餐饮食堂、社区、超市等进行直接对接，由合作社或企业定期定时进行统一配送。该模式下，种植户与合作社或龙头企业是合作互助关系，改变了生产者“单打独斗”的现状，对于蔬菜价格可以进行有效的协商。同时，通过品牌化销售与消费者建立起的长期合作关系，使得蔬菜销售的稳定性得到较好的保障。而产销衔接模式，使得产、加、销一体化，省去了中间环节，有效降低交易成本，效率也得到大幅提高。但该模式特点投入资金较大，对合作社与企业要求较高，是现阶段蔬菜营销的发展方向。

1.3.1 餐饮食堂配送

对采收后的蔬菜进行加工处理后，由合作社或企业进行统一配送至企事业单位、学校、饭店、宾馆等地的餐饮厨房。由于是食堂就餐的蔬菜需求，

对于蔬菜的需求量大，需求稳定，但要确保蔬菜的食用安全性，对于品种的要求相对低些。因而是现今产销衔接模式中最为普遍、发展最为迅速的方式。

以奉贤“华日农庄”为例：自有基地200亩。通过基地种植与周边农户种植蔬菜的收购。与上海铁路局、奉贤区15家中、小学及幼儿园建立了食堂餐饮配送合作。每日向合作的事业单位与学校食堂进行蔬菜配送。

1.3.2 订单配送

通过蔬菜单品、礼包的形式，利用现场订单、电话热线与网络平台进行订购，统一化包装后，通过配送车或快递进行配送。订单模式对于合作社与企业的处理包装能力、配送能力、品种搭配、产品品质以及品牌声誉要求相对较高，消费者群体中需要培育引导过程。在如今的环境下，更依赖网络平台进行推广与发展。

1.3.3 农社对接

在居民社区设立蔬菜销售点，定时定期进行蔬菜配送销售。特点是价格便宜，方便居民就近采购，真正做到“田头到餐桌”的蔬菜一站式供应。但该方式相较于食堂配送，不稳定性较高。由于是直面居民销售，虽然省去了中间成本。但居民蔬菜的需求性变化频繁，对于蔬菜种类、品质的要求也更高。易出现某些销售点菜难卖，某些销售点配送量远远不够的状况。而采摘后蔬菜易腐、易烂，难以保存，使得产品损耗成本上升，运送效率下降。

以奉贤“上海扬升农副产品专业合作社”为例：自有基地680亩，注册有“扬升”品牌，与上海市奉贤区、长宁区等区县的60多家社区建立了蔬菜社区直销合作。根据销售点的需求情况，每个点每周配送1~2次，于固定时间到达销售点，进行以绿叶菜为主、其他农副产品为辅的销售。平均每日每点的销售额在2 000~3 000元。为解决销售点供需量易变问题，“扬升”开始发展起了网络订单模式。根据各销售店的需求订单进行配送，逐步解决供需销售问题。

1.3.4 农超对接

将蔬菜直接配送至大型超市卖场进行销售。在产销衔接方式中，对于蔬菜质量、品质、外观性的要求是最高的，因而该方式对于合作社或企业的配送能力要求较高。上海市超市蔬菜供应的大部分市场份额集中在少数几家企业，奉贤区现有的与超市成功对接的合作社或企业为数不多。

以奉贤“上海艾妮维农产品专业合作社”为例：自有基地400亩，2009年通过了有机蔬菜认证。蔬菜生产质量较高，并对采摘后蔬菜进行了商品化处理。现与上海市家乐福、华润万家、乐购、易初莲花等大型卖场进行了长期营销合作。生产的有机蔬菜经合作社统一加工、处理成单件蔬菜商品，向上海市的30多家大型超市卖场门店进行每日配送。如家乐福门店日配1 500件蔬菜商品，商品主要以绿叶菜、根菜类为主。根据季节、产量、门店需求量，调整每日配送蔬菜商品量。

1.4　互联网销售模式

近年来，农民和合作社正踊跃变身网络电商，将自家或收购的蔬菜进行网络销售。随着“互联网＋”热度不断升高，农产品电子商务也愈发受到蔬菜销售者的青睐。通过互联网销售，改变了农民传统“挑着担子东奔西跑”的卖菜局面。而是利用互联网展示出所生产销售的蔬菜产品，让消费者挑选购买，形成网络订单后，由生产者进行蔬菜产品配送。基于蔬菜易腐易烂特点，该模式下一定程度上保障了蔬菜生产采摘产量的可控性，提高了生产销售效率，降低了蔬菜滞销的风险。并且省去了中间环节，有效减少了交易成本。

近5年来，通过互联网销售农产品的合作社有上升趋势，主要是部级市级蔬菜标准园和品牌销售的合作社，如奉贤的“艾妮维有机蔬菜”“扬升农副产品”“申亚”农园等，在互联网销售方面发展迅速，在采取此模式的合作社中较为典型的“艾妮维”“扬升”从最初单纯的建立网站进行蔬菜销售，到电子商务平台的建立，逐渐打造起合作社蔬菜销售O2O模式。通过聘请团队建立了管理销售信息系统，开展起“自建官方商城＋合作社”的形式。即通过互联网线上的入口：如网页、微信、手机应用程序等，让消费者通过移动设备向合作社的网络店铺下单购买形成订单，而后通过合作社的物流配送，将蔬菜送货上门，使消费者体验到线下服务。该模式的运用使得合作社的蔬菜生产销售逐步迈向订单式，避免了蔬菜采摘后滞销腐烂的经济损失。

2　蔬菜产销模式存在问题

2.1　生产主体分散，组织化程度低

国内传统蔬菜生产方式以农户为单位进行，生产主体多而杂。使得蔬菜生产形成了规模小、产量低、分散无序的“小生产、大市场”格局。组建参与农民合作社、农民协会等蔬菜合作机构的人员比例较低，大型蔬菜龙头企业更是少之又少。绝大多数的种植散户无法进行批量交易，营销效率低下。而过多的小规模生产者使得蔬菜营销处于激烈的竞争状态，迫使他们只

能是蔬菜价格的被动接受者。最终导致个人农产品交易量低下，竞争力薄弱而秩序紊乱，并且无法有效抵制市场风险的困境。虽然，近年来蔬菜专业合作社的建设得到了一定发展，但合作社的资金投入、管理水平、技术手段等因素，使得发展参差不齐。缺乏组织化、规范化的优秀合作社，同质化现象突出。低下的组织化程度也因此成为了蔬菜营销渠道发展的重大障碍。

2.2 信息交流不畅，供需平衡不稳定

农民散户文化程度较低，对于农业信息的获取能力较弱。往往依靠常年种植经验和近年蔬菜销售情况来选择种植，对市场变化的应对较差。农民根据去年某菜销路好，今年广泛跟风种植，结果区域产量大幅增加，菜价下跌，造成“增产不增收”，甚至销售无出路的问题。而居民对于蔬菜要求的不断提高和变化，进一步加大了市场风险。蔬菜从生产者到消费者的流转，可能经过许多层的中间商，消费者需求信息被复杂的渠道拖延甚至扭曲，使得初级生产者难以获得真实的信息。蔬菜一经采摘，便易腐易损，难以把握的消费需求所造成的蔬菜产品滞销损耗，也就成为了许多合作社所面临的难题。此外，相较于国外，区县内缺少诸如美国农业部产品销售局、农产品行业协会等专门机构与民间组织，来对蔬菜产品信息，包括农民、价格、运输商、批发商使用运输工具等情况进行信息反馈与交流。使得在信息管理建设方面，欠缺较大。

2.3 营销渠道局限，产销衔接滞后

蔬菜销售多以“农贸市场”为主，即传统的“菜场买菜”。蔬菜产品最终流向“农贸市场”占据了较大比例，小批量零售最为常见。然而，农贸市场交易规模受限，营销能力具有局限性，诸如品牌营销等方式无法实现。尽管几年来，大型商场、田头超市等蔬菜销售形势发展势头较快，但销售量却依旧有限。现有模式中，运往“农贸市场”无中间环节的直销模式效率低下；而多中间商的模式运销成本高，利润分配不均，蔬菜生产者的利润获取微薄。以合作社品牌化进行的食堂、社区、超市的产销对接模式却发展缓慢，覆盖率低下。稳定化、规模化、去中间化的产销衔接是蔬菜营销发展的努力方向。

2.4 网络销售局限于品牌效应

互联网销售对于合作社软硬实力都有较高的要求，所以，开展起互联网销售的农业合作社或农业企业并不普遍，互联网的使用还是集中在年轻一代。对于合作社或新型农民来说，应该加强互联网的概念，打造互联网销售的应用资源和人才资源，网络销售暨节约了交易成本，又提高了销售效率。

合作社的品牌推广范围还比较局限，网络销售的辐射面有待未来进一步的扩展。如何应对日益激烈的蔬菜网络销售竞争，是合作社需要考虑的重要问题。

3 蔬菜产销模式的建议

3.1 加强蔬菜专业合作社建设与管理，提升组织化规模化程度

首先，蔬菜合作组织的形成和普及需要通过政府部门的参与帮助，推广和普及农业合作组织的相关信息，以引导的方式增强蔬菜合作组织的建设。并加强已有蔬菜合作社的推广，将其做大、做强。同时，通过联合、兼并等方式，将现有蔬菜合作组织进行有效整合，鼓励发展侧重于如生产、流通、专业技术服务型的不同类型的专业合作社，由合作社在不同环节做细做强做优。其次，配套的相关政策和措施的制定实施，才能有效保障蔬菜合作社的形成与运作。以资金供应为例，实施税收减免、农村信贷项目等，使蔬菜合作组织资金供应得到保障，稳定其发展。最后，要建立有效的蔬菜合作组织管理监督机构。现有的蔬菜合作组织的运作效能远不如外国，不仅表现在外部的运营效率低下，还表现在内部的管理不善，提升相关行业协会自律监督作用，做大区域行业特色产业的规模效应。监督管理机构的设置能有效改进此方面的缺陷。

3.2 加强销售终端建设，完善产销衔接

逐渐改变当前以农贸市场为主的销售终端模式，帮助蔬菜合作社打开多方产销衔接渠道。要建立和发展合作社品牌特色，通过政府部门在人才培育和品牌推广方面予以支持。政府部门可以牵线搭桥，建立诸如企事业单位食堂与合作社的长期合作关系，对于合作社自行发展起的与大型超市、社区、酒店产销衔接模式，要予以推广并进行适当的资金奖补，增强合作社产销模式发展的信心与积极性。而蔬菜采摘后易腐易烂的特性对生产销售也提出了较高的要求，需要加强对合作社的物流配送、冷藏保鲜等硬件设施的支持帮助。

3.3 信息化体系的构建

政府部门要加强对蔬菜生产信息的整理统计工作，通过第三方市场需求调研等方式，可借助大数据库等等方式，构建市场需求预测信息、价格波动趋势等。发展建立起区县蔬菜生产者共享的信息平台，包括蔬菜商品信息、种植信息、价格信息、需求信息、配送信息等一体化的信息化系统，并在合作社推广，保障信息传递及时性。

3.4 发展互联网新型营销模式

“互联网+”模式的开展，必然是未来蔬菜营销的发展方向。现已有部分合作社逐步开展起了电商平台进行蔬菜销售。通过互联网技术能有效开拓市场渠道，做到订单生产，扩大营销范围、减少营销成本等。对于有能力的蔬菜合作社与企业，应该加大相关扶持力度，不断完善该体系的建设。互联网营销不仅能为企业带来良好的利润，更能带动周边蔬菜种植户。

3.5 整合政策资源，提高产销对接力度

各级政府通过土地流转补贴、规模经营扶持等政策，鼓励引导无技术优势、无流通渠道、无产品特色的中小生产经营户将土地向合作社、农业龙头企业、经营大户流转，提升蔬菜经营单位的生产实施、经营管理、产销服务等水平，在此基础上推进蔬菜冷链物流发展，引导地产蔬菜向商品化处理方向发展，提高流通效率，达到增产增效。

崇明县蔬菜产销现状及其发展对策建议

陈德章　陈　磊
(崇明县蔬菜科学技术推广站，上海崇明)

崇明县是一个传统的农业县，在蔬菜产业发展上具有一定的先天优势，也承担着很大的产销压力。2011 年之前，崇明县以种植传统蔬菜品种为主，重点为花椰菜、芦笋等特色品种，销售上则主要依赖于“农批”。2011 年起，“蔬菜规模化基地”及“价格保险”等相关政策的持续实施，崇明县蔬菜的种植结构发生了明显的趋势性变化，绿叶菜品种大大丰富，生产规模迅速扩大并日趋稳定。同时，在相关部门与县绿联会等组织的推动下，销售渠道不断拓宽，特别是农超、农标、农企对接等运营模式的逐步打开，为岛内蔬菜销售开启了新的发展方向。但是，更为严峻的局面是，尽管生产上已经初步展现出较好的发展格局，但在衔接及经营流通方面还处于转型中的探索阶段，崇明县蔬菜的产销一体化建设仍然存在着较多不足和隐患，如何进一步推进发展、协调衔接、稳定局势，值得深入思考。

1　崇明蔬菜产销现状

1.1　主要成绩与产销形势

近年来，崇明县蔬菜生产规模基本稳定，结构布局持续优化，设施装备不断完善，产品质量总体安全，品牌建设稳步推进，市场营销日趋活跃，整体表现出良好的发展趋势。2015 年，崇明县常年菜田面积 13.4 万亩，季节性菜田 5.4 万亩。年产量 96.45 万 t，与 2010 年相比增加 2.61%；年产值 16.11 亿元，增加 9.22%。其中，绿叶菜占比最高，播种面积 12.13 万亩次，年上市量 20.04 万 t，顺利完成了我县绿叶菜的保有量供应任务。而近 3 年来，崇明县农产品销售所呈现出的明显热运行态势，让蔬菜受益匪浅，市区 300 多家门店和 30 多处社区直销点虽然没有明显拉动销量，却表现出良好的宣传效应，以蔬菜为主的崇明农产品因此而知名度大为提升。但是，由于产出量大、附加值有限、储存和运输不便等特点，蔬菜产销对接更多一层复杂性，岛内生产格局与市区销售业态之间的协调性并不理想。统计数据显示，目前，全县蔬菜生产面积在50亩（100亩）及以上的合作社/种植大户约220家（140家），累计5.24万亩（4.20万亩），规模化程度相当可观。不置可否，当前以及未来一段时间里，崇明县蔬菜产销问题的重点和难点都集中在规模化生产基地。

1.2 典型——规模化基地产销状态

为深入了解规模化基地经营状态，特对具有较强代表性的33家基地产销情况作调研。下表数据显示，2015年，29家常规基地（即无公害标准基地）蔬菜平均产量为4.98t/亩，数量水平并不低。但在销售方面，约12%的产出由于价格原因而抛荒弃收，没有进入流通；而进入流通的部分，销售方式上又以批发和中低价位配送为主，新兴的市区门店销售和社区直销累计占比不到10%；收益方面，平均年销售额8 191元/亩，但人工支出高达4 300余元，占到销售额的53.06%，导致各基地平均盈利仅119元/亩，大部分基地仅能维持基本持平。与此同时，4家绿色/有机标准基地则却呈现另一种格局：平均产出和销售率相比更低，其中，产出中约80%进入销售环节，渠道相对集中，且以配送为主，同时，中高价位配送和社区直销占比高达90%，其他方式虽然占比较低，但均有涉及；最为突出的是销售额和人工支出的双高，其中，平均销售额是常规标准基地5倍，人工支出近3.5倍；而亩盈利近2 000元，是普通基地的16倍。整体而言，尽管两类基地亩产值都不低，但都不同程度地遭受着高人工成本的挤压，而生产和销售之间协调程度的差异，最终让两类基地呈现出不同的盈亏状态（表1）。

表　崇明县33家蔬菜规模化基地2015年生产经营情况

基地类型（调查数）	平均产出（t/亩）	销售率（%）	销售金额（元/亩）	主要销售方式的销售量占比（%）						人工支出（元）	平均盈亏（元/亩）
				市区门店	配送	社区直销	批发市场	网售	田头交易		
无公害标准（29）	4.98	88.02	8 191	6.14	42.46	8.4	36.02	2.59	4.39	4 346	119
绿色/有机标准（4）	3.37	83.16	40 536	2.57	70.55	19.5	0	5.70	2.21	14 484	1 935

2　当前蔬菜产销面临的突出问题

结合本县蔬菜产销的整体状态和调研情况来看，尽管各类基础设施建设项目和科技投入对产业发展起到了较好的支撑作用，但从开拓创新、持续发展角度着眼，大部分蔬菜生产规模化基地的设施装备、科技水平、产业化程度等方面与经济效益之间的差距不容忽视。

2.1 设施装备水平低，人工投入过大

从规模化基地的实际情况来看，设施菜田、水肥一体化、各类农机的配备非常不足，设施装备的缺乏，除了增加基地的生产风险，也迫使各基地不得不依赖于人工，继而导致人工支出居高不下，但又同时面临着不同程度的劳动力紧缺。

2.2 科技支撑力稍显不足，可持续发展能力一般

由于专业技术人才较为匮乏以及科技推广创新存在一定欠缺，多数基地在新品种、高效茬口、绿色防控等技术的引用比率，克服土壤连作障碍、草害等问题的能力，掌握农机具使用、现代营销等技术手段，以及标准化生产的管理水平等方面存在不足，可持续发展能力亟须提升。

2.3 目标市场定位不准，格局不尽合理

目前，高标准的蔬菜生产基地规模整体偏小，无法在市区中高价位消费需求中占领更多份额；而常规生产基地上，又有近 40% 的产品进入价格中低的批发市场，尽管单位配送等销售占比显示明显提升，但新兴的市区网店销售和社区直销并未完全打开局面，面向中高端市场的生产格局还需要进一步调整优化。

2.4 流通主体缺乏，销售难仍是主要矛盾

岛内农产品营销主体小而无序，且整体缺乏，主要的蔬菜类加工企业不足 10 家，唯一一家突出生鲜配送的“生发公司”尚处于起步阶段，带动效应严重不足。与此同时，大部分基地的经营主体立足生产，销售上有心无力，尽管小部分在摸索中不断拓展自产自销空间，适价销售困难仍是制约产业发展的最主要原因。

2.5 亮点产品不多，区域品牌建设还有很大差距

尽管品质基础较好，但崇明蔬菜的亮点产品并不多，特色蔬菜产品重点不够突出，优势营造不够明显，呈现出特色不特的尴尬局面；蔬菜品牌建设上，小品牌数量众多、知名度低，整合难以下手，大品牌“生态、绿色、安全”的概念还有待进一步加强，区域知名度建设还有很大空间。

3 进一步深化产销一体化发展的几点建议

3.1 加强顶层设计，增强扶持政策的精准性和有效性

扶持政策为蔬菜产业发展方向、抵御各类风险、稳步推进产销一体化建设具有较强的引领作用。近几年，崇明县始终坚持“产”“销”齐抓共管，先后出台了一系列的措施得当、行之有效的扶持政策。在进一步用好这些政策上，既要继续发挥政策的规划引导作用，同时，也要注重其他制度的补充、完善和创新，不断增强扶持的精准性和有效性。根据扶优汰劣、重点聚焦、因地制宜、量力而行的政策原则，加强政策对重点生产基地、流通企业和行业协会的扶持力度，加大对基础研发、基础设施、技术服务、金融保险等公共服务类的支持水平，提高对蔬菜产品流通、消费的补贴力度，削弱纯生产性补贴的扶持效应，不断推进崇明蔬菜品种结构优化、区域优势培育和产销一体化建设。

3.2 加强设施装备建设，不断夯实规模化基地生产基础

针对当前规模化基地生产效率低、经济效益差的现状，加大设施装备的投入迫在眉睫。一是加速推进配套设施设备的配备。适量提高设施菜田的占比，降低因大规模露地生产而产生的较高生产风险；增加水肥一体化在设施菜田中的覆盖程度，减少灌溉用工，促进高效灌溉；二是加快中小型生产机械的引进应用。突出设施菜田内中后期生产机械引进，以绿叶菜的耕－播－采为重点，逐步实现1～3种主栽品种的全程机械化生产；三是进一步完善冷链物流。统筹规划生产基地的预冷设备建设，适度增加并确保保鲜车的合理调度，实现地产蔬菜商品化处理、冷藏、保鲜物流的无缝对接。总之，自主投资，政府协助，要不断提高基地硬件建设的现代化水平。

3.3 加强科技支撑，不断提升生产标准化水平

标准化生产水平是提高生产基地市场竞争力基础，科技服务和创新是推行标准化的重要举措。结合当前发展水平，一是加强科技创新。面对快速变化后的新产销格局，要加速研究攻克土壤连作障碍、绿叶菜草害、周年生产、均衡上市等新问题，加速消化吸收国内外先进农机设备以及物联网技术应用，不断强化对产销问题的技术攻关和方法创新；二是加强技术推广。广泛开展相关法律法规教育，大力推行新特奇品种、高效茬口、林下复合栽培、绿色防控和统防统治融合等技术，加快发展新型职业农民教育，提高蔬菜产业从业人员的生产经营管理水平，完善推广体系，提高基层农技人员的

专业素质；三是深入开展蔬菜标准园创建。切实维护好现有蔬菜标准园的标准化水平，并继续扩大标准化生产实施范围，不断提升规模化基地中标准化生产的覆盖程度。

3.4 优化产销格局，不断提高产业组织化程度

为了改善现有产销格局不完善的现状，行业群体要加强协作，形成合力，促进产销信息共享；密切产销关系，推进经营主体、流通主体的组织化建设，并不断促进两者协作。生产环节上，要促进适度规模，优化基地种植结构，提升标准化生产水平，提高周年生产和均衡上市能力；流通环节上，要扩大获得绿色及以上认证的蔬菜生产规模，加强崇明县蔬菜产品、品牌和企业的宣传培育，并协调开拓市区消费市场，控制批发等档次较低或无品牌销售方式，多在社区直销、中高档配送、网售、体验式采摘上做文章，促进生产格局不断向销售格局看齐靠拢。

3.5 培育流通主体，加速推进产销一体化建设

目前，流通主体的整体缺乏和小而无序是阻碍产销一体化推进的最大障碍，培育流通主体势在必行。一是大力培育本地龙头企业的市场竞争力。对“生发公司”“自成”等本地龙头企业，要进一步分级聚焦，继续在财政补贴、税收优惠、风险保障，特别是市场开拓和建设等方面给予扶持，同时，整合多方资源，不断促进龙头企业做大做强；二是大力培育基地自产自销能力。积极探索灵活多样的企业农户利益联结机制之外，鼓励生产基地突破生产型组织的自我定位，提供平台，创造条件，深度发掘基地社区直销、配送、网售等方面的销售能力；三是适度引进岛外流通企业。借助岛内外单位和个人牵线搭桥作用，广泛引入项目、资金、管理、技术、人才等资源，适度引进岛外流通企业，同时，加强不同经济组织之间的合作发展，不断推进崇明蔬菜产销一体化建设进程。

3.6 打响区域品牌，不断提升崇明蔬菜的市场知名度

打响地域品牌是崇明蔬菜产业发展的基本要求和必然趋势。建设进程中，首先应着眼品种、营造特色，打造形成一批既具有崇明地域特色，又具有品质优势的蔬菜产品；其次是立足品质、双向发力。除加强技术服务指导，提高蔬菜本身的商品品质外，还要引导和鼓励相关单位积极参与“农产品地理标志”“绿色食品”“有机食品”等标准的登记或认证，提高营销上的“品质”实力；除此之外，还需聚焦品牌、大小兼顾。一方面从地域特色出发，打造本土蔬菜“生态、绿色、安全”的大概念、大品牌，不断加强上海市民对崇明蔬菜的认同；另一方面从经营单位出发，打造其自主的

产品和企业小品牌，培育一大批产品质量高、市场信誉好、核心竞争力强的诚信企业和名优品牌。最终，让崇明县蔬菜成为上海滩争相追崇的明星产品，崇明县蔬菜产业更富活力与含金量，崇明县高效生态农业更加稳定和可持续！

崇明县蔬菜生产核心基地的成本收益分析

陈 磊 陈德章

（崇明县蔬菜科学技术推广站，上海崇明）

摘 要 基于崇明县33家规模化基地2015年蔬菜产销调查数据，整理分析了无公害基地和绿色/有机基地生产成本及构成、销售渠道和效益情况。结果表明，无公害基地产量4.98t/667m^2，产值8 191元/667m^2，盈利119元/667m^2，生产成本7 527元/667m^2，其中，用工成本占比54.75%，投入品及服务占比29.08%，成本单价1 645元/t，整体表现为成本竞争力不足，批量为主的销售方式阻碍品质优势发挥，盈利水平低下；绿色/有机基地产量3.37t/667m^2，产值40 536元/667m^2，盈利1 935元/667m^2，生产成本23 234元/667m^2，其中，用工成本占比62.34%，投入品及服务占比32.14%，成本单价12 028元/t，整体表现为高投入与高产值并存，以精细化配送追逐中高端市场，盈利相对可观。针对基地成本效益特点，建议蔬菜产销工作主体加强生产管理，控制成本；发挥品质优势、培育配送市场，提升效益；立足区域功能，增强政策制度效用，协调推进崇明蔬菜产业实现更好、更快发展。

关键词 成本效益 销售渠道 崇明县蔬菜

保障城市蔬菜等生鲜农产品的稳定供给是重要的民生问题。为此，我国于1988年提出建设“菜篮子”工程，1998年实行“菜篮子”市长责任制，2012年“1号文件”再次强调“大中城市要坚持保有一定的蔬菜等生鲜食品自给能力”。上海是我国著名的大城市，城市经济高度发达，农业生产的经济功能严重退化的同时，生鲜农产品消费量巨大，其中，蔬菜特别是绿叶菜深受居民喜爱，历来有农产品市场风向标之称，确保部分自给的任务十分艰巨，主要依靠边缘相对不发达的郊区（县）生产供应。崇明县位于上海市东部，是传统的农业县。农业生产上，属于绿色优质农产品生产片区，鼓励种植蔬菜特别是绿叶菜；农产品供应上，与市区一江之隔、隧桥连通，存在一定区位优势，蔬菜产业的发展空间相对持续而稳定。“十二五”期间，崇明县承担并有序完成了蔬菜生产面积 8 933. 4hm^2，“夏淡”绿叶菜年种植面积 2 266. 8hm^2，以及绿叶菜年上市量 19. 9 × 10^{4}t 的最低保有量指标任务，是目前上海市最主要的地产蔬菜生产供应地之一。

近年来，伴随着上海市区农产品市场竞争的日趋激烈，崇明县蔬菜生产的社会效益越来越严重地受到市场经济的挑战，产前、产后环节对蔬菜种植利润的不断挤压，气候、成本、品种结构性短缺等因素带来菜价波动，让“菜贱伤农”现象时有发生，部分农民种菜的经济收益和积极性大打折扣，严峻考验着相关扶持政策的效用，稳定蔬菜尤其是绿叶菜生产规模的难度日趋增大。众多学者的研究发现，生产效益逐渐成为影响农民生产决策的关键因素，因此，要稳定并发展蔬菜（绿叶菜）生产，就需要充分考量其种植成本与效益，并进一步的探索在不同成本下销售模式与效益之间的关联性。鉴于此，本文调查分析了崇明县代表性蔬菜基地的成本、效益特点，探讨了不同类型基地的产销状态及其影响因素，并就如何控制成本、提升效益、推进发展提出了对策建议，以期为改善相关政策制度，降低蔬菜（绿叶菜）生产风险，促进产业发展提供借鉴和参考。

1 数据来源及说明

为深入了解规模化蔬菜基地经营状态，2016 年 1—3 月，针对代表性基地开展 2015 年蔬菜产销状况调查。调查对象和调查内容相关情况如下。

1.1 基地特征

根据上海市蔬菜生产保障供应的要求，崇明县坚持稳定绿叶菜生产面积，鼓励有条件的基地发展绿叶菜规模化种植，绿叶菜生产因此而成为崇明县蔬菜生产的重要类型和重点发展方向。鉴于此，本次调查选取了 33 家 2015 年度绿叶菜生产核心基地，其中，29 家为无公害生产标准，4 家为绿色/有机生产标准。区域分布上，无公害基地遍布全岛，并以崇中部为主，绿色/有机基地主要集中在崇东部；所有基地连片规模 150 ~ 400 亩，平均 210 亩，保护地占比 20% 以上，且其他基础设施整体较为健全，农机平均拥有数 4. 7 台，自动灌溉设备、收获及采后加工机械、冷藏车基本空白，机械化水平一般；品种方面，所有基地绿叶菜生产面积占比均在 30% 以上，个别基地甚至周年生产绿叶菜，主要品种包括青菜、芹菜、生菜和普通茄果瓜类，年均种植品种数 33 种，其中，无公害基地 22 种，绿色/有机基地 113

种；用工方面，基地常年用工数平均 28 人，其中，无公害基地 24 人，绿色/有机基地 52 人。此外，所有基地均有自属品牌，无公害基地品牌化销售率较低，同时，开展农旅融合经营的基地不到 15%，而绿色/有机基地品牌化销售率近 100%，且 4 家基地中有 3 家同时开展休闲体验活动。

1.2 调查内容

本次调查收集并整理了基地的规模、产出、生产成本及组成等内容。其中，生产成本以直接成本为主，包括用地成本、投入品成本（种子种苗、肥料、农药、农膜等）、服务成本（机耕等）和用工成本，不涉及基础设施建设、大中型农机采购及其折旧等费用；销售渠道包括市场批发、单位配送、会员配送、门店配送、社区直销、田头交易和其他；最终的盈亏为实际数额，不涉及大额政策性补贴。数据整理中，直接成本率、直接成本单价和成本利润率的计算方法分别为：直接成本率（%）=直接成本/产值×100、成本单价（%）=（直接成本/直接成本率）/产量×100、利润率（%）=平均盈亏/（产值-平均盈亏）×100。

2 崇明县蔬菜的成本和效益分析

2.1 基地生产成本及其组成特点

生产成本的统计数据显示（表 1），不同类型基地的生产成本存在明显差异，尽管常规基地（无公害标准）的亩生产成本为 7 527元，数量水平并不低，但有机/绿色基地明显更高。组成方面，两类基地均以用工成本占比最高，投入品与服务成本其次，用地成本占比最低。用工成本上，常规基地为 4 121元/亩，占比 54.75%，有机/绿色基地 14 484元/亩，占比 62.34%。而在投入品与服务成本中，常规基地以化肥支出最为突出，年均用肥成本近 800 元/亩，有机/绿色基地则以农膜等材料费最高，年均材料成本近 4 000 元/亩。整体而言，投入品成本存在较大压缩空间，而用工成本是当前基地蔬菜生产的最大负担。

表 1 2015 年崇明县 33 家蔬菜规模化基地直接生产成本情况

基地类型（家数）	地租（元/667m²）	投入品与服务（元/亩）						用工（元/667m²）	合计（元/667m²）
		种子种苗	肥料	农药	农用膜等	机耕服务	小计		
无公害标准（29 家）	1 217	411	784	255	463	276	2 189	4 121	7 527
有机/绿色标准（4 家）	1 282	978	1 360	743	3 821	566	7 468	14 484	23 234

2.2 基地蔬菜产出及效益特点

产出和效益的统计分析显示（表2），不同类型基地的产出效益呈现出明显的分化，有机/绿色基地的产量、产值和盈利水平分别是常规基地的1.5倍、5倍和16倍。一方面从更有代表性的常规基地来看，其亩产值为8 191元，成本率高达91.89%，表明常规基地绝大部分成本来源于生产性投入，符合普通生产基地短链经营的实际；另一方面，尽管常规基地的成本单价仅1 645元/t（折合约1.65元/kg），明显低于市场零售价，理论上存在较为可观的利润空间，但实际上，常规基地盈利水平极其低下，亩盈利仅119元，利润率仅1.47%。而与此同时，有机/绿色基地产值高达40 000元，直接成本率57.32%，利润率5.01%，也就是说，对于这类基地来说，非生产环节成本达到35%；此外，其成本单价达到12 028元/t（折合约12.0元/kg），但考虑到这类基地在采后处理、存储和流通环节中的高损耗，其蔬菜产品的成本单价应该更高；同时，有机/绿色基地的亩盈利达到1 935元，并取得了相对更为可观的利润率。

表2　2015年崇明县33家蔬菜规模化基地产出效益

基地类型（家数）	产量（t/667m²）	直接成本（元/667m²）	直接成本率（%）	成本单价（元/t）	产值（元/667m²）	平均盈亏（元/667m²）	利润率（%）
无公害标准（29家）	4.98	7 527	91.89	1 645	8 191	119	1.47
有机/绿色标准（4家）	3.37	23 234	57.32	12 028	40 536	1 935	5.01

2.3 基地蔬菜销售模式与成本、效益的关系

销售渠道的调查发现（表3），常规基地最主要的销售渠道为单位配送和批发市场，累计占比达到84.62%，其他如社区直销、网售、田头交易等销售方式仅部分涉及，单项占比多在5%左右，结构相对平衡但缺乏关联件。其中，批发市场明显存在价格最低位，销售关系稳定性一般等缺点，既暴露了崇明蔬菜进入大市场大流通后，不能完全服务于上海居民餐桌，且生产成本竞争力不足的短板，又因对品质和商品化处理的要求标准比较基础，而无法体现崇明蔬菜生态品质的更高经济价值。因此，尽管门槛较低，但从拓展产业产品的功能、优势、效益来看，批发销售并不能代表崇明蔬菜销售的发展方向。

有机/绿色基地的最主要渠道为会员配送，单项占比高达70.55%，门

店其次，占比约 22.07%，其他依次为网售（5.70%）和田头交易（2.21%），层级分明且关联性强。其次级渠道如门店、网售和田头交易，由于还同时承担产品宣传和会员互动作用，可以吸引消费者并促进他们向配送会员良性转化。除此之外，有机/绿色基地会员配送普遍采取预定预付方式，一定程度上稳定了销售关系，减轻了生产成本压力，又较为快速地得到了市场需求信息的反馈，而反向指导了基地的生产布局。尽管消费渠道、人群可能难以复制，但有机/绿色基地将价值链向产后（流通环节）延伸的经营模式值得普通基地借鉴。

表 3　2015 年崇明县 33 家蔬菜规模化基地的销售渠道、生产成本及效益

基地类型（家数）	主要销售渠道（占比:%）		
无公害标准（29 家）	单位配送（48.60）	批发市场（36.02）	其他（15.38）
有机/绿色标准（4 家）	会员配送（70.55）	门店（22.07）	其他（7.38）

3　加快提升蔬菜产业效益的对策建议

3.1　基于生产视角的成本控制

崇明县蔬菜生产大而不精，追求性价方面的粗略制约了基地对成本的控制。从生产特点来看，迫切需要提升基地对生产对象、过程的管理水平；从成本及组成来看，投入品、劳动力支出也还有很大的压缩空间。

（1）优化种植结构，提高生产效率。重点从品种和茬口 2 个方向入手，积极引进推广新优品种，在确保品质优势的基础上，推广绿叶菜、茄果瓜类蔬菜的省工省力品种；合理搭配茬口，推行单一品种专业化轮茬，逐步实现重点品种的周年供应，提高蔬菜生产的复种指数、利用率和生产能力。

（2）加强技术支撑，控制物资投入。投入品成本是蔬菜生产成本的主要组成，同时，关系到经济效益和生态效益。围绕技术减投，加强减肥、减药、保地力等技术的研发应用，在稳定产量的基础上，重点减少化肥、农药的施用量。

（3）合理推进机械化，降低劳动力依赖。劳动力是蔬菜生产的最大负担，结合当前实际，针对水肥管理、采收等特殊环节，大力推进水肥一体化、采收、采后处理等器械设备的应用，逐步实现部分绿叶菜品种从耕翻播种到采收处理的全程机械化。

（4）加强综合管理，提升蔬菜生产效率。综合考量土地、劳动力、设施装备、资金等生产资源的使用成本，推行适度生产规模，完善劳动力和物资管理制度，促进生产资料的集约化、高效化，增加蔬菜有效产出。

3.2 基于市场视角的效益提升

崇明县蔬菜产品主要面向上海市区，效益的提升空间很大。这一方面，绿色/有机基地的营销模式具有重要的参考价值。

（1）发挥品质和知名度优势。利用好生态知名度，充分发掘崇明县蔬菜安全、新鲜、营养、口感、外观等方面的品质内涵，不断加强对崇明县蔬菜产品、品质和品牌的宣传，逐步实现崇明县蔬菜优质优价、品牌增值。

（2）重视采后商品化处理。完善分级、包装、加工、储运等处理，提升蔬菜产品的品质、档次和商品价值，满足市区蔬菜消费需求的多样化、个性化合层次化，争取采后处理环节利润，并把握错时、错季、错位销售背后的价格优势。

（3）促进产销信息有效对接。加速产销对接信息平台建设，重视蔬菜经纪人、流通企业、加工企业的信息反馈，加强市场规律总结交流，引导形成蔬菜市场信息共建共享机制，及时利用结构性短缺、中高端市场不饱和带来的价位机遇。

（4）拓展配送销售空间。促进生产单位产销能力匹配，发展流通环节少、供求关系较稳定的订单销售模式，推进普通基地重点发展单位配送（包括农企、农校、农超、农军对接等销售模式）和社区配送，推进绿色/有机基地发展会员配送和门店配送。

（5）推动发展融合经营。优化产地综合配套，一方面加强基础设施和条件配套，保障良好的生产条件和生态景观环境；另一方面加强渠道和宣传配套，发展特色种植和采摘体验等多渠道销售，促进有条件、有能力的经营主体开展农旅融合经营，提升生产经营的综合效益。

3.3 基于区域功能视角的产业发展

崇明县发展蔬菜产业的目标和定位具有一定的特殊性，需要在发挥优质蔬菜保障性供应功能的基础上，争取现代农业示范引领地位。

（1）优化生产结构和规模布局，确保有效供给能力。品种结构上，一方面落实绿叶菜等重点品种的生产规模和供应量，保障底线需求；另一方面要增加特色优质品种（如芦笋、茄果瓜类）和减少低附加值品种（如甘蓝类等）占比，并同时保持其他品种的多样性，迎合市场需要。规模与布局上，进一步推行适度规模，鼓励“小而全”、“大而专”分类发展。

（2）加强基础设施建设和科技服务，提升支撑保障水平。基础设施和技术服务是稳定和发展蔬菜生产的基础保证。立足基础配套，提升设施菜田的建设标准，配套完善生产单位的库房、处理场地和通用机械设备以及配送单位的包装、冷链设备；围绕标准化，创建示范片、示范园高地，重点落实新优品种、农机农艺结合技术、投入品使用技术的应用。

（3）加强经营主体培育和供应链整合，完善产业组织体系。充分发挥行业组织协会作用，重点培养经营主体中的创业创新引领型人才，增强人才队伍的团队意识，提升组织协作水平；延伸扩大组织网络，既引导队伍加强横向联合与合作，又推进供应链的分工协作和纵向一体化，降低成本，提高效率，促进蔬菜生产、流通/销售主体合理分配产业利润、共担产业风险。

（4）推进政策制度创新，驱动产业发展转型升级。综合运用农业信贷、抵押担保、保险、用地、人才、财政补贴等相关政策，并加大政策制度改革创新力度，促进政策性扶持转向生产、流通并重，逐步增强金融扶持的力度，化解用地制约，培育“新生代”经营主体和融合经营方式，提升崇明菜市场价值，不断推进崇明蔬菜产业迈向更高层次。

参考文献

陈德明，翟欣，张瑞明. 2015. 关于确保上海绿叶菜生产能力的调研报告［J］. 上海农村经济（2）：10－12.

陈德明. 2015. “菜篮子”工程保市场供应、增农民收入——上海蔬菜生产发展探索［J］. 上海农村经济（3）：20－24.

方志权，顾海英. 2004. 上海蔬菜产业链发展的现状、问题及对策［J］. 上海农业学报，20（01）：1－4.

黄国桢. 2012. 都市型农业重在保障城市生鲜农产品供给［J］. 上海农村经济（4）：20－23.

吕争. 2012. 基于供给保障的都市型农业生产结构研究［D］. 上海交通大学.

上海市农业委员会. 2011. 上海市现代农业十二五规划［OB/OL］. http：//www. shagri. gov. cn/xxgk/xxgkml/nyghyyj/nyghjh/201509/t220150917_ 1504188. html.

谈平，张莉侠. 2008. 上海蔬菜产业的现状与可持续发展对策［J］. 上海农业学报，24（02）：103－106.

吴文劼. 2015. 我国蔬菜生产成本、效益及其影响因素分析［J］. 长江蔬菜（12）：53－56.

夏春萍，刘文清．2012．蔬菜生产效益及其影响因素的实证研究——以湖北省黄梅县小池口镇为例［J］．统计与决策（12）：113－116.

肖体琼，何春霞，陈巧敏，等．2015．基于机械化生产视角的中国蔬菜成本收益分析［J］．农业机械学报，46（5）：75－82.

新华社．2012．关于加快推进农业科技创新持续增强农产品供给保障能力的若干意见［OB/OL］．http：//www.gov.cn/jrzg/2012－02/01/content_2056357.htm.

完善闵行区农产品安全监管体系的思考

郁达义

（上海市闵行区农业委员会农业管理科，上海闵行）

按照《国务院办公厅关于加强农产品质量安全监管工作的通知》（国办发［2013］106号）、《农业部发布关于加强农产品质量安全全程监管的意见》（农质发［2014］1号）的要求，闵行区地产农产品安全监管体系需要进一步地加强和完善，我们相关部门的安全监管工作也需要紧密围绕中央的“四个最严”，坚持“产出来”和“管出来”两手抓、两手都要硬，确保不发生重大农产品质量安全事件，切实维护人民群众“舌尖上的安全”。

1 闵行区农产品安全监管体系的现状及问题

1.1 现状

在2012—2013年事业单位大部制改革的背景下，闵行区农委通过优化配置、整合资源，将原涉及5个单位的部分职能与人员合并，成立了闵行区动植物检测检验中心（闵行区农产品质量安全中心），同时，农产品安全管理科也由此而生，主要承担农产品质量安全监管牵头工作、负责起草地产农产品质量安全监管年度实施方案、构建域内地产农产品安全生产监管队伍体系、推进地产农产品安全溯源体系建设、组织开展市区两级的监督抽检任务、组织开展农产品质量安全相关的培训、指导农产品质量安全监管相关的创建示范工作、配合相关部门开展食用农产品质量安全专项整治活动与突发事件等。

从2013—2015年，在闵行区农委的指导和检测中心的正确领导下，农产品安全管理科在进一步优化农产品质量安全监管各项工作，积极探索和建立农产品质量安全监管长效工作机制上先行先试，逐步强化和规范全区农产品质量安全的管理和督查职能，指导、协调本区农产品安全监管各项工作的正常开展，确保本区地产农产品质量安全可控。

1.2 存在的问题

由于农产品安全监管涉及面、专业性强，在实际工作中还存在不少问题和盲区。

(1) 我们目前存在的问题在于各部门的分工不明确，时常出现扯皮现象，在安全管理中出现有脱节现象。有效的农产品安全监管体系应该以清楚、合理、科学的职责分工为基础，关键在于部门之间是否有合理而明确的分工。

(2) 闵行区虽已初步搭建了形成上下联动的四级网格化监管体系，但农产品安全管理科由于定位问题，发挥牵头作用的力度不够、向下延伸的监管力量薄弱。在基层，乡镇农产品安全监管站也只是增挂牌子、明确职能，监管队伍一直是几个兼职人员，分别对应多个业务主管部门，有限的监管力量难以应付日益繁重的监管任务。

(3) 目前，闵行区的农产品生产分散、规模小、随意性大、组织化程度低，种植、养殖户年龄偏大、文化程度低，且多数蔬菜种植和畜牧养殖户为外地农民，流动性大，培训和管理缺乏连续性，同时，一些生产者对农产品质量责任意识、安全意识比较淡薄，标准化措施得不到有效贯彻和执行。

2 以“四个方面”为抓手、全面推进各项工作

通过一段时间的实践和摸索，如何在新形势下有效开展我区农产品安全监管是农产品安全管理科的当务之急。我们需要进一步强化农产品质量安全监管各项工作，建立农产品质量安全监管长效工作机制，以“定、治、调、导”4 个方面为抓手，将我区的监管工作做实做好。

2.1 “定”，即优化农产品质量安全监管工作机制和制定监管方案

农产品质量安全监管是一个动态的管理过程，单就一两次专项整治是远远达不到目的，必须建立多部门参与、企业自治、社会参与，形成的农产品质量安全监管的长效机制，做到齐抓共管，警钟长鸣。农产品安全管理科可以作为协调、指导和信息收集整理的联动中心，各专业部门落实专门人负责农业生产条线内的农产品质量安全工作，各农业生产经营主体通过签约制度和追溯制度等措施来实施自治。

每年必须结合农产品质量安全监管工作的特点，制定《地产农产品质量安全监管工作意见》《地产农产品质量安全宣传培训教育工作计划》《农产品质量安全监管工作要点任务分解表》等一系列文件和一整套农产品质量安全事故处置应急预案，切实做到农产品质量安全监管的认识到位、责任

到位、人员到位。

2.2 “治”，即强化农产品质量安全监管网格化管理和开展社会共治

目前，闵行区已初步搭建区、镇、村、企业四级农产品质量安全监管网络，依托现有镇农村综合管理事务中心，成立镇农产品质量安全监管站，通过增挂牌子、定岗定编、经费保障、完善条件、考核管理等措施来实现镇农产品质量安全监管公共服务机构的“职能、人员、经费、手段、服务”五到位。而农产品安全管理科需要在这个网格化体系中作为其中的一个重要环节与镇农产品质量安全监管站对接，将日常的监管任务分解和落实，并全面提升体系队伍的监管能力。同时，我们需要深入开展农产品质量安全排查的治理行动，强化蔬菜中高毒、禁用、限用农药、畜产品中非法添加“瘦肉精”和三聚氰胺等、水产品中孔雀石绿和硝基呋喃等禁用药物的整治，充分发挥区农业执法大队的作用，集中查办一批制售假劣农资和禁用药物的大案要案，坚决杜绝假种子、假农药、假化肥坑农害农。

强化对生产的监管就是要加强对农产品生产者生产的日常监督，这需要农委下属各单位和其他各部门的多方配合与社会共治。首先是加强农业投入品经销监管、建立各项制度、规范农业投入品经营、建立健全投入品使用档案。其次是建立投诉制度，向社会公布举报电话，用奖励的方式鼓励群众举报违法违规农产品生产者，做到有报必接、有报必查、有错必处。

2.3 “调”，即牵头协调我区农产品质量安全的相关工作

农产品安全管理科在本地区农产品安全监管方面对内承担了具体协调农产品安全监管的各项工作，对外则对接区食安办，参与食用农产品的监管，从一个层面上解决了我们农产品安全监管上“谁来协调”、“协调什么”以及“如何协调”等方面的问题。但是在部门之间横向协调行为的背后，更具有主导性和决定性的是上下级部门的纵向博弈因素。实践表明，分段监管的各个部门之间常常缺乏主动协调的意愿，因此，在缺乏协调基本制度和具体的协调目标的情形下，协调终究会无疾而终。更为严峻的是，在分段监管理念下，各部门为了避免在其职权范围内出现安全问题，通常以规范性文件画地为牢，增加了监管协调的难度。因此，当务之急是建立一系列健全的决策程序沟通程序以及相关的配套制度，具体而言：

一是，明晰协调权限，强化协调权威。将农产品生产上的监管统一由蔬菜、粮经、畜牧、水产等专业部门负责，将农产品管理上的任务统一由农产品安全管理科负责，并进一步强化牵头协调的职能。

二是，实施例会联络员会议制度。对于涉及多部门的农产品安全事项，

各部门之间可以通过进行共同会商讨论作出决定。

三是，借鉴国外经验，实施签署协议或备忘录制度。签署协议或备忘录的方式解决部门间及地域间的职权交叉与冲突，实现相互间的协调与共赢。

2.4 “导”，即使风险评估机制充分发挥监管的指导作用

开展农产品质量安全风险监测是我们在农产品安全监管领域的创新性工作模式，而目前的“事后监管”的管理方式已远远控制不了质量安全事件的发生、发展，而实现从“事后监管”向“事前预防”转变是我们的发展趋势。自 20 世纪 90 年代始，欧美国家开始将风险评估技术引进消费品领域，并经过 20 多年的发展，欧美国家已经建立相对完善的产品质量安全风险监测体系，对产品质量安全风险控制起到了非常有效的作用。目前我们开展农产品质量安全风险评估目的是发现农产品质量安全方面存在的未知风险隐患、评估已知危害程度，进一步强化了下一阶段的监管指导意义。依托已初步建立的农产品质量安全风险评估技术体系和工作基础，进行现场摸底排查、生产过程跟踪验证和上市前产品的抽样定量评定及相关数据和风险信息的统计分析与综合研判，有计划、有步骤地层层推进工作，有效摸清农产品质量安全存在的重大隐患和潜在风险、科学应对质量安全突发事件。

3 发挥“三剂”作用，加强无缝监管

这些年来，闵行区的地产农产品安全形势总体平稳可控。但是，从地产农产品安全监管的过程来看，田间到餐桌产业链比较长，农产品安全隐患依然存在，农产品安全管理需要发挥“黏合剂、催化剂、稳定剂”作用并具体承担以下职能：负责农产品质量安全监管体系建设；负责农产品质量安全知识的宣传；组织开展农产品质量安全风险评估；组织实施农产品质量安全监测；组织、指导农产品检验检测体系建设；组织农产品质量安全监督管理的有关工作；牵头组织农产品质量安全重大事故的调查及突发事件的应对工作；牵头协调农业行业安全生产。

一是“黏合剂”作用。目前，我国在这方面的安全问题越来越复杂、也越来越困难。以“从田头到餐桌”为依据梳理我们食用农产品监管部门之间的关系，区食安办、农委内的各职能部门在整个监管体系中承担着不同的权力和责任，而农产品安全管理科的“黏合剂”的作用则是将监管力量形成合力，使各单位各部门配合好，沟通好，并建立一个相互理解、相互信任合作机制。

二是“催化剂”作用。我们深知，在目前的监管体系中各部门之间存

在着职能权利的分配问题，使得各部门之间存在着相互作用与相互矛盾。农产品安全管理科的“催化剂”作用是要使各部门之间的状态从无序走向有序，达到全局的一致，并进一步发挥好各部门间的作用，提高监管的整体效率，起到一加一大于二的整合效应。

三是“稳定剂”作用。在我们农产品质量安全监管中，人是主要的决定性因素，为适应新形势下农产品质量安全监管的需要，农产品安全管理科的“稳定剂”是作用是要继续抓好镇级、村级队伍的管理，不断提高责任意识、道德素养和职业技能，进一步落实责任制，加强考核奖惩，使其成为精干、高效的监管队伍，真正成为本地区农产品质量安全监管的坚实力量。

闵行区蔬菜产销现状调查与发展思路探索

偶晓捷　朱慧郅　陆国岐　路凤琴　陆　奕
（上海市闵行区农业技术服务中心，上海闵行）

为了更好地完成市府下达给闵行区的蔬菜生产任务，进一步提升闵行区蔬菜产业整体水平，促进蔬菜增效、菜农增收，2015 年年初对闵行区蔬菜产销情况开展了专题调研。

1　闵行区蔬菜产销总体情况

2014 年全区蔬菜种植面积 13 736.63亩，其中，绿叶菜 10 147.5亩，全年蔬菜播种面积 65 274 亩次，复种指数达 4.8 茬，全年蔬菜在田面积比 96%左右，全年蔬菜总产量在 65 500 t 左右，全年绿叶菜产量 56 500 t。全区蔬菜配送企业 13 家，配送各类单位 602 家，年配送各类农产品 2.8 万 t，销售额为 1.65 亿元。

2　闵行区蔬菜产销模式现状

2.1　产销组织主体

目前，闵行区蔬菜合作社生产模式以园艺场组织生产和营销企业组织生产为主。散户种植的面积，随着土地流转等工作的开展不断减少。由园艺场组织生产的合作社以老场居多，如永丰蔬菜合作社，汇良蔬菜合作社等，这些合作社的特点是，人员组成以闵行本地人为主，蔬菜种植水平较高，经验丰富。由营销企业组织生产的合作社有城市蔬菜合作社，正义蔬菜合作社，恒孚蔬菜合作社，敏顺蔬果合作社，谷裕蔬果合作社等。这类合作社依靠销售来带动蔬菜种植，表现出员工年轻化、多元化，蔬菜生产目的性更强，相对单位产值也更高。

2.2　生产管理模式

种植管理上主要分为基地生产和基地 + 农户 2 种模式，随着农业劳动力紧张问题日益严重，以基地生产模式的合作社有逐步向基地+农户模式转变趋势。

基地+农户模式在管理上采用“两头统，中间包”，即对农药等主要生产投入品由合作社进行统一供应和统一管理，对蔬菜产品做到统一检测和统一上市，中间生产环节承包给农户，通过生产过程档案记录和植保员签名制度等方式进行安全监管。这种模式在目前闵行区的蔬菜生产现状下是较为适合的模式。

2.3 销售模式

闵行区蔬菜合作社的销售模式主要有三类：一是伙食团体配送（配送加工企业、配送食堂）；二是无终端市场销售。送批发市场、田头交易（小贩收购等）；三是农社对接。此外，超市卖场配送模式以及电商等创新销售渠道也有个别企业采用。

闵行区蔬菜销售以伙食团体配送以及无终端市场销售居多。伙食团体配送模式，合作社在组织产品进行粗加工（即去根、去老叶等）整理包装后，配送到宾馆、饭店、工矿企业、大中院校等伙食团体进行销售，他们除了配送蔬菜外，还配送其他农副产品。虹桥园艺场、正义园艺场等一些龙头企业都有这样的销售模式，他们有长期的客户，销售容易成规模，效益可观。

无终端市场销售模式，合作社组织职工、社员进行生产，并将所生产出来的产品直接送到蔬菜批发市场或者等小商小贩上门收购，一般没有自己配送的渠道。这种模式以老的园艺场和合作社为主，虽然没有固定的客户，但与蔬菜批发市场和蔬菜商贩有比较稳定的合作，销售成本低廉，也能获得不小的收益。

“农社对接”项目是闵行区近年大力推进的重点实施项目，取得了较大的成绩。据统计，2014 年全区有 10 家蔬菜企业参与该项目，进驻社区 195 个，供应次数 1.5 万多次，销售总量为 3 480多 t。该模式目前运行良莠不齐，由于不同社区消费水平差异，合作社盈亏差异较大，最主要是人工和运输成本比较大，个别老小区的社区供菜因亏损过大难以正常维持。

3 经济效益

3.1 生产成本

蔬菜生产成本主要有每年的土地流转费、人工费以及种子、肥料、薄膜等农资。土地流转费各镇有差异，平均每亩在1 000 ~ 1 400元，政府有补贴政策，人工成本较高，在6 000元/人/亩/年左右，并有继续增长的趋势，农资成本在5 200元/亩/年左右，一般政府补贴在50%左右的，但是肥料、种子等补贴量不能完全满足需要，还要全额采购一部分。

3.2 销售成本

销售成本和销售模式有很大关系，一般配送为主的合作社销售成本主要是运输和人工，销售环节平均人工成本在1 700元/人/亩/年左右，运输成本300元/辆/日，部分蔬菜企业有自己的店铺，店面租金（入场费）也是重要的组成部分。蔬菜电商目前处于起步摸索阶段，前期成本巨大。

3.3 产销效益

一般蔬菜合作社平均亩产值在12 000～15 000元，生产成本在12 000～12 600元，销售成本2 000元左右，各种政策补贴折合起来大约在1 600元/亩/年，初步估计合作社平均每亩在1 600～2 000元的效益。

4 蔬菜产销存在的问题和困难

4.1 蔬菜合作社专业化程度不够

经过几轮土地流转工作，闵行区蔬菜规模化程度已经有了大幅提高，但专业化程度不够。多数合作社种植品种多而杂，没有特色品种或优势品种，在产品销售中缺少品牌优势。同时，还造成了蔬菜机械化的推广应用进展缓慢，目前在蔬菜生产上缺少劳动力的现状将在较长一段时间内难以得到改善。

4.2 种植茬口安排不科学

主要表现在复种指数太高，据2014年统计数据已达到4.8茬。高复种指数是否能带来高收益还未可知，但是高复种指数带来土地连作障碍加剧已经是严峻的现实问题。土壤肥力不足造成，陷入过量施用化肥，土壤盐渍化的恶性循环，农产品质量提升难度加大。

4.3 蔬菜生产标准化推进缓慢

蔬菜生产标准化是蔬菜产业发展的必然趋势，也受到了各级农业部门的高度重视。但是由于蔬菜市场规范不够，没有明确的蔬菜标准和产品分级要求，合作社对标准化建设的内部动力不足，光靠政府推动难度较大。目前，市场上蔬菜质优价不优，反过来也成为推动蔬菜标准化生产的最大障碍，导致一些主推技术、主导品种推广应用缓慢。

4.4 农业补贴政策项目落实不及时

闵行区的农业补贴政策有覆盖广、补贴项目众多、补贴资金量大的特点，同时，也存在项目执行程序复杂、流程长，这也是农户们反映比较多的问题。

农业季节性很强，程序复杂流程长会造成补贴延误，给农户带来损失。

另外，一些联合项目非农口资金难以落实，比较显著的是“农社对接”项目，参加的合作社普遍反映乡镇配套资金部分没有落实，给农业企业进社区的积极性带来打击。

4.5 有影响力的地区性品牌缺失

本地的农产品在市场上的认可程度小，农业企业还处于单打独斗的状态，合作社间缺少互信合作，没有形成本地的品牌体系，可进一步发挥区蔬菜行业协会的作用，定期组织规模化的闵行农产品推荐会，搭建产销合作的平台。

4.6 产销成本居高不下

目前，蔬菜产销成本中人工成本占60%左右，生产环节平均人工成本在6 000元/人/亩/年左右，农资成本在5 200元亩/年左右，销售环节平均人工成本在1 700元/人/亩/年左右，运输成本300 元/辆/日，还有店面租金、入场费、电子商务等费用也是逐年在上涨。

5 发展思路

一是加强蔬菜组织化标准化建设，进一步推进“一场一品”标准化生产和蔬菜机械化示范应用，提高单位面积的生产效率；二是建设本地农产品大品牌体系，建议由政府部门牵头、协会运作，设置严格的准入门槛与退出机制，将本区标准化农业企业统一纳入大品牌体系，使得产品质量有信誉保障，从而逐步形成地区性的著名商标，体现品牌优势，实现地产蔬菜质优价也优；三是发展电子商务，利用目前发展迅速的各种电子信息平台，可建立全区农业企业可以共享的电子商务平台，结合电子商务平台还可在适当的社区、写字楼办公楼聚集地设置蔬菜自动销售柜等；四是农社对接要进一步整合优化资源，农业企业对接的社区要尽量集中成片，并依托社区居委、物业等的力量，使其协助开展定点的销售工作，减少农业企业销售人工和运输成本的支出；五是加强蔬菜四新技术推广和质量监管，进一步推广科学轮作制度，鼓励适当的休耕和土壤处理，继续开展农药、化肥的“双减”工作，做好农业投入品的溯源监管及产品质量监测；六是加强宣传培训，在做好生产技术培训的基础上，进一步侧重开展农产品营销、电子商务技术等方面的培训；七是联合商业部门，进一步规范蔬菜市场，加强市场准入制度建设，同时，着手制定蔬菜产品分级标准，进行小范围试点；八是优化农业补贴政策执行流程，对于种子、肥料、农药等物化补贴项目，紧跟农时，服务到位。

上海市蔬菜园艺工职业技能发展现状研讨

赵胜荣[1]　秦　梁[2]　朱　繁[3]　夏冬明[2]　徐　菲[3]

（1. 上海市松江区农业技术推广中心，上海松江；2. 上海市农业广播电视学校，上海松江；3. 上海市农林职业技术学院，上海松江）

1　研究目的和意义

职业培训是促进技能人才培养和成长的主要手段，职业培训项目的开发有力地保障了人力资源市场的有序运行，对加快社会职业教育发展、提高劳动者就业能力具有重要意义。

为保证蔬菜园艺工职业培训项目整体开发的科学性和规范性，将围绕职业开发调研、职业培训项目开发模式和技能鉴定命题技术研究等方向开展具有针对性和实用性的调研，梳理培训、鉴定技能需求，为职业提升、题库开发维护提供依据；着重研究模块化开发的可行性，搭建模块化开发框架结构。调研项目旨在提高蔬菜园艺工职业开发体系的灵活性，平衡相似职业间鉴定的难易程度，解决社会实际需求，为职业培训项目立项调研提供技术支持。

2　研究背景

2.1　培训鉴定现状难以适应企业社会的需求

长期以来，职业技能培训建立在传统的以学科为中心的基础之上，形成所谓的“学科教学”模式。培训出来的学员知识结构不符合岗位职能需要，操作技能较差，往往需要用人单位再经过一段时间的培训方能上岗。

2.2　培训鉴定现状难以满足从业人员的需要

传统教学模式的教学过程中只注重经验、知识的传授，忽略了学员能力的培养；偏重理论知识的完整性、系统性和严密性，忽视了理论知识的针对性、实用性和实践性。传统的职业技能培训课程模式呆板缺乏灵活性，较难满足学员多元化的培训需求。

2.3 培训鉴定现状难以满足从业人员的需要

随着经济的发展，新技术、新设备、新材料、新工艺的推广应用，这种弊端越来越制约着职业技能培训质量的提高，很难满足培养高素质劳动者和专门人才的要求。因此，寻找一种适合的职业技能培训课程模式的诉求自然产生，迫切地需要对职业技能培训课程模式进行开发，对课程结构进行改革。

3 研究价值

3.1 开发培训课程模式

根据蔬菜园艺工各职业技能发展状况调研，研究模块化开发的可行性，总结双证融通模块化开发思路，对可行的职业技能培训进行模块化开发，改革课程结构。

3.2 提高培训鉴定质量

通过蔬菜园艺工这种职业技能培训模块化开发，激活职业技能培训，关注学员知识结构与技能水平的相互匹配，研究能满足学员需要的职业技能培训模式，从而提高培训鉴定质量。

3.3 适应企业社会需求

蔬菜园艺工各职业技能培训模块化开发基于岗位需求，学员知识结构与实际技能容易适应企业社会需求。

4 研究目标和方法

4.1 研究目标

首先，梳理蔬菜园艺工职业培训鉴定技能需求，为职业提升、题库开发维护提供依据、提出建议；其次，研究蔬菜园艺工职业技能培训模块化开发的可行性，搭建这种职业模块化开发框架结构。

4.2 研究内容

参照国家职业技能鉴定标准，对蔬菜园艺工职业培训鉴定的现状和企业的人才需求，进行技能发展状况调研；蔬菜园艺工职业各等级技能结构、构成分析研究；蔬菜园艺工职业各等级考核内容建议，包括考核内容、形式、对象、要点、难度等；蔬菜园艺工职业模块化培训鉴定的可行性分析研究；蔬菜园艺工职业模块化开发模块框架结构分析。

4.3 研究方法

4.3.1 文献调查法

通过报刊、杂志、专业书籍和网络等有效途径查阅蔬菜园艺工职业现状与发展趋势等相关信息资料，获取有关理论依据和数据。

4.3.2 问卷调查法

通过邮件或当面发放的方式，向上海星辉蔬菜有限公司燎原8队、上海松叶农产品配送有限公司等60家企业共发放340份问卷，收回有效问卷298份，其中针对管理层的问卷100份，针对员工的问卷198份；向上海松江志达职业技能培训中心等8所学校共发放240份问卷，收回有效问卷218份，其中针对学校管理者或教师的问卷60份，针对学生或学员的问卷158份。全面了解蔬菜园艺工职业技能培训现状，企业人才满意度和需求，从业人员现状和需求，学校人才培养现状和双证融通专业改革试点中融通课程的开发实效。

针对不同的调研对象制作了企业调查问卷、学校调查问卷、从业人员调查问卷和学员调查问卷，其特点是调查范围广，信息量大，操作比较简单。问卷调查成功与否，问卷的设计是关键，因此，问卷调查的设计兼顾了以下3个方面。

（1）充分考虑问卷设计的科学性与合理性以及每个问题之间排列顺序的逻辑性。

（2）注意问题涉及的全面性，尽可能覆盖所要调研的全部内容，以便掌握充分的信息与数据，为以后工作的展开提供充分的信息与数据。

（3）为得到既集中又广泛的信息，问题设计既有封闭式、又有开放式。

问卷调查工具为自编量表，进行了信度与效度检验，对象的选择采用重点抽样、随机抽样的原则。在对问卷结果进行统计分析时参照有关访谈情况，保证调查的真实性和有效性。

4.3.3 访谈调查法

对于一些问卷没有或无法调研到的信息，采用了个别访谈的形式，当面提问并记录被访者的答案。通过个别访谈，有些停留在表面的问题可以通过深入追问得以获取。此外，项目小组也召集行业和企业专家，召开座谈会，通过头脑风暴的形式获取更多意见和建议。

4.3.4 分析法

根据调研结果和双证融通试点总结，按蔬菜园艺工职业梳理分析，通过专家研讨，头脑风暴，共同研究，确定结论。

5 蔬菜园艺工职业调研与分析

5.1 目前上海市蔬菜从业人员年龄构成比例、学历分布结构与分析

对60家蔬菜生产企业调查结果显示：蔬菜一线劳力及经营者的年龄和文化水平，从事蔬菜一线劳力65岁以上的占8.9%，56~65岁的占35.8%，

46～55 岁的占到 28.7%，30～46 岁的占到 17.1%，30 岁以下的只占 9.5%。蔬菜经营者 46～55 岁占 42.9%，是经营者主要组成部分，65 岁以上和 30 岁以下的经营者明显少于一线劳力。75.5% 从事蔬菜生产的一线劳力只有初中及以下文化水平，甚至没有上过学，大专文化水平及以上的一线劳力只占 13.5%，具有本地户口的一线劳力，高中以上文化水平占调查总人数的 14.8%，外来一线劳力只占 7.6%，具有本地户口的一线劳力文化水平要高于外来一线劳力。蔬菜生产经营者文化水平较高，不存在没上过学的，其中，高中以上的文化水平达到 78.9%，大专和本科及以上学历的占 48.7%。总体来看，蔬菜经营者的文化水平显著高于一线劳力，一线劳力文化水平低下，一线劳力和经营者整体年龄结构偏大，缺少年轻人员。

5.2 目前上海市蔬菜从业人员用工短缺与分析

对 60 家蔬菜生产企业调查结果显示：82% 蔬菜农民专业合作社存在用工短缺现象，只有 18% 合作社不存在用工短缺现象。合作社最缺少的是技术人才、一线生产人员和销售人才。55% 合作社存在员工不稳定的状况。合作社的经营者反映遇到的最大的困难之一就是留不住好员工，同时，满意的员工不好招。经营者对一线劳力或者技术人员的要求，最重要是劳动态度和实践经验，其次是技能和专业知识，对性别和年龄没有严格的要求。合作社用工短缺，留不住好员工成为普遍问题。

6 蔬菜园艺工职业模块化培训鉴定的可行性分析研究

模块化培训鉴定实质上是根据职业技能培训的要求，把教学内容编排成便于进行各种组合的单元。一般来说，一个模块就是一项专向能力，若干个专向能力组合构成某一职业岗位的综合能力。每个模块的内容不多，主要由应知（理论）、应会（技能）组成。各个模块功能单一，且相对独立，通常一周或几周内就能学完。这种结构加大了职业理论和实作技能的比例，还可以根据岗位的要求，较为灵活地组合模块，以便实现职业技能培训目标。针对模块化培训鉴定的特点，我们分别对学员、教师和学校管理者，员工和企业管理者进行了访谈调查，分析汇总所获信息，得出以下结论。

6.1 于学员而言，模块化培训灵活、上手快

由于将原来一个级别的内容分成若干个模块进行学习和考核，学员可在较短时间内专注于某个模块的学习，并获得该模块的证书。对于急于就业的学员而言，便可凭模块证书先行就业，随后可继续选择模块进行学习和考核。这种培训方式灵活，便于掌握某个模块的技能和知识。而且学员还可根据个人喜好和专长进行选择，在学有余力的情况下，还可实现模块叠加，获

取更高级别的职业资格证书。调查中发现，84% 的学员表示喜欢这种培训方式；10% 的学员表示无所谓；只有 6% 的学员表示习惯原有的培训方式，主要原因是担心模块化会增加难度。然而在与企业管理者的访谈中则被告知有这种担心的学员一般不太能胜任工作岗位，或者发展比较缓慢。

6.2　于学校而言，模块化培训教学周期短，便于管理

原来的一个级别教学时间跨度长，学校在课时安排和教师配置上常常会遇到一些不可知的因素，较难把控。而模块化开发使课程体例缩小，完成一个课程即完成考核，培训周期缩短，便于管理。访谈时学校管理者表示，他们喜欢这种短小的模块化课程，这给他们的工作带来更多的方便。无论是在课时安排，还是在教师配置的问题上。

6.3　于员工而言，模块化培训有利于知识更新和多元发展

按照原有的培训模式，企业员工想要让自己的技术晋升一级，必须在连续的一段时间内完成一块庞大的教学内容，且级别越高，考核时间越漫长，于是有的员工也就失去了继续学习和考核的动力。而模块化培训可以刺激员工继续培训的愿望，他们可以利用一小段时间，选择自己需要的某个模块进行学习，这样有利于员工的知识更新；而由于可以灵活选择模块，则有利于员工的多元发展。调查中发现，76% 的员工表示模块化培训更能促进自己更新自己的知识技能结构，同时，逐步提升技术等级；16% 的员工表示自己是否需要通过培训更新知识，提升等级，不受培训方式的影响，全由自己实际需求决定；8% 的员工则表示还是想通过原来的培训模式直接提升自己的技术等级，因为他们更看重自己的技术等级。

6.4　于企业而言，模块化培训有利于接轨技术更新变化

模块化培训可用企业培训作为桥梁，把不同的教育过程与职业情境联系在一起，明确职业群体或某职业的共同内容；也可以作为培训职业内部的选修单元，为特定需求的人设计重点方案或专业化方案。这对企业而言，模块化培训无疑有利于接轨技术更新变化。

7　蔬菜园艺工职业模块化开发的确定

根据蔬菜园艺工职业模块化培训鉴定的可行性分析研究，我们确定对蔬菜园艺工的 5 个级别进行模块化开发。

8　蔬菜园艺工职业模块化开发框架结构分析

在调研的基础上，我们既尊重了企业需求，也参考学校要求，最后根据现有国家职业标准，对蔬菜园艺工职业进行了等级和模块的划分，保留了原

有合适的内容，剔除原有无用、过时的内容，增加最新时尚潮流的内容。做到涵盖国家标准，但高于国家标准。在内容的选择上考虑体现新技术、显示高大上的内容，但也考虑可考性。在必选模块的内容上体现岗位的必备性，而可选模块之间则考虑了平衡性。其模块化开发结构，如下表所示。

表　蔬菜园艺工模块化开发结构

职业	等级	模块名称	主要工作任务	主要技能点
蔬菜园艺工	五级	育苗	营养土配制	1. 能按配方配制营养土 2. 能按指定的药剂进行营养土消毒
			种子处理	1. 能按技术规程进行常温浸种和温汤浸种 2. 能按技术规程进行种子催芽
			播种	能整平床土，浇足底水，适时、适量并以适宜深度撒播、条播、点播或穴播，覆盖土及保温或降温材料
		定植（直播）	设施准备	1. 能按指定的类型和结构参数准备栽培设施 2. 能按指定的药剂进行栽培设施消毒
			整地	1. 能按指定的时期和深度耕翻土壤 2. 能按技术标准整平地块 3. 能按规划开排灌沟
			施基肥	能按配方普施基肥，并结合深翻使土肥混匀，沟施基肥
			作畦	能按指定的类型、规格作平畦、高畦或垄
			移栽（播种）	能开沟或开穴，浇好移栽（播种）水，适时并以适宜的深度、密度移栽（播种）
	四级	田间管理	环境调控	1. 能确定温、湿度和光照管理措施 2. 能确定土壤盐渍化综合防治措施 3. 能确定有害气体的种类、出现的时间和防治方法
			肥水管理	1. 能确定追肥的种类、比例、适期和方法 2. 能确定浇水时期和数量 3. 能确定叶面追肥的种类、浓度、时期和方法
			植株调整	1. 能确定插架绑蔓（吊蔓）的时期和方法 2. 能确定摘心、打杈、摘除老叶和病叶的时期和方法 3. 能确定保花保果、疏花疏果的时期和方法
			病虫草害防治	能确定病虫草害防治使用的药剂和方法
		采收	采收适期	1. 能按蔬菜外观质量标准确定采收适期 2. 能确定采收方法
			质量检测	1. 能确定产品外观质量标准 2. 能进行质量检测采样
			分级包装	能选定分级标准并能包装
	三级	技术管理	编制生产计划	能安排蔬菜生产茬口
			实施生产计划	能组织实施年度生产计划
		植物保护	苗情诊断	能识别主栽品种苗期常见生理性病害，并制定防治措施
			病虫害防治	能识别主栽品种苗期常见病虫害，并确定综合防治措施

（续表）

职业	等级	模块名称	主要工作任务	主要技能点
蔬菜园艺工	二级	操作规程	调研并制定操作规程	1. 能够调研蔬菜生产量、供应期和价格 2. 能制定农资采购计划 3. 能制定主要蔬菜生产技术操作规程
			种子鉴定	1. 能测定种子的纯度和发芽率 2. 能鉴定种子的生活力
		技术应用	技术评估	能评估技术措施应用效果，对存在问题提出改进方案
			繁育品种	1. 能有计划地引进试验示范推广新品种、新材料、新技术 2. 能繁育常规品种并能对常规品种提纯复壮
	一级	技术开发	技术研发	1. 能针对生产中存在的问题提出攻关课题，并开展试验研究 2. 能预测蔬菜产销发展动态
		培训指导	技术培训	1. 能制定高级人员和技师培训计划 2. 能准备高级人员和技师培训资料、实验用材和实习现场 3. 能给高级人员和技师授课、实验示范和实训示范
			技术指导	能指导高级人员和技师进行蔬菜生产

蔬菜“第六产业”模式发展案例与分析

许　爽　朱为民
（上海市农业科学院园艺研究所，上海市设施园艺技术重点实验室，上海奉贤）

摘　要　本文介绍了国内外蔬菜“第六产业”发展的实例，并结合上海发展的基础，指出发展蔬菜“第六产业”将成为其发展新动力，使原本作为一产的蔬菜生产变身为综合产业，提升其附加值，发挥其经济、社会、生态、休闲等综合功能。同时，就蔬菜“第六产业”模式发展提出了相应建议，以期为相关部门提供决策参考。

关键词　蔬菜　“第六产业”　实例　分析

2014 年中央农村工作会议提出：“要把产业链、价值链等现代产业组织方式引入农业，促进一二三产业融合互动”。一二三产业的融合互动，即将原本脆弱单纯的农业，通过精深加工、流通、休闲服务业等相互融合，变成集生产、加工、流通和服务于一体的“第六产业”，而蔬菜产业作为传统种植业的代表，其发展也正经历着一场由第一产业向“第六产业”过渡的蜕变。“第六产业”的概念最早是由日本学者今村奈良臣提出，经过 20 多年发展，日本、韩国以及欧洲等国“第六产业”发展已经颇具规模，在中国，“第六产业”也不是新鲜事物，在我国台湾地区、北京、江苏、上海等省市纷纷出现打造“生产 + 加工 + 销售”的一条龙服务链的农场和现代农业园区，但是发展并不成熟。本文围绕蔬菜“第六产业”模式进行归纳梳理，以期为相关部门提供参考。

1　国内外 蔬菜“第六产业”模式实例

1.1　日本

作为最早提出“第六产业”概念的国家，日本政府自 20 世纪末以来，一直致力于推进农业“六次产业化”，主要通过农业规划、政策支持和金融扶持来引导其发展，与农协联动，为农户提供了全方位服务，从技术指导到产品营销，从社会保障到生活福利，涉及农户生产、生活的方方面面。核心战略是促进农产品的“地产地消”，即当地生产的农产品在当地消费，主要有3种形式：一是产地直销型，即培育自产农产品的特色和自有品牌，由产地生产组织自行建立直销店；二是产地加工型，即利用本地农产品发展农副产品加工业；三是旅游消费型，发展乡村旅游，带动农产品的文化价值。日本蔬菜“第六产业”发展模式比较典型的例子有：野马县的“蔬菜俱乐部”和大王山葵农场，前者主要通过建立农业组织法人、实施一二三产业融合，注重蔬菜的产量与质量。蔬菜收获后，依照事先与消费者订立的订单合同，将蔬菜加工装箱进行销售。出现的次等品部会被加工成酱菜进行销售。据报道，通过这种多产业融合的方式，农户年人均收入能到达1亿日元左右。后者大王山葵农场，创立于1917年，不仅是日本最大规模的山葵园，也是安昙野最知名的观光景点，因是黑泽明导演的电影《梦》拍摄地点而闻名日本全国，内有休闲观光游玩处、大王广场、荞麦面处、餐厅等设施，覆盖山葵的种植、加工、产品等全产业链，产品除了对外销售，还可供游客体验，每年接待约120万访客。这些发展模式取得良好效益后，日本其他地区纷纷效仿，一时间日本的“第六产业”得到了快速的发展，激发了日本现代农业的活力。

1.2 韩国

韩国对于“第六产业”的定义是以农村居民为中心，以农村现存的有形、无形资源为基础，将农作物和土特产与制作、加工和流通、销售、文化、体验、观光等服务相结合，创出新附加价值的活动。韩国政府高度重视六次产业的发展，政府相继出台扶持政策，并给予法律和财政投资，培育合格的农村带头人，并有各级农协组织的协调，产学研合作利用尖端新技术，以市场需求作为导向，不断开发新商品，使商品多种化，并且构建安全生产体系，注重商品商标化和品牌化。“第六产业”主要有4种形式：农民主导型、农村共同体主导型、企业法人主导型和地区单位主导型。如济州柑橘，已经成为世界级品牌产业。而另一代表性例子是江原道旌善郡大酱村。利用当地原生材料采用韩国传统手艺制作养生食品的方式制造大酱，在传承民俗文化特色的同时，还可以让游客亲临原初生活状态下的大酱村，并与现代城市生活完美接轨，经营者还特别准备了以3 000个犬酱缸为背景的大提琴演奏会，绿茶冥想体验，赤脚漫步树林及美味健康的大酱拌饭，增加游客的体验性。

1.3 中国

近年来，在中央文件和政策的强调和支持下，国内蔬菜产业融合发展形势一片大好，有每亩每年达近 10 万元的综合效益的“土豆传奇”，也有单棚年产出 15 万元的“番茄传说”，现以上海为例说明。在建设全球有影响力的科创中心的目标下，上海具备发展六次产业的基础和消费群体基础，也涌现出一批有代表性的蔬菜“第六产业”模式案例。如上海茭白节、上海光明蔬菜节，在上海市乃至全国都极具影响力，上海茭白节已经连续举办八届，以“练塘茭白”这个上海首个获得国家地理标志产品保护的蔬菜品种为媒，展示地方农产品特色、深厚的文化底蕴和绿色生态环境。同时，又带动茭白全产业链的发展，在坚持茭白标准化生产、品牌化销售、组织化管理的前提下，融入生态农业、环保农业、循环农业和休闲旅游观光农业和科普教育基地等理念中。如今练塘镇年产优质茭白 7 万余 t，年产值近 1.25 亿元，带动茭白产业的从业人员约 1.5 万户，茭农的人均收入已是全镇人均收入的 2.5 倍。光明的蔬菜节有异曲同工之妙，依托光明集团这个国家级龙头企业连续举办 5 届，主要融入了科技、文化、科普和体验等元素，打造出集绿色、健康、生态元素，融蔬菜文化、运动文化、旅游文化于一体的城市文化活动，让市民领略市郊生态美景，感受绿色生活。除了线下活动，线上推出“都市菜园”APP，可以供消费者采购新鲜蔬菜和加工品。实现 O2O 无缝对接，并搭建大产业、大健康平台。

作为国内首个“农村一二三产业融合发展研讨会”举办地，更是被全国政协座谈会上“点名”要求出席介绍当地“一二三产业融合的农业新业态”的上海金山区，早在 2010 年，金山区在确定“十二五”规划时，就提出农业要“接二连三”的发展战略，并作出规划布局和顶层设计，金山蔬菜“第六产业”的主要做法是立足一产，发展精品蔬菜和精致蔬菜，如在上海市民喜爱的绿叶菜上，主要开发保健蔬菜系列产品，并在品质上狠下功夫，目前该区结球生菜年产量 1 200 t，占上海市总产量的 90%；依托银龙、鑫博海等龙头企业，接上二产，发展蔬菜加工业；最后连通三产，发展休闲农业、观光农业。鑫博海农庄是“第六产业”发展的样本之一，不再局限于蔬菜种植业，而是拓展到了加工业、餐饮服务业、休闲旅游业。餐厅也是一片“菜园”，除了科普介绍菜的品种和营养外，还可采摘食用。此外，鑫博海打造的“中央厨房”，为上海世博会、F1 大型赛事、高铁动车等供应食材和冷链盒饭，年加工生产配送能力 4 万 t、年产值近 4 亿元。

2 蔬菜“第六产业”模式发展的问题

从以上“第六产业”发展的案例我们可以看出，产业融合发展带来带来了第一产业无法比拟的巨大的经济、社会和生态效益。是与日韩相比，我国蔬菜“第六产业”模式还处在起步阶段，尽管政府和中央陆续出台政策支持发展，但是落实到地方，全面开花还需要一个漫长的过程。就当前而言，蔬菜“第六产业”模式存在很多问题。

2.1 基础设施建设不足

中国农村贫富差距大，基础设施差距也大，很多农村还处于一个闭塞状态，没有完善的道路系统，没有网络覆盖，农业现代化仅停留在口头。蔬菜生产几十年如一日，没有设施大棚，没有新技术，没有新材料。完全靠手工生产，靠天气吃饭。

2.2 缺乏规划，主题单一、地域特色不鲜明

中国现有的蔬菜“第六产业”模式很多还是以博览会、农庄等形式出现，主推休闲体验，同质化严重。有的甚至照搬国内外先进的经验，没有合理规划，有些甚至大兴土木，变更土地使用形态，在农庄开发人工游乐区，忽略原有宝贵的农业自然资源及特色，破坏原有生态，扭曲“第六产业”融合发展的本质，这对“第六产业”的健康发展是极其不利的。

2.3 营销方式单一，知名品牌缺乏

市场促销意识不强，缺乏主动宣传的积极性，仅靠政府和“回头客”宣传，很难扩大客源面。更缺少像韩国济州柑橘这样的世界知名品牌，市场辐射能力较弱，美誉度和影响力有限，市场占有率低。

2.4 深加工不够，服务管理落后

正如前文提到的“第六产业”很多以观光和体验为主，蔬菜一般仅仅是初加工，净菜袋袋包装直销，或者是加工成酱菜。蔬菜初级品衍生的产品很少涉及，很少将蔬菜的保健品和饮料制品等一并开发。此外在经营管理相当不规范，由于理念落后，先开发后规划，造成区域杂乱无章，绿化和美化不足，加之规模较小，缺少配套服务，也造成部分“第六产业”模式经济效益不佳。

3 建议

我们必须清醒地认识到，蔬菜产业融合发展重点不再落在原材料上，而是在食品和服务上，原料农产品在整个产业链发展中所占的份额很小，甚至

不到1%，绝大部分增加值发生在第二、第三产业。再鉴于蔬菜“第六产业”模式发展的问题，我们建议如下。

3.1 政府主导，全社会力量参与

政府政策的支持和倾斜，对一个产业的成长往往具有极其重要甚至是决定性的意义，在蔬菜“第六产业”融合发展过程中，应该确立政府的主导地位，加强政府的宏观调控。政府除了制订发展规划，还应该建设配套基础设施，进行资金和信贷方面的扶持，引导整体规划布局和市场走向。“第六产业”是一项系统工程，不同于日韩有各级的农协组织各项生产、加工和销售工作，在我国必须发挥农民合作社的基础力量，并广泛动员全社会的力量，加强农工商和产学研的合作，加快产业融合发展步伐。

3.2 品牌战略，多渠道营销

有针对性地选择优势特色产业，提出区域性产业的发展定位和方向，主动加强农村产业融合发展与城乡规划、土地利用总体规划有效衔接，完善区域产业空间布局和功能定位，明确蔬菜产业生产、生活和生态的功能定位，同时引入健康的理念，做到“一村一品”，做精品农业，做精细农业，开发类型多样、层次丰富、特色鲜明、优势明显的产品组合，形成可持续的发展。此外抓住都市人的乡土情结，并佐以时尚来满足市场，通过特色蔬菜产品打造实现蔬菜产业升级。可以借助各类农业旅游节庆活动，突出农村生活风貌和景观环境，丰富乡土文化内涵和民俗风情，并综合运用广告、公关、促销、人员推销等多种营销工具，借助大众传播媒体和现代信息技术，开展整合营销，提高整体吸引力和市场竞争力。

3.3 加强科技投入，让蔬菜生产变得“高大上”

科学技术是第一生产力，也是核心竞争力，做好蔬菜生产的源头工作，落脚于创新科技，随着消费者对养生日益重视，安全蔬菜、风味蔬菜、保健功能型蔬菜成为其首选。所以，必须加强新品种、新材料的选育，以满足市场的需求。此外从事蔬菜生产劳动力成本日益加剧，这些都促使蔬菜生产正在转变，标准化生产、规模化生产、机械化生产已成为趋势，无土栽培技术、绿色防控技术、肥水一体化管理技术、物联网云平台、智能机器人等技术的逐步应用，已经让蔬菜生产成为高科技集成的职业。

3.4 培养新型经营主体和职业农民

发展“第六产业”，根本靠人才，不同于传统蔬菜生产，“第六产业”模式要求经营主体具备领导协调能力，敏锐的市场洞察力，对目标消费群体、产品开发等都有明确定位，同时，对营销活动策划等产业链有合理规划

布局。因此，必须加快新型农业人才培养，要加大对服务“第六产业”实用技术人才培养、培训力度。针对新形势，创新农村职业教育办学模式，鼓励或补贴农民职业教育培训制度，同时，引导青年农民工返乡和农业专业人才入乡创业，探索农产品个性化定制服务、会展农业、创意农业、农业众筹等新型业态，加强自身修养，主动适应经济发展新常态，不断推进蔬菜一二三产业融合发展。

4 结语

我们坚信，在政府的正确引导，各方力量团结联动和各要素创新交融下，蔬菜“第六产业”模式一定能取得蓬勃的可持续发展，最终让农民增收，农业更强、农村更美。

参考文献

陈丽娜．2015．国外支持农村一二三产业融合发展的实例［J］．农村工作通讯（18）：35－36.

程承坪，谢雪珂．2016．日本和韩国发展“第六产业”的主要做法及启示［J］．经济纵横（8）：114－118.

程鹏．2016．金山区“第六产业”发展的实践与成效［J］．上海农村经济（3）：16－18.

冯春欢，2014．借鉴荷兰经验发展金山蔬菜产业［J］．上海蔬菜（1）：2－5.

龚晶．2016．促进农民持续增收推动农村一二三产业融合发展［J］．蔬菜（3）：1－5.

金光春，单忠纪，翟绪军，等．2015．韩日两国农业“第六产业”化发展的比较研究［J］．（4）：57－60.

上海市地产蔬菜产销对接路径现状分析

鲁　博[1]　朱为民[2]　衣开端[3]　谈　平[1]
（1. 上海市农业科学院农业科技信息研究所，上海奉贤；
2. 上海市农业科学院园艺研究所，上海奉贤；
3. 上海蔬菜经济研究会，上海普陀）

上海市一个拥有2 400多万常住人口的特大城市，人口不断增长，蔬菜的刚性需求也随之增长。随着全国农产品大市场大流通局面的形成，上海市民吃菜已不成问题。目前，上海市年消费蔬菜量约600万t，其中地产蔬菜供应量稳定在320万t左右，约占56%，其中，绿叶菜160万t左右，约占地产蔬菜的50%。虽然外埠客菜的大量输送，即保证了上海市场蔬菜供应量，又增加了市民餐桌的花色品种。但是，一直以来，上海市政府始终没有放弃地产蔬菜，市郊菜田面积常年稳定在50万亩以上。地产蔬菜保障了本地蔬菜消费的基本供应，特别是遇到突发事件时，为确保蔬菜供应、调剂余缺发挥了重要的作用。

目前，上海市地产蔬菜产销衔接方式呈现多元化发展，传统方式和新兴方式并存。一方面传统的蔬菜产销衔接方式占有相当大的比例，批发市场仍然是蔬菜流通的主要渠道，蔬菜从生产者到消费者手中要经过批发市场、零售市场等多个环节，涉及主体多，流通成本偏高；另一方面新兴的蔬菜产销衔接方式正在兴起，以农超对接、农企对接、农社对接等为代表，消费者直接从生产者手中采购蔬菜，有效减少了中间环节、降低了流通成本、拉近了生产者和消费者的距离。如何发展多元化的流通模式，发挥各自优势，扬长避短，形成多种渠道互相竞争、优势互补的流通格局，促进蔬菜流通效率的提高，保证蔬菜产销顺畅衔接是值得深入思考和探讨的问题。本文对上海地产蔬菜产销体系现状及对策进行分析，以期对未来的上海市地产蔬菜生产安排提供借鉴。

1 上海地产蔬菜产销对接的主要方式

为适应设施菜田规模的不断扩大，地产蔬菜流通方式呈现多样化发展。目前，上海市地产蔬菜已经形成了以农批对接为主体、农超对接为方向、直供直销为补充、电子商务为示范的现代化地产蔬菜流通体系，有效地促进了农业增效和农民增收。

1.1 传统产销衔接方式

以批发市场为核心的流通模式是上海市地产蔬菜主要的流通方式。据统计，目前上海市有一定规模的蔬菜批发市场10余家，有江桥、江扬、上农等市级批发市场，也有七宝市场、龙上市场、浦南市场等区镇级批发市场，已成为鲜活农产品的商流、物流、资金流、信息流的汇聚之地。

1.1.1 农户+批发商+零售商

农户将蔬菜运到附近蔬菜批发市场，出售给产地批发商，产地批发商再将蔬菜运至零售菜市场，完成流通过程，这种模式没有自己配送的渠道，主要依赖于产地批发市场的存在。这类主要以种植散户、老的园艺场为主。

1.1.2 收购小贩+批发商+零售商

菜贩在田头市场或田间批量收购蔬菜，之后再将蔬菜转卖给批发商，批发商再转卖给零售商，完成流通。这种模式一般存在于距离产地批发市场较远的主产乡镇或者形成一定种植规模的区域，地产蔬菜的田间交易较为普遍。

1.1.3 合作社+批发商

农民专业合作社将分散的农户集合起来，由合作社统一收购蔬菜，然后组织销售。合作社作为一个组织，与批发商形成相对稳定的订单供应关系，然后再根据订单要求组织生产，形成组织化的生产和销售。相比单个农户而言，农民专业合作社的话语权和谈判能力较强，可以为农户争取到更高的收购价格和相应的权益。例如，上海豫洋蔬果种植专业合作社、上海亚建果蔬专业合作社、上海龙弟蔬果专业合作社、上海敬亭蔬菜专业合作社等在组织销售方面起到了带头作用。

1.2 新型产销衔接方式

1.2.1 农超对接

农超对接是指超市直接向生产者采购生鲜和经过加工的农产品，大多集中向一些有规模的大企业或合作社采购。目前，上海市以超市为中介的蔬菜流通模式有3种。

1.2.1.1 “超市＋代理商＋农户”模式

该模式主要由超市雇佣的蔬菜代理商提前与农户签订蔬菜采购订单，到蔬菜收获季节由代理商在批发市场收购农户的蔬菜，然后再送往超市配送中心，配送中心统一调配，将新鲜蔬菜发往全市各社区网点进行销售。这种模式类似于订单生产，顾客需要什么，农民就生产什么，既可避免生产的盲目性，稳定蔬菜销售渠道和价格，又可减少流通环节，降低流通成本。

1.2.1.2 农民直采模式

所谓“农民直采”是指超市不通过任何中间环节向生产者直接采购蔬菜。上海市的农工商超市、华联超市、联华超市等均采取这种模式，其核心是超市与蔬菜专业合作社联系，实现了生产者与消费者的直接对接。上海鑫光辉副食品有限公司、上海都市生活企业发展有限公司、上海弘阳农业有限公司、上海景瑞农业科技发展有限公司等具有一定规模的蔬菜生产基地供应了上海超市50%的份额。

1.2.1.3 超市专柜模式

标识着绿色、有机的品牌蔬菜在大型超市设立专柜。

1.2.2 农社对接

农社对接是指农民专业合作社在城市社区设立直销点或直销店，开展蔬菜直销。在上海市政府的政策支持下，农民专业合作社积极开展农社对接。农社对接的主要经营形式包括社区菜店、蔬菜直通车和高端配送。

1.2.2.1 社区菜店

一些规模较大的生产基地、园区、合作社在中心城区开办连锁化社区菜店，实现了蔬菜从田间直接到餐桌的零环节销售，例如，上海都市菜园连锁门店在上海市已开设了400余家；上海强丰生态农庄果蔬种植基地、上海华御农庄分别在静安区和奉贤区设立了蔬菜直销店，提供便捷化的蔬菜直销服务，使市民能够在5分钟内买到蔬菜。

1.2.2.2 蔬菜直通车

由政府划定特定区域，合作社通过蔬菜直通车进行开放式限时销售，实现了农民专业合作社对社区居民的直供直销。上海全市共拥有860余辆配有统一标志的“菜篮子”工程专用车和110余张市区货运汽车通行证，在全市主要社区流动直销蔬菜，为市郊蔬菜进城发挥了重要作用。

1.2.2.3 高端配送

高端配送是指农业专业合作社利用现代化的信息技术手段，建立网络营销平台，按照社区居民的网络或电话订单，将蔬菜直接配送到指定地点。

“智慧微菜场”——自动售菜机的投入使用是该模式的“升级版”。

像买饮料一样，通过自动售菜机购买小包装蔬菜，尽管机器无人值守，但只要扫一扫从机器“吐”出来的产品包装上的二维码，很快便可追溯产地、农残检测、肉禽检疫等食品安全信息。“智慧微菜场”如今已在本市许多社区、为老服务点、园区、商务楼宇布局。目前，本市智慧微菜场总数已达 648 家，2016 年年底预计将突破 1 000家。本市计划用 3 ~ 5 年时间，让智慧微菜场基本覆盖本市 1.2 万个社区，把市民买菜的“最后一公里”距离缩短到 100m。“智慧微菜场”成为上海“第五种生鲜业态”，“食行生鲜”“厨易时代”“强丰”等微菜场品牌已覆盖全市除崇明县以外的 15 个区。“食行生鲜”已开设了 518 家站点，在宝山刘行馨佳园片区、富锦路地铁站以东大型新建社区、罗店美兰湖区域、嘉定新城片区等“大居”有 42 个站点，缓解了近 10 万人买菜难的问题。市民可通过食行生鲜 APP、微信、iPad、官网、自助终端等五种方式，随时随地订购生鲜食材。不用出社区，直接在直投智能冷藏柜刷卡或者输入密码自动取货，省却了往返和现场挑拣的大量时间。

1.2.3 市民菜园

近郊农村近年来兴起了菜园租赁，城市居民自种或委托农民代种菜地，菜地产出的蔬菜归租户所有。如多利农庄，市民菜园按菜畦收费，每畦每年 3 500元左右，市民决定种植品种，农户负责种植、管理和采摘。这种创新的蔬菜生产经营方式不仅符合市民消费需求，而且给农户带来了丰收的收益。

1.2.4 其他直销

除了农社对接以外，上海市政府还积极推进农校对接、农企对接、农餐对接、农医对接等其他直供直销。设在嘉定外岗的上海百蒂凯蔬果种植专业合作社在嘉定有 800 余亩种植基地，拥有自己多个保鲜仓库 1 000 m^2，同时，与上海、昆明、兰州、海南、河北、山东、等合作基地超过 2 万余亩，与 60 余家高档西餐厅，众多五星级酒店，连锁餐饮业等合作。上海家绿蔬菜专业合作社种植有机蔬菜 900 亩、无公害蔬菜及西甜瓜面积 3 600亩，其产品主要配送到工矿企业、上海市高校、市区医院、宾馆、超市和松江中小学及企业。

2 地产蔬菜产销对接中存在的主要问题

2.1 传统流通渠道和流通方式下，农户利益受到严重挤压

虽然目前流通渠道呈现多样化趋势，出现了农超对接、社区菜店、电子

菜店等新型流通业态，但由于各方面原因，新型的流通方式正在发展中，所占比例很小，而以批发市场为核心的传统流通渠道仍然占据主导地位。这种流通渠道和方式涉及环节多、链条长、流通成本高，买卖双方力量不均等，农户没有话语权，农户利益被挤压。

2.2 蔬菜销售附加值低，缺少保鲜、加工、包装等产后环节

地产蔬菜采后商品化处理程度低，普遍缺少产后环节。首先，地产蔬菜销售以鲜销为主，产后初加工很少。据统计，上海市地产蔬菜鲜菜销售量占总生产量的90%以上，只有不到10%的蔬菜由企业或合作社采用贮藏、保鲜、包装等手段进行商品化处理。蔬菜主产区普遍反映，由于冷链设施匮乏，贮运、保鲜、加工技术落后，导致蔬菜损耗大、质量差、运输费用偏高、农民无议价能力等诸多问题。

2.3 合作组织应发挥的效力不足

合作社作为农民的组织，在协助农民生产、促进销售方面应发挥巨大作用，然而，农户与合作社之间的关系相对松散，在带动农户销售蔬菜中发挥的作用有限。具体表现：一是蔬菜主产乡镇没有形成统一种植模式，蔬菜品种杂，每个品种的生产规模小，不能形成规模优势，造成集中收购销售困难，分散的农户所售蔬菜数量在中间商采购中占的比例很小，农民无法影响蔬菜价格走势，只能随行就市。二是订单式生产很少，产销关系不稳定，销售风险大。地产蔬菜生产和销售基本以家庭为单位，组织化程度低，与经销商没有建立起稳定的产销关系，产品销售随机性强，农民处于被动的交易地位，销售风险加大。

2.4 市场信息服务功能没有充分发挥

目前，蔬菜产销普遍存在小生产与大市场之间的矛盾，容易造成市场信息服务功能不能很好地被发挥和利用。主要表现有：第一，农民获得市场信息的渠道较传统，习惯于从蔬菜商贩那里获得市场信息，不习惯使用现代化的信息获取方式，导致获取信息渠道单一、时效性差。第二，由于农民缺少主动获取市场信息的意识，导致信息在农户与经纪人、批发商之间存在严重的不对称性。第三，获得的市场信息内容单一、不全面，农民从蔬菜商贩那里获得的市场信息只是当日的蔬菜价格。据调研，农民最想知道的信息是相关蔬菜品种在主产区近3年的种植面积、产量和价格信息以及蔬菜市场行情走势分析。第四，农民决策缺乏统一权威的信息依据，他们往往凭着感觉和个人经验盲目生产、跟风种植，放大了市场风险，造成市场价格的异常波动。

3　促进地产蔬菜产销对接的建议

3.1　推动农超对接

鼓励蔬菜主产地与超市直接对接，使地产蔬菜直接进入超市，推动大型连锁超市与农民专业合作社、农业龙头企业、农业科技园区建立长期稳定的供销关系，降低流通成本。

3.2　探索新型的直供直销方式

借鉴先进国家的蔬菜生产和销售方式，将信任农业和农消对接本地化。第一步，通过媒体宣传、消费者实地考察、检测结果发布等手段，逐步建立起农户安全生产与市民放心消费的信任关系，培养信任农业的客户群体，提升蔬菜生产区域知名度，形成某一品种的区域生产优势，以品牌效应赢得市场。第二步，加大力度鼓励有实力的种植户在社区开设蔬菜销售点，开展蔬菜宅配、蔬菜定制生产等直销，从而达到降低销售风险，促进农民增收的目的。

3.3　完善批发市场体系

各个蔬菜批发市场在基础设施、信息化程度、经营管理上存在较大差距，提升改造产地批发市场迫在眉睫。一是要投入资金，用于扩建产地批发市场交易棚、维修地面等，吸引更多批发商来交易，解决农民卖菜拥挤问题。二是要紧抓市场制度建设和市场管理，加强公正执法，治理恶性竞争。

3.4　逐步完善生产经营者信息服务制度

加强蔬菜产销信息监测与分析，建立蔬菜全产业链的信息监测分析制度，实现种植和销售信息共享机制，预测市场波动情况，指导农民合理安排生产。在现有“上海市农产品价格预警”项目成果基础上，将目前服务于商务委、发改委、农委的信息采集力量进行有效整合，组建一支健全的信息采集队伍；强化系统科学的比较分析、规律总结，着力为生产经营者提供针对性强、权威的决策依据。

依托科技创新　发展种源产业新模式

孙秀梅
（上海种都种业科技有限公司，上海浦东）

摘　要　上海种都种业科技有限公司坐落于上海市浦东新区，是上海市农业产业化经营重点龙头企业、上海蔬菜种业工程技术研究中心、上海市科技小巨人企业，上海市浦东新区支持“三农”工作十面红旗单位，至今已有30年的发展历史，在上海市打造种源农业方面发挥了重要作用。随着市场经济的快速发展，公司在育、繁、推一体化方面进行了大胆创新，现已初见成效。

关键词　种都　种源农业　创新

上海种都种业科技有限公司源建于1987年，是专业化从事国际蔬菜、水稻、玉米、油菜新优品种科研育种、种子科学技术研究、种子生产与精加工、蔬菜新优品种展示、种业科技服务全国连锁、中国青年蔬菜产业创业就业培训、国内外贸易等于一体的科技型民营现代种业企业。

1　背景及国内外发展趋势

我国是农业生产大国和用种大国，随着全球化进程加快、生物技术发展和改革开放的不断深入，跨国种业巨头竞相进入，已成为国外种业企业竞争的热点市场。孟山都、杜邦先锋、先正达等国际种子公司均在中国设立了分公司，我国农作物种业发展面临着新的挑战。国外种子以其品种优、质量好，市场份额正逐步扩大，部分拥有品种和技术优势的外资种子企业通过成立合资公司以及与国内科研院所合作等方式，掌握了较大的话语权。

进入21世纪以来，科技创新已成为国际竞争中成败的主导因素，成为维护国家安全的关键，成为当今世界经济社会发展的决定性力量。企业是科技创新的主体，蔬菜种业产业模式的创新，能加快培育具有自主知识产权的新优品种，提高科技成果转化和辐射能力，搭建蔬菜新优品种展示和合作交流的平台，扩大科技成果辐射范围，带动广大农户增产增收。

上海种都种业科技有限公司从种质资源的收集创制开始，到优良蔬菜新品种的选育，种子制种，精细化加工、引发、包衣、丸粒化，再到优良种苗的工厂化繁育、标准化生产基地示范展示，最后到优质种子、种苗的销售和推广，形成一个环环相扣的“蔬菜种业产业链”，提升了蔬菜育种与种子精加工水平，为实施“种源农业”战略提供了有力的技术支撑。

2　过程和实践

在企业发展过程中，种都摸索出一条集科研育种、种都连锁、产学研合作、产业创业培训为一体的育、繁、推一体化蔬菜种业产业新模式。

2.1　科研育种—支持种业可持续发展

科研育种是种业可持续发展的根源，培育有核心竞争力的品种，是支持种业可持续发展的动力。

国内种业发展的主要掣肘在于科研机制，加强科研机构的公益性、基础性研究，让企业成为商业育种的主体，才能获得可持续的发展能力。为此，公司筹备组建上海蔬菜种业工程技术研究中心，围绕“蔬菜新品种定向育种”“种子精细化加工”“制种及种子检验、储藏技术”等方向开展蔬菜育种的研究工作，3 个研究方向紧密联系，相互衔接，发挥学科交叉的优势，形成了工程中心自身的鲜明特色和优势方向。

公司建立了种质资源实验室、病理实验室、分子育种实验室、组织培养实验室、种子检验实验室五大实验室，并设立了种子生产技术部、种子质量控制部两大部门，从育种根源抓起，牢牢把握种子质量。

除实验室建设以外，种都公司还在上海、武汉和四川等省市建立了科技产业园区，用于科研育种田间试验。武汉园区占地 200 亩，建有 5 000m^2 智能温室和 48 000m^2 塑料大棚。上海国际种业科技产业园占地面积 200 亩，建有智能玻璃连栋温室 10 000m^2 的和八型钢架塑料大棚 600 000m^2。在四川省成都投资上亿元，建设占地面积 3 000亩的四川种都种业科技产业园。

种都现有科研人员 32 名，其中，博士 2 人，硕士 11 人，主要来自中国科学院、中国农业科学院、中国农业大学、西北农林科技大学等全国 31 所著名的高等院校和科研院所，组成了以国际种业技术专家协会主席领衔的 20 多位国内外育种、种子科技、栽培技术方面专家的科技团队。

经过科技团队的不懈努力，种都在新品种选育方面已经取得初步成果，通过国审、省审的有水稻、油菜、玉米、番茄、辣椒、甜瓜、西瓜、茄子、甘蓝、白菜、莴笋等 61 个适合全国不同生态型的品种。此外，还在四川、云南、安徽、海南等 11 省建立起稳定的繁育基地，年制种面积 1.3 万亩，年生产种子 10 000t 左右。

2.2 产学研合作—保持行业先进性

上海种都不断加强与各大科研院所的交流合作，积极申报国家及地方科研、推广项目，定期召开行业交流大会。联合中国农科院蔬菜花卉研究所、中国科学院、上海市农业科学院、上海交通大学农业与生物学院等多家单位，围绕蔬菜种业产业发展，加强产学研结合，提升蔬菜种业的科技创新能力和成果转化能力。上海种都与浦东新区农技推广中心联合申报了上海市科委科技成果转化项目—耐热耐涝抗病小青菜新品种绿奥的产业化开发；与上海种业集团有限公司联合申报了国家科技部科技成果转化项目—茄果类及鲜食玉米等新品种的示范推广；与上海交大联合成立了“上海分子农业技术中心”。

上海种都从 2010—2016 年，连续 7 年承办了由中国园艺学会主办的“中国蔬菜新优品种博览会暨中国蔬菜产业高峰论坛”。还多次承办中国园艺学会各分会学术会议及新品种展示会，通过召开现场会议，举办行业技术研讨，加快了科技成果的转化，更促进了合作交流和行业技术的发展。

2.3 推广应用—树立品牌观念，加强营销理念

上海种都采用了“蔬菜科技服务全国连锁”的创新推广模式，设立省级连锁运营服务中心、县级连锁配送服务中心、乡镇终端连锁店三级管理，在全国 1 200个重点蔬菜基地县开设“上海种都蔬菜科技服务全国连锁店”，为农民提供种子、种苗、农药、肥料和技术培训的一站式服务，现已在全国创建直营连锁总店 55 家，乡镇级加盟连锁店 1 580家。连锁店遍及 22 个省市、自治区。通过在基层设立服务机构，快捷的为农民提供最新的产品、技术和信息，扩大了科技成果辐射范围，带动了广大农户增产增收。公司还依靠各地政府的支持，在蔬菜重点发展的县、乡镇，建立新品种、新技术科技示范基地，定期举办科技培训，采用现代物流的管理模式，为菜农提供心连心的服务，向基地提供全国蔬菜市场信息。

为了加快品种的推广应用，上海种都建成了种都商城并实现了在线交易。电子商务开拓了农产品及蔬菜种子销售的新渠道，以更丰富的产品界面、更方便快捷的操作模式和更加优质的客服满足了广大种植户的生产需要和市民的消费需求。

2.4　产业创业培训—推动种业行业发展

近2年，公司多次承办了成都市农委、武汉市农委等各地农业主管部门安排的“农村青年种植致富能手培训班”和“农村青年经纪人培训班”，培训来自全国各地的青年农民800余人。栽培技术、营销理念等理论知识集中在上海种都园区开展，同时，公司派技术人员进行全程技术指导，并协助当地菜农进行种植业结构的调整，带动当地农民致富增收。

上海种都与共青团中央签署了“促进农村青年创业就业—上海种都项目”，免费培训来自全国的有意愿从事蔬菜产业的优秀农村青年。截至目前，共培训了来自31个省市自治区的1 194个县2 276个乡镇的13 089名学员。返乡学员在公司30多位创业就业服务经理点对点的帮助和指导下，紧密联系当地团组织和政府有关部门，因地制宜，拓展出形式多样、各具特色的创业就业之路。例如，创建蔬菜科技服务连锁店、成为蔬菜育苗专业户，成为蔬菜种植专业大户，商品蔬菜流通专业户和蔬菜种子育种、制种专业户等。

3　成效和影响

公司现已育成蔬菜新品种共计26个大类286个品种。其中，自主研发并通过审定（认定）的蔬菜品种有8个大类的61个品种。公司拥有农业部颁发的农作物种子进出口经营许可证，产品获得了ISO 9001国际质量管理体系认证，“种都”商标被评为“著名商标”，在世界72个国家和地区进行了商标注册。公司市场网络遍及全国31个省市及美国、俄罗斯等20多个国家和地区，年销售种子10 000余t，推广面积数亿亩，创造社会效益千亿元。其中，莴笋种子的产销量20多年来稳居全国第一，辣椒和番茄育种技术达到国际水平。在抗黄化曲叶病毒（TY病毒）番茄系列品种的选育上，以迪抗、圣樱为代表的品种综合性状明显优于国外同类品种。

上海种都公司凭借先进的育种技术、卓越的营销管理模式、积极的产业带动力，获得了消费者及政府的充分肯定与大力支持，获得了国家农业部蔬菜标准园、上海市科技小巨人企业、上海市农业产业化经营重点龙头企业、上海市种子生产经营诚信企业、上海浦东新区支持“三农”工作十面红旗单位等荣誉及称号。

4　经验和总结

4.1　立足优势，坚持市场导向和政府规划

立足种业为农业之本的本源优势，在把握市场需求和趋向的基础上，按

照政府统筹规划，高位推动，结合政府相关扶持政策，努力使资源优势转化为产业优势、经济优势。

4.2 创新探索，坚持完善体制机制

坚持生产、加工、销售一条龙的产业化，从育种、繁种到“种都连锁”的创新经营推广模式，层层把关，处处创新，不断完善管理和营销体制，全面有效连接农民的需求，用专业化的技术服务加快科技成果转化，促进农民增产增收。

企业化运作推进蔬菜机械化工厂化生产的现状及思考

郝良改　胡晶晶
（上海星辉蔬菜有限公司，上海奉贤）

随着市民对蔬菜的质量安全要求增高，农业企业人口老龄化程度加剧，农民工大量返乡，一线农业生产从业人员紧缺，农村劳动力成本上升，已经严重制约生产的发展，加快推进蔬菜生产机械化，工厂化成为当务之急。企业必须要千方百计提升与外地客菜的竞争力，提高劳动生产效率，降低人工成本是关键的措施之一。企业有需求，农业大环境有要求，解决蔬菜有效供给问题，必须把推进蔬菜生产机械化作为重要举措。蔬菜机械化、工厂化生产已成为未来蔬菜生产的必然趋势。

作为农业龙头企业的星辉蔬菜，承担的不仅仅是经营职责，更多的是担当着推进蔬菜机械化，工厂化进程，降低农产品风险的社会责任。2012 年以来，在上海市农委、市农机办、市菜办、市农机化服务中心、市农机所、市农科院及绿叶菜体系等各级领导的支持、关心下，上海市农科院庄行基地积极开展了包括日本、意大利及国产在内的近 20 种机械的相关试验及相关技术集成。随着试验的深入推进，2015 年 10 月，绿叶菜机械化现场会在星辉蔬菜有限公司 2 000亩设施菜田内召开，标志着蔬菜机械化生产由实验向实践深入迈进一步，也标志着蔬菜机械化生产向大规模企业化运作深入迈进一步（图 1 至图 3）。

1　星辉绿叶菜机械化运行现状

1.1　技术筹备

绿叶菜机械化操作，上海市农科院已于 2012 年在庄行基地进行过实验，取得了一定成效，有了不少成功的经验。然而，农科院的运作，毕竟是在实验室，为了使机械化生产走出实验室，进入万亩大田，2014 年 6 月 8 日，星辉派出了经验丰富的无土栽培专家，有土栽培专家，青年大学生，蔬菜销

图 1　新引入适合蔬菜收割机收割的蓬蒿菜品种

图 2　从意大利引进的自走式绿叶菜收割机

图 3　星辉蔬菜有限公司棚内鸡毛菜夏季种植

售配送专业机构；历时半年，经过盛夏高温，低温寒秋，克服气候难题，解决技术难点，为百姓送上夏季绿叶菜，解决夏淡问题做出了一定的贡献。半年来，大家熟练掌握了各种机械操作技能各种种植技能，探索出一套切实可行的操作规程，并不断地细化和完善；派出的大学生和技术人员均通过了市农技服务中心的机械化操作考试，得到了机械操作证书，为今后企业化系统化大规模运行打下了坚实基础（图4、图5）。

图4　星辉蔬菜有限公司技术员学习翻耕技术

图5　专家研讨绿叶菜机械化、企业化推广运作策略

1.2　温室及露地筹备

鉴于大型蔬菜机械在农科院实地使用中，目前上海现有的单体棚和连栋大棚均不适合大型引进类机械的作业，为了能尽快发挥引进机械的作用，星辉公司目前已启动建设适合大型农机作业的单体大棚和连栋大棚。$1hm^2$ 育苗温室已于2015年初完工，另外，$1hm^2$ 芽苗菜温室已于2016年4月工厂化规模化生产，4公顷绿叶菜机械化种植温室也将于7月份完工。另外，千亩机械化蔬菜种植露地也已准备就绪。在大棚建设中，考虑到绿叶菜夏季种植通风降温以及盐碱地改良因素，借鉴崇明经验，特尝试使用全开式温室设施。此次使用覆盖膜为日本进口膜，透光性好，使用周期长。天沟，卡槽均使用改进材料，大大增加了大棚强度和使用寿命。考虑到夏季绿叶菜既需要光照，又不能灼伤的生长条件，采用日本最先进的白色透光遮阴网，既不影响采光，又达到了有效降温的目的。

通过硬件设施的加强，我们实现了从技术探索到实践探索的大步跨进（图6）。

图6　星辉新建的机械化运作大棚

1.3　机械使用状况

随着蔬菜机械化程度提高，原有机械设施已不能满足现代农业机械化操作的需求，为此，星辉公司多方考证，实地测量，并根据本地生产实际，从意大利引入蔬菜作畦机一台，蔬菜插秧机一台，露地大型蔬菜采收机一台。从节约成本和生产的实际需求，引入国产动力机械黄海金马两台。国外机械专家以对这些机器调试完毕。在机械化现场会前，又从农科院引入意大利自走式绿叶菜收割机一台，意大利蔬菜播种机一台，意大利蔬菜作畦机一台，康博播种机一台，意大利碎土机一台。目前，现有的动力机械在宽度上不足，轮距需加宽至1.6m以适应作畦，插秧机械动力的牵引。

在引进机械的同时，因原有的农机房已不能适应新型机械的存放要求，星辉还特别对机械库房进行了扩建改造，以适用于今后大规模机械化生产（图7至图12）。

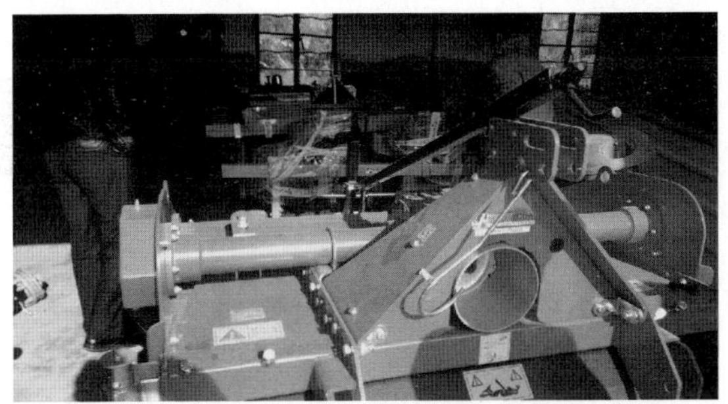

图 7　从意大利引进的蔬菜作畦机

图 8　从意大利引进的蔬菜插秧机

图 9　从意大利引进的露地大型蔬菜采收机传送带

图 10　国产型动力机械

图 11　蔬菜机械化运作观摩会

图 12　棚内土壤机械翻耕

经过几个月的运作，适用性较强，推广性较强的机械和品种如下，使用场地分小型8m棚、连栋大棚、露地（表1）。

表1 星辉企业化运作适应性较好的机械

机械类型	机械名称及型号	备注
日韩小型机械	平高垄整形器（DV15N－RM）	适应性好，推广应用
	精确旋耕机（RS85SP）	适应性好，推广应用
	高垄开沟机（KK83F6）	适应性好，推广应用
	高垄整形器（KP9FD）	适应性好，推广应用
	蔬菜移栽机（PVHR2－E18）	适应性好，推广应用
	康博播种机（13行）	适应性好，推广应用
	超轻便作业机平高成形机（PH－MR141）	适应性好，推广应用
意大利机械	蔬菜作畦机（AI MAXI 160）	适应性较好，并初步形成了机械化作业关键技术规范
	蔬菜播种机（MULTI SEED 140）	
	自走式绿叶菜收割机（SLIDE FW 160）	
吸收、消化机械	蔬菜作畦机（1ZQ－160）	已经基本成熟

生产性示范的作物及茬口（表2）。

表2 星辉企业化运作适应性较好的品种

月份（月）	品种	作业类型
1—3	豌豆	全程机械化作业
	青菜（艳春、艳绿、新场青5号）、生菜（红生菜、绿生菜等）、卷心菜、乌塌菜等	移栽
2—5	青菜（艳春、艳绿、新场青等）	移栽
	生菜（红生菜、绿生菜等）	移栽
2—5	光杆茼蒿、米苋（红米苋、白米苋）	全程机械化作业
	鸡毛菜（耐热605、新夏青5号等）	全程机械化作业
6—9	鸡毛菜（新夏青5号、机收一号、绿山二号等）	全程机械化作业
	米苋（白米苋）	全程机械化作业
9—11	鸡毛菜（耐热605、新夏青5号等）	全程机械化作业
	光杆茼蒿	全程机械化作业

1.4 形成了较成熟的技术规范

（1）清理地面。保证地面无石块、铁丝、垃圾等影响机械操作的杂物。

（2）施有机肥（施肥机）。施用内部有机肥料产生产的有机肥料，每亩1t，形成了内部消化的产业链。运用横拉犁将有机肥均匀拨开，使肥料均匀分布在地块。

（3）深翻（用意大利进口954型拖拉机套深翻犁）。种植3次土壤即施用有机肥料1次，深翻1次，对土壤进行改良。深翻中注意土壤朝一个方向翻转，方向不一致会造成一个地块中土壤中间高两面底或中间低两面高。

（4）碎土（拖挂碎土机）。碎土应在深翻后晾晒一周土壤干燥后进行，碎土要均匀，在碎土过程中注意将高的地方土壤拔向低的地方。

（5）旋耕（拖挂旋耕犁）。旋耕应均匀，注意边上角落处旋耕到位。在土壤较大块，多数土块直径超过2cm时，应旋耕两遍。

（6）作畦（用意大利进口954型拖拉机套作畦机）。作畦需要拖拉机手具有熟练的技能和丰富的经验，作畦时，手柄不可压得太实，否则，会导致熄火，而如果压得太松，会使畦面垮塌。作畦一定要直，畦面一定要平，畦面凹凸会使收割时收割机刀片切到土壤。调节作畦机的高低，使畦面松紧适中，太松会造成畦面垮塌，太紧会使种子不能发芽或发芽后扎不了根。畦面为1.4m宽，畦底宽1.6m宽，畦高15cm，一棚4畦，畦与畦之间为0.4m间距，太窄会在播种或收割时机器轮子压到畦面，太宽会使后面的畦无法完成。在两边的畦与柱子的距离应达0.4m以上，以免机器操作时产生磕碰（图13至图18）。

图13　意大利作畦机起垄

图 14 播种后 6 天的鸡毛菜

图 15 碎土机碎土

图 16 日本小型移栽机移栽

图 17　意大利作畦机正在起垄

图 18　意大利播种机播种

（7）品种选择。品种选择夏季以耐热，防腐烂，口味脆嫩为原则，秋季以防腐烂，耐寒，脚高（便于机器收割），口味脆为佳。夏季以机收一号、绿山二号、理想 65 为主，秋季可用机收一号、耐热 605 。种植期间视市场需要，可种其他绿叶菜，如光秆茼蒿、苋菜等。播种前注意做芽试，以保证种子有好的出芽率（图 19、图 20）。

图 19　意大利播种机种箱放种

图 20 鸡毛菜品种绿山二号

（8）播种（播种机）。播种鸡毛菜机器密度调节为 45%，播种米苋和茼蒿菜机器密度调节为 50%。播种箱内种子厚度不能小于 5cm，否则，会造成种子不出种子箱或播种不均（图 21、图 22）。

图 21 意大利播种机播种

图 22 韩国康博播种机播种

（9）浇水（使用喷灌系统）。播种初浇透，土壤喷灌 2 小时，次日再浇 1 小时，播种后 7 天封行前浇 1 小时。浇水时注意，在夏季高温时，不可再中午浇水，须在早上或夜间管道中水温降下才可，否则，会造成烫水烧伤叶面。浇灌前注意检查喷灌是否堵塞或松动以免造成喷水不均。

（10）追肥（复合肥、尿素）。在封行浇水前每亩地施用尿素9kg，施肥要均匀适度。

（11）日常管理。a. 温度光照管理：温度以白天25℃，夜间15℃较适宜。夏季种植要保持通风流畅，增强蔬菜抗性，以免菜叶嫩黄易烂。避免强光照射，在夏季，9：30～15：30注意及时遮阴，防止蔬菜叶面灼伤及大片倒伏。b. 病虫害管理：物理防治：防治白粉虱，跳甲，采用黏虫纸，密度为2m一张，用竹片垂直插在地里，方向一致。注意通风，防止叶片腐烂。药剂防治：采用无公害药剂，如腚虫脒、除尽等防治白粉虱、青虫，绿叶菜一个生长周期最多施用1次，施药期离收割期至少1周。

（12）补水。在收割前4天如是晴天，补水半小时。

（13）收割。鸡毛菜6月初至9月初从播种到收割周期为15天，9月中旬至11月初从播种到收割周期为18天，茼蒿菜为25天。采用日本进口传送式收割机收割，收割机调节高度为鸡毛菜4.5～6.0cm、茼蒿菜6.5～7.5cm。采收中注意采用周转箱放置保持蓬松，不可挤压蔬菜，应保存于阴凉处，不可置于日晒风吹场地导致干萎失水。

（14）包装，运输。夏季运输须采用5～8℃冷藏车进行冷链运输。产出销售由专业蔬菜配送中心统一配送。

（15）成本核算。

作畦机用柴油1亩地7L

播种机用柴油1亩地2L

收割机用柴油1亩地2L

农药、肥料、水1亩地1茬约100元

机械损耗1亩地1茬约50元

鸡毛菜种子用量按播种密度45计1茬1亩地约3.5kg

鸡毛菜产出夏季1亩地1茬150～200kg，秋季400～450kg，其中，还有更大产出潜力。

1.5 物流冷链

原有的蔬菜收割，包装，运输都是以人工为主，这次引入蔬菜机械化操作系统从采收到包装，大大降低了劳动成本，尤其是芽苗菜的物流系统，全程机械化操作，是蔬菜机械化生产的一大亮点。

在蔬菜机械化操作中，储藏、运输是极其重要的部分，为此，星辉公司充分利用原有的设施，将冷库改造，并与星辉配送，上海永辉并线，培养固定客户，提前打造出一条冷链系统，为蔬菜机械化操作铺设了市场化运行之路（图 23 至图 26）。

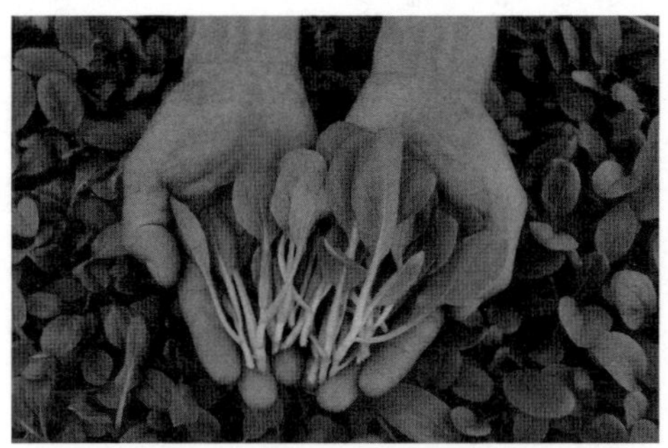

图 23　鸡毛菜品种机收一号

图 24　鸡毛菜品种及收一号夏季收获

图 25　菜篮子车运送鸡毛菜

图26　鸡毛菜包装

2　在蔬菜机械化企业运作中出现的一些问题

2.1　百姓对机械化，工厂化蔬菜认知程度不够

多年来，市民习惯于手工种菜，手工采菜，习惯了市场上整齐摆放的人工蔬菜，一下子来了机械化蔬菜，在接受上还需要一个过程。这其实也是个市场推广，市民接受的问题。

2.2　机械化绿叶菜生产、销售体系有待完备

市场对机械化绿叶菜的需求季节性强，夏季供不应求，秋季堆积如山。夏季绿叶菜保存时间只有一天，如何在最短时间内送到百姓餐桌，需要有较为完备的冷链物流体系支撑。体系的完善是一个漫长的过程，也是人力物力财力消耗的过程。

2.3　高温沤根的问题

在夏季种植，绿叶菜嫩弱，不少植株根部发褐，造成中午枯萎。目前，我们依靠遮阴通风，选用抗枯萎品种解决，但仍有枯萎现象发生。

2.4　连作伤地问题

在种植中，因机械化种植连作周期短，复种指数高，连续耕作土地盐碱化程度加剧，目前采用施有机肥，深翻，休耕等方法有所缓解，但这样成本会增加，种植时间会延后。

2.5　机械的保养和维护问题

不少机器是进口机器，也有不少是进口与国产机器结合，在今后机器的维护保养中，需要进口零件，造成今后保养困难。另外机器规格不统一，在结合使用时有不配套的现象。在蔬菜移栽机运行中，动力机械一档速度太快，来不及拔秧，移栽时造成缺棵现象。

2.6　适合机械化操作的蔬菜品种较少

适合机械化操作的蔬菜品种较少，给机械化大规模操作造成一定障碍。

2.7　浇水与收割造成矛盾

机械化收割需要土地较干，而夏季种植需要频繁浇水，这就造成浇水与收割茅盾（图27）。

图27　市民观摩机械化绿叶菜生产

3　对蔬菜机械化企业运作的几点思考

3.1　将绿叶菜机械化生产植入民心

从不甚了解到熟练掌握，通过此次运作，我们深切地体会到蔬菜机械化运行的长足优势，在理念上将蔬菜机械化操作植入民心。

3.1.1　工厂化程度高，是规模化标准化生产的方向

采用机械化操作，能更切实有效实现标准化生产，优化现代农业产业化结构。绿叶菜机械化操作有严格的流程和规范，能更好地管理和控制生产过程，提升质量，提升竞争力。

3.1.2　省时省力，工作效率高

在温室内生产，一亩翻地需3个工人1天，采用机器仅需半小时。1亩地碎土需4个工人1天，使用碎土机约半小时。一亩地作畦需4个工人1天，使用作畦机约半小时。而且人工翻地、碎土、作畦的整齐度，均匀度远不及机械化高。

播种一亩地鸡毛菜，需要1个工人1天，使用绿叶菜播种机仅需20分钟。

采收一亩地鸡毛菜，连收带摆好，需要6个工人1天，使用叶菜收割机器，仅需1个小时。

3.1.3 生产周期短，上市快，抗风险能力强

夏秋种植普通绿叶菜上市通常需要20～30天，采用机械化种植，夏秋种植15～18天即可上市，对市场绿叶菜紧缺影响，调节速度快；采用设施大棚，可有效应对台风暴雨等恶劣天气，抗风险能力强。

3.1.4 复种指数高

随着土壤频繁使用，土地肥力减少，土地变贫，土壤板结，盐碱化程度加剧；使用机械化操作，可以深翻，使土表与深层换种，从而改变土壤结构和营养成分，提高复种指数。

3.1.5 种植密度大，产量高

采用播种机播种，可调节种植的密度，从而提升绿叶菜产量，夏季一亩地鸡毛菜单茬产量平均为175kg，秋季可达450kg。

3.1.6 质量保证，安全放心

使用机械化生产，用防虫网隔离，采用物理防治，生产周期短，可以有效控制病虫害，减少农药使用量，提升绿叶菜食用安全系数。

通过实际操作，让百姓认知到了机械化产出的绿叶菜的安全性，脆嫩口感，良好的质量。

3.2 引进和实际相结合，质量与安全相结合

在下一步推进工作中，我们将借鉴意大利、荷兰、日本等国家温室园艺发展的先进经验，结合农科院和自身的实际，发展的着力点应放在“高效、安全、生态、物流、科技”等方面，通过农业的工业化生产，打造高效生态的绿叶蔬菜产业链和供应链，保障蔬菜的质量安全和生产过程的生态安全。

3.3 对内周密规划，完善设施，提升技能

对机械化蔬菜而言，不同品种对机械对土地要求不一，要合理规划机械化绿叶菜生产区域。对不同的品种和机械，制定不同的生产规范。在温室的建设方面，针对日韩小型机械和意大利大型机械，建设适合机械化操作的大棚。在绿叶菜机械化操作方面，露地生产的机械化程度不足，加强露地规划，室内室外机械结合互补，运用“两条腿走路”（图28）。

3.4 对外加快引入，依托技术支撑，以点带面。

继续依托农科院技术平台，借鉴国外已成熟的经验，充分利用好自身资源优势，结合自身特点，充分运用好引进的实用性强，精度高的大型小型机械，将这些珍贵资源从实验室请出来，走入大田。运用好日韩小型机械精确旋耕机（RS855SP）、高垄开沟机（KK83F6）、高垄整形器（KP9FD）、蔬

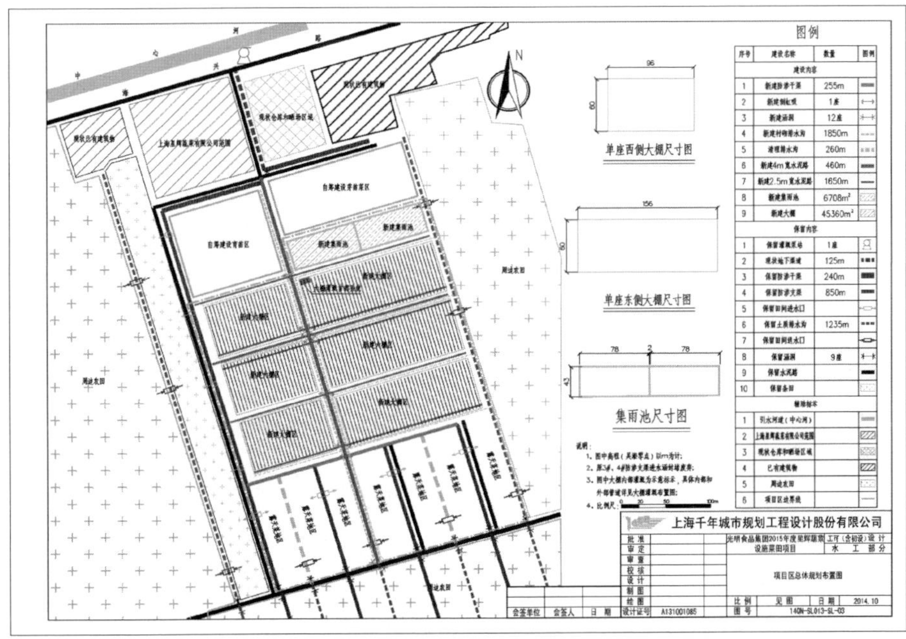

图 28　星辉绿叶机械化工厂化生产基地建设规模图

菜移栽机（PVHR2 - E18）、康博播种机（13 行）用于单体大棚精细化操作。运用好农科院已有的意大利机械蔬菜作畦机（AIMAXI 160）、蔬菜播种机（MULTI SEED 140）、自走式绿叶菜收割机（SLIDE FW 160），加强温室及露地生产应用。

3.5　逐步建立和完善叶菜类机械化生产体系标准

叶菜类种类丰富，露地、保护地和植物工厂等生产方式多样，对机械化生产技术体系提出了不同的目标和要求；而随着机械化水平的不断提高，也对叶菜类的生产方式提出了新的要求。因此，生产标准化是农机标准化的基础，叶菜类蔬菜机械化技术与设备的研发和应用，必须农机、农艺技术结合，标准先行。在机械化生产体系标准建立过程中，下一步我们要建立：一是要叶菜类机械标准；二是要叶菜类机械化生产技术标准。

3.6　逐步完善销售、冷链、物流设施

在今后的推进工作中，我们要做的重要一块是继续加大机械化绿叶菜的宣传力度，培养机械化蔬菜固定客户群；同时，针对叶菜不易储藏的问题，逐步完善冷链物流设施，尽快将新鲜蔬菜尽快送到市民餐桌。

3.7 农机与农艺技术联合创新

农机装备的研发是农机技术与农艺技术的结合，需要集成工程、机械、信息和农艺技术，通过机械化，减轻人工作业强度，降低生产成本，提高生产效率。推广叶菜类机械化生产的农艺技术主要包括以下内容：①品种选育。在满足生育期、叶菜质量的前提下，选育胚轴长、直立性好，适于机械化移栽和收割的品种。②育苗标准化。③肥水一体化技术。④病虫害绿色防控技术。在推广应用频振式杀虫灯、防虫网、烟雾机等性能安全的植保设备时，应充分考虑机械化作业的空间要求；通过应用信息化管理系统，监控检测叶菜类病虫草害发生、发展规律，应用植保机械设备落实综合防治措施，减少叶菜类生产的用药量，提高蔬菜品质，保证蔬菜食用安全（图 29、图 30）。

图 29　绿叶菜品种新夏青五号

图 30　绿叶菜品种夏青五号 9 月种植

机械化生产示范基地在积极引进示范、试验推广叶菜类生产机械的过程中，及时调整更新传统生产方式，改建适合机械化作业的蔬菜生产设施，选择适宜机械化作业的蔬菜品种；对引进设备进行适应性试验，建立机械化作业的农机、农艺技术操作规范，加强宣传培训，最大限度的发挥设施装备的作用，提高生产效率。发展蔬菜机械化服务体系，提高各类机械设备的使用效率。

3.8　政策扶持与示范引领

引进和推广蔬菜菜类生产机械，降低劳动强度，提高生产效率，是星辉农业现代化和农机现代化的重要任务，企业在建立大型服务体系、扶持规模化叶菜类生产基地、建设和完善蔬菜产业链的成套设施装备、加强农机研发的科技投入等方面需要领导的大力关心和政策扶持（图 31、图 32）。

图 31　夏季蓬蒿菜种植

图 32　意大利播种机调试播种

机械化绿叶菜生产，是今后发展的必然趋势，我们已在这条光明大道上夯实了基础，走出了第一步，我们将总结经验，吸取教训，更好的走出第二部。新生事物的发展壮大，必然要在不断地探索中成长，在成长中完善，在完善中更好地服务市民，造福于百姓。

“互联网+”背景下上海市蔬菜生产信息追溯新举措

徐正利[1]　沈海斌[2]　李珍珍[1]
(1. 上海市农业委员会蔬菜办公室，上海黄浦；
2. 上海市农业技术推广服务中心，上海闵行)

摘　要　为迎接“互联网+”时代的来临，发挥信息技术在现代农业发展进程中的支撑作用，上海市蔬菜产业大力推进互联网技术应用，加强蔬菜生产与信息技术融合，开展地产蔬菜生产信息追溯体系建设，力图打造蔬菜产业发展升级版，加快实现从传统农业向现代农业的转型发展。

关键词　“互联网+”　蔬菜　生产信息追溯

“互联网+”是互联网发展的新业态，即利用信息通信技术以及互联网平台，让互联网与传统行业进行深度融合，创造新的发展生态。李克强总理在2015年政府工作报告中首次提出“互联网+”行动计划，将其上升为国家战略。其后农业部等八部门联合印发《“互联网+”现代农业三年行动实施方案》，大力推进农业与信息技术融合，引领驱动农业现代化加快发展。实施方案将“互联网+”农产品质量安全作为主要任务，明确要求推动移动互联网、大数据、云计算、物联网等新一代信息技术在食用农产品生产环节的推广应用，提升信息采集的自动化水平，建设质量安全追溯平台。上海市政府也于2016年年初制定了《上海市推进“互联网+”行动实施意见》，意见目标要求带动农业转型升级，形成经济发展新动力，并将“互联网+现代农业”纳入专项行动，明确提出“建立地产蔬菜电子化档案管理，实现绿叶菜生产、加工、流通等环节质量安全可追溯”。

为迎接“互联网+”时代的来临，发挥信息技术在现代农业发展进程中的支撑作用，本市蔬菜产业大力推进互联网技术应用，加强蔬菜生产与信息技术融合，开展地产蔬菜生产信息追溯体系建设，力图打造蔬菜产业发展升级版，加快实现从传统农业向现代农业的转型发展。

1 “互联网+”蔬菜生产信息追溯新举措

蔬菜质量安全，既是“产”出来的，也是“管”出来的。为了让市民吃上放心菜，要坚持4个“最严的要求”，确保人民群众“舌尖上的安全”。在深入推进蔬菜标准化生产和建立健全法律法规和蔬菜产品安全标准的基础上，本市全面推进现代信息技术在蔬菜质量安全领域的应用，加强系统设计和统筹协调，积极推进蔬菜质量安全追溯和信息化管理，建立健全规模化园艺场电子档案信息，以“互联网+”为抓手，以上海市蔬菜生产管理信息系统为载体，建立三大数据库，充分发挥生产信息电子化在保障蔬菜质量安全中的积极作用。

1.1 以“互联网+”为抓手，建立生产主体数据库

为深化蔬菜生产管理信息追溯，开发运行上海市蔬菜生产管理信息系统，建立了生产主体数据库，纳入200余家蔬菜合作社和生产企业，明确生产主体基本情况，数据库涵盖了200余家生产主体的注册地址、经营地址、单位负责人、蔬菜面积、设施和露地面积以及“三品一标”认证等情况，还囊括了基地图片、每个生产主体的地块划分以及对应的地块管理者。通过建立生产主体数据库，对200家生产主体，6.19万亩蔬菜面积，6.2万个种植地块实行精细化管理，加强对产地位置和环境管控。

1.2 以“互联网+”为抓手，建立农业投入品数据库

将农业投入品管理作为上海市蔬菜生产管理信息系统的重要组成部分，对蔬菜品种、肥料和农药等主要农业投入品入库和出库情况进行电子化管理，内容涵盖本市13大类163种蔬菜，25种各类肥料，24种补贴类杀菌剂，24种补贴类杀虫剂，7种绿色防控推荐产品和55种非补贴农药，并根据基地实际需要不断扩充蔬菜品种、肥料和农药的数量，加强对全市主要规模化基地农资仓库，特别是农药仓库管理，了解面上生产应用实际情况。

1.3 以“互联网+”为抓手，建立生产信息数据库

生产信息数据库作为上海市蔬菜生产管理信息系统的核心部分，其中，囊括了包括种植、施肥、用药、灌溉、采收、销售、检测和投入品出入库等各种生产信息。据不完全统计，系统仅运行半年就收集34.3万条用药、28.7万条施肥、5.1万条投入品出入库等合计121.9万条生产信息。实现对全市主要规模化基地的生产信息采集，在建立基础性生产信息数据库的同时，加强对数据的校验和比对，加强对基地蔬菜生产环节的过程监管。

2 “互联网 +” 蔬菜生产信息追溯初步成果

2.1 可追溯建设大步推进

通过信息系统建设，本市 200 家规模化园艺场蔬菜生产信息可追溯建设大步推进。一是全面实现批次追溯。即每个地块每茬每批次菜采收后都可以形成唯一性的二维码，通过扫描二维码可以追溯蔬菜从种植到销售环节的所有农事记录。二是试点运行产品追溯。在青浦区世鑫合作社等多家园艺场试点运行二维码产品追溯，即对配送到超市的蔬菜，消费者可以通过扫描二维码，查询到合作社基本情况、地址、场容场貌图片，以及对应的蔬菜产品图片和简要介绍。三是逐步推进主体追溯。主体追溯在三大追溯中相对简便易行，主要是通过追溯了解到蔬菜生产单位基本情况，今后将进一步在有意愿的合作社开展主体追溯。

2.2 大数据分析作用凸显

在数据库信息采集和传输的基础上，利用数据挖掘分析技术和可视化的数据展示，对数据进行处理分析，从海量的数据中快速获得有价值的信息变得意义重大。一是校验数据准确性有了抓手。信息系统的建成改变了过去仅能做到的点对点数据查询，还能做出横向和纵向的系统性数据分析和比对。不但具备校验单一合作社种植茬口、年亩产量等多种功能，还具备校验不同区县、不同合作社化肥、农药用量等诸多功能。二是指导面上生产有了依据。应用大数据思维、研究和分析，可以为蔬菜管理部门了解面上生产，完善蔬菜生产精准管理，提供指导服务和协助政府决策提供了数据支撑。

2.3 投入品管理日趋规范

过去农业投入品管理和农事操作记录存在各自为政“两张皮”的现象，仓库管理和生产管理严重分离，无法核实农业投入品出入库情况与实际生产使用情况是否保持一致，特别是对农药的使用管理难以把控，农资投入往往是笔“糊涂账”。信息系统的建成将两者有效融合，密切联系，通过验证出入库数量与实际生产的吻合度，并将此作为生产主体信息追溯考核的一项重要评价指标，倒逼生产经营单位同时关注，并做好出入库信息和农事操作信息，理顺两者相辅相成、齐头并进的关系，在一定程度上规范了投入品管理。

2.4 智能化管理初现端倪

为了简化园艺场信息录入程序，系统建设有网页版和手机版。网页版可以提供各类数据录入、查询和分析，手机版则为生产者和管理者提供了便利之选。一是生产者信息采集更为智能。主要体现在生产信息员可以通过手机APP，在踏田过程中将田间农事操作信息进行实时上传，并且同一操作记录重复录入会通过系统提醒信息员，避免数据重复。改变了过去以纸质记录为主，以信息上网为辅的传统模式。二是管理者信息查询更为智能。主要体现在市、区、镇三级蔬菜管理部门通过信息系统，足不出户即可直观、便捷且实时的了解蔬菜特别是绿叶菜在田情况。同时，也可通过手机APP，在踏田过程中现场比对网上信息和生产实际的吻合度，校验填报数据的真实性、准确性和及时性，管理更为便捷，更为智能。

3 “互联网+”蔬菜生产信息追溯面临的挑战

3.1 数据质量参差不齐

数据库信息量大，种类繁多，且不能通过互联网自然形成，需要在生产经营过程中获取，要求信息员通过网站或手机APP进行人工录入，且数据来源及表现形式多样，缺乏系统性，数据存储格式目前还没有一套统一的规范的标准，不同合作社接受程度和信息录入模式不尽相同，不同信息员数据采集方式和理解方式也千差万别，数据的获取具有一定的难度，给数据查询和分析带来了很多不便。且由于数据采集和分析技术手段滞后，在获取和挖掘数据上面临技术和管理的难题，现阶段缺乏深厚的数据分析手段支撑应用需求。

3.2 从业人员基础薄弱

目前，大多数农业从业人员受教育程度普遍偏低，科技意识较为淡薄，接受和应用农业新技术、新成果的能力较低，导致先进的农业生产技术和管理方法无法被更大范围的接受和应用。且本市从事蔬菜生产的青壮年劳力严重不足，菜农老龄化现象普遍，从事蔬菜生产的主要以60岁以上的老年农民为主，给信息采集和录入带来了实际困难。农民素质的高低直接影响了互联网与农业结合的进程，改变过去传统的耕作模式需要长期潜移默化的影响。

3.3 经济效益尚未显现

近年来，以劳动力、地租和农业投入品为主的蔬菜生产成本逐年上涨，蔬菜生产经营效益下降。生产成本的增加对规模化生产基地和合作社的生存和发展形成较大压力，而人工信息采集成本无形中又增加了园艺场的经济负担。从目前来看，生产经营主体对信息系统数据的求知欲还不够，且未能从系统中获取有效的应用于面上生产的数据分析和指导，市区两级财政对追溯投入的补贴远不能满足生产主体投入的人力、物力和精力的成本。

4 “互联网+”蔬菜生产信息追溯的发展方向和趋势

4.1 向政府决策不断靠拢

农业要发展，就必须与时俱进，紧跟信息时代发展步伐，走农业信息化发展的必经之路。在“互联网 +”迅速发展的形势下，上海市蔬菜产业发展也应顺应时代发展的潮流，深入领会《“互联网+”现代农业三年行动实施方案》（农市发［2016］2号）和《上海市推进“互联网+”行动实施意见》（沪府发〔2016〕9号）文件精神，积极贯彻落实《国务院办公厅关于加快推进重要产品追溯体系建设的意见》（国办发〔2015〕95号）、《农业部关于加快推进农产品质量安全追溯体系建设的意见》（农质发［2016］8号）和《关于印发2016年上海市地产农产品质量安全追溯体系建设实施方案的通知》（沪农委〔2016〕212号）文件要求，结合本市蔬菜生产和信息追溯体系建设的实际，积极探索、勇于开拓，以“互联网+”为驱动，加快全市蔬菜产业现代化进程。

4.2 向规模基地加以倾斜

鼓励蔬菜龙头企业、农民专业合作社、家庭农场、种植大户等规模化生产经营主体开展生产信息追溯，遴选基础条件好、人员配备齐，具备上网条件的规模化蔬菜基地，重点依托“十二五”期间已创建的蔬菜标准园和“十三五”拟创建标准园。结合绿叶菜核心基地建设，聚焦绿叶菜生产，开展上海绿叶菜产业链大数据建设，依托上海农产品价格信息监测平台和蔬菜园艺场田间档案信息管理系统，打通绿叶菜从生产管理、投入品监管、质量安全追溯、价格行情到补贴发放等业务数据资源，建设绿叶菜生产经营管理地图。

4.3 向宣传培训寻求突破

互联网+农业向纵深方向发展离不开从业人员素质的提高。蔬菜管理部门和技术部门要通过对农民的继续教育，开展农业科技下乡，农业技术人员深入田间地头。充分发挥区级信息员作用的同时，积极利用现有的镇级农技服务队伍，对口园艺场开展指导服务，充分利用技术培训、上机操作、现场演示和发放资料等形式，加强信息上网的宣传引导，不定期开展技术培训，逐步提高农民的专业素质。同时要围绕追溯体系建设工作，及时总结好的经验做法，充分利用多种形式积极宣传追溯体系建设的意义、目的、措施和效果，让生产者牢固树立质量安全追溯的责任意识，努力实现追溯工作的常态化、规范化、制度化。

4.4 向实际需求逐步贴近

信息系统的建设，“互联网＋”的应用最终还是要为农业和农民服务，为实际生产服务。要构建一个基于大数据和互联网的现代农技推广服务的平台，在这个大数据共享的平台上，合作社和菜农不但可以实时的掌握自身生产动态，还可以了解到全区乃至全市的生产和市场信息，可以随时将生产过程中遇到的技术问题上传到平台，获取专家和数据库的系统支持，甚至可以通过系统来“开处方”，让农民能够从大数据平台中吸取到切合自身利益需求的营养。未来，我们希望通过对互联网技术的应用，使蔬菜生产、销售效率得以提高，让越来越多的菜农享受到“互联网＋农业科技”带来的便利，切实享受到信息化带来的经济效益，早日走上科技致富的道路。

蔬菜标准园创建的实践与思考

陈　珏

（上海市嘉定区农业技术推广服务中心，上海嘉定）

为了进一步提高蔬菜质量安全水平，根据农业部全国园艺作物标准园创建总体安排以及上海市现代农业发展规划要求，积极落实蔬菜标准园创建工作，市、区、镇各级农业部门积极投入，紧紧围绕创建目标，建立和完善各项工作措施，有序推进蔬菜标准园创建工作，取得了明显成效。

1　基本情况

2009 年 10 月 19 日农业部“农办农［2009］121 号”文件通知印发《全国蔬菜标准园创建工作方案》，在全国组织开展园艺作物标准园创建活动，要求以科学发展观为指导，以“五化”即规模化种植、标准化生产、品牌化销售、商品化处理和产业化经营为主要内容，进一步提高蔬菜产品质量安全水平，提升蔬菜产业竞争力。

根据蔬菜标准园创建等相关文件的精神，2010 年全市拉开创建工作帷幕，有关部门相继制定了蔬菜标准园创建规范、考核验收办法和实施意见等，有序推进了全市蔬菜标准园创建工作，“十二五”期间嘉定区共创建蔬菜标准园 18 家，创建面积 5 969 亩，占全区蔬菜面积 22 700 亩的 26%，其中，农业部 1 家，市级 11 家，区级 6 家。

2　工作措施

2.1　加强宣传引导，营造创建氛围

针对蔬菜标准园创建工作，结合蔬菜生产及技术指导工作的组织推进，市区各级相关部门通过业务工作媒体平台、工作会议以及标牌等开展多种形式宣传工作，并利用上海农业网、蔬菜信息报、上海农技推广期刊等宣传媒介进行宣传；区级部门专门召开工作会议，传达创建精神、解析创建任务、组织创建推进，并举办针对性技术培训；镇级部门配合组织创建单位召开工

作启动会议，全面解读蔬菜标准园创建工作内容、具体要求、奖补措施及绩效影响等，引导创建单位积极组织创建；创建单位按照相关要求有序开展创建工作，树立相关宣传展示标牌，并统一举牌，展示标准园创建的各项内容和目标，接受社会监督，示范带动蔬菜标准化生产。此外，为了调动创建单位的工作积极性，各级政府制定奖补措施，部、市级标准园政府奖补 50 万元外，嘉定区再对创建达标单位给予 15 万 ~ 30 万元的小巨人奖励，嘉定区对部分面积较小但有一定影响力的基地设立了区级标准园的创建规划，创建达标单位给予每个标准园奖补 30 万元。全面多样的宣传引导，引起了各级政府、农技人员、蔬菜专业合作社、菜农等社会各方面的关注，营造了蔬菜标准园创建工作的良好社会氛围。

2.2　明确目标方案，层层落实推进

市农委成立了标准园创建工作领导小组和工作组，制定编发了“蔬菜标准园创建规范”“蔬菜标准园创建管理办法”“蔬菜标准园创建工作的实施意见”“蔬菜标准园创建考核验收办法”等相关文件，就蔬菜标准园创建工作组织程序、部门职责、内容要求、验收标准等提出明确要求。按照有关管理办法要求，区县农委分别成立蔬菜标准园领导小组和技术指导小组，分别制订工作方案，通过不定期指导、会议交流和检查等形式督促创建工作推进和各项技术措施的落实。乡镇农技部门委派专人参与创建单位的各项工作推进，创建单位制定创建规划和目标任务，由企业负责人牵头成立创建小组，明确责任分工，并整合有关项目、资金和技术力量，全力落实各项措施，确保了创建工作有序开展。

2.3　全面指导服务，提高创建水平

市区各级技术部门全面组织开展指导服务，通过多层次、全方位指导提升创建水平。市级部门成立标准园创建专家指导组、建立了技术指导员联系人制度，选派主要技术人员分别与 9 个区县对接，并制订地方标准《蔬菜标准园建设技术规范》（DB31/T646—2012）、编制“上海市蔬菜标准园创建关键技术指南”等标准园创建技术依据。嘉定区也成立了蔬菜标准园领导小组和技术指导小组，分别制订工作方案，安排专人总体负责工作推进，成立技术团队开展巡回创建指导和个性化技术指导，同时，结合了科技入社工作将标准园创建作为考核依据，依托乡镇相关人员蹲点入场的形式，全程协助各项创建工作的组织开展，指导督促创建方案各项内容的如期开展落实。在指导工作中，有计划广泛开展技术培训工作，解析标准园创建主要内容、工作要求及奖补措施等，讲解标准园创建关键技术和要求，指导各项生

态栽培技术的应用和管理制度的建立完善，确保落实每一项标准园创建关键技术、完善每一项标准体系和质量管理制度。在市区镇多级部门的全面指导服务下，创建单位积极开展硬件配套、技术应用、制度完善等各方面工作，有效推进了标准园各项措施的落实。

3 创建实效

3.1 生产配套设施配套完善

针对标准园创建的“五化”要求，创建单位全面整改硬件配套设施，包括投入品管理、生产应用设施以及质量保障措施等生产到销售全过程的多方面的配套设施都得到完善：道路、沟渠及水电供应设施得以修缮，农资仓库加以划分管理、农残检测条件得以进一步改善、产品保鲜等冷链设备得以提升、微滴灌等高效生产技术措施得以扩大应用，生产废弃物处理条件得以建设健全。

3.2 标准化生产管理水平明显提高

创建单位通过完善产品质量标准，制定生产技术规程和分等分级标准，全面建立农业投入品管理、田间生产档案、产品检测、基地准出、质量可追溯等5项全程质量管理制度，使生产标准体系更加健全，并逐步形成了质量安全管理长效机制，提升了标准化生产管理水平。

3.3 质量安全意识显著增强

管理人员和生产一线工人的质量安全意识普遍增强，生产中全面推广应用防虫网、黏虫板、性诱剂、杀虫灯、生物农药、高温闷棚等十项生态栽培技术，严格控制安全间隔期上市，化学农药使用量减少30%以上，农残合格率均达到了100%，在全面提高产品质量安全水平的同时实现了经济、生态效益双丰收。

3.4 生产综合效益明显增加

通过标准园创建，创建单位品牌化意识不断增强，经济、社会效益显著增加。所有标准园创建单位全部注册了自己的商标，提升了产品的市场知晓度，其中，“城市超市”“惠和”“食全食美”“绿望”等创建单位品牌进一步得到提升，产品的市场放心度和经济效益显著。此外，各创建单位通过创建工作，辐射带动周边菜农开展标准化生产，提升整个蔬菜生产面安全生产管理水平，发挥蔬菜标准园的示范作用，扩大了社会影响力。

4 思考

在蔬菜标准园创建工作中，各级相关部门各尽其责，发挥指导督促作用，创建单位根据要求全面提升生产管理水平等，在生产设施、标准化管理水平、质量安全意识以及综合效益等多方面取得了显著提升，但仍有值得思考的一些问题。

4.1 创建主体单位需完善管理团队

蔬菜标准园创建中，市区镇各级部门发挥了全面的指导督促作用，而真正的创建主体是蔬菜合作社和生产企业，从方案的制订、标准的制订、材料申报、技术指导等依赖和借助多方力量，从长远考虑要全面提升质量管理等，必须培养组建技术和管理团队，以确保创建中水到渠成、创建后顺利运营，从生产管理、产品质量等各方面体现标准园创建的价值所在。

4.2 创建奖补机制需完善

上海市“十二五”期间计划创建 300 家蔬菜标准园，资金由部、市、区三级财政提供，对每一个创建验收通过单位给予 50 万元奖励，根据财政资金拨付的相关规定，标准园创建是当年申报当年评审，50 万元的创建资金需先用后补，并通过审计合格。这种奖补机制在创建初期较为实用，以扶持创建为主要目标，但缺乏后续管理支撑，易造成为创建而创建，因此，在创建模式、考核管理、资金奖补等方面还需进一步完善和探索。蔬菜标准园创建能否引进流动创建机制，采用企业自主申报，政府积极推动，发挥专业评审优势，创建评审总量有所控制，奖补资金适当调整，财政可控又有利于持续发展，建议每 2 ~ 3 年评审 1 次，不达标即摘牌，确保上海市蔬菜标准园成为行业模范。

4.3 创建主体主动性需提高

通过“十二五”规划的实施，全市蔬菜标准园创建已经进入了一个新的时期，“十三五”规划还将创建一批新的标准园，对标准园的遴选和创建提出了新的要求，而创建工作仍然处于政府推动、政策引导、技术指导，创建主体单位需将被动创建变为主动创建，使创建实体真正发挥主动性和能动性，在原有基础上进一步提升标准化生产管理水平。

4.4 长效机制监管需加强

目前，标准园创建工作从申报到验收在一年度内完成，验收合格则一次性落实奖补，后续生产管理的指导监督等方面稍有不足，应考虑制定相关管理监督和处罚措施，针对通过验收的标准园创建单位进行生产管理监督，确保标准化生产管理发挥长效作用，切实为农业增效和菜农增收作出积极贡献，从而为农产品质量安全保驾护航。

上实农业园区花椰菜生产现状研究

施兴荣　熊　飞　李　华
（上海上实现代农业开发有限公司，上海崇明）

摘　要　上实农业园区位于崇明岛最东端，空气清晰水质优良，土壤偏碱性，适宜花椰菜的规模化生产，花椰菜常年种植面积稳定在 1 333 hm^2。由于受到地势偏低、地下水位高、极端气候以及花椰菜价格波动大、机械化生产程度低、从业者素质低、市场信息滞后等因素的影响，菜农种植花椰菜积极性降低，建议政府通过构建信息平台、提高扶持力度，同时，园区应加强抗灾设施建设、合理搭配品种、提高机械化生产水平、加强技术培训措施，保障园区花椰菜健康发展。

关键词　上实农业园区　花椰菜　现状　建议

1　上实农业园区花椰菜生产现状

1.1　生产条件现状

上实农业园区位于上海市崇明岛最东部，濒临东海，地理位置北纬 31°33′，东经 121°55′，属于亚热带季风性气候，空气温和湿润，四季分明，盛行偏北风，雨水充沛，光热资源充裕。区域内地势总体平坦，西北部和中部稍高，西南部和东部略低，约占总面积 90% 的地面高程（以上海市吴淞零点为基面）大多在 3. 21 ~3. 8m；上实农业园区是淤积平原，成土母质系江流泥沙受海潮顶托淤积而成，土壤质地以沙壤土为主，土壤含盐碱在 0. 8‰ ~1. 5‰，盐分含量整体的分布规律是自南向北呈逐渐增高，自东向西逐渐递减；土壤的 pH 值在 7. 8 ~8. 0，呈微碱性，有机质含量在 0. 7% ~1. 2%，属于偏低水平，缺氮磷而富钾。区域内有北横运河、南横运河、团旺河 3 条市级河道与崇明岛水系贯通，淡水由园区内团结沙水闸引入，区域内出水由东旺沙水闸入海。

1.2 蔬菜种植规模与布局

上实现代农业园区为崇明县国家现代农业示范区上实分区，土地面积 8 667hm^2，农业生产用地面积约为 4 667 hm^2，常年蔬菜种植面积约为 1 333hm^2，历年园区蔬菜种植面积明细，可见表 1。围绕与市政府签订的稳定蔬菜常年种植面积 1 333hm^2，其中，绿叶菜种植面积 13. 3hm^2，绿叶菜年上市量 1 000t 及上市蔬菜质量安全的目标任务，认真落实蔬菜种植任务，科学合理安排区域种植布局和种植茬口，调优品种。2015 年全年在田蔬菜面积为 888 hm^2，累计地产蔬菜田头交易量为 3. 6 万 t，产值 4 562万元；绿叶菜 13. 3hm^2，地产绿叶菜田头交易上市量为 1 100t。上实农业园区主要分为团结沙和东旺沙两区域，2 个区域内生产茬口布局比较简单，上半年以种植鲜食玉米、饲料玉米、露地西瓜、南瓜等作物，下半年种植白花椰菜为主；东旺沙区域 6 区以种植地产绿叶菜为主。2015 年花椰菜种植面积为 1 333hm^2，较往年下降 35%。

表 1 上实农业园区近五年蔬菜种植面积

年份	2011	2012	2013	2014	2015
面积（hm^2）	1 476	1 519	1 399	1 356	888

1.3 规模化经营现状

针对园区花椰菜种植户分散的问题，园区积极引进有长期意向种植花椰菜并且具有经济实力的合作社，淘汰散户，不断完善经营机制，使合作社逐步走上自主经营、自我发展的道路，通过不断提高蔬菜生产组织化程度，确保蔬菜生产稳定、质量安全，2015 年园区合作社调整至 23 户，户均花椰菜种植面积达到 38. 6hm^2（表 2）。

表 2 上实农业园区近五年蔬菜种植规模

年份	2011	2012	2013	2014	2015
户数（户）	78	74	39	30	23
户均规模（hm^2/户）	18. 9	20. 5	35. 9	45. 2	38. 6

1.4 种植品种结构

上实农业园区根据地理位置及市场需求，选择适宜本地生产具有可越冬、抗性强、商品性好的品种，从 60 ~ 240 天均可栽培。早熟品种由上海长征蔬菜种子公司提供的长征系列早熟花椰菜杂交品种及从浙江引入的温州系列早中熟花椰菜杂交品种，如杂交60天、杂交100天等；中晚熟品种90%为崇明花菜研发中心从本地品种经过培育提纯获得，如120天、160天、180天、200天、240天等。

1.5 品牌认证情况

上实农业园区积极推进花椰菜品牌化建设，积极响应上海市政府号召，开展无公害蔬菜认证工作，进一步规范蔬菜生产基地生产行为，推行蔬菜标准化生产技术，着力提升地产蔬菜质量安全水平，在上实农业公司与园区蔬菜合作社的共同努力下，于2011年11月完成1 333hm^{2}白花椰菜无公害认证，确保上实农业园区蔬菜无公害产品认证率达到100%的目标要求。

2 上实农业园区花椰菜生产存在的问题

2.1 花椰菜产销信息不畅通

花椰菜生产大起大落，与没有建立功能齐全、覆盖面广的市场信息网络密切相关，国内大宗农产品市场已与国际市场联动，情况复杂，没有提前的信息预警。随着蔬菜种植面积的饱和性增长和蔬菜市场的大流通格局的固化，产业体系中市场需求信息、生产品种茬口信息的不对称，合作社根据上年价格指导下年生产，盲目跟风种植，常常造成蔬菜供应体系和价格的季节性波动较大。蔬菜价格低、卖菜难现象尤为突出，合作社种菜效益较低。

2.2 价格波动大、市场风险高

上实园区花椰菜上市供应期从10月至次年3月底，只有一成销往上海市场，其余九成销往北方市场，通过北方的中转站再销往全国各地。价格受气候变化、出货量的变化影响波动大，甚至一天内出现3种不同价格的情况，根据我司的统计2015年早、中熟品种田头交易价格约为0.9元/kg，低谷时仅为0.1元/kg，晚熟品种田头交易价格约为2.4元/kg，最高时达4.0元/kg。呈明显的巨大波动状态，市场风险极高，菜农收益不稳定性，很难调动菜农种菜的积极性。

2.3 极端气候对花椰菜生产的影响

崇明岛属泥沙冲积而成，从西向东地势渐低，上实农业园区属崇明岛最东端，园区土地较低处高程约3.2～3.3m，而园区内水系常水位为3.0～3.1m，对花椰菜生产有较大的影响。如2012年8月“海葵”台风、2013年的10月“菲特”台风、2015年6月特大暴雨、11月连续阴雨等极端气候造成导致生产基地严重积水，加上潮汛引起江河水水位升高较常水位提高约

0.44m；使得低洼区区域的沟渠水网无法及时排出积水，引起沟渠水倒灌生农作物长时浸泡水中，园区露地花椰菜基本全部受淹，低洼地区花椰菜浸泡12个小时后蔬菜基本无法存活，导致花椰菜的绝收，损失较为严重。

2.4 花椰菜生产劳动力紧缺与机械化生产要求之间的矛盾

随着农业人口老龄化趋势的日益凸显和外来务农人员的不断转移，花椰菜生产出现劳动力紧缺现象。花椰菜生产属劳动力密集型生产，农业生产过程中需大量手工劳动者，合作社现出现劳动力跟不上影响花椰菜生产的情况，因此，解决花椰菜生产劳动力问题，发展机械化是确保蔬菜稳步发展的唯一途径。

2.5 务农人员文化素质低，档案记载普及困难

由于花椰菜产业劳动强度大、收入不稳定，大多数从事花椰菜种植的务农人员年纪偏大、文化素质层次低，对花椰菜安全生产的意识较弱，对新农药、新技术的推广接受能力较慢，对田间档案记载普及等方面尚存在一定困难，给稳定花椰菜种植面积、质量安全监管带来难度。

2.6 补贴标准偏低，影响种菜积极性

上实农业园区为市属企业单位，仅能享受市财政补贴，补贴资金比较少，而其他区县菜农往往享受市、区（县）两级财政补贴。而同样在园区种粮，按照2015年补贴标准，种粮亩补贴标准可达到350元，而蔬菜仅为130元/亩，加上蔬菜销售价格波动大，为此园区农户对花椰菜的生产积极性不高，到目前为止，蔬菜种植规模从2011年1 476 hm^2降至2015年888hm^2。

3 上实农业园区花椰菜生产发展的建议

3.1 构建蔬菜产销对接信息平台

建设蔬菜产销对接信息平台，获取全国蔬菜种植与行情信息，了解全国花椰菜布局，促进蔬菜产销计划对接。通过中国农业信息网、各省市农业网、农产品交易网等网络平台，了解蔬菜产区供货及价格信息，健全蔬菜产业体系，从而宏观调控种植面积与品种茬口，缓解供应的季节性矛盾，实现产销全程信息化管理，有效解决蔬菜生产和市场销售脱节的问题，并在一定程度上预测市场、预测蔬菜等农产品销售价格，为农业生产者和农业管理者提供及时有效的信息服务。

3.2 合理搭配品种结构

在种植现有的优质花椰菜品种种植的基础上，注重引进耐寒型、耐贮

型、抗病型、延迟采收型花椰菜品种，提高产品的质量。在品种安排上，应以中晚熟品种为主，适当增加一些早熟品种和春花椰菜品种，以满足不同消费层次、不同季节和不同地区的需求，合理规划早、中、晚熟品种种植布局，确保稳产、稳收，降低风险率。同时，考虑市场的价格风险，可以考虑种植适合加工用的花椰菜品种，加工冻干产品市场前景广阔，通过冻干花椰菜品种的合理搭配，来满足市场的需求。

3.3 加强园区基础设施建设，提高抗灾能力

逐步完善花椰菜规模化生产设施建设，特别是地势比较低的区域，通过加强设施菜田水利设施项目的建设，以及外围水系“小包围”排涝泵站的建设，加强排涝能力，提高抗灾能力，降低自然风险带来的损失。

3.4 有效提高花椰菜生产机械化程度

园区花椰菜生产机械化生产仅仅局限于耕整作业方面，生产流程中工厂化育苗在逐步推进中。但是在定植、打药、施肥、采收等环节的机械化作业还需要突破，需要根据园区规模化经营的特点，进行实用机具的引进，如目前推广的定植机具、高效宽幅施药设施等，从而达到逐步减少对人工的依赖，提高设施装备的现代化水平。

3.5 加大技术培训，提高从业者素质

要持之以恒的抓好科技培训，有针对性、有重点的组织培训，通过集中培训、分散培训、到户指导、专题讲座、发放资料等多种形式培训，提高蔬菜从业人员文化水平和生产技能。除此之外，还要加强管理、经营、政策、法规等方面的培训，提高从业人员综合素质。

3.6 提高补贴标准，加大资金扶持力度

市政府应高度重视菜农利益，进一步加大惠农补贴力度，在现有补贴资金的基础上，提高蔬菜综合补贴的标准，在一定程度上保障菜农的实际收益，特别是目前面临农资、劳动力成本不断提高的严峻形势下，要切实减轻菜农的负担，让菜农有利可图，提高生产积极性。

参考文献

陈泉生 . 2009. 崇明县花椰菜品种应用现状及潜力品种推荐［J］. 长江蔬菜（17）：8 – 10.

黄南山，苑建军，祝松蔚，等 . 2014. 崇明花椰菜生产发展现状分析研究［J］. 上海蔬菜（2）：5 – 6.

李恒松，张瑞明，李珍珍 . 2015. 上海蔬菜惠农政策分析与建议［J］.

中国蔬菜（1）：9－11.

徐菲，魏华，朱明德，等. 2015. 上海市蔬菜生产用工现状及对策研究［J］. 上海蔬菜（1）：3－6.

赵京音，陈建林. 2014. 构建蔬菜产销对接信息平台初探［J］. 都市蔬菜产业与经济发展研究，59－69.

享农休闲农业概念规划

倪林娟
（上海享农果蔬专业合作社，上海崇明）

随着城市化进程的不断发展，越来越多的人开始把目光转向休闲农业与乡村旅游，渴望在闲暇之余远离喧嚣都市，享受亲近自然的休闲生活。于是乎，农业这个古老的行业正迎来“井喷式”发展。越来越多的人都迫切地想去看最美的风景，寻找心的栖息，诗酒田园，在农田和水渠间，听风声鸟语。“三千年读史，不外功名利禄；八万里悟道，终归诗酒田园”。享农这次想创建的休闲农业旅游模式，主要需以农业生产经营活动为主体，以旅游市场为导向，以创新为动力，以科技为依托，以农民增收为主线。注重相关产业发展和整合，将传统农业从第一产业延伸到第三产业，使得休闲体验者身心健康、知识增益，增强游人热爱大自然、珍惜民族文化，保护环境的意识。享农不仅可以以此来满足都市人群来农村观光、度假、娱乐、购物、科普等需求，而且享农也会涵盖休闲农园、休闲农区、让都市人群来到我们享农，学习播种采摘、学习农作、感知农民生活、享受农田乐趣。享农休闲农业是新近发展的农业经营形态，是结合崇明农村资源、农业活动与休闲旅游的服务性产业，为使该产业的经营有别于一般观光旅游业以及一般商品的消费，同时，为兼顾农业、农民与农村的持续整体发展，休闲农业的发展应把握下列几个基本原则。

1　以农业经营为根本

休闲农业虽然具有第三产业的服务性质，但仍是利用农村设备与空间、农业生产场地、农业产品、农业经营活动、自然生态、农业自然环境、农村人文资源等，经过规划设计而成的民众体验农业，是一种以提升旅游品质，提高农民收益，促进农村发展的新型农业。由此可知，它基本上并没有离开农业产销活动的范畴，这使得农业资源的妥善应用成为休闲农业经营的基本生存条件，所以，休闲农业仍应以农业经营为主题，将农业生产作为根本。

2 以实现农业可持续发展为出发点

休闲农业的发展应充分利用当地景观与生态资源，但不应与环境保护相冲突，也不应以破坏自然资源为代价。休闲农场内的人类活动应该得到有效控制，将对环境冲击与破坏减少到最低，始终将实现农业可持续发展作为出发点，使人类活动与环境维护得以动态平衡，也使得自然资源与生态体系均衡发展。

3 以增加农民收益为目标

休闲农业的经营应考虑游客的需求，最大可能的满足消费者，但其最终目的乃应以农民利益为目标，以提高农民收益为宗旨。

4 以满足消费者需求为导向

休闲农业是带有服务性质的产业，是提供大家休闲游乐的一种商品，消费者对商品需求的满足，是市场导向经营的最佳销售策略，休闲农业的经营应以满足消费者为导向。

5 不断进行经营形式及内容创新

随着休闲农业的不断发展，其经营形式上应立足于本土化经营，根据自身所在环境的条件，建立出自己独特的风格，在经营形式和内容上不断求新求变，避免处处仿效他人而造成千篇一律的单调的形式。

享农在这个基础上，打造了“农业 +”的概念，将自己的休闲农业旅游分为“观光农园”“农业农庄”“农家乐的体验模式”。

5.1 观光农园

近年来，观光农业伴随全球农业的产业化发展，人们发现，现代农业不仅具有生产性功能，还具有改善生态环境质量，为人们提供观光、休闲、度假的生活性功能。随着收入的增加，闲暇时间的增多，生活节奏的加快以及竞争的日益激烈，人们渴望多样化的旅游，尤其希望能在典型的农村环境中放松自己，而享农地处上海的后花园——崇明岛，这里环境怡人，空气清新，一般是都市人群周末度假的首选，享农可以开展一些观赏、品尝、娱乐、劳作等活动，来吸引游客，实现自身的休闲农业旅游的目标。

5.2 农业公园

享农自身拥有近千亩农田，本身在农业水平上已经处于先进的地位，休闲农业旅游必须以农业基础，让游客看到农业生产场所，让游客在享农旅游的时候，不仅能放松身心，更能近距离地感受农业的魅力。

5.3 体验模式

崇明县一直都有“农家乐”的存在，然而这种模式，只是简单地以旅客吃一顿农家菜以及去田里看一眼结束，并不能真正地达到休闲农业旅游的门槛，享农占地近千亩，“认种认养”以及“小农场主”的存在，能够让旅客从动物（鸡鸭羊等）和农作物，见证“它们”成长，长大的过程，亲身经历从播种到收获，这种亲身参与的体验模式，更能吸引旅客的关注。

休闲农业的经营者应该在如何能保持游客的新鲜感上下功夫，以便能够长期吸引游客，实现永续发展。中国是一个农业大国，又是一个乡村大国，发展休闲农业具有优越条件：一是中国乡村自然景观多样、优美，生态环境好；二是农业历史悠久，农业景观类型多样，地区差异显著；三是民族文化和民俗文化丰富，开发潜力大；四是随着城市化发展，城里人到农村观光休闲的人会越来越多，有巨大客源市场。崇明县优美的自然风光和富有乡村野趣的田园生活，对久居城市的人们有着不可抗拒的吸引力，休闲农业旅游集田园风光和高科技农业于一体，满足旅游者回归大自然的需求。可以采用农庄的形式，引种蔬菜、瓜果、花卉、苗木以及养殖各种动物，使游客可以参观，也可以品尝或购买新鲜的农副产品。利用周末及假期去郊区度假，以放松紧绷的神经，对现代白领阶层极有吸引力。可利用乡村良好的自然环境和独特的农耕文化，满足他们贴近自然，体验农业的需求。享农通过将自身建设成体验农园，度假农场及旅游度假村，让游客享受乡村生活的恬静与惬意。很多人在迁居到城市后，面对着日益现代化的生活环境，他们常常回想起农村的朴素田园，并且渴望回到故地生活，重温昔日情景。在我国，这类旅游者的数量非常大，他们对乡村旅游地要求较为随便，喜欢体验地道的农村自然环境，因此，享农打造这样一个休闲旅游的平台，来满足都市人群对于重返农园的需求。

构建蔬菜全产业链　向农业综合服务商转型

刘光基　孙秀梅
（上海种都种业科技有限公司，上海浦东）

摘　要　面对“互联网＋”的时代潮流，蔬菜产业的发展方向在哪里？本人认为：必须借助农业大数据，打造蔬菜全产业链服务平台，一体化为中国蔬菜专业户提供产前、产中、产后全程服务，一对一向蔬菜专业户直供国内外名优种子、肥料、农药、农膜、农机具，实现农业行业的私人订制，才能增强农业资源控制权、农产品价格话语权以及利润分配权。在打造蔬菜全产业链的摸索与实践中，上海种都着重在关键环节上发力，创建电商平台、物联网管理平台、专家诊断服务平台、精准营销平台、农产品安全追溯平台等五大平台，全国范围内对接农商、农超、农智、农技、农资，构建起全方位的信息流通和交流渠道，实现蔬菜全产业链的有效沟通和对接。

关键词　蔬菜　全产业链　平台

1　当前蔬菜产业发展遇到的问题

我国是世界蔬菜第一生产大国，蔬菜种植面积约为3.58亿亩，为世界第一，占世界43%。但是，其中，约90%的蔬菜生产还是以传统的生产模式为主体，缺少专业化分工和科学的指导。农户随意种植农作物，种植过程经验主义严重，过度用肥、用药，导致土壤盐碱化、病虫害频发，产品滞销严重，蔬菜价格波动大，农民的收入低。同时，因为农民买到了假种、假药、假肥而造成巨大经济损失的问题也经常发生。

2　中国蔬菜全产业链服务平台

随着“互联网＋”的兴起，传统农资生产企业、流通企业、电商平台等纷纷布局农资电商。同时，种植农民正逐年年轻化，也为发展“互联网+农业”创造了坚实的基础。发展“互联网+农业”，畅通蔬菜产销各环节信息化渠道；开展信息化和电子商务平台建设，是行业发展的大势所趋。

上海种都通过融合互联网、网联网、云计算等先进的信息技术，结合目前蔬菜产业中存在的各种问题，致力于打造蔬菜全产业链信息化服务平台，帮助农民解决实际问题，同时，培育新型职业农民，助力传统农业向现代农业的产业升级。

蔬菜全产业链信息化服务平台包括1个中心5个平台，具体为：农业大数据中心、电商平台、物联网管理平台、专家诊断服务平台、精准营销平台、农产品安全追溯平台。

2.1　农业大数据中心

2.1.1　建设目标

（1）数据采集。采集农业种植过程中的所有数据，包括作物生长环境数据，作物生长过程数据，气象数据，土壤数据等。

（2）数据分析。对所收集的数据进行数据挖掘、分析、建模，通过先进的技术手段，使蔬菜种植标准化，管理科学化，制定适合当地蔬菜种植和发展的标准化种植模式。

（3）指导生产。指导农民科学化、标准化种植，提升农民生产技能，提升农民综合收益。同时，蔬菜生产是劳动密集型产业，间接增加了农村的创业就业。

（4）造福平台用户。实现精准推广和营销，持续增加赢利点，平台农民、合作方、企业、政府均能从中获益。

大数据中心除了以上功能以外，还具备蔬菜GIS地理分布信息数据库，土壤数据库，数据实时展示功能，通过数据中心的运营和发展，陆续提供更多的增值服务，如农产品交易信息，电商入口、农保农贷等农产金融服务，是农民能够得到更多的收益。

2.1.2　服务宗旨

蔬菜从种到收，科技服务全程，为政府、农民、合作伙伴提供一站式的先进的服务解决方案。

2.1.3　服务对象

农业大数据中心主要服务3个对象：政府、农民、平台合作伙伴。

（1）政府。GIS地理信息分布，省、市、县、乡镇等均有不同的用户权限，可以查询不同区域的蔬菜种植情况：包括蔬菜种植的种类，面积，预估产量，种类占比等。同时，生成各种统计报表，并根据数据中心数据分析给出合理的抽样统计，当某种蔬菜种植超过预警上线的时候，可以及时发布预警，解决农产品种植过量产生滞销的问题。同时提供各地蔬菜交易价格信息，销售情况等，其目的是使政府机构对当地的蔬菜种植及各地土壤数据情况能够了如指掌，为蔬菜种植农户提供更精准的信息和种植指导。

（2）农户。定期推送农户蔬菜种植过程中的环境数据，当出现问题，如温湿度过高，容易诱发病虫害时，通过短信、电话、APP公告等形式及时预警；为用户提供设备信息的实时告警功能，对能够实时了解设备的运行情况；根据农户的实际种植情况，定期推送精选的种子、农药、化肥、农机产品，避免农民买到假货造成不必要的损失；通过精准的气象服务，恶劣天气提前预警，避免农民损失；为农户提供相关的种植知识，提供专家诊断服务平台，同时提供蔬菜交易贸易商信息，帮助农民找到销路，实现更多盈利。

（3）合作伙伴。与合作伙伴共享数据信息，如各地蔬菜农户信息、种植面积、蔬菜种类、蔬菜成熟日期及预估产量等，搭建贸易商和农户之间的交易桥梁，为农产品销售提供更精准的服务信息及交易平台，使农产品的交易更加顺畅，在节约贸易商收购成本的同时，也使农民能够获取更多的收益。

2.2　智慧农业物联网管理平台

物联网管理平台的主要功能是帮助农民实现节水、节时、节力、增产、增效、增收，同时，实现科学的管理，让农民学会用现代化的手段来管理自己的农田，实现传统农业向现代农业的转变，也符合目前国家倡导的节水灌溉和水肥一体化的大方向。

2.2.1　物联网平台的构成

（1）控制中心（电脑端和手机客户端）、设备管理层（首部控制器）、数据采集层（田间控制器、各类传感器）。控制中心可以监控整个种植园区的情况，园区各类数据的实时展示，下达灌溉计划、施肥计划等。

（2）设备管理层。可以接入气象站、水肥一体机、水泵、生长灯等设备。

（3）数据采集层。可接入各类传感器，如空气温湿度、土壤温湿度、二氧化碳、阀门、流量计、水位计等。

2.2.2　主要功能

（1）自动调控温室内环境温湿度。

（2）自动控制风机、卷帘、水泵、阀门、施肥机等设备。

（3）根据传感器数据自动生成轮灌/施肥计划，也可手动设置轮灌计划。

（4）实时监控用水量、水管压力、水位、系统电压等数据。

（5）实时监测空气温湿度、土壤温湿度、光照强度、流量、蒸发量、辐射量、紫外线等温室大棚关键要素。

（6）具备数据采集、分析、存储及报表统计等功能。

（7）具备安全管理、日志管理、故障实时告警与诊断、配置管理等功能。

（8）种植信息。地点、蔬菜类型，预估产量，成熟日期。

（9）电商入口，用户可直接购买相关产品。

（10）大数据中心接口，云存储。

2.3　电商平台

电商平台包括微信平台、安卓 APP、苹果（IOS）APP、PC 客户端等。采用蔬菜 + 生产资料销售的模式。蔬菜销售面向：贸易商、菜贩、饭店、酒店、餐厅食堂等；生产资料销售主要面向农民，包括种子、肥料、农药、农机产品、农保农贷等，其中，生产资料销售，采用精品策略，每种蔬菜选择对应的 5 种全国乃至世界先进的种子、肥料、农药、农机等相关种植配套产品，避免农民买到假生产资料，保证线上销售价格的优势，让利于农民。

2.4　专家诊断服务平台

2.4.1　专家诊断系统（线上）

主要包括：种植知识数据库、病虫害预防、专家互动与预约、电商及农保农贷入口等功能。线上诊断系统还能够帮助农民通过互联网持续提升种植技能及管理技能。

（1）种植知识数据库。栽培技术、施肥配方、病虫害防治技术、效益分析、市场销售等。

（2）病虫害预防数据库。建立各类蔬菜病虫害图片数据库，用户通过图片对比获取相应的预防技术。

（3）专家互动与预约。农户通过平台，可通过各类沟通手段与专家进行互动，远程诊断，预约等，包括使用 QQ、微信公众号、邮件、电话、视频等方式。

（4）提供农产品电商入口和农保农贷入口。

2.4.2　专家诊断服务平台（线下）

（1）在当地建立蔬菜种植服务中心，指导农户进行智慧选种、用药、配肥，同时，为农户建立个人档案，进行长期的跟踪指导。

（2）邀请蔬菜种植专家定期为农户进行蔬菜栽培培训，并不断向农户培训“互联网+农业”的相关技能。

（3）当地服务中心固定工作人员实行走家入户的指导模式，定期上门走访，实地解决农民在种植过程中遇到的问题。

2.5 精准营销服务平台

大数据中心的数据包括：用户信息、农户种植蔬菜信息、环境信息、产量信息、诊断信息、交易信息等各种各样的信息，充分利用数据类型，进行数据分析，借助大数据技术精准划分客户群，深度挖掘客户需求，以需求为导向，按需营销。精准营销服务平台的作用主要有降低运营成本、贴心的顾问式服务、增加了用户有效互动，培养忠实顾客群。

营销模式：例如，数据中心显示农户种植的西红柿、黄瓜等蔬菜，营销平台会精准的只推送西红柿、黄瓜的种植技术、预防措施，推荐农户使用平台提供的相关生产资料，定期邀请农户参加西红柿、黄瓜的相关培训，对应的种植专家定期走访。

同时，知道了该农户种植的西红柿、黄瓜，也知道农户种植的面积和预估的产量，将该信息精准的推送给相关的蔬菜贸易商，从而实现从生产到销售的精准营销流程。

同样，如果农户在电商平台购买种子、农药、化肥，平台会精准的推送相关的使用方法。

2.6 农产品安全追溯平台

实现“从种到餐桌”的全程可追溯信息化管理平台。该平台以保障农产品消费安全为指导，是农产品质量安全信息的发布和查询平台。

根据“一码溯源”开发标准，平台为农产品建立独有的身份标志，准确记录从种植到餐桌的过程中的各类信息，如生产者信息、环境信息、商品流通信息、生产资料信息、农药残留信息等。

通过扫描二维码或者条形码的方式，为消费者提供可追溯的农产品信息，为农产品打上安全的标签，同时为政府部门提供监督、管理、支持和决策的依据。

3 总结

种都中国蔬菜全产业链服务平台致力于解决目前蔬菜种植的各种问题，打造全产业链的现代农业信息化服务解决方案，从种植到最终消费用户，提供一站式的服务，为产业链上的相关用户创造价值，利益最大化，同时，为消费者能吃上放心菜保驾护航。通过数据共享，利用大数据中心可以给用户提供各式各样的服务内容，种都将全力提升用户体验，保持用户互动，增加用户黏性，持续为用户提供最贴心最精准的服务。

关于闵行区农产品质量安全标准体系建设的问题与建议

王　能[1]　郁达义[2]
(1. 上海市闵行区动植物检测检验中心，上海闵行；
2. 上海市闵行区农业委员会农业管理科，上海闵行)

农产品质量安全标准体系建设是农产品标准化的一项基础性工作，是对农产品实施“从农田到餐桌”全过程监管的有效措施。加快构建和完善一套新型科学合理的农产品质量安全标准体系的研究，不仅能为农产品质量安全标准的制修订提供主要依据，也能确保标准编制、实施、监督等各项工作的顺利进行，从而有利于保障农产品的安全消费，有利于促进农业的可持续发展。

1　我国和我区的农业标准化现状

目前，我国已基本建成以国家标准、行业标准为主体，以地方标准为配套，以企业标准为补充的农产品质量安全标准体系，包括国家标准 1 277项，行业标准 1 108项，地方标准近万项。农业部归口的国家标准、行业标准约占全部涉农标准数量的近 60%。农业标准的范围覆盖从农作物种子、种畜禽到农产品生产、加工的全过程，包括农产品品种标准、生产加工标准、产品质量及其安全标准、包装贮运标准等。标准的内容已从原来侧重种子种苗和产品，延伸到关键技术以及加工、包装、贮藏、运输等各个环节。

闵行区从 20 世纪 90 年代起，由技监局和农业局起步农业标准化工作，主要在技术操作规程的制定和农业标准化示范区的建设方面。从闵行区蔬菜生产发展的 3 个阶段及刚成立的 5 个标准化工作专业组提供的材料，可以初步看出闵行区农业标准化发展的现状。闵行区蔬菜生产 3 个阶段：第一阶段从 80 年代起至 1992 年闵行区建区以前。该阶段的蔬菜生产以数量型为主，抓高产栽培。第二阶段从 1992 年至 20 世纪末，为菜篮子工程建设阶段，从数量到质量的过渡阶段。第三阶段从 21 世纪开始至今，随着经济的发展和生活质量的提高，蔬菜生产开始以产品质量为主。从此牵涉的“标准”问题，即包括蔬菜产品标准及为得到标准产品所要求的生产操作过程规范。目前，闵行区农业标准化建设分成4个方面：一是粮食方面，形成了杂交稻标准化生产操作技术规程；从2006年起水稻生产全面开展无公害认证，至2013年年底，已有29家稻米生产合作社取得农业部颁发的大米无公害农产品认证标志，认证面积17 278亩，所全部种植面积的88.71%。二是蔬菜方面，建设标准化基地，制定蔬菜产品标准及生产操作规程35只。三是水产方面，闵行区现有水产养殖场30多家，具有一定规模的养殖场18家，持有《水域滩涂养殖证》的8家。通过验收标准化水产养殖场1家，已申报2015年标准化水产养殖场1家。四是畜产品方面，目前闵行区养殖场（户）大多数没有实施无公害标准饲养。

2 我国农产品质量安全标准的概念、种类和作用

农产品质量安全标准是指规定农产品固有质量和安全要求的标准以及与农产品质量和安全有关的标准。农产品固有质量要求包括外观、内在品质；农产品的安全要求包括诸如农药残留、重金属污染等对人体健康和动植物以及环境存在危害与潜在危害因素的要求。

2.1 农产品质量安全标准包括以下几类

一是安全卫生标准，主要指农产品中农药、兽药等有毒有害物质最大允许量或最大残留量。

二是农业投入品类标准，主要指农业生产所用种子种苗、肥料、农药、兽药、饲料添加剂等的质量标准。

三是农业资源环境类标准，主要指动植物种质资源、农业水资源、耕地资源、农产品产地环境、生态环境等方面的标准。

四是动植物防疫检疫类标准，主要指动植物防疫与检疫、诊断与防治等方面的标准。

五是管理规范类标准，主要指农业投入品安全使用准则、农产品安全控制规范以及农产品包装、标志、贮运等方面的标准。

六是农产品品质规格类标准，主要指重要农产品质量、规格的分等分级标准。

七是生产技术规程，主要是指农产品种植、养殖、采摘、捕捞、保鲜加工等操作技术规程。

八是分析测试方法类标准，主要指农业生态环境、农药肥料等农业投入

品、农产品成分等的分析与测试技术规范。

九是名词术语类标准，主要指农产品质量及其安全的名词、术语等方面标准。

一般来讲，安全卫生、农业资源环境、农业投入品、动植物检疫与防疫、管理规范等标准属于强制性标准，农产品品质规格、生产技术规程、分析测试方法、名词术语等标准属于推荐性标准。

2.2 农产品质量安全标准的作用体现在以下几个方面

一是农产品质量安全管理体系的重要支撑。在农产品质量安全管理体系中，标准、检验和认证是三大技术支柱，而标准发挥着基础性作用。没有标准，农产品质量安全检验工作缺乏科学依据；没有标准，农产品质量安全认证工作无从谈起。

二是规范和统一农产品生产经营管理行为的技术依据。农产品质量安全水平的全面提升、市场秩序的规范、经营管理水平的整体推进，都需要统一的技术要求作为操作依据。

三是评价农产品质量安全水平高低和质量优劣的重要尺度。农产品质量安全的好坏、水平的高低，要依据标准作出评判结论。

四是农业行政执法的重要保障。农业行政执法的依据是农业法规和技术标准。农业法律法规不可能包罗万象，只能是一些原则或通用规定，法律法规的执行必须依靠细化的标准。

五是引导农产品生产、加工和消费的重要指南。标准不仅是农产品组织生产的技术指南，而且也是指导农产品消费的技术指南。

六是消除农产品国际贸易中技术性贸易壁垒的技术手段。随着关税及行政许可等措施在农产品贸易中作用的弱化，技术性贸易壁垒日趋严重，标准特别是国际标准已成为消除技术性贸易壁垒的重要手段。

3 我国和我区农产品质量安全标准工作的迫切性

俗话说，“国以民为本，民以食为天，食以安为先”。农产品质量安全是关系到国富民强的关键问题，也是现阶段中国构建和谐社会与建设有中国特色新农村的重要内容。当前，农产品质量安全问题日益突出，已危及人民的身体健康和生命安全。同时，在国际农产品贸易中，中国的农产品质量问题已严重阻碍了其国际竞争力的提升。中国是农产品生产和贸易的大国，而非强国，加快构建一种新型的科学合理的农产品质量安全的标准体系，大力促使农产品质量安全标准体系建设的水平提高，是一项迫在眉睫的历史使命。

3.1 农产品质量安全标准工作需要与时俱进

改革开放30余年，带来了农业和农村翻天覆地的变化，农产品生产能力也得到了极大的提高。在当代，农产品已经不再像过去那样供不应求，也不再出现短缺的状况。但是，正是伴随着生活质量与消费水平的提高，农产品的供给不仅仅体现在满足日常基本所需上，国民对农产品的消费要求也不断提高。其中，农产品的质量安全越来越被放在了一个十分重要的位置，农产品的质量问题也越来越受到广泛关注。

近些年来，农产品的质量安全受到了前所未有的质疑，不仅农产品质量状况不容乐观，而且农产品质量安全事件也时有发生，例如，浙江省杭州市的“瘦肉精”、河北省香河市的“毒韭菜”、湖南省祁东市的“毒黄花菜”、海南省的“毒豆角”等不胜枚举。

我国政府对于农产品质量方面的问题一直以来都给予了高度的重视。2013年中央农村工作会议上，习近平总书记对农产品安全监管提出了“四个最严”的要求，食品安全源头在农产品，基础在农业，必须正本清源，首先把农产品质量抓好。用最严谨的标准、最严格的监管、最严厉的处罚、最严肃的问责，确保广大人民群众“舌尖上的安全”。食品安全，首先是“产”出来的，要把住生产环境安全关，治地治水，净化农产品产地环境，切断污染物进入农田的链条。食品安全，也是“管”出来的，要形成覆盖从田间到餐桌全过程的监管制度，建立更为严格的食品安全监管责任制和责任追究制，使权力和责任紧密挂钩。

农产品的质量安全从某种意义上来说不仅仅关系着人们的身体健康问题，还与农业的安全生产和可持续发展息息相关。而大力发展农产品质量安全标准体系建设，是保证农产品质量安全的重要依据，是保障人民身体健康的基本要求。

3.2 农产品质量安全标准工作需要创新发展

在现有的标准体系中，许多标准的技术指标落后，指标低且不齐全的问题突出，且标准的配套性和可操作性差，相比国外的农产品标准每隔2年或5年修订一次的状况，我国5～10年的国家标准占33.4%，10年以上的国家标准占37.7%。

闵行区地产农产品质量安全标准工作在开展中主要体现4个不足。一是农产品质量安全标准的数量明显不够。有些农产品未制定质量安全的相关标准，有些已制定的标准也局限于产品的生产技术规程，缺乏产前与产后标准，有关农产品生产技术规范和操作规程的标准数量太少。二是农产品质量安全标准的内容交叉重复。由于长期计划经济体制的制约，中国农产品质量安全标准的制修订存在着主体混乱与管理错位的问题。这种多头的管理体制，不可避免地带来农业技术标准重叠、交叉甚至相互矛盾的问题。三是农产品质量安全标准的制修订老化。随着经济、技术和社会的不断发展，农产品质量安全标准也应与农业发展紧密结合，适时地予以调整、修订、补充、淘汰与重新制定。而目前现行的农业国家标准与行业标准中存在着制修订环节多，程序复杂，修订不及时的问题，直接导致了许多技术标准的内容相对陈旧。例如，在农药的使用上，其限量标准是农产品质量安全标准的重要组成部分。但是，有些标准片面强调施用农药可能带来的毒性，忽视了农药在农业生产中的作用，使其残留限量指标规定与农业生产的实际情况脱节。四是农产品质量安全的标准与国际接轨程度低。据统计，食品法典委员会（CAC）蔬菜农药残留标准有 827 项指标，包括 146 种农药；欧盟的蔬菜农药残留标准有 583 项指标，包括 76 种农药；中国与蔬菜有关的强制性国家农药残留标准 34 项，包括农药残留指标 58 项，农药 52 种，其中，GB18406. 1—2001 农药残留指标 46 项，包括农药 41 种。由此可见，我们蔬菜质量安全标准体系中有关农药残留指标和指标所包括的农药种类都比较少。

3.3 农产品质量安全标准工作需要优化提升

闵行区的地产农产品安全质量标准中存在有不合理和结构性问题，有待进一步地完善、优化和提升。

一是标准的立项不能快速反映市场需要。目前，标准的立项还主要是政府行为，由于缺乏必要的信息渠道和企业、用户的参与，标准立题难以反映市场的真实需要。往往是国外提出某项安全限量标准、设定一个技术壁垒后，我国有关部门才开始被动地着手建立相关标准。二是部分标准规定过于笼统，缺乏针对性。我国现行残留限量标准中规定的作物大致上只被笼统地分为粮食、蔬菜（叶菜、根菜、果菜）、水果（柑橘、梨果）等几大类，而 WHO/FAO 等国际组织及美国、日本等发达国家将残留限量标准中规定的作物详细划分到具体作物品种。如我国只规定了氰戊菊酯在叶菜中的残留限量，而 WHO/FAO 详细规定了氰戊菊酯在大白菜、叶球甘蓝、羽衣甘蓝等具体作物品种中的残留限量。三是部分标准覆盖面窄。国家现行的残留分析方法标准覆盖面窄，大都只适用于单一农药或少数几种农药的检测，而无法满足对食品中多种农药进行同时检测的要求，缺少农药残留的速测方法标准；现行的食品中农药残留分析方法标准，多数已制定多年且未经修订，有些方法在当今的实验室中已无法正常使用。四是部分标准规定没有根据我国实际情况来制定。我国规定的一些农药品种在某些农作物上的残留限量缺乏科学、合理的依据，导致在并不影响人体健康的情况下，检测超标，这影响了农产品的生产，也同样影响农产品的出口贸易。例如中低等毒性的农药马拉硫磷，允许在蔬菜、水果上使用，WHO/FAO 规定在各种蔬菜、水果中的残留限量为 0.5 ~0.8 PPM。而国家规定在蔬菜上高毒农药的残留限量为“不得检出”，而由于蔬菜品种、检测方法、检测人员的不同，“未检出”所代表的最低检出限数值出入较大，因而无法保证统一的判定尺度。

4　我区农产品质量安全标准体系建设的任务

农产品质量安全标准体系建设工作，是新时期构建有中国特色新农村的一项重要的战略任务。切实加强闵行区农产品质量安全标准体系建设的推进，不仅有利于实现农产品的安全消费，确保人民群众的身体健康，而且有利于促进农业生产的可持续发展，保障社会和谐稳定，这是现阶段摆在我们面前的一件重要大事。

4.1　通过梳理、整合、细化来完善质量安全标准体系

闵行区需要建立一套科学、统一、权威的农产品质量安全标准体系，应按照“农田到餐桌”全过程监管的需要，在加强统一管理并充分发挥各相关部门作用的基础上，建立起一套既符合国情又与国际接轨的农产品安全标准体系。

首先应尽快完成对现行的农产品国家标准、行业标准、地方标准等的彻底清理，实现农产品质量安全标准的结构优化，淘汰与农业生产操作不适应的过时标准，力争制修订出一批适应地区特点的农产品质量安全标准。其次要在各标准起草部门统一协调的基础上，相关标准之间必须配套形成体系，尽快加强农产品安全标准的制、修订工作，尽快形成包括农产品安全限量标准、农产品检验检疫与检测方法标准、农产品安全通用基础标准与综合管理标准、重要的农产品安全控制标准、农产品市场流通安全标准的农产品安全标准体系，真正做到农产品产前、产中、产后全过程都有标准作为技术依据。只有这样，才能从根本上解决安全标准之间不协调、交叉重复等各项问题，也能进一步提高农产品质量安全标准制修订工作的系统性、针对性、实用性和先进性。

在制订修订农产品质量安全标准的过程中，还应加强对国际农业标准化

信息的收集、整理、分析与研究工作，通过积极的采用国际标准和国外先进标准，加大与国际标准接轨的力度，加快标准的制修订步伐，迅速提高标准的整体水平，达到提高农产品质量的目的。

4.2 通过“三品一标”认证来强化质量安全标准体系

闵行区现有规模化种养企业（合作社）80 家，农产品注册商标达到 70 个，有 16 家农业企业（合作社）进行了生态精品标准化基地创建工作。其中，上海城市蔬菜产销专业合作社“城市蔬菜”和上海正义园艺有限公司“天寿”获上海市著名商标和上海市名牌产品。全区农产品“三品”认证总面积累计达 2.68 万亩，比例达到 70%，区级以上农业产业化龙头企业 9 家，农业生产技术水平、劳动生产率比较高，农业规模化生产比例达 82%。截至 2014 年 3 月底，闵行区三品认证率为 43.1%，无公害认证率 41.9%，绿色认证率 1.2%（按重量计）。

第一，继续巩固粮食生产上的质量安全标准体系。2014 年全区水稻种植面积 1.947 6万亩，其中，35 家 300 亩以上稻米生产合作社经营面积就达到 1.941 4万亩，规模经营比重达到 99.68%。先后培育出的“寒优湘晴”“闵优 128”“闵优 55”“秋优金丰”等优质高产粳型杂交水稻组合在全市推广种植。其中，“寒优湘晴”由于其优异的米质表现，稳定的产量水平（亩产 550 千克左右），20 多年来一直是上海郊区的主栽的杂交组合之一。“秋优金丰”（2006 年 2 月通过品种审定），米质达国标一级米标准，近年来该组合在各区县的示范种植已充分显示出产量高，抗逆性强、米质优、适应性广等众多优良特性，亩产水平可达 700kg 以上。闵行区水稻种植品种 2004 年起就全面实现良种化，其中，水稻杂交组合种植比例（“寒优湘晴”“秋优金丰”）近年来稳定在 99% 以上。

2008 年上海秋良稻米专业合作社启动水稻标准化种植示范区创建工作，历时 3 年的努力，制定了一整套适合本地区种植条件本区特定推广品种（“寒优湘晴”“秋优金丰”）的高产优质无公害种植技术操作规程（企业标准），并于 2011 年 12 月通过上海市技术质量监督局考核验收，以优异的成绩成为区内首家全面实行标准化种植的稻米生产合作社。

近年来，在秋良稻米专业合作社的水稻标准种植示范区的带动下，本地水稻上标准化生产水平逐年提升，生产基本上都已按照该套技术操作规程实施操作。

第二，稳步推进蔬菜生产上的质量安全标准体系。2013 年，闵行区农委组织浦江镇（三齐蔬果种植专业合作社、众德农产品专业合作社、爱好果蔬专业合作社、卫闵农产品产销专业合作社、逸灵蔬果专业合作社、闵汇蔬果专业合作社、幸汇蔬果专业合作社、鲁奉蔬果专业合作社、申象蔬果专业合作社)、华漕镇（晶羽蔬果专业合作社、浙林蔬菜专业合作社、华农工贸有限公司)、吴泾镇（绿良蔬果专业合作社)、梅陇镇（许泾谷物专业合作社)、颛桥镇（颛桥农业科技试验场）马桥镇（韩湘蔬菜专业合作社、闵川果蔬专业合作社）进行无公害整体认证申报工作，合计申报面积 2 246亩约 149. 73hm^2，合计申报蔬菜品次 307 个，合计蔬菜产量 10 975t。

第三，尽快加强畜牧水产上的质量安全标准体系。目前，在畜牧方面，养殖场（户）中大多数没有按照无公害标准饲养。对于畜牧业标准化生产的空白，应从以下 2 个方面的内容来考虑填补：一是养殖设施与环境标准化；二是管理措施标准化，主要围绕生产健康畜产品而建立的生产标准、畜产品质量标准以及相应的法律与企业经营管理体系等。

在水产方面，区内的养殖面积小且分散，大部分渔场利用底洼地、闲散农田开挖，池塘老化，设施陈旧、配套不完善。除 1 家完成收标准化验收、1 家申报外，基本上以传统养殖为主。目前，我们的主要任务是组织开展标准化水产养殖，强化水产养殖从业人员的培训，严格按照“水产品池塘养殖技术规范（DB31/T348—2005）”开展水产生产活动。同时，加强水产技术指导和技术服务，帮助养殖场制定生产管理等相关制度，进一步规范水产养殖者生产经营行为，提高闵行区水产养殖标准化水平。

4. 3　通过农产品安全控制技术来提高质量安全标准体系

重要的农产品安全控制标准建立从源头治理到最终消费的监控体系是农产品安全的重要保障，因此，按照农产品“从农田到餐桌”的全过程管理的原则，种植产品生产中应用“良好农业规范（GAP)”养殖产品生产中应用“良好兽医规范（GVP)”食品加工生产中应用“良好生产规范(GMP)”“良好卫生规范（GHP)”和“危害分析与关键控制点(HACCP)”等先进的农产品安全控制技术。而在实施 GAP 和 GVP 方面，国内的数据尚不充分。针对农产品生产过程的不同阶段及其特征，我们应尽快研究制定种植产品安全控制标准、养殖产品安全控制标准、农产品加工安全控制标准和餐饮业食品安全控制标准等方面的安全控制技术标准。

目前，我们的农产品市场流通安全标准的制定工作科学和系统性不强。加强农产品市场流通安全标准农产品市场流通安全标准是食品安全标准体系中不可或缺的重要部分，是农产品安全的重要环节，包括农产品从包装、标签标志、储藏、运输直至销售到市场流通的全过程。

4.4 通过农产品风险评价分析来评估质量安全标准体系

我们要在科学的风险评价分析的基础上来衡量我们的农产品质量安全体系，并为制定农产品中重点有害物质安全限量标准提供基础数据，将原来的事后抽检处罚为主转变为事先的预防控制为主。从农产品产业链整体角度解决产地环境、生产、加工、流通标准的衔接配套问题，要以最新科学研究成果和国际先进标准为前提，在与 WTO/TBT、WTO/SPS 规定相符合的基础上，解决强制性标准和推荐性标准设置不合理、重要标准短缺等问题。要在强制性标准为主、非强制性标准为辅的原则下协调两者的关系，强制性标准应侧重于安全卫生，可以专门制定农产品卫生或安全标准，而在产品质量标准中不再涉及具体内容，即便必须包含卫生指标的内容，可以参照 CAC 产品标准的做法，用相关限量标准和残留最大限量标准来代替现行标准中的具体指标。在科学的风险评价分析的基础上，把标准的制定与实施有机地结合起来，努力解决标准中兼容性、互补性、滞后性的问题，充分发挥农产品质量安全标准的功能，真正用标准组织农产品的生产，促进农产品安全水平的提高。

宝山区阳台蔬菜的示范推广

郝春燕[1]　王惠林[1]　张翠霞[1]　张峰豪[2]　周淑琴[2]
（1. 上海市宝山区蔬菜科学技术推广站，上海宝山；
2. 上海田仔蔬果专业合作社，上海宝山）

摘　要　阳台蔬菜已成为一种时尚的家庭消费和崭新的休闲项目，也是现代农业的一部分认识，与广大消费者联系紧密。但阳台蔬菜的种植者多为没有种菜经验的市民，并且阳台构造各异，有些蔬菜并不适合在阳台种植，这些因素成为影响阳台蔬菜发展的短板，作为蔬菜技术部门，对这项有别于传统农业的阳台蔬菜做好技术支撑是形势所需，涉农企业及时跟进配套服务，也是创收的新途径。在积极倡导城乡一体化的背景下，阳台蔬菜将成为城乡互动共赢的新亮点，是发展上海都市农业的积极实践。

关键词　宝山区　阳台蔬菜　示范推广

随着人民生活水平的日益提高，家庭居室不仅是栖身之地，也是物质和精神享受的一块天地。在讲求“亲近自然、绿色生活”的潮流下，让菜园进家、阳台种植，已成为一种时尚的家庭消费和崭新的休闲项目，阳台蔬菜已成为现代家庭园艺生活的一部分，与消费者形成了紧密的联系。但阳台蔬菜的种植者多为没有种菜经验的市民，并且阳台构造各异，有些蔬菜并不适合在阳台种植，这些因素成为影响阳台蔬菜发展的短板，作为蔬菜技术部门，对这项有别于传统农业的阳台蔬菜做好技术支撑是形势所需，涉农企业及时跟进配套服务，也是创收的新途径。在积极倡导城乡一体化的背景下，阳台蔬菜将成为城乡互动共赢的新亮点，是发展上海都市农业的积极实践。

1　宝山区阳台蔬菜发展趋势及应用现状

1.1　宝山阳台蔬菜发展趋势

宝山是上海地区城镇化进程发展较快的区域之一，且具有鲜明的城乡一体化特色，居民有自己种菜自己吃的要求，特别是一些置换过来的农户，对每天买菜、价格偏高时有抱怨，在绿化带、河道边等公共场地开荒种菜的现象时有发生。而阳台蔬菜由于其观赏性与食用性兼容，在示范推广中受到了宝山居民的欢迎，从2012年开始，以宝山区妇联开展“美好家园，绿色家庭”阳台菜园项目为契机，宝山区蔬菜科学技术推广站及时向区科委申请开设了“阳台蔬菜的示范与推广”课题，经过阳台1m^{2}菜园种植试点、示范、推广，阳台蔬菜种植已从居民的自发愿望转变为自觉行动，越来越多的居民爱上了阳台种菜，更重要的是种菜的居民在种植过程中生活更充实、邻里关系更融洽，也从根源上解决居民开垦绿化带种植蔬菜这一难题。阳台种菜也从政府扶持发展到自愿购买，从零星种植推广到有组织、有规律地种植，为美化家园、净化空气，发展宝山都市农业作出了积极实践。

1.2 宝山阳台蔬菜应用现状

在实施“阳台蔬菜的示范与推广”项目的过程中，课题组人员到社区面对面指导，为居民传授阳台蔬菜种植技术、国内外蔬菜科普知识，通过有针对性的生动讲解，让大家了解了蔬菜种植的基本要素，学到了家庭阳台蔬菜种植的多种有效方法，同时，也积极配合参与“美好家园、绿色家庭”公益活动。2012年以来，培训居民500余人次，在大场镇康华苑建立阳台蔬菜种植重点示范户150户，经过培训示范和辐射，目前已在杨行镇、罗店镇、友谊街道、吴淞街道等的22个居委进行推广，每户居民阳台蔬菜种植面积基本保证1m^2。种植品种除常规的绿叶菜、茄果瓜类外，还种植了兼顾观赏的品种，如樱桃番茄、白茄子、朝天椒、黄秋葵、白风菜、观音菜、小红萝卜等。带动了1家上海市蔬菜标准园参与其中，为居民阳台蔬菜种植提供秧苗、盆栽、有机肥等配套服务，截至2016年上半年，分批配送茄果类秧苗、绿叶菜盆栽等3 400多份、配送种子1 700多份。通过种植阳台蔬菜，居民体验了种植的乐趣、吃到了自己亲手种植的新鲜蔬菜，也为蔬菜生产基地提供了蔬菜营销新理念、新渠道（图1、图2）。

2 阳台蔬菜种植关键技术的示范推广

2.1 阳台菜园规划

阳台菜园规划的主要目的，是要体现出阳台蔬菜种植的实用性、体验性和观赏性，并尽可能使其和谐统一，种植面积要保证1m^{2}以上。

2.1.1 合理利用空间

阳台蔬菜的种植，是在保证晾晒衣物、夏季纳凉、冬季享受阳光等用途的基础上进行的，可供种植蔬菜的面积一般不会太大，所以，要提高空间的

图 1　居民正在领取盆栽蔬菜

图 2　居民种植的阳台蔬菜

利用率，主要是对纵向空间的延伸和利用。利用必要的辅助设施，布置蔬菜种植器皿，形成立柱、吊挂、壁挂、搭架、梯架形等多种形态布局，既美观实用，又节约空间。

2.1.2 简单实用的种植器皿

选用容器，要坚固、安全无污染、能提供足够的空间和排水通道。常用的主要是花盆、塑料盆、木箱等，提倡废物利用，利用家中的废旧物品来种菜，但要经过少许改装后利用，如饮料瓶、泡沫塑料箱、周转箱、轮胎、编织袋、塑料盒、包装盒、木箱、浴盆、箩筐等。种植器皿的选择和布局，要根据阳台大小、空间结构、种植蔬菜种类合理利用各类器皿（图3）。

图3 居民利用塑料杯、塑料瓶种植的阳台蔬菜

2.2 阳台蔬菜种植品种

种植品种选择，要根据自家阳台的环境条件、个人喜好需要，兼顾环境美化等因素综合考虑。宝山区阳台蔬菜示范推广中，种植家庭多为一般工薪阶层，阳台面积和空间不大，以封闭式为主，开放式、屋顶平台、底楼庭院等较少，种植蔬菜的阳台，以朝南的为主，其他朝向的较少。因光照、温度、通风条件较为理想，所以，可供选择种植品种比较丰富，并可做到周年种植。

目前，蔬菜种植种类以绿叶菜、茄果瓜类为主，少量根菜类等，主要种植品种为：青菜、菠菜、香菜、小香葱、韭菜、青蒜、空心菜、芹菜、散叶生菜、结球生菜、油麦菜、木耳菜、杭白菜、白风菜、薄荷、番茄（大、小番茄）、茄子（白茄子、紫条茄）、辣椒（朝天椒、大辣椒）、黄瓜、丝瓜、黄秋葵、豌豆、花菜、卷心菜、小红萝卜、马铃薯等。

2.3 栽培基质或营养土配置

在阳台蔬菜示范推广中，以土壤（营养土）栽培为主，基质栽培较少。土壤栽培相对于基质栽培的优点是：取材方便，保肥保水力强，对 pH 等有较强的缓冲性，各种有益菌的活动有利于植物生长等，对种植技术水平不高的居民而言，土壤栽培为首选。营养土应营养丰富，通透性、排水性良好，保湿保肥，干燥时不龟裂、潮湿时不黏结。常用的主要是菜园土与有机肥混合配制而成，其比例是：肥沃菜园土 80% 左右、腐熟有机肥 20% 左右。

基质主要有草炭、珍珠岩、蛭石、椰糠等。在实际应用中，我们配制的基质是由草炭、蛭石和珍珠岩组成，草炭由丹麦进口，该草炭消毒较好，蔬菜生产效果好。蛭石要求粒径 2 ~ 3mm。基质的配方比例为：蛭石 20% 、草炭 40% 、珍珠岩 40% 。

2.4　栽培技术

2.4.1　播种、育苗和定植

阳台蔬菜种植的绿叶菜类以居民自己播种为主，居民配置好营养土、购买好种子，根据技术人员的指导或参照发放的指导资料，进行播种。另外，一些不便移苗的一些蔬菜，如豆类、萝卜等也要直播。

种植的番茄、茄子、辣椒、黄瓜、丝瓜、黄秋葵、甘蓝、花菜等，由宝山集约化育苗基地提供，居民购买后，再行定植栽种。

宝山区的部分蔬菜生产基地也提供一些种植好的盆栽蔬菜，如青菜、香菜、菠菜、生菜、油麦菜、杭白菜、小香葱、小红萝卜等，居民购买后，按照技术指导说明，只需在水分管理上稍加注意，基本不追肥，到时就可采收蔬菜（图 4、图 5）。

图 4　基地提供的盆栽蔬菜

图5　居民自己培育的蔬菜秧苗

2.4.2　管理

阳台蔬菜种植中，水分管理是关键，要让居民掌握看天、看苗、看土进行水分管理，土壤要见干见湿。通过现场指导发现，居民种植的阳台蔬菜，在水分管理上出现最多的问题是，浇水太多太勤，从而造成沤根、死苗等问题。

阳台多为封闭式的，阳台蔬菜相当于种植在室内，因此，追施的肥料要洁净无异味。指导居民在配制营养土时，施足基肥并添加一些三元复合肥，生长期短的绿叶菜基本不需要追肥。基地提供盆栽蔬菜时，也要求在营养土中增加复合肥。对种植的茄果瓜类等生长期长的蔬菜，居民常常会追施利用餐厨垃圾沤制的肥料，在实际应用时，一定要指导居民做好餐厨垃圾沤制，做到不使用不腐熟的肥料。另外，盆内泥土出现板结时，要进行松土。

2.4.3　病虫害防治

阳台蔬菜种植因其相对独立的空间和环境，病虫害发生较轻，但不受病原菌和有害昆虫的侵害也是不可能的，所以，当病虫害发生后，如果居民自己使用化学农药进行防治，或将农药放置在家中，安全隐患很大。防治阳台蔬菜病虫害，提倡使用物理、生物防治办法。种植前对土壤进行高温消毒，控制好温度湿度、悬挂黄板、覆盖防虫网、或人过捉虫等，也可使用一些无毒、无害的生物药液防治病虫害。

2.4.4 采收

根据不同蔬菜品种采用不同的采收方式，采收时尽量保留根系，延长蔬菜生长和采收期。叶菜类在采收前期，采用间拔采收，采收密集的地方，在生长中后期能采收叶片的，可掰外围叶片进行采收，对于容易出现分枝的蔬菜，采收嫩枝叶即可。小香葱一般不连根拔起，剪叶片采收。茄果瓜类的果实成熟后即可采收。

3 阳台蔬菜效益

阳台蔬菜的效益，目前主要应该体现在社会和生态效益上。阳台蔬菜种植在室内，有资料介绍说可以净化室内空气、吸收室内甲醛，调节空气湿度，使室内环境清洁舒适。阳台蔬菜化肥用量少，几乎不用农药，产品安全卫生，并且随时采摘，随时食用，非常新鲜。另外，也为人们休闲提供了一种新的方式，更为生长在城市的儿童，提供了解植物生长的机会，培养了儿童的动手能力；同时阳台蔬菜也为蔬菜生产企业提供了蔬菜营销新思路，对发展上海都市农业、促进城乡一体化起到了积极作用。

4 阳台蔬菜示范推广体会

4.1 部门联动，事半功倍

区农委、区蔬菜技术推广站日常工作面对的主要是农村、农业和农民，对街道、居委、居民这块工作相对陌生，是短板，在阳台蔬菜种植示范推广初期，妇联发挥农业部门与街道、居民的桥梁和沟通作用，我们发挥技术优势，承担技术培训、指导、示范以及部分种苗供应等工作，当技术培训、技术指导在先期开展工作的街道和居民中受到好评，有一定口碑，其他街道或居委会就会主动与技术部门联系，希望得到指导，这其中信任是基础。技术部门也可以根据实际情况，主动到街道居委推广阳台蔬菜种植，如果没有前期多部门的协同连动，仅靠农业部门的力量，完成与街道居委、居民的连接是有困难的，而且难以做到快速有效。期间，要选定几个生产技术水平高、且愿意尝试阳台蔬菜营销新模式的规模化蔬菜生产基地（合作社），做配套保障工作，能根据居民需要，及时提供优质的蔬菜种子、种苗、基质、肥料等。

4.2 培训指导形式多样

在阳台蔬菜示范推广中，参与种菜的居民中少数原来是农民，接触过农业，但绝大多数没有接触过农业，对蔬菜种植非常陌生，所以，对他们的培训要深入浅出、通俗易懂，不能按照培训菜农那样培训，要从最基础的土壤准备、种子选择、播种、栽培管理、病虫害发生防治、采收等方面讲起。集中课堂培训时，最好利用 ppt，各种图片尽量多准备一些，有条件时，请蔬菜生产基地在课堂布置些应季的、种植好的蔬菜盆栽，便于居民现场观看，同时要编写发放与培训内容配套的明白纸，使居民了解阳台蔬菜种植技术要点，尽量掌握一些简单的种菜技术。在蔬菜生产关键时期，要到居民家中，进行现场指导，也可以将少许周边居住的居民召集到一起，开一个小型现场会，多互动，使居民明白存在问题以及解决办法。为了更及时方便指导，留好联络电话，居民在阳台蔬菜种植过程中可以随时随地咨询，帮助居民及时解决实际问题。另外，为了使居民对蔬菜生产有个直观认识，可以联系基地，组织居民到现场，可以是参观也可以是种菜、采摘等，类似于 1 日游，居民开心，基地也得到了实惠（图 6、图 7）。

图 6　技术人员到居委会培训指导

4.3　关键技术切合实际

宝山区开展的阳台蔬菜种植以老年人为主，居家条件普通型的较多，所以，在阳台蔬菜种植技术的示范推广中，以居民能接受、实惠、便于操作为主。在栽培容器的选择上，只要安全卫生无污染、水分排灌方便即可，所以居民利用了许多可以回收利用的物件做了盆栽蔬菜的容器。对栽培基质的使用推荐上，室内观赏型的可以使用无土栽培，但一般还是建议使用菜园土、

图 7　技术人员到居民家中指导

营养土，一方面居民取用方便，不需要花钱购买；另一方面，对水分的管理要求上也相对粗放一些。肥料使用上建议以有机肥为主，为居民培训指导了如何使用餐厨垃圾制作有机肥，也可以由蔬菜生产基地统一提供营养土，种子、种苗基本上由蔬菜生产基地分期分批提供。由于关键技术的切实可行，阳台蔬菜种植受到了许多居民、社区的欢迎，而提供配套服务的基地也从中获得了一定的收益。

5　存在主要问题及建议

5.1　配套技术服务体系缺乏

由于阳台蔬菜在我国出现较晚，大家对阳台蔬菜是现代农业的一部分认识还有待提高，开展研究的机构较少，农业科技推广和服务部门在阳台蔬菜的试验研究及示范推广也处于起步阶段，配套技术服务体系还未真正建立，如困扰居民阳台蔬菜种植的种子种苗、有机肥、营养土等的提供，栽培技术的指导，有别于田间蔬菜生产的病虫害防治技术应用等，需要有关部门重视，协调完成好配套服务，促进阳台蔬菜种植的推广。

5.2　配套设施缺乏

阳台空间有限，且功能多样，可供种菜的空间不大，如何提高空间利用率是阳台蔬菜推广的关键，目前，居民以自制的简易设施为主，缺乏适合阳台蔬菜种植要求的、相对价格低廉的配套设施，希望农技部门与设备生产企业联合研发出不同形式、不同价位的系列产品，如壁挂型、柱型、梯架型等，配有太阳能、自动浇水施肥功能的，或只有简单的架构、或购买后自己组装等等，以满足不同层面居民对阳台设施的需要。

5.3 城乡互动不足

阳台蔬菜种植以阳台为主，空间狭小，阳台蔬菜定位应是居民食用蔬菜的拾遗补漏，社区居民对阳台蔬菜种植的积极性很高，蔬菜生产企业缺乏热情，城乡互动不足，究其原因，主要是目前阳台蔬菜在我国发展比较缓慢，涉农企业提供服务不仅费工费时，而且利润少，我们应整合各方优势和资源，利用“互联网+”，扩展思路，在满足居民对阳台蔬菜种植的产前、产中、产后服务的同时，也为蔬菜生产企业提供了营销渠道，获得收益，为城乡互动共赢，添智助力。

Imec 膜栽培高品质蔬果关键技术①

张宏伟　牛晓栋　孙文文　王翠梅
（上海多利农业发展有限公司，上海浦东）

摘　要　逐渐推进蔬菜产业结构调整，提高蔬菜产品品质水平，发展蔬菜工厂化生产是上海市蔬菜产业发展的必经之路。上海多利农业发展有限公司（以下简称“多利农庄”）于 2014 年 9 月开始引进日本高端农产品生产技术：Imec 膜栽培技术种植优质品种 Frutica 高品质番茄，成功种植出 2 茬高品质番茄和二茬高品质草莓，通过第三方检测机构表明，番茄和草莓的糖度和氨基酸含量都显著高于普通种植的番茄和草莓；通过项目的实施，公司掌握了 Imec 膜栽培高品质蔬果关键技术，并总结出 1 套 Imec 膜栽培高品质蔬果技术规程，此规程适用于全国其他各类农业企业生产，可以在全国任何地区进行推广使用，可行性很高；据有关调查表明，高端优质蔬菜市场需求正在以每年 20% 的速度增长，优质蔬菜市场需求达到 3 335 万 t，产值超过千亿元；上海市市场每年对有机蔬菜的需求量达到 20.7 万 t，市场规模达到 51.7 亿元。因此，高端蔬果具有极大的市场需求，本技术也具有极大的推广意义。本文对运用 Imec 膜种植高品质番茄和草莓的关键技术进行了详细的阐述和总结。

关键词　日本 Imec 膜　高品质蔬果　多利农庄　栽培技术

改革开放以来，随着上海市人口数量的增加，人们生活质量的提升，市民对蔬菜的需求不断增加，上海蔬菜产业发生了巨大变化。上海的蔬菜产业化程度无论是品种、生产技术、人才队伍还是设备配套方面均在全国处于领先水平。但是，上海应着眼于世界，瞄准国际化大都市蔬菜产业发展前沿，开辟出适用于自己的产业发展途径和战略，才能保障上海蔬菜产业健康、稳

① 上海市科委崇明专项项目（1539192800）
通讯作者．E-mail：hongwei. zhang@ tonysfarm. com

定、可持续发展。国外大都市蔬菜产业发展特点包括品种结构持续优化、注重蔬菜高附加值生产、广泛采用家庭农场发展模式、蔬菜生产呈工业化趋势。其中，从技术方面讲，工业化生产是未来农业发展的必然趋势。

1　国外大都市蔬菜产业发展特点：生产呈工业化趋势

农业生产的专业化、集约化、机械化程度是衡量一个国家和地区农业水平是否先进的指标之一。许多国际大都市在蔬菜生产上具有较高程度的专业化、集约化和机械化，正呈现工业化的发展趋势。20 世纪 70 年代以来，发达国家的设施园艺已具备了设施设备完善、生产技术规范、产量稳定和产品质量安全性强等特点，并且已形成了集温室制造、生产资料配套、产品生产、物流等为一体的设施蔬菜产业体系。荷兰的阿姆斯特丹市蔬菜生产采用高度工业化的温室，使得蔬菜生产可以按照工业生产方式进行生产和管理。这些工业技术包括机械技术、工程技术、电子技术、计算机管理技术、现代信息技术和生物技术。近年来，日本大力推广机械化生产。在日本的许多地方，蔬菜从播种、育苗、施肥直至收获、包装、上市基本上实现了机械化操作。

2　上海市蔬菜产业发展的方向和趋势

2.1　逐渐推进蔬菜产业结构调整，提高蔬菜产品品质水平

上海市蔬菜产业正由常规型向生态型、粗狂型向精细化阶段迈进。在这个关键时期，要充分利用上海的区位、信息、科技、人才的优势，因地制宜，发挥常年菜田的特色，分期，分批种植有地域特色的蔬菜，以确保市场对蔬菜的需求。同时，要利用好保护设施，在菜源充裕的情况下，积极大胆调整种植结构和品种结构，以提高经济效益。在品种方面，要引进先进特菜和优质蔬菜进行示范性推广种植，如野生蔬菜、药用蔬菜、保健蔬菜、观赏蔬菜，以增加市场占有率。在品种定位和市场细分时要瞄准中高端消费市场，扩大“名、特、优、稀、新”等蔬菜品种的生产规模，积极培育地方特产，引进和试验加工菜品和出口品种，多方面提高蔬菜种植水平，增加蔬菜品种供应量。同时，结合上海的实际，通过发展精致农业，生态农业，控制和减少化肥施用和农药残留，实现精致化和标准化，促进蔬菜产品向多样化方向发展，实现蔬菜深加工，努力提高配送菜和包装菜等蔬菜半成品的加工，提高蔬菜的安全质量，实现蔬菜向无公害化蔬菜、绿色蔬菜和有机蔬菜方向发展，使蔬菜产品符合国际标准。积极创造条件，逐步实行蔬菜规模

化、专业化、区域化生产，提高蔬菜品质和加工包装水平，下大力气抓好品牌蔬菜销售，实行标准化上市，以此带动种植结构和品种结构调整，提高蔬菜产品的附加值，努力推进蔬菜生产向多样化、精细化和高附加值化方向发展。

2.2 实施科技化、工业化生产战略，促进蔬菜产业能级提升

蔬菜产业的发展离不开科技进步，要实现蔬菜生产的标准化和精确化就必须提高蔬菜产业的科技含量。上海正大力推行设施菜园建设，工业技术植入蔬菜生产之中，为设施生产赋予了工厂化农业的内涵，成为工业化大体系不可分割的部分。而温室生产的高投入、高产出、高料率管理模式要求应用大量的高新技术。当前工业领域内的科技成果（如机器人技术等）不断运用于温室园艺配套装备中，已取得初步成果。世界级大都市一直致力于把自动化技术应用于蔬菜作物的耕种、施肥、灌溉、病虫害防治、收获以及农产品的加工、储藏、保鲜的全过程，可以根据作物生长发育的特点，创造最适宜的温度环境条件，基本摆脱了外界环境条件对作物生产的影响，实现了作物周年生产和均衡上市。目前。这种自动控制技术逐步向智能化、网络化方向发展。从温室耕作、作物栽培、生长管理、产品采收、包装和运输等过程全部实现机械化控制，温室内温度、光照、湿度等环境调节全部由计算机监控和自动化调控。随着工业技术的不断发展，将机器人技术广泛应用于设施生产中，实现温室精确作业，高效及省力化。

2.3 上海蔬菜的发展现状

2000 年，设施蔬菜年种植面积达 179 万 hm^2，2008 年，设施蔬菜年种植面积达 335 万 hm^2。截至 2008 年年底，我国设施蔬菜总产值 4 100亿元，占蔬菜总产值的 51%，而同期设施蔬菜的种植面积仅占全国蔬菜种植总面积的 1/4。目前，上海地区设施蔬菜每 $667m^2$ 年平均收入 8 000 ~ 12 000元。一些经营管理好的蔬菜生产基地每 $667m^2$ 平均年产值可达 17 000 ~ 18 000 元，而露地蔬菜生产每 $667m^2$ 年平均收入 5 000元左右，设施蔬菜生产的效益明显高于露地。目前，一方面，科技推广技术人员断层现象严重，郊区种菜劳动力日趋紧张和老龄化，土地资源和环境日益恶化，蔬菜生产的组织化、规模化程度不高，蔬菜产品质量还存在安全隐患。另一方面，高端优质蔬菜市场需求正在以每年 20% 的速度增长，优质蔬菜市场需求达到 3 335 万 t，产值超过千亿元；上海市市场每年对有机蔬菜的需求量达到 20.7 万 t，市场规模达到 51.7 亿元。因此，高端蔬果具有极大的市场需求，急需高端农产品生产技术和高端蔬果品种的出现满足市场需求。

3 日本 Imec 技术介绍

3.1 Imec 技术开发背景

Imec 技术开发的背景是基于农业生产中土壤所面临的 2 个问题：一是传统农业生产受产地、季节、作物等因素的影响很难实现按操作规程的标准化作业；二是病原微生物/病毒、农药、重金属等带来的污染日益严重。基于上述 2 个问题，日本 Mebiol 公司着手开发替代土壤的树脂膜技术从根本上解决以上问题。

3.2 Imec 技术原理

IMEC 膜栽培技术的基本原理是使用水调节纳米膜作为介质（图 1），取代传统的土壤或基质，利用纳米膜的选择吸收性，将水分和营养透过膜传递到根系，同时，阻止细菌和病毒透过。采用此种技术种植的作物根系发达，促进根系细微化、膨大化，最大限度地利用水分和营养，提高生产效率。

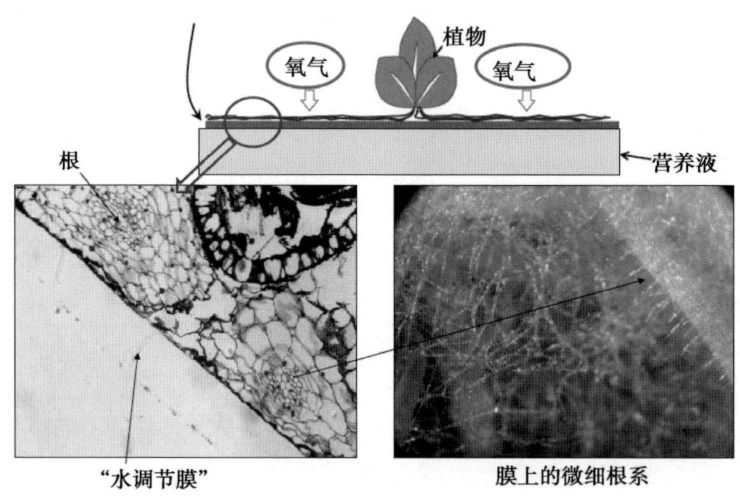

图 1　IMEC 水调节纳米膜种植结构及根系生长示意图

3.3 水分调节膜的基本功能

水分调节膜的基本性能包括以下 4 个方面。

3.3.1 高安全性

水分调节膜采用纳米级微孔加工技术、可以通过水分及植物生长所需的营养成分，但将细菌、病毒等隔离，因此，可以最大限度地降低农作物的病害、确保农产品的安全。

3.3.2 高附加值

水分调节膜可以有效控制作物的水分、促进作物的根系微细化、膨大化，同时，通过提高渗透压促进糖分等营养成分的大量合成；使农作物口感甘甜并具有极高营养成分。

3.3.3 高产业化

传统农业生产受产地、季节、作物等因素的影响很难实现按操作规程的标准化作业、水分调节膜可以实现标准生产。从根本上解决依赖土壤生产带来的上述问题，在保障品质的基础上实现大规模生产，降低成本。

3.3.4 高实用性

应用水分调节膜生产技术，可以摆脱对土壤的依赖，将农作物的生产延伸到消费者身边，在家庭、办公室、商业设施中均可普及。

3.4 生产系统的基本组成

生产系统的基本组成包括营养液滴灌管、水调节膜、无纺布、止水层、营养液滴灌管和有机质（图2）。

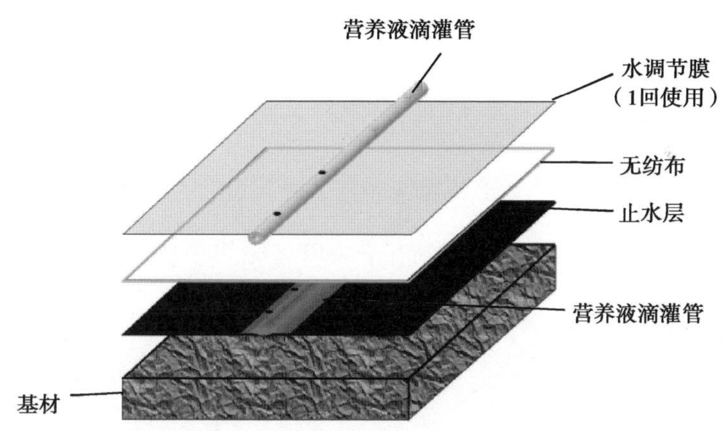

图2 生产系统基本组成结构示意图

3.5 止水层的功能

止水层可以防止营养液的流失、提高营养和水资源的利用率，同时，隔绝了土壤（有害微生物、重金属、盐分、腐烂物等）对作物的污染，这种农业生产方式适合沙漠、水泥地、动图、湿地等（图3）。

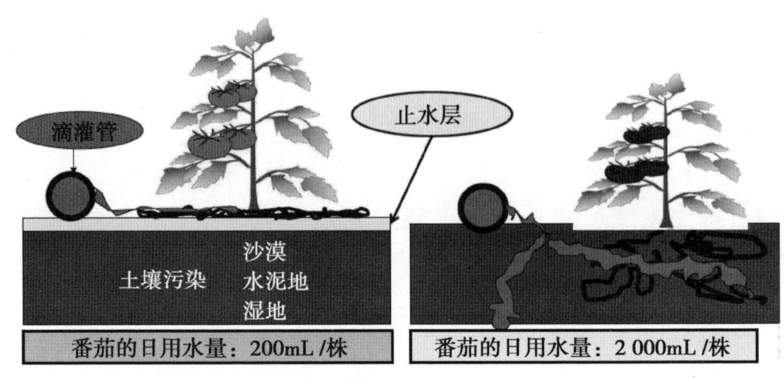

图 3　止水层功能

3.6　IMEC 的运用及优势

IMEC 膜技术于 2009 年首先由日本 Mebiol 公司研发成功并应用于番茄种植。目前，该技术已经成功应用在甜瓜、黄瓜、辣椒、草莓和叶菜类等作物的种植上。IMEC 膜栽培技术不仅在日本国内广泛推广，在中东、北非、欧美等地也逐步引进该项技术。目前，采用该项技术的种植面积已达 $25hm^2$。相对于一般无土栽培种植技术，IMEC 膜栽培技术具有以下优势。

3.6.1　高安全性

IMEC 膜技术的核心是采用了纳米级微孔制造技术的水分调节膜，可以选择性透过植物生长所需的水分和营养成分，阻止细菌、病毒等透过，最大限度的保护农作物安全，降低病害。

3.6.2　高附加值

IMEC 技术采用的水分调节膜可以有效控制作物的水分、促进根系细微化、膨大化，同时，通过提高渗透压促进糖分等营养成分合成。因此，产品的口感甘甜，糖度、氨基酸、维生素等营养元素含量极高。

3.6.3　高产业化

IMEC 膜技术生产高效、产品品质高、摆脱传统农业对土地、季节性等限制，有利于实现工厂化、规模化、标准化生产，适于产业化推广，在保障产品品质的基础上实现大规模生产、降低成本。

4 试验过程

4.1 研究区概况

试验地位于上海市多利农业发展有限公司大团基地的 1 228.8m^2 的现代化玻璃温室内，温室内有内遮阳系统、内保温系统、通风降温系统及内循环系统、电气控制系统、生长架及附属设施及灌溉系统等。种植时间为 2015 年 3 月 16 日至 2015 年 7 月 23 日。

4.1.1 内遮阳系统

内遮阳系统设置于距地 3.4m 高处。遮阳网材料选用铝箔，遮阳率 55%，节能率 57%，采用齿轮条传动。新增的内遮阳网采用平装，为保证其正常运行及安装，在相应高度（3.4m）安装水平杵架，杵架上下采用 50mm × 30mm × 2mm 矩形管，温室端面增加 80mm × 50mm × 2.5mm 拉幕横梁。

4.1.2 内保温系统

内保温系统位于内遮阳网下方，距地面 3m 处。内保温网采用铝箔，遮阳率 16%，节能率 47%。同时，在温室四周与外界接触的侧墙上安装手动卷膜侧保温帘，采用 0.15mmPEP 薄膜覆盖，卡槽卡簧固定，并在温室两侧面设置密封兜，保证温室美观性和密封性。密封兜采用 0.15mmPEP 薄膜。

4.1.3 通风降温系统及内循环系统

在温室东立面增加 10 台轴流风机，风机尺寸 1 388mm × 1 388 mm × 400mm，通风量为 44 000m^3/小时，风机上口安装高度和侧立面第一道横栏齐平，风机安装内侧和立柱齐平。在内侧安装 25 目防虫网，采用卡槽卡簧固定。风机固定采用 50mm × 50mm × 2mm 方管，风机周边更换于温室外墙一致的 4mm 浮法玻璃覆盖。风机电动控制，采用分级启动，风向为自西向东。同时，在风机对侧西立面增加铝合金移窗，尺寸 2m × 1.4m，共 14 组，移窗上口安装高度与第一道横栏齐平。移窗设置 50 目高密度防虫网纱窗，移窗固定采用 100mm × 50mm × 2mm 矩形管，移窗及周边需要更换的玻璃采用 4mm 浮法玻璃，移窗手动启闭。

在温室内部安装 11 台环流风机，以加强温室内空气流通及均匀性。环流风机风向自西向东。

4.1.4 电气控制系统

温室内电气控制系统主要控制新增的轴流及环流风机、内遮阳系统、内保温系统。电控箱位置与原有电控箱位置一致，用电量为15kW。在温室北侧连接220V与380V电源，同时，连接自来水管及搭设水池及管道。

4.1.5 生长架及附属设施

在温室四周2.6m高度增加一圈生长架固定钢梁，采用80mm×50mm×2.5mm矩形管，现场焊接在温室立柱，按照栽培床位置，在栽培床上方按其宽度，沿东西走向牵拉钢缆，每条栽培床两侧上方共拉2条。

在温室参观区和种植区增加隔墙，隔墙采用4mm浮法玻璃覆盖。隔墙设置在内保温系统下方，高度3m。同时，在温室内设置2座移门，大小2m×2m及1座拉门由参观区通往种植区，大小2m×1m。

4.1.6 灌溉系统

灌溉系统管路由日方根据温室结构和种植面积确定，整体种植区域面积1 228.8m^2。灌溉主管分上下两部分，分别对应各个区域的上部灌溉系统和下部灌溉系统，每个区域对应1个主管。主管由施肥机处开始，埋入40cm深地下，延伸至各个灌溉区域并连接至通往每条栽培床的灌溉支管。灌溉支管上部露出连接至每条栽培床的田间控制阀门，分上下两组控制。每个栽培床对应上部阀门连接上部滴灌管1根，下部阀门连接下部滴灌管2根，组成灌溉管路系统。田间阀门可手动开启关闭。

4.1.7 灌溉设备

灌溉设备主要包括施肥机及控制系统、储水箱、肥料原液桶及水泵。施肥机及控制系统采用日方定制的进口施肥机及控制一体系统。储水箱为黑色1 000L水箱，通过水泵连接施肥机，并有控制系统统一控制。肥料原液桶共2个，分别存放含钙液体肥料原液和非含钙液体肥料原液。肥料原液由2组吸肥器分别吸取，通过施肥机控制系统控制，在施肥机管道内与水定量混合稀释达到施用浓度，分别流入上部灌溉系统和下部灌溉系统。肥料施用浓度由吸肥器手动控制调节，通过施肥机控制器制定每日自动灌溉时间及灌溉量。

4.1.8 栽培床

栽培床呈东西走向布局，共27条，分为5个控制区域。每条栽培床结构自下而上由栽培床框架、止水层、下部滴灌管、无纺布、IMEC纳米膜、基质（培养土）、定植板及黑白覆盖薄膜组成。上下部滴灌管需要在末端固定，下部滴灌溉靠两边排列与无纺布下方，上部滴灌管固定于定植板中列，且滴灌管每个滴灌孔对应定植板需要使用的孔内，确保滴灌有效进行。最外部黑白覆盖膜铺设完成后在定植板对应的每一个需要定植的孔上开口，开口大小与定植孔孔径一致。

4.1.9 物联网系统

温室内安装的物联网系统包括五参数传感器 3 个、摄像头枪机 5 个、摄像头球机 1 个、RFID 系统 1 套。五参数传感器设置于种植区 1、3、5 区域，可以监测并记录基质温度及湿度、光照强度、室内温度及湿度。摄像头监控系统由 5 个枪机摄像头和 1 个全景球机摄像头组成，监控范围可以覆盖整个温室。RFID 系统用于监控温室人员进出状况，分别设置在温室进出口处。整个温室物联网系统连接至多利农庄智慧农业监控系统中可实现视频、数据的远程实时监控。

4.2 品种选择

本茬种植品种只 1 个品种，是从日本引进的 Frutica 品种，特点：中型，酸味少、极甜；果肉柔软、果皮易嚼；抗叶锈病（Cf 9）；裂果较少；糖度 8 左右，产量：7 ~ 10t/1 000m^2。

4.3 育苗

育苗采用 128 孔穴盘进行育苗，保证与定植板孔径一致。每穴播种 1 粒。数量：5 000粒，苗况良好，出苗率达 90%。

4.4 移栽

移栽时保留育苗根部基质，将其斜插入定植板下方，注意不要破坏幼苗根系。

4.5 种植期管理

4.5.1 水肥

本项目采用滴灌方式进行水肥灌溉，通过控制系统控制施肥机从肥料原液桶中按比例吸取与自来水水混合稀释达到目标浓度通过灌溉管道运输到田间上下滴灌管道系统进行灌溉。水分与肥料共同施用，不单一进行水分灌溉。肥料原液按照日方提供的配方进行配置，具体使用的营养液配方原料有康晶水溶肥、硝酸铵钙、硫酸镁、乙二胺四乙酸铁。

4.5.2 温湿度管理

在植株生长期注意温度管理。保持白天温室温度在 20℃ 以上，但不超过 35℃，夜晚温度保持在 10℃ 以上，尽量减少植株暴露在过高或低温的环境中。

4.5.3 病虫草防治

在温室植保管理方面，注意保持温室内部环境与外部的隔绝，严格控制外来人员的进出，禁止外来的植物动物进入。对日常管理人员进行培训和监督，注意进出温室消毒、更衣、换鞋，在接触温室内植株前清洗双手，严格禁止温室内吸烟。在温室内采用物理防治方法为主。在幼苗定植后悬挂黄板，及时检查病虫害出现及发展趋势，并采取喷洒药物等方式进行处理。对于已生病的植株及时清除，避免进一步传染。

番茄的病害主要包括病毒病、白粉虱。

4.5.4 打理老叶

根据番茄植株的生长情况，定期清理下部老叶和坏叶。采用单干整枝，及时去除侧芽和侧枝。根据番茄生长情况，在定植后 3 ~ 4 周内完成全部植株吊绳固定工作。

4.6 收获

本次种植收获期从 2015 年 6 月 10 日到 2015 年 7 月 23 日，分别于 2015 年 6 月 10 日，2015 年 6 月 17 日，2015 年 6 月 21 日，2015 年 6 月 23 日，2015 年 6 月 29 日，2015 年 6 月 30 日，2015 年 7 月 1 日，2015 年 7 月 8 日，2015 年 7 月 17 日，2015 年 7 月 23 日进行采收，每次使用 4 ~ 5 名工人进行采收作业，记录每次每个品种的采收量，现场随机选取产品样品进行糖度、产品单重及产品单个最大最小重量测量并记录。

4.7 结果与分析

本次种植的 Frutica 品种番茄共采收 11 批次共 4 564kg，以下是此次采收的详细情况（表 1）。

表 1　Frutica 品种番茄产量和糖度

采收时间	采收量（kg）	糖度（%）
2015. 6. 10	230. 55	7. 1 ~ 8. 5
2015. 6. 17	286. 85	6. 5
2015. 6. 18	360. 7	6. 5
2015. 6. 21	421. 5	5. 8
2015. 6. 23	431. 5	7. 3
2015. 6. 29	540. 5	7
2015. 6. 30	574. 65	6. 9
2015. 7. 1	471	6. 8
2015. 7. 8	430	7. 2
2015. 7. 17	430	7
2015. 7. 23	386. 75	8

将番茄样品送至上海天祥检测有限公司进行糖度和氨基酸的检测，结果显示，使用 Imec 膜栽培的番茄的果糖、葡萄糖、谷氨酸等含量显著高于土壤种植的草莓。以下是具体的检测结果（表 2）。

表 2　不同番茄品种营养元素对比

	普通种植	有机种植	Imec 种植	日方 Imec 报告
果糖	2.2	2.6	2.6	3.4
葡萄糖	2.0	2.6	2.6	3.4
谷氨酸	0.29	0.13	0.21	0.213
γ－氨基丁酸	未测	未测	未测	0.029
天冬氨酸	0.074	0.044	0.059	
赖氨酸	0.03	0.022	0.03	

4.8　项目预算及收益分析

本项目的一次性投资为 96.46 万元，包括灌溉设备及管道、栽培床设施、吊绳、测量仪器、运输费、安装费及加温设备等。每茬种植时的费用为 9.8 万元，包括 Imec 纳米凝水膜、黑白覆盖膜、营养液、基质、诱虫板、种子及育苗费用、管理员及人工费、水费、电费、加温燃油费。

本次种植的 Frutica 品种番茄共采收 11 批次共 4 564 kg，按照每 100 元/kg，本次销售收入为 456 400元。毛利润为 358 400元。不考虑设备折旧，投资回报期 1.97～3.12 年。

5　高品质草莓的种植

5.1　品种选择

本茬种植品种为草莓红霞品种，又称红颊草莓，因草莓的颜色如同红脸颊一般而得名。其特点如下：外观呈深红色，果型长，果肉乳白色区域较少，口感清香，微带清甜。

5.2　育苗

基质铺在 Imec 膜的上面，基质为有机基质，混合从日本公司寄来的保水剂，混合之后铺在上面，比种番茄时铺得厚一点。

5.3　定植

基质上再盖上定植板，水管子铺在定植板中间孔一边，然后再包上黑白膜。

5.4 种植期管理

5.4.1 水肥

本项目采用滴灌方式进行水肥灌溉，通过控制系统控制施肥机从肥料原液桶中按比例吸取与自来水水混合稀释达到目标浓度通过灌溉管道运输到田间上下滴灌管道系统进行灌溉。水分与肥料共同施用，不单一进行水分灌溉。肥料原液按照日方提供的配方进行配制，具体使用的营养液配方原料有康晶水溶肥、硝酸铵钙、硫酸镁、乙二胺四乙酸铁。

5.4.2 温湿度管理

在植株生长期注意温湿度管理。保持白天温室温度在 25 ~ 28℃，夜晚温度不低于 10℃，尽量减少植株暴露在过高或低温的环境中。湿度控制在 30% ~ 80%。

5.4.3 病虫草防治

在温室植保管理方面，注意保持温室内部环境与外部的隔绝，严格控制外来人员的进出，禁止外来的植物动物进入。对日常管理人员进行培训和监督，注意进出温室消毒、更衣、换鞋，在接触温室内植株前清洗双手，严格禁止温室内吸烟。在温室内采用物理防治方法为主。在幼苗定植后悬挂黄板，及时检查病虫害出现及发展趋势，并采取喷洒药物等方式进行处理。对于已生病的植株及时清除，避免进一步传染。

草莓的病害主要包括白粉病、炭疽病和红蜘蛛。

5.4.4 打理老叶

根据草莓植株的生长情况，定期清理下部老叶和坏叶。

5.5 收获

本次种植收获期从 2016 年 3 月 12 日到 2016 年 4 月 28 日，分别于 2016 年 3 月 12 日，2016 年 3 月 17 日，2016 年 3 月 28 日，2015 年 3 月 31 日，2016 年 4 月 28 日进行采收，每次使用 4 ~ 5 名工人进行采收作业，记录每次每个品种的采收量，现场随机选取产品样品进行糖度、产品单重及产品单个最大最小重量测量并记录。

5.6 结果与分析

本次种植的草莓共采收 1 082kg，以下是此次采收的详细情况（表 3）。

表 3　Imec 草莓采收时间和产量

采收时间	采收量（kg）
2016. 3. 12	106

（续表）

采收时间	采收量（kg）
2016. 3. 17	112
2016. 3. 28	201
2016. 3. 31	76
2016. 4. 7	196
2016. 4. 14	178
2016. 4. 28	161
2016. 5. 4	52

将草莓样品送至上海德诺产品检测有限公司进行糖度和氨基酸的检测，结果显示，使用 Imec 膜栽培的草莓的果糖、葡萄糖、谷氨酸等含量显著高于土壤种植的草莓。以下是具体的检测结果（表 4）。

表 4　不同草莓品种营养元素对比

	Imec 种植	普通种植（g/100g）
果糖	3. 36	2. 54
葡萄糖	3. 14	2. 31
天冬氨酸	98	63
苏氨酸	27	15
丝氨酸	32	18
谷氨酸	160	86
脯氨酸	13	14
甘氨酸	23	19
丙氨酸	41	21
颉氨酸	25	18
蛋氨酸	5. 2	4. 1
异亮氨酸	16	12
亮氨酸	33	25
酪氨酸	13	9
苯丙氨酸	0. 73	13
组氨酸	12	10
赖氨酸	26	20

5.7 项目预算及收益分析

本茬种植时的费用为 2.3 万元，包括 Imec 纳米凝水膜、黑白覆盖膜、营养液、基质、诱虫板、幼苗费用、管理员及人工费、水费、电费、加温燃油费。

本次种植的草莓共采收 11 批次共 1 082kg，按照每 120 元/kg，本次销售收入为 129 840元。毛利润为 106 840元。

6 结语

从国外大都市蔬菜产业的发展特征来看，上海市蔬菜生产也在朝工业化趋势和推进蔬菜产业结构调整、提高蔬菜产品品质水平的方向发展。在过去 10 年间，美国、日本、中国香港和中国台湾等发达国家和地区，有机蔬菜的消费已经占到蔬菜消费总量的 8% ~15%。据有关调查表明，中国高端优质蔬菜市场需求正在以每年 20% 的速度增长，优质蔬菜市场需求达到 3 335 万 t，产值超过千亿元；上海市市场每年对有机蔬菜的需求量达到 20.7 万 t，市场规模达到 51.7 亿元。因此，高端蔬果具有极大的市场需求，积极开发新型蔬果生产技术，引进新品种和优质蔬菜示范性种植迫在眉睫，以满足巨大的市场需求。

多利农庄从 2014 年 3 月开始与日本 Mebiol 公司展开合作，并先后多次到日本考察访问，积极引进高端农业生产技术 - Imec 膜栽培技术种植高品质番茄，于 2014 年 9 月 5 日在多利农庄上海大团基地合作建成第一座工厂化 Imec 膜栽培温室并投入运行，同时，引进日本优质小番茄 Frutica 品种进行试验种植，经过 1 年多的探索实施，成功种植出了品质极高的番茄，通过上海天祥有限公司的检测表明糖度和氨基酸的含量显著高于土壤种植的番茄；2015 年 10 月开始创新性的运用此技术种植多利农庄的名牌产品 - 上海市草莓金奖获得者 - 红霞草莓，经过研发人员和生产人员的辛苦研发和实施，第一批高品质草莓于 2016 年 3 月成功产出，品尝过的人普遍反映草莓的口感极佳，香气浓郁，胜过市场上的绝大多数草莓品种，而通过上海德诺检测有限公司的检测，检测结果也表明使用 Imec 膜技术种植出的草莓的糖度和氨基酸的含量明显高于土壤种植的草莓，品质得到了极大的提升。通过项目的实施，公司掌握了 Imec 膜栽培高品质蔬果关键技术，并总结出 1 套 Imec 膜栽培高品质蔬果技术规程，此规程适用于全国其他各类农业企业生产，可以在全国任何地区进行推广使用，可行性很高。此外，本项目的积极推行也表明多利农庄在学习国际上先进技术的同时，注重企业自主创新能力的提升，突出蔬菜工业化生产、蔬菜品质的提升，这一技术的引进、消化与吸收提升了品牌知名度和行业技术的领先性，该项目已成为中国都市智慧有机农业先行区和亮点，为我国现代农业发展提供参考和借鉴，具有非常切合实际的现实推广意义和广阔的前景。

奉贤区黄秋葵入选名特优新品的探索

唐玉英　汤海军　郭欣欣　邹　琼

（上海市奉贤区蔬菜技术推广站，上海奉贤）

摘　要　日前，国家农业部发布了《2015 年度全国名特优新农产品目录》，奉贤区黄秋葵成功入选。名特优新农产品目录的编发，着力引导各地发展优势产业和特色产业，推进农业标准化生产，引导地方政府重视区域公用品牌培育，推动农业增效和农民增收。基于此，本文对奉贤区的产地环境、农业品牌建设、黄秋葵的种植历史、生长习性及高效栽培技术进行了探索与研究，并对奉贤区农业产业品牌的进一步建设提出了可行性意见。

关键词　奉贤区黄秋葵　名特优新品　农业品牌

日前，农业部优质农产品开发服务中心正式发布《2015 年度全国名特优新农产品目录》，由奉贤区农委申报的奉贤黄秋葵成功入选。据了解，全国名特优新农产品目录编发工作从 2013 年开始，每 2 年发布 1 次，2016 年发布的是第二批目录。《全国名特优新农产品目录》包括了全国粮油、蔬菜、果品、茶叶及其他 5 大类 741 个产品和 1 000家生产单位。农业部通过编发目录，着力引导各地发展优势产业和特色产业，推进农业标准化生产，引导地方政府重视区域公用品牌培育，推动农业增效和农民增收。

1　奉贤区产地环境和区域优势

奉贤区地处国际大都市上海的远郊南端，作为黄浦江以南杭州湾沿线上海市的主要绿叶蔬菜生产区域，为保障城市蔬菜的稳定、均衡供应和蔬菜价格的基本稳定发挥着越来越重要的作用。奉贤区得天独厚的地理位置和土壤、气候、空气、水质等优质生态条件，明显凸显出蔬菜生产的优势。稳步发展的蔬菜产业已经成为促进农业增效、农民增收、农村稳定的重要农业产业之一。

2 奉贤区蔬菜品牌建设

至2015年奉贤区共计拥有蔬菜合作社70家，涉及面积4万多亩，其中获得无公害认证合作社59家，绿色认证合作社1家，有机认证合作社2家。50亩以上蔬菜生产基地45家，100亩以上蔬菜园艺场20家。一家蔬菜基地获得农业部蔬菜标准园，9家蔬菜基地获得市级蔬菜标准园，15家蔬菜基地创建区级蔬菜标准园。蔬菜拥有国家级龙头企业1家，市级龙头企业1家，区级龙头企业4家，拥有上海市著名商标企业2家。

3 奉贤区黄秋葵种植历史文化

在上海市政府的整体布局下，奉贤区蔬菜生产经过了整整20年的发展和摸索，至2013年蔬菜种植常年面积8.3万亩，累计播种28万亩次，全年蔬菜总产量47万t，总产值8.8亿元，成为上海市第三大蔬菜种植地区。黄秋葵作为特色蔬菜在奉贤区种植已有10余年的历史，但规模化种植较少，比较零散。但近年来伴随人们保健意识的日益提高，近3~4年发展迅速，无论是成规模的合作社还是农村田头都有种植，黄秋葵的生产为奉贤区菜农带来了新的增长点，奉贤区也顺势发展黄秋葵产业，将其打造成为奉贤区蔬菜的一张名片。

4 黄秋葵的植物学特性和生育周期

4.1 植物学特性

黄秋葵是一年生草本植物。根系发达，植根性，根深达1m以上；主茎直立，高1~2.5m，圆柱形，基部节间较短，有侧枝；叶掌状5裂，互生，叶身有茸毛或刚毛，叶柄细长，中空；花单生，二性花，着生于叶腋，花冠黄色，直径7~10cm，瓣基褐红色，花瓣、萼片各5个，花萼表面有少量茸毛；果为蒴果，先端细尖，略有弯曲，形似羊角，果长10~25cm，横径1.9~3.6cm，嫩果有绿色和紫红色2种，果面覆有细密白色绒毛；种子球形，淡黑色，外皮粗，被细毛，千粒重55~75g。

黄秋葵属短日照蔬菜，终年都可以种植，花期主要为6—8月，夏季是其产量高峰季节。黄秋葵是喜温性植物，耐热、耐旱、耐湿，但不耐涝、不耐霜冻；对土壤适应性较广，不择地力，但以土层深厚、疏松肥沃、排水良好的壤土或砂壤土较宜。在生长前期以氮肥为主，中后期需磷钾肥较多。因其根系发达，故不必经常灌溉。在光照、温度、肥水优越的条件下，发芽期、幼苗期、开花结果期均会不同程度提前，抽叶时间间隔缩短，叶片数量增加，整个生长周期延长。

4.2 生育周期

（1）发芽期。从播种到 2 片子叶展平，需 10 ~ 15 天。适温下（25 ~ 30℃）播后 4 ~ 5 天即可发芽出土。

（2）幼苗期。从 2 片子叶展平到第 1 朵花开放为止，需 40 ~ 45 天。两片圆形子叶充分展开后，再经 15 ~ 25 天，第一片真叶便展开。以后平均 2 ~ 4 天展开 1 片真叶，第一、第二片真叶呈圆形。该期幼苗生长缓慢，尤其在地温过低湿度过大情况下，幼苗生长更慢。

（3）开花结果期。从第一朵花开放到采收结束，需 90 ~ 120 天。黄秋葵发芽出苗后经过 50 ~ 55 天，第一朵花便在主枝 3 ~ 5 节处开放。花一般在早晨开放，10：00 ~ 11：00 完全开展，12：00 以后开始闭合，至下午 15：00 ~ 16：00 完全关闭。植株开花结果后生长速度加快，长势增强。

5 黄秋葵的应用价值

5.1 黄秋葵的营养功效及食用价值

黄秋葵为保健蔬菜，嫩果中蛋白质、维生素、矿物质较多，无机盐、维生素 B_1、维生素 C 含量均高于菜豆。据报道，100g 黄秋葵可食部分干物质含纤维素 9. 42g、钙 0. 67g、磷 0. 56g、铁 0. 8mg、维生素 C29. 95mg 以及钾、锌、锰等。测定黄秋葵中营养成分及相关活性成分的含量，结果显示干的嫩黄秋葵果实中含蛋白质 22. 98%，总糖 19. 920%，多糖 2. 00%，脂肪 9. 40% 和黄酮 2. 56%；老果中含有蛋白质 15. 78% 和总糖 9. 48%，多糖 1. 1%，脂肪 14. 36%，黄酮 1. 48%。蛋白质、多糖、总糖和黄酮的含量随着果实的老化而减少，而脂肪的含量却随着果实的成熟而增加。

黄秋葵种子含有高水平的赖氨酸，可作为主要膳食结构为谷类食品的有益补充，其种子里的油类类似于其他十八烯酸，常规脂肪酸含量较低，是潜在的高蛋白源。此外，种子中的咖啡碱含量达到 1% 左右，含量较高，可作为咖啡豆替代品。

据国外学者分析报道，黄秋葵中提取的黏性物质的 1% 的溶胶 pH 值 6. 9 ~ 7. 5，黄秋葵的黏性物质的黏性高于葫芦巴、锦葵和芋头。黏性物质包含大量灰分的酸性多糖，被证明具有保健作用。

可见，黄秋葵之所以成为非洲和欧美的流行食物，是由于其与常见蔬菜比较，具有较高的营养保健价值。

5.2 黄秋葵药用价值

黄秋葵的药效早在《本草纲目》中已有记载，黄秋葵根、茎、花、种子等均可入药，具有一定的抗癌作用，其根利水消肿，治肺热咳嗽，种子补脾健胃，治消化不良等。国内外学者对其化学成分和药理作用做了大量分析研究，其主要成分有氨基酸和蛋白质、微量元素、多糖、黄酮类化合物。食用黄秋葵富含微量元素 Zn、Mn，为其具有提高免疫力和减少肺损伤的药用价值提供了理论依据。黄秋葵幼果中黏性物质的主要成分是果胶、黏性糖蛋白、维生素 A 和钾，可助消化，治疗胃炎、胃溃疡，可以作为镇静剂、止痰剂以及润肤剂，也可制备出类似于天然荷尔蒙的物质。

此外，黄秋葵的抗癌作用也逐渐被发现。经研究发现，黄秋葵的提取物可提高胰岛素的敏感性，黄秋葵种子可以明显提高肿瘤坏死因子抗体的活性，这些研究证实了黄秋葵在抗肿瘤、降血糖等方面的活性突出，具有良好的药用价值。

6 黄秋葵的栽培技术要点

6.1 播种育苗、定植

黄秋葵忌连作，也不能与果菜类接茬，以免发生根结线虫，最好选根菜类、叶菜类等前茬。选择平整、肥沃、排灌良好的土地。上海地区一般于春季播种育苗，直播或育苗移栽均可。清明后露地直播，畦宽（连沟）1.5m，每畦种 2 行，穴距 45 ~ 55cm，采用 1 粒、2 粒、1 粒的间隔播种法，每 667m^2用种量 200 ~ 300g。用营养钵育苗，苗龄 30 ~ 40 天，幼苗 2 ~ 3 片真叶时定植。若在田边、道边、河边单行种植，株距 35 ~ 40cm，通风透光，便于管理。

6.2 间苗

出苗后间苗补苗，通常在生产过程中要进行 2 次间苗，第一次间苗在破心时进行，此时，要将残弱苗拔除。第二次间苗在长至 2 ~ 3 片真叶时进行，继续将长势不好的弱苗间除，定苗的时间是 3 ~ 4 片真叶时，定苗后每穴留苗 1 株。

6.3 中耕除草与培土

幼苗定植后应连续中耕除草及培土 2 次，提高低温，促进缓苗，第一朵花开放前加强中耕，适当进行蹲苗，以促进根系的发育。开花结果后，应结合浇水施肥进行中耕，避免植株倒伏。7—8 月进入高温雨季，杂草滋生很快，应及时拔草，防止出现草荒。

6.4 浇水

黄秋葵生长期间对空气湿度和土壤水分的需求较高。播后 20 天内缺水时宜早晚进行喷水。幼苗长大后可以采用喷灌或者沟灌的方法浇水。6—8 月正值黄秋葵收获盛期，过分干旱会降低植株长势和果实品质，应及时灌水。同时，雨季应注意排水，防止死苗。

6.5 施肥

黄秋葵吸肥能力强，结果期又长，因此要保证充分的养分供应。播种前每 667m^2施商品有机肥 1 000kg、三元复合肥 50 kg 作基肥，除基肥外，整个生长期结合灌水追肥 3 次，分别是缓苗后以氮肥为主的提苗肥、开花坐果期以磷肥为主的坐果肥、采收期以磷钾肥为主的结果肥，每次 667m^2追施尿素 10kg 或者三元复合肥 10～15kg。

6.6 植株调整

在正常生长情况下植株生长旺盛，主侧枝粗壮，叶片肥大，其枝叶会消耗大量的养分，如不适当控制，会对开花结果产生严重的影响，导致结果延迟。应及时去除侧枝、侧芽，在嫩荚采收后，可以将其以下的叶子全都摘除，既能构建合理的光热条件，也能减少养分的消耗，又可以防止其病虫害的滋生蔓延。

6.7 主要病虫害防治

黄秋葵因生长旺盛抗病能力强，较少发生病虫害。病毒病为黄秋葵的主要病害，植株染病后表现花叶或褐色斑纹状、植株矮小，防治方法：8% 宁南霉素水剂 500～1 000倍液，均匀喷雾，每隔 7 天防治 1 次，连续 2～3 次。蚜虫为主要虫害，防治方法：40% 啶虫脒水分散粒剂（更猛）5 000～6 000 倍，每隔 10～15 天防治 1 次，连续 2～3 次。

6.8 采收

采收适期一般为花谢后 5～6 天，采收要及时，当手握果荚能摘断为较好以及老化的果荚应及时摘除。初果期每 2～3 天采收 1 次，盛果期每天采收 1 次，果荚可陆续采收至霜降。

7 展望

发展名特优新农产品，是推进农业品牌化，促进传统农业向现代农业转变的有效途径，也是提高农产品质量安全水平和竞争力的迫切要求。

目前，奉贤的蔬菜产业化发展已经进入全新的历史性阶段，蔬菜的生产、加工、销售的各个环节以及区域化布局、规模化种植、合作化经营、标准化生产、品牌化销售等方面都有了长足的发展，此次奉贤区黄秋葵入选《2015 年度全国名特优新农产品目录》为进一步打造奉贤蔬菜品牌提供了契机。

品牌是现代农业发展的一个重要标志，也是一种无形资产，打造农产品品牌的过程也是农产品增值的过程。农产品品牌是现代农业区域化、特色化和规模化的必然结果，同时，创建农产品品牌也是实现农产品品牌经营、提高农产品竞争力、提高农民收入的重要手段。奉贤区作为农业大区，有着丰富的名特优农产品资源，具备创建农产品品牌的优势基础条件。但是，奉贤区已建立的农产品品牌在其销售规模、市场竞争力和国内外品牌相比差距很大，很多优质农产品品牌资源尚未开发。

以奉贤区黄秋葵成功入选《2015 年度全国名特优新农产品目录》为起点，以科学发展观为统领，以农业增效、农民增收为目标，采取“地方政府主导、龙头企业执行”的方式，坚持统筹发展的战略要求，根据市场需求布局的方针，立足农业产业的整体开发，合理配置资源和生产要素，把奉贤区的区域优势转化为竞争优势，加快培育出一批具有鲜明地方特色、品种多样、竞争力强的农产品知名品牌，打造现代特色农业产业链，逐步形成合理的专业化生产格局，拓展上海市市场，乃至国内外市场，做大做强特色农产品产业，实现农民收入稳步增长，为社会主义新农村建设奠定产业基础。

上海市蔬菜水肥一体化技术应用现状及发展研究

李建勇[1]　沈海斌[1]　朱　恩[1]　唐纪华[2]　李恒松[1]　张瑞明[1]
（1. 上海市农业技术推广服务中心，上海闵行；
2. 上海市松江区农业技术推广中心，上海松江）

摘　要　近年来，水肥一体化技术在上海蔬菜生产上的应用面积不断扩大，经调查统计，截至2015年年底，全市示范推广面积达到3 090.13hm^2，已逐步形成了适合本地蔬菜生产的文丘里施肥器+滴灌、比例式注肥泵+滴灌、比例式注肥泵+喷灌等3种水肥一体化技术模式。结合上海市蔬菜生产实际，未来建议更加注重加强政府引导、技术研究和示范培训。

关键词　水肥一体化　滴管　喷灌　示范推广

水肥一体化技术是发展高产、优质、高效、生态、安全、现代农业的重大技术，是"以水调肥"和"以肥促水"的水肥耦合的农业新技术。通常以灌溉系统为载体，借助压力系统，将可溶性固体或液体肥料按土壤养分含量和蔬菜作物需肥规律和特点配兑成肥液与灌溉水一起相融后利用可控管道系统，将水分、养分定时、定量按比例直接提供给蔬菜作物。据马建芳研究，水肥一体化高效节水技术大大减少了水肥投入量，较常规种植节水50.8%以上，减少肥料施用37.3%以上，提高了水肥利用率。邹瑞昌等的研究表明，与常规灌溉相比，辣椒每667m^{2}浇水用工减少11.7个，施肥用工减少10.4个，总用工减少22.1个，节省投入884元；黄瓜667m^{2}每浇水用工减少6.5个，施肥用工减少9.1个，总用工减少15.6个，节省投入624元。因此，推广集合灌溉技术与平衡施肥技术优势的蔬菜水肥一体化技术，可逐渐转变农民漫灌习惯为精准灌溉，转变盲目施肥为科学施肥，有效防止土壤盐渍化，改善农田生态环境，达到"三节"（节水、节肥、节药）、"三省"（省工、省力、省心）和"三增"（增产、增收、增效）的良好效果。

上海市2015—2017年环境保护和建设三年行动计划［沪府办发

(2015) 13 号] 指出，要按照“源头防控、过程拦截、末端处理”的原则，推进化肥农药减施、节水节肥等种植业农业面源污染防治工作，明确提出三年累计推广水肥一体化技术 12 万亩次，因此大力发展蔬菜水肥一体化技术方兴未艾。

1 上海市蔬菜水肥一体化现状

上海市自 2005 年开始全面实施设施菜田建设项目，“十一五”和“十二五”期间的大力发展，截至 2015 年年底，全市已建成各类设施菜田逾 20 000hm^2，其中，保护地设施面积 6 600多 hm^2。高标准设施菜田的建成为蔬菜优质高产、周年均衡供应、丰富市民菜篮子提供了保障，同时，也为蔬菜水肥一体化发展提供了硬件基础。但是，上海市蔬菜水肥一体化起步较晚，且蔬菜灌溉制度、施肥制度和菜地土壤质量预警等关键技术研究相对滞后。另外，由于“上海不缺水”等落后观念，导致蔬菜水肥一体化推广进展缓慢。经调研统计（表 1），全市配置喷滴灌设备的蔬菜基地总面积逾 2 090. 74hm^2，应用面积达到 930 多 hm^2，其中，喷灌 651. 47hm^2，滴灌 314. 10hm^2，应用基地约 100 家。但也存在园区设计不合理、部分设施设备不配套、水泵压力不足、管道老化、技术人员匮乏等众多问题。

表 1 上海市蔬菜水肥一体化基地调查表

区县	基地面积（hm^2）	喷灌（hm^2）	滴灌（hm^2）
闵行	174. 83	92. 20	40. 53
嘉定	361. 60	60. 71	46. 55
宝山	73. 87	19. 30	9. 13
浦东	77. 71	24. 49	12. 20
奉贤	112. 60	47. 83	21. 58
松江	133. 33	7. 67	5. 67
金山	752. 64	284. 76	137. 01
青浦	90. 17	12. 65	8. 55
崇明	314. 00	101. 87	32. 87
合计（亩）	2 090. 74	651. 47	314. 10

近年来，随着农业部对于水肥一体化技术应用范围及重视程度不断加大，在市农委及农技部门的努力下，上海市蔬菜水肥一体化技术发展得到了

有效推进。2013 年上海市农业技术推广服务中心联合上海交通大学、上海农科院等科研院所共同实施了上海科技兴农项目“蔬菜水肥一体化技术集成示范”，通过研究制定设施菜地养分评估与推荐施肥技术，调研确定番茄、黄瓜单位养分吸收量以及需肥规律和灌溉制度，通过水肥耦合试验研究建立起番茄、黄瓜水肥一体化技术指标体系，并制定了水肥一体化技术规程。经实际生产试验示范，研制出 6 个蔬菜的水溶性肥料配方。同时，对蔬菜水肥一体化技术进行绩效评估，结果表明，应用水肥一体化技术较常规蔬菜生产平均增产 12.78%，节肥达到 44.05%，节水达到 53.53%，灌溉施肥省工率达到 50.11%。另外，技术部门还在全市开展技术示范、培训和推广工作。据不完全统计（表 2），2014—2015 年，全市开展蔬菜水肥一体化技术示范推广面积达到 3 090.13hm^2。由此，蔬菜水肥一体化技术才真正在全市发展壮大。

表 2　上海市 2014—2015 年蔬菜水肥一体化推广统计表

区县	2014 年（hm^2）	2015 年（hm^2）
宝山	0.67	30.07
崇明	553.53	1 068.67
奉贤	37.00	53.67
嘉定	65.60	79.73
金山	444.93	511.60
闵行	11.47	26.00
浦东	20.50	36.57
青浦	2.00	101.33
松江	17.40	15.40
光明	7.33	8.67
合计（亩次）	1 160.43	1 929.70

2　蔬菜水肥一体化技术要求与模式

2.1　水肥一体化技术应用要求

该项技术适宜于有河道、井、蓄水池等固定水源，且水质好、符合微灌要求。

2.1.1　首部

首部配置 2 台泵，通过变频控制柜交替使用，水在滴灌系统中一定要过滤，常用沙石过滤器和叠片式过滤器过滤，最好是设计成反冲洗的。叠片式过滤器要定期拆卸下来清洗，一般为每周 1 次；滴灌管尾端定期打开清洗，一般每月清洗 1 次，这是滴灌系统正常运行的关键。

2.1.2　微灌系统

要根据地形、田块、单元、土壤质地、作物种植方式、水源特点等基本情况，设计管道系统的埋设深度、长度、灌区面积等。水肥一体化的灌水方式可采用管道灌溉、喷灌、微喷灌、滴灌、渗灌等。

2.1.3　施肥器

包括配肥池、文丘里、比例式注肥泵、全自动施肥机等。

2.1.4　选择适宜肥料种类

应选用全水溶性肥料，包括大量元素水溶肥、有机液肥、含氨基酸、腐殖酸液肥等。

2.1.5　灌溉施肥的操作

灌溉施肥的程序分 3 个阶段：第一阶段，选用不含肥的水湿润；第二阶段，施用肥料溶液灌溉；第三阶段，用不含肥的水清洗灌溉系统。

2.2　上海蔬菜水肥一体化技术主要模式

2.2.1　文丘里施肥器 + 滴灌模式

文丘里施肥器具有造价低廉，使用方便，施肥浓度稳定，无须外加动力等特点，其缺点是不能控制施肥比例且压力损失较大，一般适于灌区面积不大的场合。结合上海实际蔬菜生产现状，一般 $1hm^2$ 以下的以茄果瓜类蔬菜为主的散户菜农和小规模蔬菜生产基地采用文丘里施肥器 + 滴管的水肥一体化生产模式。

在蔬菜生产当中，以棚为单位，在大棚进水口安装文丘里装置，使用时将提前配好的肥液通过文丘里施肥器直接施入田中。如果水压足够，可多棚同时开启，肥液吸收完毕，应及时关闭文丘里开关后继续灌水 10 分钟左右，冲刷管道肥液残渣，避免管道堵塞。

2.2.2　比例式注肥泵 + 滴灌模式

上海蔬菜规模化生产基地面积多集中在 10 ~ $20hm^2$，蔬菜生产种类繁多且连片种植，因此，在茄果瓜类等较长周期蔬菜作物生产中多采用比例式注肥泵 + 滴灌的水肥一体化生产模式。可安装固定式比例式注肥泵，为节约成本也可采用移动式施肥车装置。实施基地根据水压情况、注肥泵流量大小以及蔬菜种植面积等可设置不同注肥泵个数、使用时将提前配好的肥液通过比例式注肥泵直接施入田中。如果水压、流量足够，可多棚同时定时定量施肥。使用比例式注肥泵，水压损失较小，可根据水压大小自行调节吸肥比例，缺点是价格较贵。

2.2.3 比例式注肥泵+喷灌模式

规模化蔬菜生产基地绿叶蔬菜生产多采用比例式注肥泵+喷灌的水肥一体化模式。既可安装固定式比例注肥泵，也可根据基地面积、蔬菜种类等，5~20个大棚划分为一组，每组预留一个灌溉接口，应用移动施肥车。施肥时，将施肥车运至管道接口处，进水口与出水口分别与灌溉管道上水口和下水口相连，肥液罐可按照作物种类、品种以及肥料种类在田间直接完成肥液配制，接通水路即可将肥液按比例施入田中。

采用比例式注肥泵为载体的水肥一体化生产模式，可节约人工70%左右，一个面积20hm^{2}的蔬菜基地，只需一个灌溉施肥工即可胜任全场蔬菜灌溉施肥所有工作量，且肥料利用率大幅提高30%以上，节本增效效果显著。

3 发展建议

蔬菜生产中应用水肥一体化技术可有效的节水节肥，提高水肥利用率，减少农业面源污染；显著减少用工量，有效缓解蔬菜生产中劳动力不足的现状；促进菜农增产增收，提高菜农的种菜积极性；对提高上海蔬菜生产水平，保障地产蔬菜安全、稳定供应起到了积极的推进作用。但在实际生产中问题和矛盾突出。因此，结合上海蔬菜实际生产提出以下建议，以期为上海市蔬菜产业可持续发展提供对策。

第一，加强政府引导作用。政府主管部门应该会同技术部门协商制定完善的蔬菜水肥一体化技术示范推广方案，落实相关配套政策，加大蔬菜水肥一体化技术推广力度，实现规模化蔬菜生产基地水肥一体化技术全覆盖。

第二，加强水肥一体化关键技术研究。上海市蔬菜水肥一体化技术起步晚、技术不完善。上海市蔬菜面积小，以绿叶菜为主。如何保障市民菜篮子，实现蔬菜全年均衡供应是一大难题。农业科技部门应针对上海蔬菜生产特点，开展不同蔬菜水肥耦合关键指标研究，完善蔬菜水肥一体化技术指标体系，为大力示范推广该技术提供技术保障。

第三，加强技术培训和技术示范。水肥一体化技术是农业生产的新技术，对于农业从业者素质水平要求较高。目前上海蔬菜生产劳动力整体水平较低，多数不能掌握水肥一体化技术操作方法，因此，技术部门应当加大相关人员的技术培训工作，通过课堂讲解、田间示范等多种形式，促使蔬菜从业人员快速掌握蔬菜水肥一体化技术，为大力示范推广该技术奠定人员素质基础。

参考文献

蔡树美，吕卫光，田吉林，等.2015. 水肥优化耦合下设施青菜的养分吸收和干物质积累规律［J］. 生态与农村环境学报，03：385－389.

陈德明，孙海，孙延东.2010. 搞好上海城郊设施菜田建设　提升地产蔬菜供应保障能力［J］. 长江蔬菜，05：1－4.

单立楠，丁能飞，王洪才，等.2013. 蔬菜地面源污染生态拦截系统与效果［J］. 农业工程学报，20：168－178.

罗勤，陈竹君，闫波，等.2015. 水肥减量对日光温室土壤水分状况及番茄产量和品质的影响［J］. 植物营养与肥料学报，02：449－457.

马建芳.2008. 蔬菜水肥一体化高效节水技术试验研究初探［J］. 天津农林科技，03：6－7.

倪宏正，尤春，倪玮.2013. 设施蔬菜水肥一体化技术应用［J］. 中国园艺文摘，04：140－141＋192.

农业部发布.2013. 水肥一体化技术指导意见［J］. 中国农技推广，03：20－22.

上海市人民政府办公厅.2015. 关于印发上海市2015—2017年环境保护和建设三年行动计划的通知［J］. 上海市人民政府公报，07：10－19.

宋卓琴，焦晓燕.2012. 不同水肥管理对土壤生态及番茄生长的影响［J］. 山西农业科学，01：48－52＋59.

王立革，焦晓燕，韩雄，等.2015. 高垄覆膜水肥一体化技术对设施土壤理化性状及蔬菜产量的影响［J］. 农学学报，02：35－41.

夏敬源.2012. 抢抓机遇　乘势而上　大力示范推广水肥一体化技术［J］. 中国农技推广，02：4－7.

杨丹妮，常丽英，沈海斌，等.2016. 上海市设施番茄水肥管理现状与发展建议［J］. 中国蔬菜，02：11－16.

尤兰婷.2011. 水肥一体化精准控制系统的设计与开发［D］. 华中农业大学.

张承林，等.2005. 灌溉施肥技术［M］. 广州：华南农业大学，化学工业出版社.

邹瑞昌，冉瑞碧，王远全，等.2015. 设施蔬菜水肥一体化技术应用效果研究［J］. 长江蔬菜，06：54－56.

标准化和“三一联动”使青浦茭白效益不断凸显

王桂英
（上海市青浦区农委蔬菜技术推广站，上海青浦）

青浦的练塘、朱家角（沈巷）和金泽（莲盛）等地区，因地势低洼、水资源丰富、水质好、污染少等得天独厚的农业生态环境，成为水生蔬菜茭白的优势生产区，青浦种植茭白始于20世纪50年代，现是上海最大的茭白产区，也是我国茭白种植面积较多的地区之一。青浦茭白品质优、产量高，除供应本市外，还远销江、浙、皖等周边地区。茭白生产不但丰富了蔬菜市场供应，而且还是当地主要的农业收入来源之一。

随着广大消费者对蔬菜质量要求的日趋提高，为进一步发挥青浦茭白的产业优势，我们重点围绕茭白标准化生产和实行“三一联动”，举办茭白节庆活动等，使茭白这一特色农产品生产的基础设施不断得到完善和提升，种植基础进一步得到了巩固、优化，茭白生产的产业链不断延伸，茭白种植效益逐年提升，农民收入明显增加。2002年全区种植面积4万多亩，年产茭白8万t，总产值7 000多万元；现青浦茭白面积稳定在3万亩左右，总产量9万~10万t，产值近2亿元。此外，对茭白生产过程中的副产品（茭白叶）进行综合利用。一方面利用茭白叶编结工艺品，可解决相当一部分农村富裕劳动力的就业，增加经济收入，年出口创汇2 000万~3 000万元；另一方面可改善生态环境。

1 主要工作和成效

1.1 主要工作

1.1.1 建立茭白标准化基地

我们先后在练塘镇和朱家角镇建立了茭白标准化示范基地3 800余亩，辐射30 000亩。要求基地内的农户按标准化生产要求建立田间档案管理制度，实行统一供肥、供药等，确保茭白产品的安全、优质。

1.1.2　制定茭白产品质量标准和标准化生产技术操作规范

为使青浦茭白更好地达到安全卫生、优质的要求，我们在茭白生产上制定茭白产品质量标准和标准化生产技术操作规范，要求农户在茭白生产中严格按标准化生产技术操作规范进行生产。近2年，全区在茭白上通过实施标准化生产后，茭白产量和质量有了明显提高和改善，效益有了明显提高。2003年全区茭白种植面积为47 400多亩，总产量达10.89万t，总产值达1.06亿元；2004年茭白面积为42 000亩，茭白总产量达9.56万t，总产值达1.36亿元；2015年茭白面积为28 500亩，茭白总产量达8万t，总产值达2.07亿元。

1.1.3　积极开展优质认证，实施品牌销售

根据当前农业产业化和食用农产品安全监管的新的要求，为了确保青浦茭白的优势地位，增强市场竞争力，提高经济效益，2003年，上海叶绿茭白有限公司和朱家角巷农经贸有限公司向上海市农产品质量认证中心申报的“练塘”牌和“泖塔”牌优质茭白，已通过了优质产品认证。2004年，以“练塘”牌和“泖塔”牌为注册商标的500余t小包装茭白已进入农工商和联华等超市销售，实施品牌销售，使青浦茭白产业优势进一步得到发挥。

1.1.4　推广应用新品种、新技术

按照市场对茭白在品质和上市时间方面的要求，在茭白生产中通过不断引种和长期的定向选育，目前主栽品种已达到6个，并通过增施有机肥，减少农药使用，采取保护地和多茬口栽培等措施，茭白采收期已从原来的4月底至10月底延长到了4月初至12月初，上市期拉长了2个多月，且茭白品质也得到了明显提高。

1.2　取得的成效

1.2.1　茭白产业稳定发展

在各级政府的支持和农业、科技部门指导下，茭白产业稳定发展，科技水平不断提高。一是通过设施菜田及区域优势项目的实施，基地的生产环境（沟、渠、路）不断得到改善，二是通过实施标准化生产，从种苗、农资、农艺、加工、包装、冷藏、保鲜、运输、标志各生产环节以及产品检测技术、农业环境和资源再生利用等都能严格按标准化操作规范进行生产。病虫害防治采取以防为主、综合防治的方针，提倡生物防治和物理防治，确保茭白产品的安全、卫生、放心。茭白产量和质量明显提高和改善，经济效益不断提高。近年来，全区茭白种植面积稳定在2.8万～3.5万亩次，总产量9万～11万t；总产值1.5亿～2.3亿元。

1.2.2 区位优势逐步突现

在各级政府和财政部门的支持下，2006—2010 年先后在练塘镇的练东、张联、朱庄、东泖等村，朱家角镇的先锋、李庄、张马等村，金泽镇的爱国、新港等村实施设施菜田、区域特色优势农产品基地及扶贫项目建设，投资近 5 000万元，建设面积 5 100余亩。

练塘镇建成的国家级茭白标准化生产示范核心基地，不仅成为全市最大的茭白产区，而且区位优势突出，交通四通八达，为青浦“练塘牌”茭白走出青浦走向全国创造了很好的条件，加上该地区历史文化资源丰富，旅游业方兴未艾，为四方游客来练塘等地参观、旅游，增添了景点，增加了内容。

1.2.3 品牌形象不断提升

2004 年组建的上海泖峰和泖岛等茭白专业合作社，提高了茭白生产组织化程度，提升了产业化经营水平，也提升了产品质量和档次，以“练塘”牌和“泖塔”牌为注册商标，打出了自主品牌，增强了青浦茭白的优势地位。2006 年练塘茭白通过 GB/T 19001—2000 质量管理体系认证，建立茭白质量安全监管网络，精心打造“一镇一品”，创品牌、树名牌，练塘茭白先后获国家“练塘”牌商标注册使用权以及“中国名牌农产品”“上海市名牌产品”“上海市著名商标”等殊荣。得到了国家级、省部（市）级产品质量安全认定和认可。使“练塘”牌茭白品牌成为地域标志和价值资源，被誉为“水中人参”的美誉。

1.2.4 种源优势不断显现

青浦茭白品种资源较为丰富，其中，“青练茭”和“小发梢”2 个品种已通过市品种审定委员会认定，成为 2 个各具特点的地方品种。并经过在长期的定向选育中，培育出了品质优、个体大，高温季节孕茭率高的品种（品系），如大白茭、小青茭、张马茭。还先后引进了杭州茭、北京茭等 5 个新品种，其中，一些品种（品系）已在我区得到了推广，主栽茭白品种已达到 6 个。并通过增施有机肥，减少农药使用，采取保护地和多茬口栽培等措施，茭白采收期已从原来的 4 月底至 10 月底延长到了 4 月初至 12 月初，上市期拉长了 2 个多月，且茭白品质也得到了明显提高。

基地与上海交通大学农业生物学院、市农技推广中心、蔬菜技术推广站等紧密合作，利用 30 亩引种与繁育实验基地、300 亩苗种推广基地，向全区茭农推广适合本地种植的优质高产品种“青练茭一号”“青练茭二号”，其推广种植面积占茭白种植总面积的 70%，对提升茭白产业整体品质和形象起到了非常重要的作用。

1.2.5 规模化经营水平不断提高

抓住设施菜田、区域优势农产品基地建设和部、市级茭白标准化示范区的创建的契机，涌现了上海叶绿茭白有限公司、上海巷农经贸有限公司以及上海泖峰蔬菜合作社、上海秋华茭白专业合作社、上海辉富茭白专业合作社、亿农专业合作社、上海泖岛茭白专业合作社、上海为众茭白专业合作社等一大批生产、营销、推介为一体的企业。使全区面广量大的散户生产逐步向公司、合作社、专业大户集中，促进了适度规模经营的发展。全区3余万亩次茭白由原来的1万余户（家）生产经营者已减少至到4 000余户（家），茭白生产组织化程度、规模化种植水平不断提高。

2 存在不足

2.1 科技创新和管理水平需进一步提高

茭白作为喜水喜肥的经济作物，如何引入发达国家的相关生产技术，在节水、保水、蓄水环节提高农业用水使用效率等方面要加强探索试验；在茭白叶废弃物利用和茭白深加工方面也需通过技术创新延伸产业链，提升附加值；农业信息化技术已广泛应用于农业生产的各个环节，我们要在茭白资源环境信息、农情信息和市场信息的搜集、整理、发布等环节加强工作。

2.2 茭白生产的生态链尚未完全建立

茭白生产为高投入高产出，水资源消耗较大，农化物品投入较多的作物，造成高排放高污染，对生态环境保护不利，为此，必须建立全程安全质量监控体系，要按照生产无公害、绿色等产品的要求组织生产。另外，大量茭白叶资源成为废弃物没有很好的循环利用，是资源的极大浪费。

2.3 产业功能过于单一

目前，茭白产业仅集中在种植与销售上，农业产业的产出不仅包括有形的农产品，还应包含农业产业所提供的休闲娱乐、文化教育等功能。由于目前茭白产业功能的单一，产业空间形态布局单调，不仅不利于农民增收，而且不利于抵抗农业风险。

2.4 基础设施还比较薄弱

青浦区的茭白生产区域大多为低洼田，许多地块仍是土沟土路，到了茭白采收期只能靠两肩挑，劳动强度大，不利于劳动生产力的提高和规模化生产的推进。

2.5 区域绿色旅游未成气候

练塘镇位于青浦区绿色旅游板块，绿色游以乡村旅游、农业观光、农俗民宿为主，区域内该类资源虽然较多，但是开发很少，利用不足，绿色游不成规模，不成气候。

3 今后发展方向

茭白常年种植规模稳定在2.8万~3万亩次，与上海交通大学农业生物学院、青浦区蔬菜技术推广站紧密合作，搞好引种与繁育实验基地、苗种推广基地建设，向全区茭白农户推广适合本地种植的优质高产品种占90%以上；基地设施化占80%以上；规模化种植和组织化程度达到80%；无公害、绿色等“三品一标”认证60%以上，产品质量做到安全可控。

抓住设施菜田和农田水利建设的契机，切实抓好全区茭白生产的基础设施建设；在稳定家庭承包经营的基础上通过加快推进土地流转，按照“依法、自愿、有偿”的原则，因势利导，加快推进土地流转，发展专业化生产、规模化经营、企业化管理的农业经营方式；积极发展适度规模的家庭农场、专业大户等新型经营方式，使专业大户、家庭农场成为农业规模化经营的生产经营主体。并探索建立农机和生产相结合的合作社（服务队），健全产前、产中、产后的相关服务，推进适度规模经营和农机化同步发展，使农业机械化与土地规模经营相配套相适应，使农业机械更好地服务于茭白生产。

设施芦笋土壤生态保育十大关键技术

孟凡磊　陈泉生　邵　锋
(上海市崇明县蔬菜科学技术推广站，上海崇明)

摘　要　芦笋为百合科天门冬属、多年生宿根性草本植物。设施栽培和其多年生特性对土壤生态保育造成很大影响，笔者经多年一线生产实践和试验研究表明，采取农业、物理、化学等防治方法，可有效减缓土壤次生盐渍化，实现设施芦笋土壤的生态保育、芦笋的增产增收和品质的提高。

关键词　设施芦笋　土壤　生态保育　关键技术

崇明县自1980年从美国引进芦笋试种以来，已有近40年的种植历史，达到550hm^{2}的种植规模，占上海市芦笋总面积的90%以上，亩经济效益在1.2万~1.5万元，成为崇明特色蔬菜中的主栽品种，也是农业增效、农民增收和农村稳定的品牌品种。上海市处于长江中下游地区，雨水多、湿度大，露地栽培容易造成茎枯病的为害，因而自1993年开始，随着消费习惯从白芦笋产品向绿芦笋产品的转变，逐步完成了露地栽培白芦笋向设施栽培绿芦笋的转变。芦笋作为多年生作物，长期的设施栽培导致大棚内土壤板结酸化、土壤养分富集、土壤次生盐渍化和土传病害十分严重。崇明目前的设施芦笋中70%左右笋龄都在8~12年，处于壮、老年期，因此，未来几年，大部分芦笋将处于淘汰更新期。然而，由于常年连作，芦笋淘汰更新后的田块出现出苗率和成活率低、生长不健康品质差、经济效益大幅降低等情况。笔者通过最近几年的不断摸索，总结形成了一套设施芦笋土壤生态保育技术，确保了土壤的有效利用，实现了土壤的可持续生产。

1　揭膜淋雨洗盐

利用换茬空隙，揭膜淋雨洗盐或灌水洗盐。该技术是一项长期工作，应根据各地的气候特点、芦笋留、换母茎时间和大棚膜新旧情况，具体决定，一般2~3年进行1次大棚换膜。在换膜时，主要考虑利用梅雨、秋雨和冬季雨雪天气，揭去棚膜，日晒夜淋，对消除土壤盐害有显著效果。如要实行强制性揭膜淋雨洗盐，应结合多次人工灌水和流动性放水，可降低土壤盐分含量，改善土壤理化性状。

2 机械深耕

在芦笋种植前，进行土壤翻耕，深度在30cm以上，使底层土壤与耕作层土壤充分混匀。一是可改善土壤结构，疏松土壤，打破犁底层，熟化土壤，培植一个深厚的耕作层，使土壤的含水部位下移，增加土壤含水量，即增加土壤的底墒；二是能加强土壤透气性，提高土壤中的有效养分；三是有利于消除杂草和病虫害；四是可促进芦笋根系发育，增加芦笋产量；五是可以深层施肥，有利于逐步熟化下层土壤，增加芦笋根系吸收营养范围。试验表明，长期种植芦笋的田块通过深耕，可有效降低（稀释）耕作层土壤盐分20%以上。

3 清洁田园

主要分两个方面：一是在芦笋采收期间，以芦笋绿色安全生产为主，通过清除多余侧枝、枯株残叶、病枝、衰老的母茎和果实及植株打顶，增强田间通风透光；二是对于准备淘汰的芦笋，由于田间须根密布，在整个芦笋田间存在芦笋茎枯病、褐斑病、斑点病等病原菌和芦笋根系产生的自毒物质，会抑制后茬芦笋幼苗生长，因此，必须在土壤深翻过程中将芦笋老根、枯株残叶等全部清除出田块。

4 高温闷棚

老年芦笋淘汰后，于夏季高温阶段（6月中、下旬或7月），先将地表残枝枯叶及地下根系清理干净，大棚四周筑30cm高的埂，灌水深度10cm以上。待水渗入地下后，在地面上覆盖地膜，关棚，密封，密闭大棚8～10天进行高温消毒（棚、室内温度可达50℃以上）。可有效地防治多种土传病害。

5 应用土壤改良剂

采取青饲玉米秸秆还田，结合使用生石灰、木酶菌、翠京元、科凯菌肥、黑老虎微生物菌剂以及赐保康有机液肥等各种制剂和氰氨化钙进行土壤处理，结合灌水、密封和高温杀菌等综合技术，可以达到修复、改良土壤，增加土壤团粒结构，抑制土传病害等效果。

6 棚沟交替、畦沟轮换与深沟高畦栽培

夏季高温闷棚土壤消毒处理后，为达到最佳效果，下茬芦笋要采取棚沟交替、沟畦轮换与深沟高畦栽培。一是棚沟交替，将原棚间排水沟变成棚中间，原棚中间变成棚间的排水沟；二是畦沟轮换，在原先畦面位置水平方向偏移50cm做畦，即把现茬芦笋的畦做在前茬芦笋的沟上，实现畦沟轮换；三是深沟高畦栽培，芦笋必须深沟高畦，有利于田间排水排渍，改善土壤通透性，促进芦笋根系的正常生长，可有效减少芦笋根系自毒物质对后茬作物的影响。

7 选用耐盐性强的芦笋品种

芦笋是一个耐盐蔬菜品种，但通过10多年的连作，土壤营养富集、盐渍化严重，对后茬作物的生长发育造成较大的影响，特别是老芦笋淘汰后，经深耕、灌水洗盐、棚架同向移动、土壤处理后，选用抗病、高产和耐盐性强的新品种可以确保芦笋高产、稳产和优质，在全面选用杂交一代品种的同时，宜推广使用绿龙、绿塔、丰岛等绿芦笋专用新品种。

8 肥料的合理使用

根据芦笋不同生育期的需肥规律，在冬季、换母茎期间亩施用腐熟有机肥1 000～1 500kg和42%缓释肥（N：P：K＝14：14：14）30kg的基础上，整个芦笋采收期，全面推广使用氨基酸类、有机质类和微量元素类叶面肥，并根据水肥一体化技术要求，每次使用54%（N：P：K＝18：18：18）水溶性肥料10～15kg，随水施肥，每隔7～10天施肥1次。

9 冬季芦笋的冬翻技术

11月中旬以后，芦笋由生长期转入休眠期，地上部分植株由绿色逐渐枯黄，田间管理进入冬季清园阶段。清园时间基本确定在12月中旬，要求及时清除地上部分的枯株残叶、开沟追施越冬肥、土壤消毒等。冬翻的深度原则是以初见根系为准，排水沟深些（10cm），接近棵盘时适当浅些（5cm）。

10 设施芦笋大棚周年通风降温技术

在早春为提高前期芦笋产量，进行大棚密封保温，增加地温。为促进芦笋的生长，4—12 月，对整个大棚的管理以加大棚内的通风透光为主，尽可能打开大棚的边膜和大门，特别是夏季要开棚以降低棚内的温度，减少水分的蒸发，冬季开棚可以达到冻熟土壤、减少病原菌、促进芦笋深休眠。

外源钙缓解黄瓜幼苗低氧胁迫伤害的蛋白质组学研究

何立中[1]　李　斌[2]　陆晓民[3]　阳艳娟[4]　郭世荣[4]

(1. 上海市农业科学院园艺研究所，上海奉贤；2. 山西农业大学，山西晋中；3. 安徽科技学院，安徽滁州；4. 南京农业大学，江苏南京)

摘　要　本文采用了基于双向电泳和质谱分析的比较蛋白质组学方法来详细说明外源钙对黄瓜低氧响应蛋白的影响。黄瓜根系在处理3天后，发现有38个蛋白点的相对容量发生变化。他们中的30个点被成功的通过串联质谱鉴定到，分别属于糖酵解，三羧酸循环，发酵代谢，氮代谢，能量代谢，蛋白质合成和胁迫防御蛋白。表明外源钙可能是通过这些生理途径来缓解黄瓜植株的低氧伤害的。蛋白质免疫印迹被用来分析ADH和PDC的蛋白的表达积累，发现外源钙能够使这些蛋白在低氧下进一步升高。此外，还采用半定量PCR对不同表达的蛋白进行转录水平的分析。总之，外源钙增强了糖酵解，TCA循环，发酵代谢，氮代谢以及ROS防御水平，进而增强了黄瓜幼苗的低氧耐性。这些结果为我们更好地了解低氧下黄瓜幼苗对外源钙的响应机制提供了许多有用的信息。

关键词　外源钙　黄瓜幼苗　蛋白组学

0　前言

在农业生产过程中，由于洪水、水涝、灌溉或者营养液栽培，植物经常遭受低氧胁迫。低氧能够显著改变植物的代谢并且植物已经进化出各种防御机制来应对来自低氧的潜在伤害，例如，通气组织的形成，茎的伸长，在淹水的叶片周围有气膜的存在以及地上部生物量的增加。通常呼吸代谢是植物代谢中首先受到氧气短缺影响的方面；低氧胁迫导致电子传递链缺少合适的电子受体导致氧化还原的过饱和，NAD（P）H的积累以及ATP合成的下降。黄瓜是一种世界范围的重要蔬菜作物，其对低氧较敏感，因此，每年低氧胁迫伤害对黄瓜生产造成巨大的经济损失。

已经有研究表明：外源钙可以改善植物生长和发育以及维持和调节细胞功能通过调节基因表达，如在盐胁迫，缺氧和冷害中。钙参与的低氧响应也在许多植物上发现。例如，在悬浮培养的玉米、水稻和小麦细胞中，缺氧导致细胞质 Ca^{2+} 浓度的升高。另外，低氧下升高的钙离子浓度能够显著的影响代谢水平和底物氧化。因此，钙可能作为一个信号组分参与了植物低氧信号的传导途径，而 Ca^{2+} 浓度的改变导致的细胞质 pH 值下降也许是细胞悬浮培养和完整植株中的主要信号。但是这种升高的机制仍需要进一步的研究。

蛋白质组学分析通常与质谱分析（MS）联系在一起，是能够分离及可视化比较复杂蛋白混合物的有力工具，并且对涉及特殊生物学响应的单个蛋白提供了大量信息。近年来，已经有大量关于植物蛋白质组学的报道，但是只有很小的一部分是关于黄瓜蛋白组织学的研究，这些研究包括对韧皮部渗出液，木质部汁液，黄瓜植株和微生物的相互作用，黄瓜对离子缺乏的响应，盐胁迫，低氧胁迫，β－淀粉同工酶和呼吸链复合物等。但是还没有关于外源钙对根际低氧胁迫下黄瓜幼苗蛋白质组学影响的报道。在本研究中，我们采用双向电泳分析了低氧下的钙相关蛋白，并对一些差异表达蛋白进行串联质谱和 wensten blotting 和 RT－PCR 分析。这可为黄瓜低氧胁迫下生理和分子的进一步研究提供基础。

1　结果和讨论

1.1　用串联质谱（MALDI－TOF/TOF）对黄瓜幼苗根系差异表达蛋白的鉴定和功能分类

为了鉴定外源钙对黄瓜幼苗根际低氧胁迫下蛋白水平的影响，对 3 个处理下黄瓜根系的总蛋白采用双向电泳方法进行分析，双向电泳进行了 3 次以上的重复并且表现出了高度的重复性。根系蛋白萃取自正常处理，低氧处理和低氧 +4mM Ca^{2+} 处理的黄瓜幼苗植株。根系的全蛋白经纯化后通过双向电泳分离然后用 Imagemenaster^{TM} 2D Platium 软件分析；等电点和分子量范围分别在 pH 值 4～7 和 14.4～116.0kDa。图 1 为具有代表性的凝胶图谱。在每块考染的凝胶中发现大约 500 个点，其中，38 个显示出在表达水平的显著差异（>1.5 倍）的蛋白点被从凝胶上切离。切离的蛋白点用胰蛋白酶消化后用串联质谱方法分析鉴定。

根据 NCBI 绿色植物数据库（V. 2010. 12. 10，184045 sequences）和 NC-

BI ESTT 绿色植物数据库（V. 2010. 12. 10，1847412 sequences），总共有 30 个蛋白点被成功的鉴定到。结果总结在表 1 中，包括登录号，蛋白名称，分类，蛋白得分，分子量和等电点，匹配的肽段数，覆盖率和蛋白表达。有 6 个蛋白点（点 2，点 11，点 12，点 24，点 32 和点 36）在低氧下消失而在对照和低氧 + Ca^{2+} 处理植株中出现而点 28 仅在对照条件下消失。14 个蛋白点（点 4，点 8，点 10，点 13，点 15，点 16，点 17，点 18，点 22，点 25，点 27，点 34 和点 37）在低氧下下调但是在低氧 + Ca^{2+} 下上调。3 个蛋白点（点 5，点 33 和点 38）在低氧和低氧 + Ca^{2+} 下均下调。2 个蛋白点（点 14 和点 19）的表达量在低氧 + Ca^{2+} 下要显著高于对照和低氧处理。2 个蛋白点（点 26 和点 31）在低氧下上调而在低氧 + Ca^{2+} 下进一步升高。蛋白点 1 和点 20 分别在低氧和对照条件下显著积累。

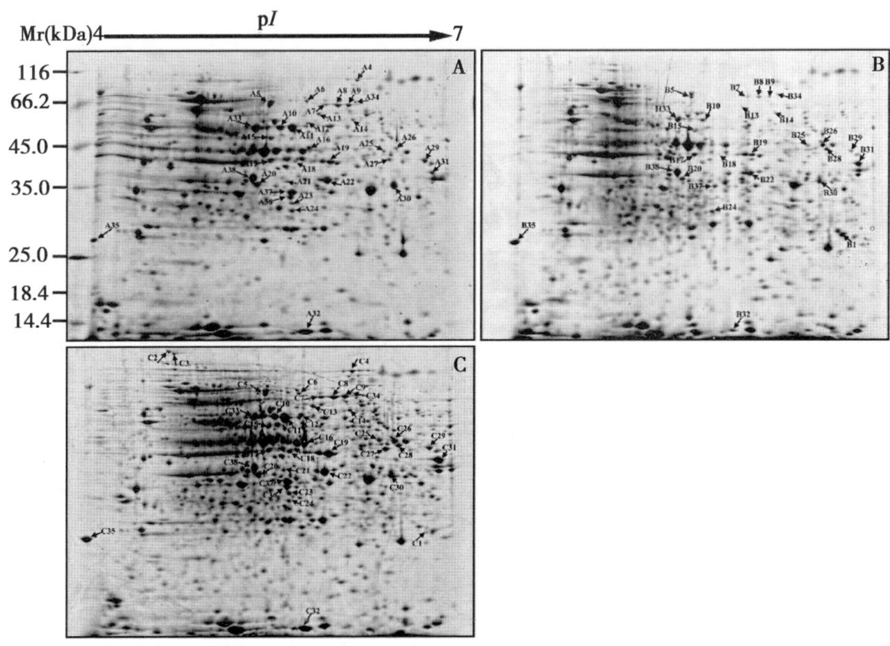

图 1　不同处理下的黄瓜根系双向电泳表达图谱

A：对照；B 低氧；C：低氧 + $CaCl_2$

表 1　通过串联质谱鉴定分析不同蛋白的表达丰度

序号	蛋白名称	分类	登录号	物种	分子量/等电点	得分	肽段数	肽段覆盖率	蛋白表达量 A　B　C
1	JGCCJG2048B02. b Jatropha curcas L. germinating seeds (mixed stages) Jatropha curcas cDNA clone	EST sequence	gi丨302362663	*Jatropha curcas*	26. 6/7. 26	135	4	6. 27	0.80 0.40 0.00
2	Unnamed protein product	Other	gi丨9759529	*Arabidopsis thaliana*	132. 67/5. 4	78	23	16. 90	0.20 0.10 0.00
3	Aconitate hydratase, cytoplasmic	Citric acid cycle	gi丨1351856	*Cucurbita maxima* (winter squash)	98. 57/5. 74	184	16	19. 04	0.30 0.15 0.00
4	V – type proton ATPase catalytic subunit A	Energy metabolism	gi丨401322	*Gossypium hirsutum* (upland cotton)	68. 76/5. 36	270	19	33. 87	1.00 0.50 0.00
5	phosphoglycerate mutase	Glycolysis	gi丨32400802	*Triticum aestivum* (bread wheat)	29. 62/5. 43	169	8	30. 43	0.60 0.30 0.00

（续表）

序号	蛋白名称	分类	登录号	物种	分子量/等电点	得分	肽段数	肽段覆盖率	蛋白表达量 A B C
6	Enolase	Glycolysis	gi丨14423688	*Hevea brasiliensis*	48. 0/5. 57	180	8	21. 75	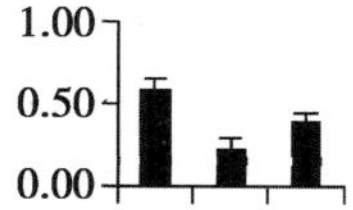 1.00 0.50 0.00
7	Enolase	Glycolysis	gi丨1169534	*Ricinus communis* (castor bean)	48. 1/5. 56	266	10	25. 84	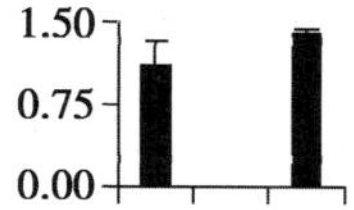 1.50 0.75 0.00
8	starch synthase III	Energy metabolism	gi丨9502143	*Triticum aestivum* (bread wheat)	184. 0/4. 94	68	22	12. 10	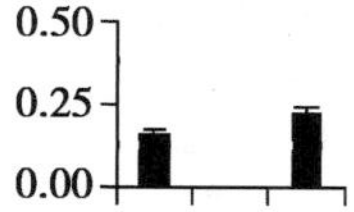 0.50 0.25 0.00
9	TransId - 212581 CA-CATN1 Coffea arabica cD-NA clone	EST sequence	gi丨257024642	*Coffea arabica*	32. 1/10. 27	87	12	12. 31	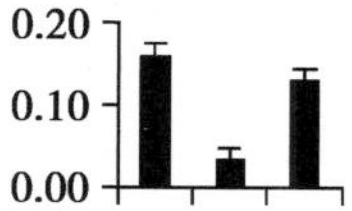 0.20 0.10 0.00
10	CBOZ5962. b1 CBOZ Coc-comyxa sp. C - 169 8kb Coccomyxa sp. C - 169 cDNA clone	EST sequence	gi丨282500599	*Coccomyxa subellipsoidea* C-169	25. 4/10. 03	85	12	16. 27	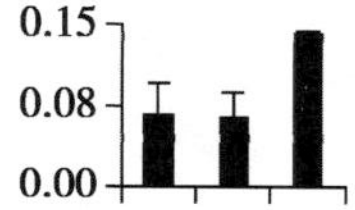 0.15 0.08 0.00

（续表）

序号	蛋白名称	分类	登录号	物种	分子量/等电点	得分	肽段数	肽段覆盖率	蛋白表达量 A B C
11	CLS_ cLiFproots_ 25a3_ 1_ h11cLibkit5LD_ D06 CLS_ cLiFproots_ plant Festuca arundinacea cDNA clone	EST sequence	gi丨257183562	*Festuca arundinacea*	39. 4/9. 76	88	13	10. 27	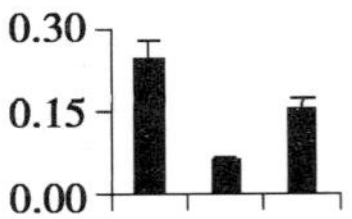 0.30 0.15 0.00
12	cofactor – independent phosphoglyceromutase	Glycolysis	gi丨6706331	*Apium graveolens*	61. 1/5. 26	112	7	12. 27	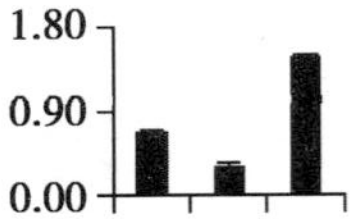 1.80 0.90 0.00
13	putative protein phosphatase 2C	Protein synthesis	gi丨50725575	*Oryza sativa* Japonica Group	34. 6/4. 88	66	4	14. 15	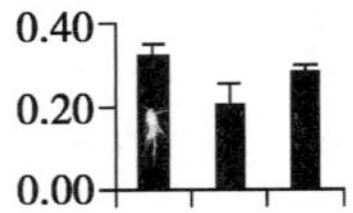 0.40 0.20 0.00
14	galactokinase	Glycolysis	gi丨53747925	*Pisum sativum*	55. 2/5. 4	78	3	5. 84	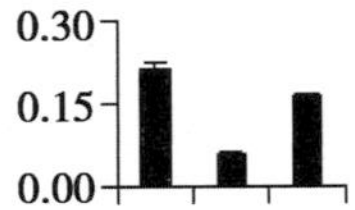 0.30 0.15 0.00
15	Glutamine synthetase cytosolic isozyme	Nitrogen metabolism	gi丨12643762	*Lotus japonicus*	39. 3/5. 49	95	7	24. 44	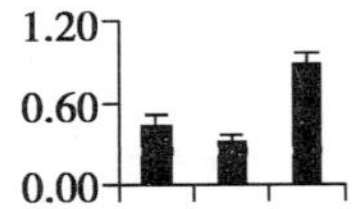 1.20 0.60 0.00

（续表）

序号	蛋白名称	分类	登录号	物种	分子量/等电点	得分	肽段数	肽段覆盖率	蛋白表达量 A B C
16	pyruvate dehydrogenase2	Citric acid cycle	gi丨162464059	*Zea mays*	40. 1/5. 54	184	5	12. 06	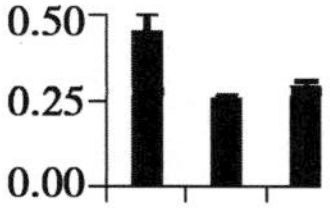 0.50 0.25 0.00
17	Malate dehydrogenase, cy-toplasmic	Citric acid cycle	gi丨11133373	*Medicago sativa*	35. 9/6. 39	624	11	48. 49	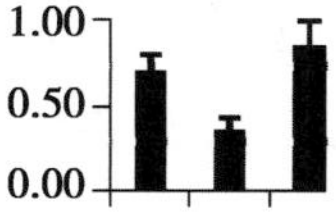 1.00 0.50 0.00
18	CLS_ cLiFproots_ 52a4_ 1_ b18cLibkit5LD_ A09 CLS_ cLiFproots_ plant Festuca arundinacea cDNA clone	EST sequence	gi丨257180604	*Festuca arundinacea*	41. 9/10. 49	100	14	11. 14	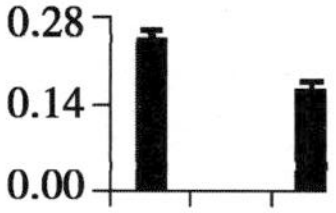 0.28 0.14 0.00
19	Os03g0851100	Other	gi丨115456623	*Oryza sativa* Japonica Group	48. 6/6. 04	77	7	15. 45	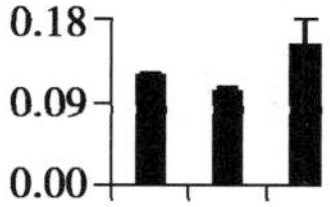 0.18 0.09 0.00
20	alcohol dehydrogenase	Fermentative metabolism	gi丨52851054	*Populus tremula*	33. 1/6. 08	173	7	24. 44	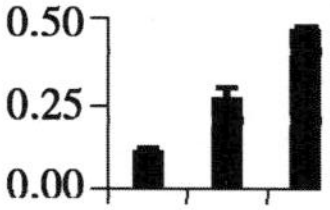 0.50 0.25 0.00

（续表）

序号	蛋白名称	分类	登录号	物种	分子量/等电点	得分	肽段数	肽段覆盖率	蛋白表达量 A B C
21	putative pyruvate dehydrogenase e1 alpha subunit	Citric acid cycle	gi丨13430788	*Arabidopsis thaliana*	43. 5/7. 15	178	13	34. 20	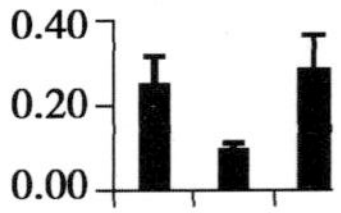 0.40 0.20 0.00
22	methionyl – tRNA synthetase	Protein synthesis	gi丨4091008	*Oryza sativa*（*rice*）	90. 9/6. 55	78	15	18. 66	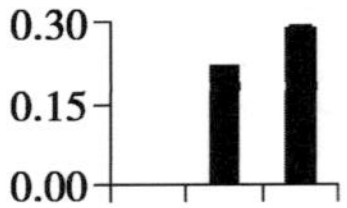 0.30 0.15 0.00
23	fructose – bisphosphate aldolase, class I	Glycolysis	gi丨15227981	*Arabidopsis thaliana*	38. 7/7. 01	282	8	27. 37	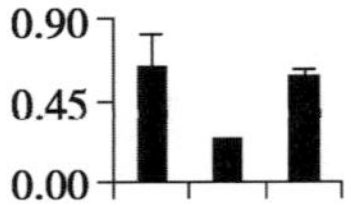 0.90 0.45 0.00
24	peroxidase	Defense against stress	gi丨167531	*Cucumis sativus*（cucumber）	32. 7/6	96	2	5. 78	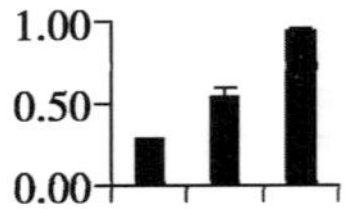 1.00 0.50 0.00
25	Os02g0121900	Other	gi丨115443885	*Oryza sativa* Japonica Group	70. 3/9. 39	73	14	28. 69	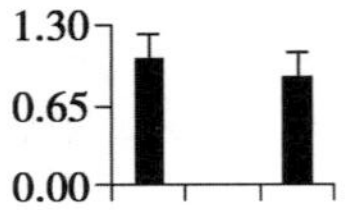 1.30 0.65 0.00

（续表）

序号	蛋白名称	分类	登录号	物种	分子量/等电点	得分	肽段数	肽段覆盖率	蛋白表达量 A B C
26	F1 - ATP synthase, beta subunit	Energy metabolism	gi | 4388533	*Sorghum bicolor*	49. 2/5. 25	898	16	45. 81	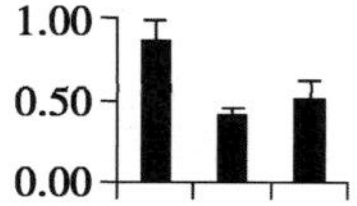 1.00 0.50 0.00
27	Os06g0597200	Other	gi | 115468776	*Oryza sativa* Japonica Group	40. 1/5. 32	78	6	12. 66	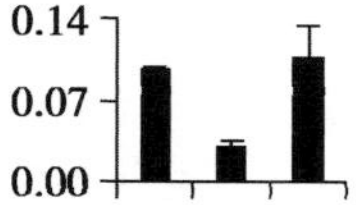 0.14 0.07 0.00
28	putative fructokinase	Glycolysis	gi | 14423528	*Arabidopsis thaliana*	35. 4/5. 3	221	4	13. 54	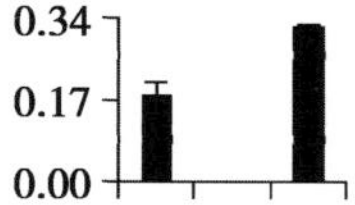 0.34 0.17 0.00
29	FS080420 library SmFL Solanum melongena cDNA clone	EST sequence	gi | 261665622	*Solanum melongena*	21. 2/10. 18	88	12	19. 02	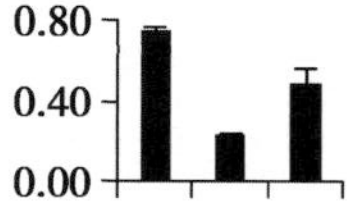 0.80 0.40 0.00
30	GSTSUB_ UP_ 031_ F12_ 01SEP2004_ 086 GSTSUB Artemisia annua cDNA, mRNA sequence	EST sequence	gi | 283968778	*Artemisia annua*	23. 1/10. 1	106	11	14. 81	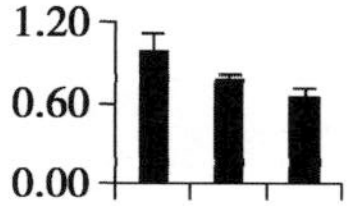 1.20 0.60 0.00

表 2　未知蛋白同源物分析

序号	登录号	同源物				
		NCBI 登录号	蛋白名称	物种	识别度	可信度
B1	gi丨302362663	CAI83772. 1	glyceraldehyde – 3 – phosphate – dehydrogenase	*Lupinus albus*	93%	97%
2	gi丨9759529	NP_ 200612. 2	FIP1 ［V］ – like protein	*Arabidopsis thaliana*	99%	99%
13	gi丨257024642	ACD03224. 1	xyloglucan endotransglucosylase	*Actinidia deliciosa*	77%	91%
25	gi丨115456623	AAG32661. 1	translational elongation factor EF – TuM	*Zea mays*	89%	94%
32	gi丨115443885	XP_ 003573599. 1	pentatricopeptide repeat – containing protein Atlg02060	*Brachypodium distachyon*	80%	90%
34	gi丨115468776	BAD33043. 1	putative protein phosphatase 2C	*Oryza sativa Japonica Group*	100%	100%

有 8 个鉴定到的蛋白点（点 1，点 2，点 13，点 14，点 15，点 24，点 37，点 38）在数据库中注解为未知蛋白或者 EST 表达序列标签，3 个蛋白点（点 25，点 32，点 34）属于水稻注解工程数据库（The Rice Annotation project Database，RAP－DB）。我们用他们的蛋白或者核苷酸序列在 NCBI 上 http：//www. ncbi. nih. gov/BLAST/搜索他们的同源物。最终有 6 个高度相似性的同源物列在表 2 中。这些同源物在氨基酸水平上均有 85% 以上的确定性，表明他们也许具有相似的功能。剩下 19 个蛋白点属于几个功能大类，包括：糖酵解，三羧酸循环，发酵代谢，氮代谢，能量代谢蛋白质合成和胁迫防御。基于一般认定的生理功能，鉴定到的这些蛋白点也可以分为 3 类。第一类是涉及细胞代谢类的蛋白，包括碳代谢（糖酵解，三羧酸和发酵代谢），氮代谢和能量代谢。第二类是调节蛋白，包括转运和合成蛋白。第三类是胁迫防御蛋白。以下将详细讨论。

1.2 能量和物质代谢蛋白

在我们的研究中绝大多数鉴定到的蛋白是属于物质和能量代谢蛋白，表明细胞代谢特别是呼吸代谢相关蛋白在黄瓜植株低氧下具有重要作用。4 个蛋白点被鉴定为细胞质顺乌头酸水合酶（点 4），丙酮酸脱氢酶 2（点 20），细胞质苹果酸脱氢酶（点 22）和丙酮酸脱氢酶 e1α 亚基（点 27）。他们均属于 TCA 循环蛋白并且它们的表达在低氧胁迫下都下调而在低氧＋Ca^{2+}下都上调。TCA 循环是所有需氧生物氧化丙酮酸为水和二氧化碳产生能量的代谢途径的关键组分。丙酮酸脱氢酶 2（PDH2），是一个丙酮酸脱氢酶 E1β 的异构体，它和丙酮酸脱氢酶 e1α 亚基一到参与 TCA 循环产生胞间能量和合成乙酰－CoA。乙酰－CoA 可被用于 TCA 循环来进行细胞呼吸，所以，丙酮酸脱氢酶能够连接糖酵解和 TCA 循环并且通过 NADH 释放能量。钙能够激活丙酮酸脱氢酶，异柠檬酸脱氢酶和 α－酮戊二酸脱氢酶。顺乌头酸酶在 TCA 循环中专一性催化柠檬酸为异柠檬酸。苹果酸，TCA 循环的关键酶，能够催化草酰乙酸为苹果酸。作物中苹果酸水平的升高能够增强植株耐酸性和铝毒的耐受性。对苹果和番茄的研究也表明苹果酸脱氢酶基因的积累与植物和细胞生长以及对盐胁迫的耐性有关。这些蛋白点表达在低氧下均下调而在低氧＋Ca^{2+}下均上调表明 TCA 循环在低氧下被抑制而能够经外源钙增强。因此，钙能够通过激活 TCA 循环相关酶的活性来增强黄瓜的低氧耐性。

烯醇酶催化 2－磷酸甘油酸为磷酸烯醇式丙酮酸（PEP）。这个酶已经被报道能够在多个植物种类面对各种环境胁迫如盐胁迫，冷胁迫和干旱时积累。但是也有许多报道表明蛋白表达水平也许与酶活性并不一致。当烯醇酶的活性上升时烯醇酶的蛋白表达会保持不变或者显著下降。在我们的研究中，这个酶（点 10 和点 11）在低氧下与低氧 + Ca^{2+} 和对照相比表现出下调，暗示着烯醇酶在低氧下是在转录后水平调节酶活性并且外源钙缓解了低氧对黄瓜的伤害。

磷酸甘油酸变位酶（点 8）和不依赖辅助因子的磷酸甘油酸变位酶（点 16）在低氧下表现出显著下降但是在施加外源钙后又升高。磷酸甘油酸变位酶（PGAM）是糖酵解路径的关键酶，催化磷酸基团从 C－3 变换到C－2，最终把 3－磷酸甘油酸（3PGA）转化为 2－磷酸甘油酸（2PGA）。磷酸甘油酸变位酶被分为进化上不相关的两类，基于它们是否需要 2，3－而磷酸甘油酸作为辅助因子：需要辅助因子的 PGAMs（dPGAMs）和不依赖辅助因子的 PGAMs（iPGAMs）。iPGAMs 广泛存在于高等植物，某些无脊椎动物，真菌和细菌中。前人的研究发现该蛋白对拟南芥气孔运动，营养生长和繁殖有重要作用。ipGAM 酶活性降低的转基因马铃薯显示由于较低的光合速率导致植株生长迟缓。与对照和低氧 + Ca^{2+} 相比，低氧下 PGAMs 和 iPGAMs 的下降也许暗示着 3PGA 到 2PGA 的过程受阻而外源钙能够增强这些蛋白点积累。

果糖－二磷酸醛缩酶（FBP aldolase，spot 30）也是糖酵解途径中不可缺少的酶，催化可逆反应果糖－1，6－二磷酸为 2 个丙糖：甘油醛－3－磷酸盐和磷酸二羟基丙酮（DPAH）。醛缩酶活性的升高能够刺激糖酵解途径并且在赤霉素诱导的水稻根系生长中有重要作用。在本研究中，醛缩酶的下调说明糖酵解水平的改变并且在低氧下黄瓜生长受到抑制。外源钙显著提高了低氧下醛缩酶的丰度。这个结果与该酶在黄瓜盐胁迫下的表达相一致。

众所周知，当氧气成为氧化磷酸化的限制因子时，糖酵解途径是主要的能量来源。糖酵解产生的丙酮酸可通过发酵代谢途径消耗掉，发酵代谢包括 PDC 和 ADH（点 26）。ADH 催化丙酮酸还原为乙醇，维持 NAD^{+} 的再生，被认为是缺氧条件下植物存活所必须的，因为再生的 NAD 可以再次被糖酵解利用。钌红，一种细胞器钙离子通道抑制剂，显著抑制了缺氧诱导的 ADH 活性和基因表达。正如预料的那样，这个酶的丰度在低氧下加强并且在低氧 + Ca^{2+} 下有进一步的上升。

点 12、点 18 和点 36 分别被鉴定为淀粉合酶Ⅲ，半乳糖激酶和果糖激酶。淀粉合酶参与淀粉直链的延长。SSⅢ专门催化形成聚合度为 12 到 25 的淀粉直链，而且他的淀粉合酶则没有这个功能。半乳糖激酶催化 α－D－半乳糖磷酸化为 1－磷酸半乳糖，并消耗分子的 ATP。果糖激酶参与黄瓜花梗中水苏糖向蔗糖的转化。果糖激酶专一性催化 ATP 底物上的磷酸基团转运到果糖上，作为果糖利用的起始步骤。最近的研究表明蔗糖和己糖（主要是葡萄糖和果糖）在非生物胁迫下能够作为感受分子并且激发糖响应在源头和接受器官上，并且调控植株的生长发育。在我们的研究中，我们发现这些酶在低氧下显著下调但是在 $CaCl_2$ 处理下显著升高，表明在低氧下碳代谢的下降而钙也许能够诱导糖信号来增强黄瓜的低氧耐性。在本研究中，我们发现这些酶在低氧下显著降低而在低氧 + Ca^{2+} 下显著上升。淀粉或者碳代谢的下降也在低氧下其他多种植物种类上发现。这些变化最好的解释就是作为植物对低氧响应的一部分：植物通过降低淀粉、蛋白质等储存物质的合成来降低能量消耗，并且钙能够提高碳水化合物的代谢和诱导糖信号来增强黄瓜的低氧耐性。

细胞质谷氨酰胺合酶（GS，点 19）被认为是氮代谢的关键酶，催化谷氨酸，NH_3^+ 和 ATP 产生谷氨酰胺，为所有必需氨基酸，核酸以及其他含氮化合物，如叶绿素的生物合成提供氮素。最近有关转基因植物的研究表明改变或者过表达 GS 能够加速生长发育，如在小麦和百脉根中。这个蛋白在低氧下下降而在施加 $CaCl_2$ 后表达显著增强，说明钙能够通过 GS 调节氮代谢进而促进黄瓜植株在低氧下的存活。

ATP 合酶（ATPase）是膜结合的复合物/离子的转运体 ATP，将质子进行跨膜运输来合成或者水解 ATP，在生物能量合成中有重要作用。ATPase 有不同的类型，可以用功能（ATP 的合成或者水解），结构（F，V，A 型）和他们转运的离子类型分类。在我们的研究中，发现了 2 种 ATPase，V 型质子 ATP 合酶催化亚基 A（点 5）和 F1 - ATP 合酶 β 亚基（点 33）。V 型质子 ATP 合酶能够产生质子电化学梯度，驱动液泡膜 Na^+ 和 H^+ 离子的对向运输，使 Na^+ 进入液泡。F1 - ATP 合酶在线粒体，叶绿体和细菌质膜中，是 ATP 的主要生产者通过氧化磷酸化（线粒体）或者光合作用（叶绿体）产生的质子梯度。已经有报道表明线粒体 Ca^{2+} 积累激发线粒体代谢活性，能够增加线粒体 ATP 的合成和细胞质 ATP 的水平。这两个酶在低氧下显著下降在施加了 $CaCl_2$ 后有轻微的上升。这说明低氧显著抑制了黄瓜的能量代谢而钙能够改变这种状况。

钙是细胞生长的必需元素并且在信号传导中作为第二信使。因此，这并不奇怪钙在低氧胁迫下参与植物代谢调节信号的传导。前人已有报道外源钙能够显著升高低氧下黄瓜植株的干重，光合特性，硝态氮的吸收以及硝酸盐，谷氨酰胺合酶，铵，氨基酸，游离态精胺的含量。$CaCl_2$ 预处理增强低氧下水稻根系氨基酸的积累，因为，Ca^{2+}/CaM 复合体参与了低氧信号的传导通过抑制蛋白质的水解和溶质的释放。此外，一系列能量代谢途径继而是氧气消耗的下调是植物对低氧的一类响应。在我们的实验中，我们发现外源钙显著促进了碳代谢和氮代谢，包括糖酵解和 TCA 循环的相关蛋白的表达。这结果说明钙增强黄瓜根际低氧的耐性通过维持糖酵解和 TCA 循环的运行，进而激活碳代谢和氮代谢相关酶的活性，如 ADH 和 GS。但是外源钙只能温和地影响 ATP 合酶，证明在低氧下缺少 ATP 的活得，尽管糖酵解和 TCA 循环在一定程度上被增强。

1.3 调节蛋白

植物的生长和繁殖能够被低氧胁迫或者淹水抑制。作为细胞代谢对低氧的适应，蛋白质降解的升高也许受到一个或多个酶或者调控之水平的调控。在我们的实验中，我们发现蛋白磷酸酶 2C（PP2Cs，点 17）在低氧下下降而在低氧 + $CaCl_2$处理下适度上升。在哺乳动物和植物当中有相当多的基因编码 PP2Cs 与其他磷酸酶催化亚基相比。PP2Cs 在植物和哺乳动物中普遍作为胁迫信号的负调节因子，因为，它与应激激素脱落酸（ABA）信号显著的联系在一起。所以，在低氧 + $CaCl_2$处理下这个酶温和的升高也许暗示外源钙能够与 ABA 信号一起来缓解低氧诱导的伤害。点 28 被鉴定为甲二磺酰基 - tRNA 合酶（MetRS）。MetRS 特别催化 methionyl - $tRNA^{Met}$的合成，对蛋白质的生物合成有重要作用。植物中 MetRS 基因已经在拟南芥的线粒体和叶绿体中被研究过，并且与植物细胞在氧化胁迫下的抗氧化防御有关。我们没有在对照条件下发现这个蛋白但是它却在低氧下表达并且在低氧 + $CaCl_2$处理下有进一步的积累。这个结果似乎表明 MetRS 在低氧下的表达也许是黄瓜幼苗的一种胁迫响应，而钙增强了这个酶的表达丰度因此增加了某些低氧胁迫下所需蛋白的合成。

1.4 胁迫防御蛋白

活性氧（ROS）的过量产生或者氧化胁迫是许多胁迫伤害的主要方面，其中，也包括低氧胁迫。ROS 的过量产生不仅导致脂质过氧化，代谢失衡和细胞伤害，而且也反过来影响 ATP 和 NAD（P）H 的产生。高等植物有多种防御酶组成的活性氧清除系统来调节 ROS 的水平。过氧化物酶（POD，点 31），是一个普遍存在的酶，在植物，细菌，真菌和脊椎动物中被广泛的研究。他们以多种离子形式存在，在植物体内是控制植物生长和分化的关键酶之一。在功能上这些酶作为氧化还原酶类催化一个反应，这个反应中 H_2O_2作为氢原子的受体而另一个复合物作为氢原子的供体。之前的研究表明在淹水的木豆、绿豆和黄瓜中 SOD 和 APX 的活性和基因表达均升高。这个结果与我们实验中 POD 的表达相一致。此外，我们也发现在加钙处理下这个酶的表达有进一步的上升，表明外源钙能够增强抗氧化酶的活性来防御 ROS 的伤害进而降低低氧胁迫的影响。

1.5 蛋白免疫印迹分析差异表达蛋白

为了能够在低氧下持续获得 ATP，植物必须将 NAD^+ 再生来维持糖酵解的运转。乙醇发酵比乳酸发酵对植物的毒害较小，尽管乙醇能够快速扩散到细胞外导致低氧下碳的持续损失。在这点上，丙酮酸脱羧酶（PDC）和乙醇脱氢酶（ADH）被认为是植物应对低氧诱导的细胞伤害的重要蛋白。已经有报道说明 24 – 油菜素内酯（EBR）进一步增强了低氧下黄瓜根系的 ADH 活性。因此，这两个酶通过免疫印迹分析来证实之前的蛋白质组学数据，来自 3 个处理的等量总蛋白被用于免疫印迹分析。结果表明（图 2、图 3）PDC 和 ADH 的表达水平在 3 个处理上有变化。与对照相比 PDC 表达水平在低氧下上调并且在低氧 + Ca^{2+} 处理下继续升高。ADH 的结果与这个趋势相似。ADH 在正常条件下积累非常微弱；但是在低氧条件下被显著诱导并且在低氧 + Ca^{2+} 处理下的表达比低氧下更高。免疫印迹分析的结果与之前的研究和蛋白质组学的结果相一致。

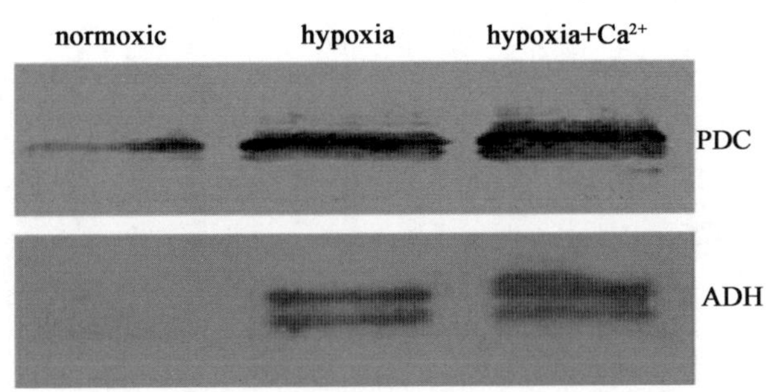

图 2 免疫印迹分析 PDC 和 ADH 的表达水平

normal：对照；hypoxia：低氧；hypoxia + Ca^{2+}：低氧 + Ca^{2+}

1.6 12 个候选蛋白的转录积累图谱

选自了 12 个来自糖酵解，TCA 循环，能量代谢，氮代谢，发酵代谢和胁迫防御的蛋白来调查 mRNA 水平的基因表达。RT – PCR 被用于定量编码 12 个不同丰度的候选蛋白的基因的转录水平，来估计蛋白和 mRNA 积累水平的相互关系（Figure 3，A and B）。从蛋白点获得的不同肽段序列被用来设计引物，进而比较在对照，低氧和低氧 + Ca^{2+} 三个处理下 mRNA 丰度的差异。有 8 个转录子的 mRNA 水平在低氧下升高而在低氧 + Ca^{2+} 处理下下降，这些包括 vatps，ela，adh，gas，pdh，mdh，atpβ，ald. ach 基因有着相反的趋势。Ss 和 pod 的基因表达在低氧下升高，在施加 Ca^{2+} 后进一步升高。我们没有发现在正常条件下 *adh* 基因的表达，但是它在低氧下被显著诱导且在低氧 + Ca^{2+} 下继续升高。总体上说 mRNA 和蛋白质水平没有很好的一致关系。在受冷胁迫的水稻植株中也发现许多 mRNA 转录物的丰度不能够代表相应蛋白的水平，因为，基因表达能够被转录水平，转录后水平，翻译水平和翻译后水平被调节。所以从蛋白数据来预测基因表达是不足够的。

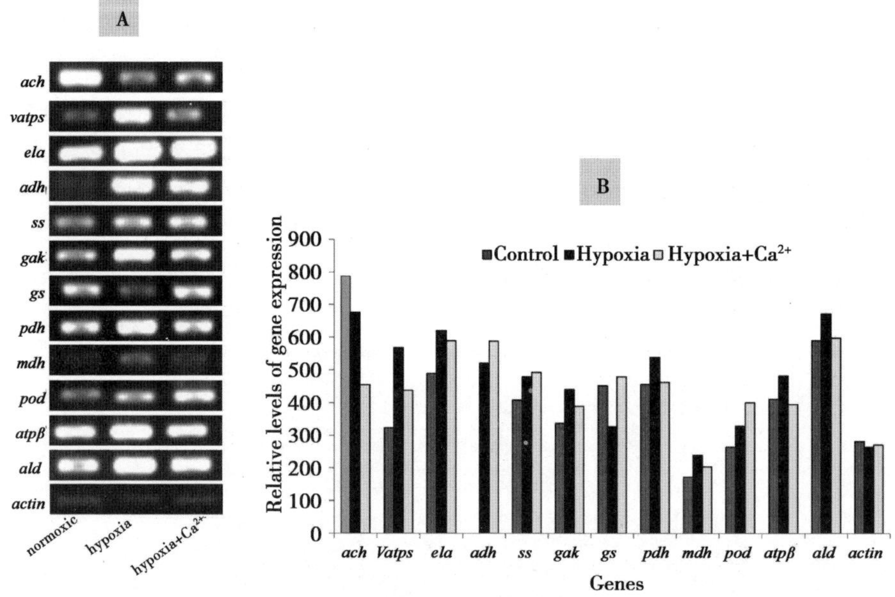

图 3　RT – PCR 对不同处理下的差异表达蛋白进行分析

ach：乌头酸脱氢酶；vatps：V 型 质子 ATP 酶；ela：烯醇酶；adh：乙醇脱氢酶；ss：淀粉合酶；gak：半乳糖激酶；gs：谷氨酰胺合酶；pdh：丙酮酸脱氢酶；mdh：苹果酸脱氢酶；pod：过氧化物酶；atpβ：F1 – ATP 合酶，beta subunit；ald：醛缩酶

A：处理 3 天后不同基因的表达图谱；B：处理 3 天后不同基因的丰度水平

2　结论

蛋白组组学研究能够提供关于蛋白表达的新视角，并且能够鉴定许多引人注意的候选蛋白用于进一步的研究。在我们的工作中，我们发现钙参与了

黄瓜的短期低氧耐性。外源钙增强了糖酵解，TCA 循环，氮代谢，蛋白质合成，发酵代谢和 ROS 防御相关蛋白的表达。这些结果表明外源钙能够通过改善黄瓜植株的呼吸代谢和胁迫防御来增强低氧耐性。此外，免疫印迹和 RT－PCR 的研究给予了我们关于候选蛋白的不同视角。总之，外源钙改善黄瓜植株的低氧耐是由多个代谢和信号传导途径相关蛋白调控的复杂系统。我们的研究提供对此提供了最基础的信息，可以让我们更好地理解外源钙对植株低氧的缓解作用。

3 材料和方法

3.1 植物材料和生长条件

黄瓜种子（*Cucumis sativus* L. 津春 2 号）用 0.5% 次氯酸钠溶液消毒 10 分钟，用去离子水彻底冲洗干净。种子在湿润的滤纸上 28℃ 黑暗条件下处理 24 个小时以催芽，发芽后转移至含石英砂的塑料盘（41cm × 41cm × 5cm），昼温 25～30℃/夜温 15～18℃，以上于 2010 年在南京农业大学温室内进行。相对湿度保持在 60%～70%。子叶完全展开后浇灌 1/2 剂量的 Hoagland 营养液（pH 值 6.5 ±0.1，EC 2.0～2.2 dS m^{-1}）。待幼苗达到 2 叶 1 心时，选取整齐一致的幼苗转移至有全剂量 Hoagland 营养液的水箱中。营养液每 3 天更新 1 次，液温保持在 20～25℃。每小时通气 40 分钟以维持溶解氧水平是黄瓜的最佳溶解氧水平（8.0 ±0.2）mg/L。同时，不断搅拌营养液保持均匀的溶解氧浓度。待 3 叶 1 心时，幼苗做 3 组处理：①对照：1/2剂量 Hoagland 营养液（含 2mm Ca^{2+}），DO 浓度（8.0 ± 0.2）mg/L；②低氧处理：1/2 剂量 Hoagland 营养液（含 2mm Ca^{2+}），DO 浓度（1.0 ± 0.1）mg/L；对营养液充入氮气以保持低氧处理时的 DO 浓度为（1.0 ± 0.1）mg/L。使用 DO 自动监控系统（Quantum－25，Quantum Analytical Instruments Inc.，美国）监测营养液中的氧浓度；③低氧＋钙处理：1/2 剂量 Hoagland 营养液＋4mm $CaCl_2$（sigma Chemical Co.），DO 浓度（1.0 ±0.1）mg/L，通过预实验可以确定营养液中含有 6mm Ca^{2+}。对照中控制营养液氧浓度的方法与低氧处理的一致。

3.2 蛋白质提取

处理 3 天后取根系进行全蛋白分析。提取蛋白参照 Hurkman 的方法。三氯乙酸（TCA）－丙酮沉淀法的改良版。将根系样品（鲜重 1～2g）于液氮中研磨成粉，置于 5ml/g 的预冷的隔离缓冲液（含 30mm Tris－HCl（pH 值 8.7），1mm EGTA，1mm 二硫苏糖醇（DTT），和 1mm 苯磺酰氟

(PMSF))。15 000g 离心匀浆 20 分钟，取 1mL 上清液于离心管，并加入含 10% TCA 和 0.07% β－巯基乙醇的丙酮沉淀上清液。将悬浮蛋白液置于－20℃下过夜，20 000g 离心 25 分钟。将沉淀用预冷的含 0.07% β－巯基乙醇的丙酮冲洗 3 次，并在－20℃下冰冻 1 小时。烘干得到的蛋白沉淀，用于双向凝胶电泳（2－DE）。

3.3 双向电泳

按照前人的方法进行等电聚焦。在缓冲液中水合烘干的蛋白质沉淀（7 M 尿素，2M 硫脲，4% CHAPS（W／V），40mm DTT，0.5%（V／V）固相 pH 值梯度（IPG）buffer4～7 和 0.01%（W／V）溴酚蓝）。用 Bradford 的方法量化蛋白质水平。将含有 800μg 的 250μL 蛋白样品加载在非线性电点 4～7（13cm）的 IPG 胶条上，在水化盘上室温下水化 12～16 个小时。水化后于 Ettan IPGphor3（GE Healthcare，USA）上进行等电聚焦。IEF 电压设定为 200V，1 小时；500V，1 小时；1 000 V，1 小时；3 000 V，30 分钟；5 000V，30 分钟、梯度 8 000V，30 分钟；在 8 000V 快速聚焦，最后达到累计电压 35 000V H。每条胶带最大电流为 50μA，电池温度保持在 20℃。跑完第一向后把 IEF 胶条用 10mL DTT 缓冲液处理 15 分钟（6 M 尿素，30% 甘油（V／V），2% SDS（W／V）（十二烷基硫酸钠），1%（W/ V）DTT 和 50mM 的 Tris － HCl（pH 值 8.8）），然后用碘乙酰胺处理 15 分钟（类似 DTT 溶液，但用 2.5% 碘乙酰胺代替 DTT）。

第二向 SDS －聚丙烯酰胺凝胶电泳（SDS － PAGE）根据 Laemmli 描述的方法，在含有 SDS 的凝胶中进行（Hoefer SE600 Ruby 标准垂直电泳系统，美国 GE 公司，12.5% 聚丙烯酰胺）。将胶条嵌入 SDS 凝胶顶部，用 1% 熔化的琼脂糖溶液密封。每条胶条通 15mA 电流，直到溴酚蓝染料的前沿距凝胶底部 1cm 时停止。

3.4 图像获取和分析

用凝胶考马斯亮蓝（CBB）的 R－250 进行染色，将胶条置于甲醇－水（1∶1，V／V）和醋酸：H_2O（1∶9，V／V）的混合物中过夜，然后在醋酸：H_2O（1∶9，V／V）和 0.1%（W／V）CBB R － 250 的混合物中染色 2 小时。染色的胶条在甲醇－水（1∶1，V／V）和醋酸：H_2O（1∶9，V/V）的混合物漂洗褪色。使用图像扫描仪Ⅲ（GE 公司，美国）扫描 CBB 染色的 2－D 凝胶。用 Imagemaster™ 2D Platinum version 5.0（GE Healthcare，USA）分析数码图像。每个处理至少有 3 条凝胶用于分析。斑点的强度基于其相对体积来量化，而相对体积则是由单个点所占整个系列斑点的比例来决定。只有在3个重复中具有显著性（丰度至少有1.5倍量变）和重复性的变化点才能用于质谱分析。

3.5 蛋白消化，质谱分析和数据搜索

差异表达的蛋白点被从凝胶上切离并转移到0.5ml灭菌的离心管内。切离的蛋白点用含100mm碳酸氢铵的30%乙腈漂洗20分钟，再用milli－Q水冲洗。蛋白点保留在在0.2M碳酸铵中20分钟，然后冻干并水化。每个点都在30μL含50ng胰蛋白酶（Promega公司，麦迪逊，美国）50mm碳酸氢铵中消化（酶切）过夜。在37℃过夜消化后，用50% ACN和0.1% TFA的混合物提取多肽3次。汇集并冻干提取物。得到的冻干的胰蛋白酶肽在做质朴分析之前保存于－80℃的环境中。

3.6 串联质谱分析和数据搜索

质谱和串联质谱分析采用ABI 4800蛋白质组学分析仪MALDI－TOF/TOF（Applied Biosystems，Foster City，CA USA），采用结果依赖的捕获模式获得。肽质谱图在阳离子反射模式（加速电压20kV）下获得。单一同位素质量被自动确定在800～4 000Da范围内，信噪比设为小于10，本地杂质范围为250。5个最小信噪比为50的最强烈的离子选来作为MS/MS分析，除去胰岛素自容峰和矩阵离子信号。在MS/MS阳离子模式中，设置为光谱平均，碰撞能量为2kV，默认校准。单一同位素峰值信噪比最小值设为5。MS和MS/MS光谱在NCBI绿色植物（V.2010.12.10，184045 sequences）和NCBI EST绿色植物 数据库（V.2010.12.10，1847412 sequence）使用GPS Explorer™软件，版本3.6（Applied Biosystems）和MASCOT version 2.1（Matrix Science，London，UK）。搜索参数为：胰岛素裂解，甲硫氨酸氧化作为变量修饰，肽质量偏差在100mg/L以内，碎片偏差设为±0.3 Da，MS/MS的得分最小置信区间设为95%。

3.7 RT－PCR分析

根据TRI试剂盒（TAKARA BIO INC）的描述，根系的总RNA被完全提取。根据制造商的说明书，把总RNA（1μg）反转录为cDNA。质谱分析后，由获得的多肽序列设计引物。根据NCBI和黄瓜数据库设计引物。表3中提供了用于PCR的基因特异引物。每个引物PCR条件均为最佳。在cDNA在94℃变性5分钟后开始PCR，94℃、30秒，循环30次，退火温度30秒，72℃，35秒。PCR最后一步为72℃，7分钟。扩增的cDNA片段由1%琼脂糖凝胶电泳分离。

表3 RT-PCR的引物序列

转录基因	产物长度（*bp*）	退火温度（℃）	引物序列
ahd	714	57	S 5′-TCAAGGTCGCCAATCCCA-3′ AS 5′-TATGCCAGCAGCCTCAAAC-3′
vatps	427	57	S 5′-GGCAGTGTTACTATTGTCGG-3′ AS 5′-TATTACGCATCATCCAGACC-3′
adh	415	57	S 5′-AGGGTTCATCTGTTGCTATCT-3′ AS 5′-GGAATGTCAGTTCTCGGTTT-3′
ela	455	55	S 5′-GTGGATTCGCTCCTAACA-3′ AS 5′-TTTCACAGCCTCAATACTCT-3′
ss	318	57	S 5′-GAGTTTGAGGTCCAGACTATTT-3′ AS 5′-AATTTAACTGCTGCCTGATT-3′
gla	663	53	S 5′-TGCCAGTTGGACTTGACG-3′ AS 5′-GGGATGCTCGCTGATACA-3′
gs	427	55	S 5′-CCAGGAGAAGACAGTGAA-3′ AS 5′-AGATGTAACGAGCAACCC-3′
pdh	437	55	S 5′-CCCCAAATCTACCGTCTC-3′ AS 5′-AACTCCACAACAGGCTTC-3′
mdh	294	53	S 5′-TGAATGGCGTAAAGATGG-3′ AS 5′-GGATGGAAGGAGCAAACT-3
pod	463	57	S 5′-ATTCGCCTCCATTTCCAT-3′ AS 5′-GGCTTCCAGTTCCGTTGA-3′
atpsβ	459	57	S 5′-TTGACCAGGCAACGGAACA-3′ AS 5′-TACGACCAAGCAAAGCAGACAC-3′
ald	546	57	S 5′-CTACAGAGGCAAATACGCT-3′ AS 5′-TCAGGCTCCACAATAGGT-3′
actin	290	58	S 5′-CCGTTCTGTCCCTCTACGCTAGTG-3′ AS 5′-GGAACTGCTCTTTGCAGTCTCGAG-3

3.8 免疫印迹分析

使用含有0.5 M的Tris - HCl（pH值6.8），20%（V/V）甘油，2%（W/V）十二烷基硫酸钠（SDS），5%（V/V）的根中提取的蛋白质β-巯基乙醇和0.01%（W/V）溴酚蓝的混合物提取根系的蛋白。用Bradford法量化提取的蛋白。然后将量化的蛋白于95℃水浴3~5分钟使其变性，再保存在-20℃环境中，待分析。

SDS-PAGE使用Laemmli的方法，用5%浓缩胶和12.5%分离胶。如上面所描述的那样，用SDS-PAGE分离蛋白。电泳后，用考马斯亮蓝R250对蛋白条带染色。将SDS-PAGE分离出的蛋白（每个样品15μg）用于Western blot分析，分理处的蛋白转移到0.45μmPVDF膜，并用抗体（兔子中产生；优宁维；上海，中国）PDC（AS10－691）和 ADH（AS10_ 685）检测。用 5% 脱脂奶粉将膜封闭 2 小时，用 TBST 洗涤 3 次。然后在 1：2 000稀释的有 5% 脱脂奶粉的 TBST，使用 Rabbit Anti－SAMs 抗体探测。在 4℃ 过夜培养后，用 TBST 清洗并在室温下用含 Goat Anti － Rabbit IgG HRP－conjugate 的 TBST 培养 1 小时。然后用 TBST 洗涤 3 次经上得到的膜，并用 DAB 和双氧水显色。

Reference

Aurisano N，Bertani A，Reggiani R. 1995. Involvement of Calcium and Calmodulin in Protein and Amino Acid Metabolism in Rice Roots under Anoxia. Plant and Cell Physiology. 36：9－1525.

Beinert H，Kennedy M. 1993. Aconitase，a two－faced protein：enzyme and iron regulatory factor. The FASEB Journal. 7：9－1 442.

Bevan M，Bancroft I，Bent E，Love K，Goodman H，Dean C，et al. 1998. Analysis of 1. 9 Mb of contiguous sequence from chromosome 4 of Arabidopsis thaliana. nature. 391：485.

Bradford MM. 1976. A rapid and sensitive method for the quantitation of microgram quantities of protein utilizing the principle of protein－dye binding. Analytical biochemistry. 72：54－248.

Buhtz A，Kolasa A，Arlt K，Walz C，Kehr J. 2004. Xylem sap protein composition is conserved among different plant species. Planta. 219：8－610.

Chinnusamy V，Jagendorf A，Zhu JK. 2005. Understanding and improving salt tolerance in plants. Crop Sci. 45：48－437.

Chung H－J，Ferl RJ. 1999. Arabidopsis Alcohol Dehydrogenase Expression in Both Shoots and Roots Is Conditioned by Root Growth Environment. Plant Physiology. 121：36－429.

Cross RL，Müller V. 2004. The evolution of A－，F－，and V－type ATP synthases and ATPases：reversals in function and changes in the H＋/ATP coupling ratio. FEBS Letters. 576：1－4.

Denton RM，Randle PJ，Bridges BJ，Cooper RH，Kerbey AL，Pask HT，et al. 1975. Regulation of mammalian pyruvate dehydrogenase. Molecular and Cellular Biochemistry. 9：27－53.

Donnini S, Prinsi B, Negri A, Vigani G, Espen L, Zocchi G. 2010. Proteomic characterization of iron deficiency responses in Cucumis sativus L. roots. BMC Plant Biology. 10: 268.

Drew MC, He C – J, Morgan PW. 2000. Programmed cell death and aerenchyma formation in roots. Trends in Plant Science. 5: 7 – 123.

Du C – X, Fan H – F, Guo S – R, Tezuka T, Li J. 2010. Proteomic analysis of cucumber seedling roots subjected to salt stress. Phytochemistry. 71: 9 – 1 450.

Duncan R, Hershey JWB. 1984. Evaluation of isoelectric focusing running conditions during two – dimensional isoelectric focusing/sodium dodecyl sulfate – polyacrylamide gel electrophoresis: variation of gel patterns with changing conditions and optimized isoelectric focusing conditions. Analytical biochemistry. 138: 55 – 144.

Evans NH, McAinsh MR, Hetherington AM, Knight MR. 2005. ROS perception in Arabidopsis thaliana: the ozone – induced calcium response. The Plant Journal. 41: 26 – 615.

Eveland AL, Jackson DP. 2011. Sugars, signalling, and plant development. Journal of Experimental Botany.

Flint DH, Allen RM. 1996. Iron-Sulfur Proteins with Nonredox Functions. Chemical Reviews. 96: 34 – 2 315.

Forsthoefel NR, Cushman M, Cushman JC. 1995. Posttranscriptional and Posttranslational Control of Enolase Expression in the Facultative Crassulacean Acid Metabolism Plant Mesembryanthemum crystallinum L. Plant Physiology. 108: 95 – 1 185.

Gao H, Chen G, Han L, Lin H. 2005. Calcium influence on chilling resistance of grafting eggplant seedlings. Journal of plant nutrition. 27: 39 – 1 327.

Gao H, Guo S. 2004. Influence of Calcium on Antioxidant System and Nitrogen Metabolism of Muskmelon Seedlings under Nutrient Solution Hypoxia. p. 8 – 321.

Gao H, Jia Y, Guo S, Lv G, Wang T, Juan L. 2011. Exogenous calcium affects nitrogen metabolism in root – zone hypoxia – stressed muskmelon roots and enhances short – term hypoxia tolerance. Journal of Plant Physiology. 168: 25 – 1217.

Habash DZ, Massiah AJ, Rong HL, Wallsgrove RM, Leigh RA. 2001. The role of cytosolic glutamine synthetase in wheat. Annals of Applied Biology. 138: 9 – 83.

Havrylenko S, Legouis R, Negrutskii B, Mirande M. 2010. Methionyl – tRNA synthetase from Caenorhabditis elegans: A specific multidomain organization for convergent functional evolution. Protein Science. 19: 84 – 2475.

Henriksson E, Nordin Henriksson K. 2005. Salt – stress signalling and the role of calcium in the regulation of the Arabidopsis ATHB7 gene. Plant, Cell & Environment. 28: 10 – 202.

Hurkman WJ, Tanaka CK. 1986. Solubilization of plant membrane proteins for analysis by two – dimensional gel electrophoresis. Plant Physiology. 81: 802.

Ikehata K, Buchanan ID, Pickard MA, Smith DW. 2005. Purification, characterization and evaluation of extracellular peroxidase from two Coprinus species for aqueous phenol treatment. Bioresource Technology. 96: 70 – 1 758.

Jedrzejas MJ. 2000. Structure, function, and evolution of phosphoglycerate mutases: comparison with fructose – 2, 6 – bisphosphatase, acid phosphatase, and alkaline phosphatase. Progress in biophysics and molecular biology. 73: 87 – 263.

Johnson JR, Cobb BG, Drew MC. 1994. Hypoxic Induction of Anoxia Tolerance in Roots of Adh1 Null Zea mays L. Plant Physiology. 105: 7 – 61.

Jouaville LS, Pinton P, Bastianutto C, Rutter GA, Rizzuto R. 1999. Regulation of mitochondrial ATP synthesis by calcium: Evidence for a long – term metabolic priming. Proceedings of the National Academy of Sciences. 96: 12 – 13 807.

Juszczuk IM, Rychter AM. 2009. BN – PAGE analysis of the respiratory chain complexes in mitochondria of cucumber MSC16 mutant. Plant Physiology and Biochemistry. 47: 397 – 406.

Kang Y – y, Guo S – r, Li J, Duan J – j. 2007. Effects of 24 – Epibrassinolide on Antioxidant System in Cucumber Seedling Roots Under Hypoxia Stress. Agricultural Sciences in China. 6: 9 – 281.

Kang Y－Y，Guo S－R，Li J，Duan J－J. 2009. Effect of root applied 24－epibrassinolide on carbohydrate status and fermentative enzyme activities in cucumber（*Cucumis sativus* L.）seedlings under hypoxia. Plant Growth Regulation. 57：69－259.

Kennedy RA，Rumpho ME，Fox TC. 1992. Anaerobic metabolism in plants. Plant Physiology. 100：1.

Konishi H，Kitano H，Komatsu S. 2005. Identification of rice root proteins regulated by gibberellin using proteome analysis. Plant，Cell & Environment. 28：39－328.

Kumar R，Singh KA，Singh VK，Jagannadham MV. 2011. Biochemical characterization of a peroxidase isolated from Caribbean plant：Euphorbia cotinifolia. Process Biochemistry. 46：7－1 350.

Laemmli UK. 1970. Cleavage of structural proteins during the assembly of the head of bacteriophage T4. nature. 227：5－680.

Lammers T，Lavi S. 2007. Role of Type 2C Protein Phosphatases in Growth Regulation and in Cellular Stress Signaling. Critical Reviews in Biochemistry and Molecular Biology. 42：61－437.

Lee D－G，Ahsan N，Lee S－H，Lee JJ，Bahk JD，Kang KY，et al. 2009. Chilling stress－induced proteomic changes in rice roots. Journal of Plant Physiology. 166：1－11.

Li J，Sun J，Yang Y，Guo S，Glick BR. 2012. Identification of hypoxic－responsive proteins in cucumber roots using a proteomic approach. Plant Physiology and Biochemistry. 51：74－80.

Li K，Zhu W，Zeng K，Zhang Z，Ye J，Ou W，et al. 2010. Proteome characterization of cassava（*Manihot esculenta Crantz*）somatic embryos，plantlets and tuberous roots. Proteome Science. 8：10.

Li Q，Huang J，Liu S，Li J，Yang X，Liu Y，et al. 2011. Proteomic analysis of young leaves at three developmental stages in an albino tea cultivar. Proteome Science. 9：44.

Matsumoto M，Ogawa Ki. 2008. New Insight into the Calvin Cycle Regulation Glutathionylation of Fructose Bisphosphate Aldolase in Response to Illumination. In：Allen JF，Gantt E，Golbeck JH，Osmond B，editors. Photosynthesis Energy from the Sun：Springer Netherlands；p.

4 -872.

Menand B, Maréchal - Drouard L, Sakamoto W, Dietrich A, Wintz H. 1998. A single gene of chloroplast origin codes for mitochondrial and chloroplastic methionyl - tRNA synthetase in Arabidopsis thaliana. Proceedings of the National Academy of Sciences. 95: 9 -11 014.

Miao M, Xu X, Chen X, Xue L, Cao B. 2007. Cucumber carbohydrate metabolism and translocation under chilling night temperature. Journal of Plant Physiology. 164: 8 -621.

Miflin BJ, Habash DZ. 2002. The role of glutamine synthetase and glutamate dehydrogenase in nitrogen assimilation and possibilities for improvement in the nitrogen utilization of crops. Journal of Experimental Botany. 53: 87 -979.

Millar H, Considine MJ, Day DA, Whelan J. 2001. Unraveling the Role of Mitochondria During Oxidative Stress in Plants. IUBMB Life. 51: 5 -201.

MOMMER L, VISSER EJW. 2005. Underwater Photosynthesis in Flooded Terrestrial Plants: A Matter of Leaf Plasticity. Annals of Botany. 96: 9 -581.

Mustroph A, Boamfa E, Laarhoven L, Harren F, Albrecht G, Grimm B. 2006. Organ - specific analysis of the anaerobic primary metabolism in rice and wheat seedlings. I: Dark ethanol production is dominated by the shoots. Planta. 225: 14 -103.

Nie X, Durnin D, Igamberdiev A, Hill R. 2006. Cytosolic calcium is involved in the regulation of barley hemoglobin gene expression. Planta. 223: 9 -542.

O'Farrell PH. 1975. High resolution two - dimensional electrophoresis of proteins. Journal of biological chemistry. 250: 4007.

Parida AK, Das AB. 2005. Salt tolerance and salinity effects on plants: a review. Ecotoxicology and Environmental Safety. 60: 49 -324.

Pedersen O, Rich SM, Colmer TD. 2009. Surviving floods: leaf gas films improve O_2 and CO_2 exchange, root aeration, and growth of completely submerged rice. The Plant Journal. 58: 56 -147.

Peter G. 2003. Response of plant metabolism to too little oxygen. Current Opinion in Plant Biology. 6: 56 -247.

Rappas M, Niwa H, Zhang X. 2004. Mechanisms of ATPases – A Multi – Disciplinary Approach. Current Protein and Peptide Science. 5: 89 – 105.

Rhoads DM. 2011. Plant Mitochondrial Retrograde Regulation. In: Kempken F, editor. Plant Mitochondria: Springer New York; p. 37 – 411.

Riccardi F, Gazeau P, de Vienne D, Zivy M. 1998. Protein Changes in Response to Progressive Water Deficit in Maize. Plant Physiology. 117: 63 – 1 253.

Rocha M, Licausi F, Araujo WL, Nunes – Nesi A, Sodek L, Fernie AR, et al. 2010. Glycolysis and the Tricarboxylic Acid Cycle Are Linked by Alanine Aminotransferase during Hypoxia Induced by Waterlogging of *Lotus japonicus*. Plant Physiology. 152: 13 – 1 501.

Rosa M, Prado C, Podazza G, Interdonato R, Gonzălez JA, Hilal M, et al. 2009. Soluble sugars-Metabolism, sensing and abiotic stress: A complex network in the life of plants. Plant Signaling & Behavior. 4: 388.

Sairam R, Kumutha D, Ezhilmathi K, Chinnusamy V, Meena R. 2009. Waterlogging induced oxidative stress and antioxidant enzyme activities in pigeon pea. Biologia Plantarum. 53: 493 – 504.

Sairam RK, Dharmar K, Lekshmy S, Chinnusamy V. 2010. Expression of antioxidant defense genes in mung bean (*Vigna radiata* L.) roots under water – logging is associated with hypoxia tolerance. Acta Physiologiae Plantarum. 33: 44 – 735.

Saraiva JA, Nunes CS, Coimbra MA. 2007. Purification and characterization of olive (Olea europaea L.) peroxidase – Evidence for the occurrence of a pectin binding peroxidase. Food Chemistry. 101: 9 – 1 571.

Schaeffer GW, Sharpe FT, Sicher RC. 1997. Fructose 1, 6 – bisphosphate aldolase activity in leaves of a rice mutant selected for enhanced lysine. Phytochemistry. 46: 8 – 1 335.

Segarra G, Casanova E, Bellido D, Odena MA, Oliveira E, Trillas I. 2007. Proteome, salicylic acid, and jasmonic acid changes in cucumber plants inoculated with Trichoderma asperellum strain T34. Proteomics. 7: 52 – 3 943.

Smalle J, Kurepa J, Yang P, Babiychuk E, Kushnir S, Durski A, et al. 2002. Cytokinin Growth Responses in Arabidopsis Involve the 26S Proteasome Subunit RPN12. The Plant Cell Online. 14: 17 -32.

Subbaiah CC, Bush DS, Sachs MM. 1998. Mitochondrial Contribution to the Anoxic Ca^{2+} Signal in Maize Suspension - Cultured Cells. Plant Physiology. 118: 71 -759.

Subbaiah CC, Zhang J, Sachs MM. 1994. Involvement of Intracellular Calcium in Anaerobic Gene Expression and Survival of Maize Seedlings. Plant Physiology. 105: 76 -369.

Szydlowski N, Ragel P, Raynaud S, Lucas MM, Roldán I, Montero M, et al. 2009. Starch Granule Initiation in Arabidopsis Requires the Presence of Either Class IV or Class III Starch Synthases. The Plant Cell Online. 21: 57 -2443.

Tesfaye M, Temple SJ, Allan DL, Vance CP, Samac DA. 2001. Overexpression of Malate Dehydrogenase in Transgenic Alfalfa Enhances Organic Acid Synthesis and Confers Tolerance to Aluminum. Plant Physiology. 127: 44 -1 836.

Todaka D, Kanekatsu M. 2007. Analytical method for detection of beta - amylase isozymes in dehydrated cucumber cotyledons by using two - dimensional polyacrylamide gel electrophoresis. Analytical biochemistry. 365: 277.

Vincent R, Fraisier V, Chaillou S, Limami MA, Deleens E, Phillipson B, et al. 1997. Overexpression of a soybean gene encoding cytosolic glutamine synthetase in shoots of transgenic < i> Lotus corniculatus< /i> L. plants triggers changes in ammonium assimilation and plant development. Planta. 201: 33 -424.

Vlad F, Rubio S, Rodrigues A, Sirichandra C, Belin C, Robert N, et al. 2009. Protein Phosphatases 2C Regulate the Activation of the Snf1 - Related Kinase OST1 by Abscisic Acid in Arabidopsis. The Plant Cell Online. 21: 84 -3 170.

Walz C, Giavalisco P, Schad M, Juenger M, Klose J, Kehr J. 2004. Proteomics of curcurbit phloem exudate reveals a network of defence proteins. Phytochemistry. 65: 804 -1 795.

WANG C, GUO S, LIU C. 2009. Effects of Calcium on Expression of Defense Enzymes Isoenzymes in Roots of Cucumber Seedlings under Root - zone Hypoxic Stress. Acta Botanica Boreali - Occidentalia Sinica. 9.

Westram A, Lloyd JR, Roessner U, Riesmeier JW, Kossmann J. 2002. Increases of 3 – phosphoglyceric acid in potato plants through antisense reduction of cytoplasmic phosphoglycerate mutase impairs photosynthesis and growth, but does not increase starch contents. Plant, Cell & Environment. 25: 43 – 1 133.

Yan S, Tang Z, Su W, Sun W. 2005. Proteomic analysis of salt stress – responsive proteins in rice root. Proteomics. 5: 44 – 235.

Yan S – P, Zhang Q – Y, Tang Z – C, Su W – A, Sun W – N. 2006. Comparative Proteomic Analysis Provides New Insights into Chilling Stress Responses in Rice. Molecular & cellular proteomics. 5: 96 – 484.

Yao Y – X, Dong Q – L, Zhai H, You C – X, Hao Y – J. 2011. The functions of an apple cytosolic malate dehydrogenase gene in growth and tolerance to cold and salt stresses. Plant Physiology and Biochemistry. 49: 64 – 257.

Yao Y – X, Li M, Zhai H, You C – X, Hao Y – J. 2011. Isolation and characterization of an apple cytosolic malate dehydrogenase gene reveal its function in malate synthesis. Journal of Plant Physiology. 168: 80 – 474.

Yemelyanov V, Shishova M, Chirkova T, Lindberg S. 2011. Anoxia – induced elevation of cytosolic Ca^{2+} concentration depends on different Ca^{2+} sources in rice and wheat protoplasts. Planta. 234: 80 – 271.

Zhang X, Szydlowski N, Delvallé D, D'Hulst C, James M, Myers A. 2008. Overlapping functions of the starch synthases SSII and SSIII in amylopectin biosynthesis in Arabidopsis. BMC Plant Biology. 8: 96.

Zhao J, Zuo K, Tang K. 2004. cDNA Cloning and Characterization of Enolase from Chinese Cabbage, *Brassica campestris* ssp. Pekinensis. Mitochondrial DNA. 15: 7 – 51.

Zhao Z, Assmann SM. 2011. The glycolytic enzyme, phosphoglycerate mutase, has critical roles in stomatal movement, vegetative growth, and pollen production in Arabidopsis thaliana. Journal of Experimental Botany. 62: 89 – 5 179.

上海地区高效生态蔬菜茬口土壤质量监测与分析*

路凤琴[1,2]** 李建勇[3] 沈海斌[3] 陆 奕[2] 陈火英[①]***

(1. 上海交通大学，上海闵行；2. 上海市闵行区农业技术服务中心，上海闵行；3. 上海市农业技术推广服务中心，上海闵行)

摘 要 通过调研选定3种设施蔬菜高效生态茬口模式，针对3种茬口模式开展土壤质量定点监测，采集土壤样品进行相关指标测定并对检测结果进行分析。结果表明，经过一年蔬菜生产，3种高效生态蔬菜茬口模式土壤pH、全盐量、硝态氮以及速效氮、磷、钾等指标全年变化较为均衡，土壤保育良好。

关键词 高效 生态 茬口 轮作 土壤保育

科学种菜的一项重要措施就是合理轮作，科学安排茬口。蔬菜生产的茬口布局，是指在一定的时间内、一定的土地面积上，各种蔬菜茬口的一种科学搭配。轮作是用地养地相结合的一种生物学措施，中国早在西汉时就实行休闲轮作。土壤质量因蔬菜种植品种、茬口不同而差异明显。通过对上海市闵行区区域内园艺场蔬菜生产调研发现，茬口安排合理的设施菜田连续种植了几十年依然可以开展正常的蔬菜生产，而部分新建的设施菜田，3年左右却因连作障碍等原因造成生产困难。为更合理的配置农业资源，进一步提高蔬菜生产与生态效率，2013年在上海市虹桥园艺场选择了3个生态效益良好且亩产值10 000元以上的典型蔬菜茬口模式，定点、定期采集土壤样品并

---

* 基金项目：上海市科技兴农项目沪农科推字（2013）第1－3号；沪农科推字（2014）第1－2号

** 作者简介：路凤琴（1976— ），女，高级农艺师，主要研究方向为蔬菜生理生态，Tel：021－64881764；E－mail：755890774@ qq. com

*** 通讯作者：陈火英，女，教授，博士生导师，Tel：021－34206934；E－mail：huoying1015@163. com

送实验室进行相关指标检测，以期从设施蔬菜茬口安排与土壤质量的可持续发展分析两者之间的相关性。

1 材料与方法

1.1 试验设计

选定虹桥园艺场3个可持续生产且经济效益较好的设施蔬菜茬口模式，如下表所示，并且该茬口在同一大棚内连续种植3年以上。试验田块在年初时均施有机肥30 000kg/hm^2，复合肥750kg/hm^2。其他培管措施均按照常规生产进行。

表 高效生态茬口模式

编号	茬口模式
C1	番茄－米苋－花边生菜－青菜
C2	茄子－鸡毛菜－耐热生菜－生菜
C3	樱桃番茄－青菜－芹菜－菠菜

1.2 试验方法

2013年4月15日确定试验大棚，5月16日开始采取土样，之后每2个月取1次土样，于2014年3月16日进行第六次采样。采样方法为刮去2cm土壤表层，用取土器取0～20cm耕层土壤，15个点混成1个土样，充分混合，自然风干，送实验室检测。所有指标重复测量3次。所测数据利用Excel进行数据统计，利用SAS软件进行数据处理。

1.3 测定项目及方法

土壤pH值测定采用电位测定法，全盐量测定采用质量法，碱解氮测定采用碱解扩散法，有效磷测定采用碳酸氢钠提取——钼锑抗比色法（Olse法），速效钾测定采用乙酸铵浸提——火焰光度法，硝酸盐测定采用氯化钾溶液浸提——分光光度法。

2 结果与分析

2.1 番茄－米苋－花边生菜－青菜茬口模式对土壤性状影响

如图1所示，C1茬口的土壤pH值维持在7.0～7.2，变化较小，适宜蔬菜作物种植。土壤全盐量与硝酸盐含量均呈现“W”形的变化，随着蔬菜生产进行，土壤全盐量与硝酸盐含量较初期下降明显，土壤全盐量由最初的2.7g/kg降低到1.5g/kg后又有所升高，后期土壤全盐量较最初略有降低，变动幅度不大，全年呈现均衡波动。土壤速效养分氮、磷、钾等含量呈下降趋势，变化差异不显著，整体维持在150~200mg/kg，养分丰富且无盐渍化产生。总体来说，该番茄-绿叶菜茬口对保持土壤酸碱度，降低土壤盐分含量及保持土壤养分等土壤保育效果较好作用。

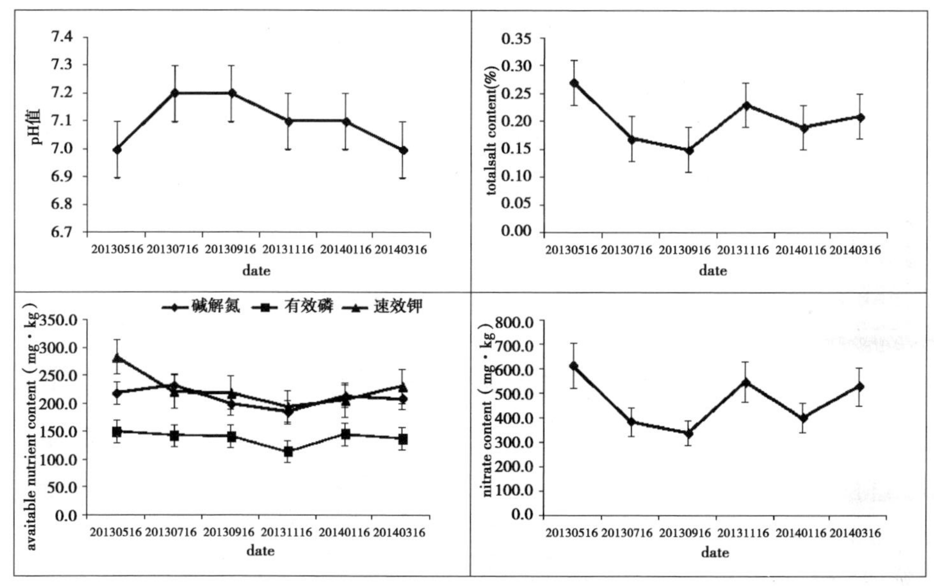

图1　C1茬口模式对土壤化学性状的影响

2.2　茄子-鸡毛菜-耐热生菜-生菜茬口模式对土壤性状影响

如图2所示，C2茬口的土壤pH值在6.8~7.0微幅波动，适宜蔬菜作物种植。土壤全盐量与硝酸盐含量均随着生产进行逐步降低，初期下降明显，之后变化差异不显著，全年呈现缓慢降低趋势。土壤速效氮、磷等养分含量全年维持在200mg/kg和150mg/kg左右，全年呈现均衡微幅波动，差异不显著。速效钾含量初期快递降低之后变化趋于平缓，全年变化不显著，养分丰富且无盐渍化产生。这也从数据上说明该茬口可持续生产的原因。

2.3　樱桃番茄-青菜-芹菜-菠菜茬口模式对土壤性状影响

C3茬口对土壤化学性状的影响，如图3所示。种植樱桃番茄后接种3茬绿叶菜，土壤各项化学指标变化较小，适宜蔬菜栽培。pH值基本维持在6.7~6.9，土壤全盐量则缓慢下降保持在1.5%~2.1%。由于前期种植番茄，硝酸盐和全盐量较高，随着蔬菜生产进行，两者含量均有下降，尤其是

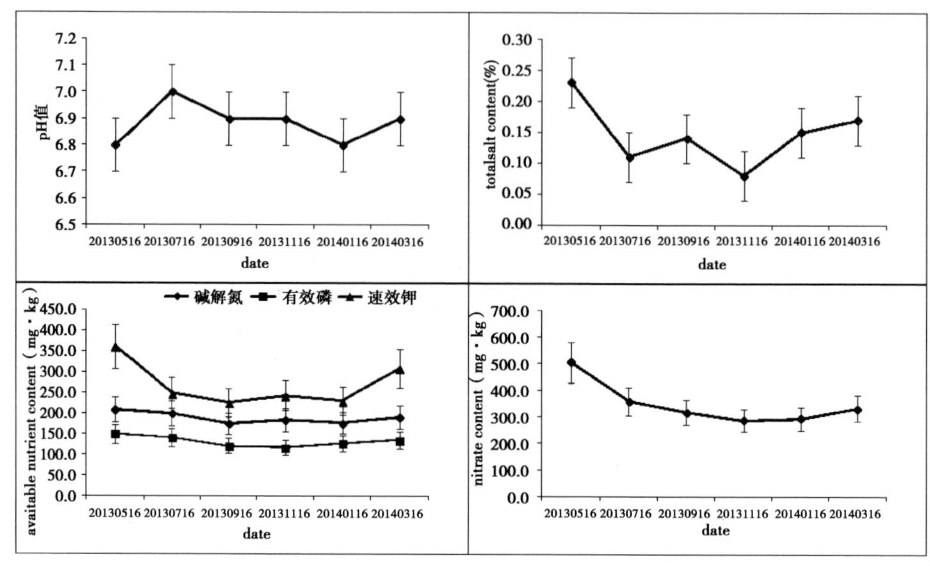

图 2　C2 茬口模式对土壤化学性状的影响

土壤硝酸盐含量随着绿叶菜生产降低显著。速效养分氮、磷、钾含量全年呈现先降低后升高的窄幅波动，变化不显著。通过数据可知，该茬口对于维持土壤酸碱度，均衡土壤盐分含量和速效养分含量效果较好，是蔬菜可持续生产的典型优质茬口，值得借鉴和推广。

3　结果与讨论

合理轮换种植蔬菜，充分利用不同的蔬菜吸收土壤养分量的不同，针对蔬菜种类合理安排。文中提到的 3 种茬口模式即是需磷较多的茄果类蔬菜与需氮较多的叶菜类蔬菜合理搭配，深根性蔬菜与浅根性蔬菜科学轮作的典型茬口。通过数据分析得知，3 种典型高效生态茬口土壤 pH 值全年变化较小，酸碱度适宜蔬菜生产，全盐量及硝酸盐含量均维持在合理范围，未出现次生盐渍化现象，土壤速效氮、磷、钾养分丰富又不过量，全年变化差异不显著，基本维持窄幅动态波动。通过研究，从数据上进一步验证了 3 个茬口模式在蔬菜茬口安排上的科学性和合理性，对于蔬菜可持续生产提供了科学依据。

茬口安排是关系到全年生产效益高低的一件大事，因此，要因地制宜，科学安排。而且蔬菜品种多，生长周期短，复种指数高，合理轮作，科学安

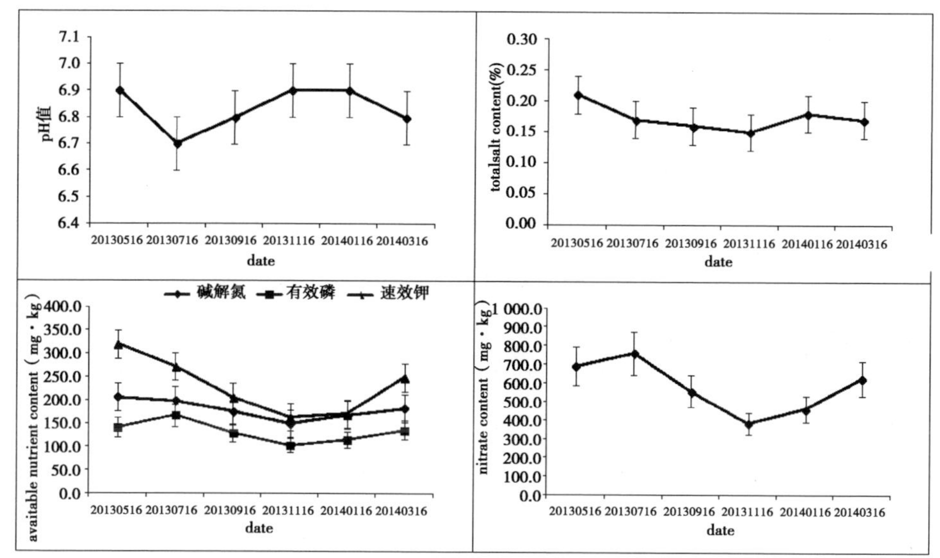

图 3　C3 茬口模式对土壤化学性状的影响

排蔬菜茬口，可恢复与提高土壤肥力，提高菜地利用率，减轻病虫危害，增加产量，改善品质，是一项极其重要的农业增产措施。徐林华、潘龙金等通过分析不同轮作茬口土壤养分、盐分和效益，建议要改变经营理念，合理设置设施蔬菜茬口，无论对提高生产者经济效益，还是为社会提供丰富的蔬菜品种都有很大关系。另外，自毒作用也是蔬菜连作障碍的一大问题。阮弈平、杨业凤等就设施菜地土壤障碍因子及改良方法等进行了研究，提出了多种解决方案。其中，水肥一体化技术是节水、节肥、省工且保障设施菜地可持续生产的先进技术，应大力推广普及。

参考文献

李威，程智慧，孟焕文，等 . 2012. 轮作不同蔬菜对大棚番茄连作基质中微生物与酶及后茬番茄的影响［J］. 园艺学报，01：73 – 80.

阮弈平 . 2013. 蔬菜连作障碍中自毒作用及其缓解措施研究［D］. 浙江大学 .

唐琳 . 2013. 水肥一体化对樱桃番茄产质量及肥料利用率的影响研究［D］. 广西大学 .

王涛，乔卫花，李玉奇，等 . 2011. 轮作和微生物菌肥对黄瓜连作土壤理化性状及生物活性的影响 [J]. 土壤通报, 03: 578 -583.
魏学慧. 2009. 蔬菜茬口的科学安排和土壤盐渍化的防治 [J]. 吉林蔬菜, 05: 54 -56.
邢福, 周景英, 金永君, 等. 2011. 我国草田轮作的历史、理论与实践概览 [J]. 草业学报, 03: 245 -255.
徐林华, 潘龙金, 杨业凤. 2013. 不同轮作茬口土壤养分、盐分和效益评估 [J]. 上海蔬菜, 01: 66 -70.
杨凤娟, 吴焕涛, 魏珉, 等. 2009. 轮作与休闲对日光温室黄瓜连作土壤微生物和酶活性的影响 [J]. 应用生态学报, 12: 2 983 -2 988.
杨业凤. 2009. 设施菜地土壤障碍因子研究及改良效果分析 [D]. 南京农业大学.
宰松梅. 2010. 水肥一体化灌溉模式下土壤水分养分运移规律研究 [D]. 西北农林科技大学.
中国土壤学会. 2002. 土壤农业化学分析方法 [M]. 北京: 中国农业科技出版社.

213份鲜食玉米自交系的遗传多样性分析

俞平高[1]　张红伟[2]　王　慧[3]　周　鹏[1]　李　炯[2]　张微微[1]
（1. 上海农林职业技术学院植物科学技术系，上海松江；
2. 上海粒粒丰农业科技有限公司，上海金山；
3. 上海市农业科学院作物育种栽培研究所，上海奉贤）

摘　要　本研究从103对SSR引物中筛选出40对稳定扩增的多态性SSR引物，多态性比率为39.1%，并对213份鲜食玉米自交系的亲缘关系进行分子评价。研究表明，40对SSR标记共扩增出169个等位基因，每个标记位点等位基因数变幅从2~9个，平均等位基因数为4.2。多态性信息含量（PIC）值范围从0.72~0.91，平均每对引物0.82。基于非加权组平均法（UPGMA）聚类分析将供试玉米自交系划分为3个大类群，第三类群又划分7个亚群，遗传聚类分析结果基本与自交系谱系及来源相符。

关键词　玉米　SSR　自交系　遗传多样性　多态性信息量

玉米（*Zea mays* L.）自交系作为人工进化的重要产物，在遗传学、分子进化等育种研究中具有重要的应用价值。然而，目前大多选育的玉米自交系品种没有系统的系谱记载，降低其在杂种优势群体构建中的利用率和育种效率。玉米自交系遗传变异及自交系间亲缘关系的研究，可为类群划分及玉米杂种优势群的构建提供重要依据，也为优良杂交种选育效率的提高提供帮助。

传统的育种方式主要通过表现型间接选择基因型，这样存在很大的盲目性和随机性，分子标记技术的发展为玉米种质基础评价及杂种优势利用提供了新手段。SSR（Simple Sequence Repeat，简单序列重复）标记是建立在PCR（Polymerase Chain Reaction，聚合酶链式反应）反应基础上的一种遗传标记，已有效应用于玉米种质遗传学研究（刘杰等，2002；李新海等，2003；刘世建等，2004；李丽华等，2009；乔志军等，2011；吉琼等，

2012）。虽然利用SSR标记进行遗传多态性分析和杂种优势群划分方面已有一些研究报道，但目前对玉米自交系（尤其上海地区）遗传多样性分析的研究还较少。

本研究利用文献及玉米基因组数据库（MaizeGDB，http://www.maizegdb.org/）查找开发SSR标记，对213份上海粒粒丰农业科技有限公司的主要玉米自交系遗传多样性进行了系统分析，以期为玉米种质扩增改良与创新研究等育种工作提供技术支撑，同时，为充分挖掘种质资源的遗传潜力提供依据。

1 结果与分析

1.1 SSRs多态性分析

103对SSR引物中筛选出40对稳定扩增、多态性较高的SSR引物（图1），多态性比率为39.1%。而后利用40对多态性SSR标记对213份玉米自交系进行PCR扩增，表明，共检测到169个等位基因，平均每个位点4.2个，变化范围为2~9个，其中，umc1304、umc1479和NC130检测等位基因最少（2个），Bnlg1017检测等位基因数最多（9个）；213份玉米自交系遗传相似系数变化范围为0.57~0.98，平均为0.71；多态性信息量（PIC）是用来评估每对引物标记的多态性信息量水平，本试验筛选出的40对SSR引物中，PIC值范围从0.72~0.91，平均每对引物0.82，表明所筛选引物具有较丰富的遗传多样性（表1）。

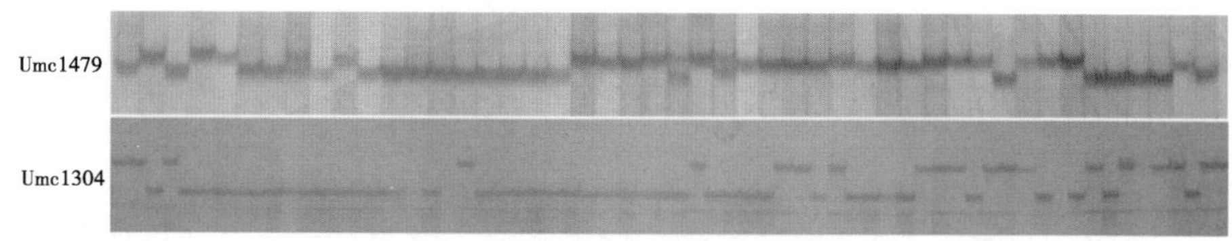

图1 SSR引物对玉米自交系扩增

表1 40对多态性SSR引物信息

编号	引物名称	引物序列 F/R（5′-3′）	等位基因	多态性信息量
1	Bnlg615	CTTCCCTCTCCCCATCTCCTTTCCAA GCAACCTGTCCATTCTCACCAGAGGATT	6	0.87
2	Bnlg1012	GAGTGAGCGTGCGGAGTC AACAGGCCAAACTCCTCCTC	4	0.82

（续表）

编号	引物名称	引物序列 F/R（5′-3′）	等位基因	多态性信息量
3	Bnlg1014	CACGCTGTTTCAGACAGGAA CGCCTGTGATTGCACTACAC	4	0.82
4	Bnlg1017	ATTGGAAGGATCTGCGTGAC CAGCTGGTGGACTGCATCTA	9	0.91
5	Bnlg1018	CGAGGTTAGCACCGACAAAT CGAGTAAATGCTCTGTGCCA	6	0.87
6	bnlg1031	AATCGGTGAGGCTTCACAAC ATGCCTACCTACCACCATGC	5	0.85
7	Bnlg1057	TTCACCGCCTCACATGAC GCAACGCTAGCTAGCTTTG	4	0.82
8	Bnlg1129	GAGAGTATGCTACTCGCCGC GACGAGTTTGGAGTGCCATT	4	0.84
9	Bnlg1160	AATACTGGACCACCAGGCAC CGTGGGTCACCAGGAGTC	6	0.87
10	bnlg1257	CGGACGATCTTATGCAAACA ACGGTCTGCGACAGGATATT	5	0.85
11	Bnlg1265	GGTTGTCCGTAAAGGCAAGA TGTGAAGGCCAGACAGTCAG	5	0.85
12	Bnlg1331	TGGTGATAACTGTCAAGCGC TTGGGGCATTGGCCTATATA	3	0.76
13	Bnlg1429	CTCCTCGCAAGGATCTTCAC AGCACCGTTTCTCGTGAGAT	5	0.85
14	Bnlg1450	ACAGCTCTTCTTGGCATCGT GACTTTGCTGGTCAGCTGGT	6	0.87
15	Bnlg1484	GTAAAAGACGACGACATTCCG GACGTGCACTCCGTTTAACA	4	0.82
16	Bnlg1720	CAACCCGGATGTCTCAAGTT TTCGATGCGTATGTACTCAGC	4	0.82
17	Bnlg1940	CCTTTTGTTTCAGGCCGTTA CAGCAGCCTGATGATGAACA	4	0.83
18	Bnlg2238	TGCCACTCAAGCCTTCTTTT TTCTGATTGCAGTGCAGACC	5	0.83
19	Bnlg2086	CGGAACCTGCTGCAGTTAAT GAGATGCAGGAATGGGAAAA	3	0.74
20	umc1083	CTTTCCTCTCTGGAGCGTGTATTG ATATGTTGCAGAACCATCCAGGTC	6	0.88
21	umc1161	GGTACCGCTACTGCTTGTTACTGC GCTCGCTGTTGGTAGCAAGTTTTA	5	0.84
22	umc1304	CATGCAGCTCTCCAAATTAAATCC GCCAACTAGAACTACTGCTGCTCC	2	0.72
23	umc1479	CTGGCTCTTCAAGTGTAAAGGAGG GGCCTTTTTCTTAGCTTCCTCATC	2	0.73

（续表）

编号	引物名称	引物序列 F/R（5′-3′）	等位基因	多态性信息量
24	umc2136	CCAGATGCGGAAGTAGACGG GATTCGGAGGTGATCTGACCTGT	4	0.84
25	umc2228	GTGAGGTGAAAATGAAGCTGGAAC ACCATACCTCTCTGAACATGAGCC	3	0.74
26	umc2287	CTAGCTAGTAACAGAGCATCGCGG CTGAGGTGTAGGATCGAGCAAGTT	4	0.84
27	phi029	TTGTCTTTCTTCCTCCACAAGCAGCGAA ATTTCCAGTTGCCACCGACGAAGAACTT	4	0.82
28	phi051	CGACATCGTCAGATTATATTGCAGACCA GGCGAAAGCGAACGACAACAATCTT	3	0.80
29	phi052	CAGAATGGGACGACAAGGTCATC GGGACACTTCTAGCAGGATCTGTTT	3	0.77
30	phi054	AGAAAAGAGAGTGTGCAATTGTGAT- AGAGAATGGG TGCCTCGCACCAAG	3	0.77
31	phi056	ACTTGCTTGCCTGCCGTTAC CGCACACCACTTCCCAGAA	4	0.82
32	phi063	GGCGGCGGTGCTGGTAG CAGCTAGCCGCTAGATATACGCT	3	0.79
33	phi072	ACCGTGCATGATTAATTTCTCCAGCCTT ACAGCGCGCAAATGGATTGAACT	4	0.82
34	phi127	ATATGCATTGCCTGGAACTGGAAGGA AATTCAAACACGCCTCCCGAGTGT	4	0.83
35	phi96100	AGGAGGACCCCAACTCCTG TTGCACGAGCCATCGTAT	4	0.82
36	phi299852	GATGTGGGTGCTACGAGCC AGATCTCGGAGCTCGGCTA	5	0.86
37	phi308707	GCAACAAGATCCAGCCGAT GTCGCCCTCATATGACCTTC	3	0.79
38	phi374118	TACCCGGACATGGTTGAGC TGAAGGGTGTCCTTCCGAT	3	0.79
39	NC004	TGCGAAGAAGCAGTAGCAAA TGGAGGTAGAAGACGCACG	6	0.85
40	NC130	GCACATGAAGATCCTGCTGA TGTGGATGACGGTGATGC	2	0.73

1.2 UPGMA 聚类分析

40 对 SSR 引物的 169 个多态性位点用于 213 份玉米自交系间的遗传相似系数（GS）计算，显示遗传相似系数范围为 0.68 ~ 0.98，其中，以 Z1363 与 Z1364 的相似系数最大（0.98）。根据遗传相似系数矩阵，利用 UPGMA 法的聚类分析表明，所选 213 份玉米自交系品种间具有较丰富的遗传变异。在遗传相似系数为 0.69 时，将 213 份玉米自交系品质分为三大类群（图 2），其中，第三类在相似系数 0.71 处又可分为 7 个亚群（表 2）。

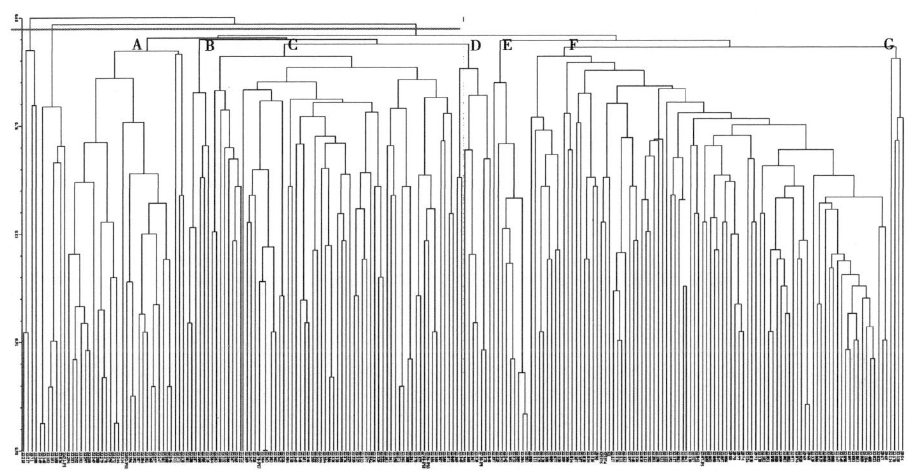

图 2　213 份玉米自交系聚类分析树状图（UPGMA 法）

第一大类群（Z1200 – Z1218）由 4 个成熟期较晚的甜玉米自交系品种组成，主要来自于 TWT 品种改良系，该类群中 Z1217 和 Z1218 来源于相同的亲本 566。第二大类群（Z421 – P1 – Z1149）包含 7 个甜玉米自交系，主要是华珍杂交种、台湾杂交种来源的选系，其中，Z1050，Z1051 和 Z1052 来源于相同的亲本 251，而 Z1148 和 Z1149 选自亲本锦田 8 号。第三大类群由 202 个玉米自交系组成，品种为甜玉米和糯玉米自交系，根据其来源、田间表现及育种过程中配合力历年数据，在相似系数 0.71 处，我们又将第三类群分为 7 个亚群（A – G）。A 亚群（Z1238 – Z1294）主要来源于地方品种 LJZ 的改良系，该亚群材料为糯性玉米自交系，其配合力优秀，果穗结实性强，单穗产量较高，植株呈半紧凑，抗倒性好，但有穗轴较粗的缺点。

目前，A 亚群是我们今后进行重点选育改良的材料。B 亚群（Z1215 – Z1301）、C 亚群（Z1068 – Z1264）和 D 亚群（Z1040 – Z1369）包含 75 个糯性玉米自交系品种，主要以京科糯 2000 为父本的基础材料改良系，其中，有 2 个遗传改良方向：①京科糯 2000 为父本与美国来源的遗传种质资源杂交进行小群体轮回选择的群体改良后代选系；②京科糯 2000 为父本与市售优良杂交种杂交进行遗传改良的后代选系，这些亚群主要是提高京科糯 2000 株系的抗倒性及进行双隐性自交系亲本培育的遗传改良目的。E 亚群

(Z1203 - 1397）为白色或白紫相间的糯性玉米自交系，主要是来自于先正达杂交种的群体改良选系材料。F 亚群（Z965 - Z1085）和 G 亚群（Z954 - Z1114）包含 91 份甜玉米自交系品种，主要是华珍母本、台湾杂交种来源的选系，这些亚群中的玉米自交系多是热带血缘，较抗南方锈病，生育期相对温带材料较长。分析系谱亲缘关系发现，本实验获得的 SSR 聚类分析基本与系谱来源相一致。

表 2　213 份玉米自交系聚类分析

类群	亚群	自交系编号
1	—	Z1200，Z571，Z1217，Z1218
2	—	Z421 - P1，Z1036，Z1150，Z1151，Z1152，Z1148，Z1149
3	3A	Z1238，Z1371，Z1311，Z1246，Z1260，Z1381，Z1247，Z1257，Z1365，Z1382，Z1384，Z1387，Z1392，Z1396，Z492 - P11，Z1314，Z1244，Z1272，Z1295，Z1278，Z1279，Z1280，Z1249，Z1250，Z1297，Z1282，Z1252，Z1283，Z1294
	3B	Z1215，Z1305，Z1360，Z1287，Z1288，Z1301
	3C	Z1068，Z1071，Z1255，ZZ1307，Z1155，Z1156，Z226 - P10，Z758 - P18，Z1199，Z1370，Z1261，Z1308，Z1262，Z1271，Z1350，Z1361，Z1353，Z1222，Z1325，Z1336，Z1254，Z1277，Z1313，Z1319，Z1320，Z1229，Z1276，Z1358，Z1310，Z1338，Z1356，Z1354，Z1344，Z1322，Z1355，Z1346，Z1351，Z1348，Z1349，Z1318，Z1304，Z1226，Z1341，Z1302，Z1303，Z1363，Z1364，Z678 - P17，Z1326，Z1347，Z1359，Z1274，Z1212，Z1265，Z1267，Z1266，Z1312，Z1258，Z1263，Z1264
	3D	Z1040，Z1378，Z710 - P8，Z1235，ZZ1376，Z1378，Z1366，Z1345，Z1369
	3E	Z1203，Z1204，Z1209，Z1232，Z1352，Z1242，Z1243，Z1225，Z1397
	3F	Z965，Z967，Z1022，Z1021，Z1400，Z1104，Z1059，Z1053，Z1081，Z1097，Z1098，Z1245，Z1147，Z1080，Z1092，Z1060，Z1039，Z1056，Z1335，Z968，Z969，ZZ1020，Z1074，Z1077，Z1082，Z1083，Z1099，Z1088，Z1090，Z1091，Z1103，Z1118，Z971，Z1030，Z1124，Z974，Z977，Z975，Z980，Z1006，Z1057，Z1047，Z1050，Z1052，Z1055，Z397 - P2，Z1041，Z1127，Z1110，Z1061，Z1062，ZZ1063，Z1117，Z1192，Z1122，Z1121，Z1198，Z1201，Z1202，Z1113，Z1035，Z1126，Z1140，Z1197，Z1123，Z1131，Z1136，Z1137，SX，SH374，SH376，Z995，Z1116，Z1034，Z1038，Z1157，Z1014，Z1306，Z1309，Z1120，Z1037，Z1089，Z1108，Z1138，Z1139，Z1111，Z1085
	3G	Z954，Z1125，Z1170，Z1114

2 讨论

SSR 标记是由 2 ~6 个碱基对组成简单重复序列串联形成的短片段，是基于 PCR 反应的共显性的遗传标记（Powell et al.，1996）。SSR 标记技术具有简单快速、重复性好、稳定性高、多态性丰富及共显性等优点，已广泛用于玉米的遗传多样性分析、遗传图谱构建、基因图位克隆及分子标记辅助育种（MAS）等方面的研究（向道权等，2001；刘杰等，2002；李新海等，2003；刘章雄等，2003；刘世建等，2004；李丽华等，2009；Inghelandt et al.，2010；乔志军等，2011；吉琼等，2012）。本研究利用 40 对多态性 SSRs 引物对 213 份玉米自交系进行检测，获得 169 条多态性条带，平均等位基因数为 4.2 和平均 PIC 为 0.82，这与 Xie 等（2007）所研究的 70 对 SSR 标记在 187 份玉米自交系中检测到的平均等位基因数（4.14）相近，且平均 PIC 值（0.615）低于本试验；然而本实验检测到的平均等位基因数和 PIC 值均高于肖木辑等（2006）用 70 SSR 标记对 37 份辽宁主要玉米自交系检测的平均等位基因数（3.7）和平均 PIC 值（0.564），分析可能与试验所用试验材料及所选引物有关。本试验所用 SSR 标记平均 PIC 均高于文献报道，表明所筛选引物具有较丰富的遗传多样性。

传统玉米自交系类群的划分主要依赖于系谱和杂交组合的产量来划分杂种优势群体，这存在较大的随机性和不确定性。分子标记技术对自交系品种遗传背景和亲缘关系的研究，可为玉米自交系品种改良和杂交组合优配提供较高的参考价值，以往的研究表明 SSR 能较真实地揭示自交系间的遗传多样性（刘杰等，2002；李新海等，2003；刘世建等，2004；李丽华等，2009；乔志军等，2011；吉琼等，2012）。本研究获得的 40 对多态性 SSR 标记基本能将 213 份玉米自交系品种区分，追踪供试玉米自交系的系谱来源发现，本实验利用分子标记划分的类群基本与自交系谱系来源相一致，仅有少量玉米自交系与系谱记载不符合，来自于同一基础材料的自交系被划分到不同类群，分析可能原因在于本实验所选的基础材料本身存在较大变异，或是原始来源的种质已经混杂，或者分子标记实验误差等原因造成。事实上，利用分子标记进行玉米自交系划分，不能单纯地以与系谱分析相符为标准，关键要看是否可以指导玉米杂种优势预测。目前，对玉米自交系（尤其上海地区）遗传多样性分析的研究还较少，本研究使用分子标记来划分杂种优势群，可为今后优势组合的选配，辅助选育适合上海生长的优良玉米品种及玉米种质扩增改良与创新研究等育种工作提供技术支撑，同时，为充分挖掘种质资源的遗传潜力提供依据。

3 材料与方法

3.1 试验材料

213 份玉米自交系组成的供试群体是上海粒粒丰农业科技有限公司收集及其自选系，包括甜玉米和糯玉米（表3）。于2015 年4 月在上海粒粒丰农业科技有限公司金山实验基地种植，常规播种，于5 月对每个自交系进行取样，-80℃保存备用。

表3 213 份玉米自交系品种信息

编号	名称	编号	名称	编号	名称	编号	名称	编号	名称
1	SX	21	Z980	41	Z1055	61	Z1091	81	Z1126
2	SH374	22	Z995	42	Z1056	62	Z1092	82	Z1127
3	SH376	23	Z1006	43	Z1057	63	Z1097	83	Z1131
4	Z226 - P10	24	Z1014	44	Z1059	64	Z1098	84	Z1136
5	Z397 - P2	25	Z1020	45	Z1060	65	Z1099	85	Z1137
6	Z421 - P1	26	Z1021	46	Z1061	66	Z1103	86	Z1138
7	Z492 - P11	27	Z1022	47	Z1062	67	Z1104	87	Z1139
8	Z571	28	Z1030	48	Z1063	68	Z1108	88	Z1140
9	Z678 - P17	29	Z1034	49	Z1068	69	Z1110	89	Z1147
10	Z710 - P8	30	Z1035	50	Z1071	70	Z1111	90	Z1148
11	Z758 - P18	31	Z1036	51	Z1074	71	Z1113	91	Z1149
12	Z954	32	Z1037	52	Z1077	72	Z1116	92	Z1150
13	Z965	33	Z1038	53	Z1080	73	Z1117	93	Z1151
14	Z967	34	Z1039	54	Z1081	74	Z1118	94	Z1152
15	Z968	35	Z1040	55	Z1082	75	Z1120	95	Z1155
16	Z969	36	Z1041	56	Z1083	76	Z1121	96	Z1156
17	Z971	37	Z1047	57	Z1085	77	Z1122	97	Z1157
18	Z974	38	Z1050	58	Z1088	78	Z1123	98	Z1170
19	Z975	39	Z1052	59	Z1089	79	Z1124	99	Z1192
20	Z977	40	Z1053	60	Z1090	80	Z1125	100	Z1197

（续表）

编号	名称	编号	名称	编号	名称	编号	名称	编号	名称
101	Z1198	124	Z1249	147	Z1283	170	Z1322	193	Z1360
102	Z1199	125	Z1250	148	Z1287	171	Z1325	194	Z1361
103	Z1200	126	Z1252	149	Z1288	172	Z1326	195	Z1363
104	Z1201	127	Z1254	150	Z1294	173	Z1335	196	Z1364
105	Z1202	128	Z1255	151	Z1295	174	Z1336	197	Z1365
106	Z1203	129	Z1257	152	Z1297	175	Z1338	198	Z1366
107	Z1204	130	Z1258	153	Z1301	176	Z1341	199	Z1367
108	Z1209	131	Z1260	154	Z1302	177	Z1344	200	Z1368
109	Z1212	132	Z1261	155	Z1303	178	Z1345	201	Z1369
110	Z1215	133	Z1262	156	Z1304	179	Z1346	202	Z1370
111	Z1222	134	Z1263	157	Z1305	180	Z1347	203	Z1371
112	Z1225	135	Z1264	158	Z1306	181	Z1348	204	Z1374
113	Z1226	136	Z1265	159	Z1307	182	Z1349	205	Z1378
114	Z1229	137	Z1266	160	Z1308	183	Z1350	206	Z1381
115	Z1232	138	Z1267	161	Z1309	184	Z1351	207	Z1382
116	Z1235	139	Z1271	162	Z1310	185	Z1352	208	Z1384
117	Z1238	140	Z1272	163	Z1311	186	Z1353	209	Z1387
118	Z1242	141	Z1276	164	Z1312	187	Z1354	210	Z1392
119	Z1243	142	Z1277	165	Z1313	188	Z1355	211	Z1396
120	Z1244	143	Z1278	166	Z1314	189	Z1356	212	Z1397
121	Z1245	144	Z1279	167	Z1318	190	Z1357	213	Z1400
122	Z1246	145	Z1280	168	Z1319	191	Z1358	—	—
123	Z1247	146	Z1282	169	Z1320	192	Z1359	—	—

3.2 玉米基因组 DNA 的提取

取玉米幼嫩叶 0.1g，液氮磨成粉状，DNA 提取试剂盒（DP320，北京天根）提取玉米基因组 DNA，提取后于 1.0% 琼脂糖凝胶电泳检测，电压 100 V，电泳 15 分钟；DNA 纯度和浓度检测利用 NanoDrop2000c 紫外可见光谱仪（Thermo 公司）进行测定，稀释至 50ng/μL 的工作液，4℃ 冰箱储藏备用。

3.3 PCR 扩增

SSR－PCR 反应体系：5 μL 2×ES Taq mix（康为公司），DNA（50ng/μL）模板 1μL，引物 0.5 μL（10 μM），3.5 μL ddH_2O，混合均匀，加液体状石蜡油覆盖。PCR 反应程序：94℃变性 3 分钟；94℃ 30 秒，50℃ 30 秒，72℃ 30 秒，30 个循环；72℃ 5 分钟；PCR 产物用 6% 的聚丙烯酰胺凝胶电泳分离，50W 恒功率电泳 1.5～2 小时；采用银染法进行显色（朱正歌等，2002），白炽灯下观察电泳，进行数据统计和照相。试验所用 SSR 引物均由生工生物工程股份（上海）有限公司合成。

3.4 数据采集和分析

基因型数据统计：扩增产物以“0、1、－”统计建立数据库。相同迁移位置上，有带记为“1”，无带记为“0”，数据缺失记为“－”。数据分析采用 NTsys2.11 软件进行，Jaccard 计算遗传相似系数，非加权组平均法进行 213 份玉米自交系的聚类分析。参照多态性信息量（Polymorphism information content，PIC）计算方法（Botstein 等，1980）。

参考文献

Botstein D.，White R. L.，Skolnick M.，and Davis R. W.，1980，Construction of a genetic linkage map in man using restriction fragment length polymorphisms，American Journal of Human Genetics，32（3）：314－331.

Inghelandt D. V.，Melchinger A. E.，Lebreton C.，and Stich B.，2010，Population structure and genetic diversity in a commercial maize breeding program assessed with SSR and SNP markers，Theoretical and Applied Genetics，120（7）：1 289－1 299.

Ji Q.，Zhang X. L.，Tong T.，Yan X. T.，Zhang X. N.，and Dou B. D.，2012，Studies on Genetic Diversity and Population Genetic Structure of 96 Maize Inbred Lines Using SSR Markers，Xinjiang Nongye Daxue Xuebao（Journal of Xinjiang Agricultural University），35（2）：99－106.

Li L. H.，Wei X.，Pan G. T.，Tang B. J.，Ding Y.，and Zhao F. X.，2009，Genetic Diversity Analysis Among New Maize Inbred Lines Revealed by SSR，Yumi Kexue（Journal of Maize Sciences），17（4）：24－28.

Li X. H.，Yuan L. X.，Li X. H.，Zhang S. H.，Li M. S.，and Li W. H.，

2003, Heterotic Grouping of 70 Maize Inbred Lines by SSR Markers, Zhongguo Nongye Kexue (Scientia Agricultura Sinica), 36 (6): 622 - 627.

Liu J., Liu G. S., Zhu Z. Q., and Chen G., 2002, Assessment on genetic relationships among 15 maize (*Zea mays*) elite inbred lines of China using SSR markers: comparisons with data from heterosis and pedigree, Xibei Zhiwu Xuebao (Acta Botanica Boreali - Occidentalia Sinica), 22 (4): 741 - 750.

Liu S. J., Rong T. Z., Yang J. P., and Pan G. T., 2004, Cluster Analysis of Local Maize (*Zea mays* L.) Germplasm in Sichuan Based on SSRs, Zuowu Xuebao (Acta Agronomica Sinica), 30 (3): 221 - 226.

Liu Z. H., Wang S. C., Dai J. R., Huang L. J., and Cao H. H., 2003, Studies of Genetic Analysis and SSR Linked Marker Location of Gene Resistance to Southern Rust in Inbred Line P25 of Maize, Yichuan Xuebao (Acta Genetica Sinica), 30 (8): 706 - 710.

Powell W., Machray G. C., and Provan J., 1996, Polymorphism revealed by simple sequence repeats, Trends in Plant Science, 1 (7): 215 - 222.

Qiao Z. J., Liu L. L., Nan X. J., Zhao X. J., and Wang H. G., 2011, Molecular Evaluation of 180 Maize Inbred Lines by SSR Markers, Zhiwu Yichuan Ziyuan Xuebao (Journal of Plant Genetic Resources), 12 (2): 211 - 215.

Xiang D. Q., Cao H. H., Cao Y. G., Yang J. P., Huang L. J., Wang S. C., and Dai J. R., 2001, Construction of a Genetic Map and Location of Quantitative Trait Loci for Yield Component Trait in Maize by SSR Markers, Yichuan Xuebao (Acta Genetica Sinica), 28 (8): 778 - 784.

Xiao M. J., Li M. S., Sun Y. W., Li X. H., and Zhang S. H., 2006, Genetic Diversity Revealed by SSR among Maize Inbred Lines Used Predominantly in Liaoning Province, Yumi Kexue (Journal of Maize Sciences), 14 (1): 33 - 36.

Xie C. X., Zhang S. H., Li M. S., Li X. H., Hao Z. F., Bai L., Zhang D. G., and Liang Y. H., 2007, Inferring Genome Ancestry and Estimating Molecular Relatedness Among 187 Chinese Maize Inbred Lines, Genet

Genom, 34 (8): 738 – 748.

Zhu Z. G., Jia J. Z., and Sun Z. X., 2002, Improvement of AFLP protocol for silver – straining in rice, Zhongguo Shuidao Kexue (Chinese Rice Science), 16 (1): 71 – 73.

黄瓜加密图谱构建及果实性状基因（QTLs）定位

张微微[1,2]　何欢乐[2]　袁晓君[2]　俞平高[1]　潘俊松[2]　蔡　润[2]
（1. 上海农林职业技术学院园艺园林系，上海松江；
2. 上海交通大学农业与生物学院，上海闵行）

摘　要　本研究以黄瓜纯系 S94（华北类型）和 S06（欧洲类型）为亲本，通过单粒传法获得包含 224 个株系的 $F_{6:7}$ 代重组自交系（RIL）群体。结合分子遗传加密图谱的构建及不同季节（F_7/秋，F_7/春两季）黄瓜重要果实性状表型调查数据，采用 WinQTLcart2.5 软件复合区间作图法，对 9 个黄瓜果实相关性状（瓜长，瓜重，瓜把长，瓜横径，果柄长，果肉厚度，心腔直径，及长把比和长径比）QTL 位点进行检测；同时，对果实质量性状无光泽果皮（*D*）、一致果皮颜色（*u*）和小刺基因（*ss*）进行了定位。结果显示：①构建包含 7 个连锁群，610 个标记的遗传图谱，覆盖基因组 749.2 cm，平均标记间距为 1.2cm；②果实相关的 9 个性状在 F_7/秋与 F_7/春两季共检测 73 个 QTLs 位点（F_7/秋 52 个，F_7/春 49 个），分布于全部 7 条染色体上，其中在果实相关性状中，仅瓜重 *fw4.1* 在春秋两季稳定检测到且贡献率较高，秋季 14.7% 和秋季 21.7%，其余位点高的贡献率（>10%）都在单一季节表现；③黄瓜果实无光泽果皮（*D*）、一致果皮颜色（*u*）和小刺基因（*ss*）定位于第五染色体。

关键词　黄瓜　遗传图谱　果实　基因　QTL

黄瓜（*Cucumis sativus* L.）是我国保护地生产中的主要蔬菜作物，对蔬菜周年供应起着重要的保障作用。目前，国内外对于黄瓜育种方向主要有 2 个：①提高黄瓜单位面积产量，如侧枝、初始花节位和抗病性等性状的改良育种；②提高商品性状价值的育种，如果皮光泽、果瘤有无和果刺大小等。黄瓜果实是与经济价值直接相关的重要性状，是影响人类直接消费的器官，因此其相关性状一直为人们所看重（Serquen et al.，1997；Fazio et al.，

2003；Wenzel et al.，1995；Dijkuizen et al.，2002；Owens et al.，1985；Marcelis，1992）。与果实相关的性状很多，如瓜长、单株结瓜数或瓜重等是与生物学产量直接相关；而如果皮外观（有无果瘤，小刺，光泽）或果形指数（长把比，长径比）等外观品质性状也非常重要。目前，随着人民生活水平的日益提高，对蔬菜消费要求也日趋严格。迄今为止，大多数黄瓜性状研究主要是针对产量性状，果实外观品质性状报道很少。

分子标记辅助选择（Marker - assisted selection，MAS）可通过与性状紧密连锁的分子标记间接选择目标基因。由于是直接从 DNA 水平上进行检测，避免植株时空表达上的影响，可早期、广泛地进行目标性状选择，也可进行多个性状联合选择，因此大大地提高了育种效率和缩短了育种进程。因此，本实验利用果实外形性状存在较大差异的两个亲本（S94 和 S06）杂交获得重组自交系（224RILs）群体基础上，利用大量 SSR 标记构建一张黄瓜高密度遗传连锁图谱，并利用加密图谱及果实相关性状数据进行 QTLs 定位，为今后黄瓜果实相关性状的选育工作（基因定位或 MAS）提供可靠的依据。

1 结果与分析

1.1 加密图谱的构建

利用亲本 S94 和 S06 进行多态性筛选，结果表明由中国农科院提供的 1 920个 SSR 标记中，364 个表现多态性，多态性比例为 23.2%；其余 90 个 SSR 标记中，有 17 个标记在两亲本间表现多态性，多态性比例为 19.1%。364 对 SSR 引物扩增出 366 个多态性位点，有两个 SSR 标记（SSR00153 和 SSR14392）的引物可分别扩增两个多态性位点，总共有 383（23.1%）多态性位点用于作图。基于 383 个新 SSR 标记位点的分离数据和 257 个原有的标记数据（包括 206 个 SRAPs，25 个 SCARs，22 个 SSRs，1 个 STS 和 3 个形态学标记），共 640 个多态性位点用于加密图谱的构建。为了保证图谱构建的精确性，我们首先采用 SSR 标记构建框架图谱，然后再将其他类型的标记加入框架图谱中的策略。在去除 19 不连锁标记和 11 个不成功定位的标记后，结果图谱定位 610 个标记，由 7 个连锁群组成，对比 SSR 标记与黄瓜染色体的对应关系，显示本研究的 7 个连锁群与黄瓜的 7 条染色体相对应，图谱覆盖基因组 749.2cm，平均标记间距为 1.2cm（表 1）。3 个黄瓜果实质量性状无光泽果皮（*D*）、一致果皮颜色（*u*）和小刺基因（*ss*）定位于第五染色体上（图 1）。

表 1　遗传图谱各染色体参数

染色体	长度（cm）	分子标记在染色体上的分布					位点数	平均间距（cm）
		MTM	SRAP	SCAR	STS	SSR		
Chr. 1	114. 5	—	31	1	1	50	83	1. 38
Chr. 2	100. 8	—	31	2	—	42	75	1. 34
Chr. 3	144. 5	—	47	3	—	82	132	1. 10
Chr. 4	98. 5	—	21	2	—	46	69	1. 43
Chr. 5	106. 0	3	19	5	—	52	79	1. 34
Chr. 6	106. 3	—	41	8	—	75	124	0. 86
Chr. 7	78. 5	—	9	2	—	37	48	1. 64
Total	749. 2	3	199	23	1	384	610	1. 20

1.2　果实相关性状 QTL 定位

果实相关性状（瓜长，瓜重，瓜把长，瓜横径，果柄长，果肉厚度，心腔直径，瓜长把比和长径比）的平均值、标准误和最小差异分析（LSD）（表 2）（Yuan et al. , 2008b）。结果表明，除心腔直径外，果实相关性状在两亲本 S94 和 S06 间都存在显著差异。

表 2　黄瓜果实相关性状在世代中的平均值，标准误差，且对它们进行的最小显著差异比较

果实相关性状	世代（mean ± SE）				
	P_1	P_2	F_1	F_7A	F_7S
FW（g）	213. 0 ± 3. 2 a[2]	106. 6 ± 2. 9 d	176. 3 ± 4. 4 b	149. 8 ± 2. 0 c	155. 4 ± 2. 1 c
FL（cm）	31. 3 ± 0. 3 a	16. 3 ± 0. 2 d	24. 9 ± 0. 4 b	23. 4 ± 0. 3 c	23. 0 ± 0. 3 c
FD（mm）	35. 3 ± 0. 5 a	31. 6 ± 0. 4 d	34. 1 ± 0. 4 b	31. 9 ± 0. 1 d	33. 2 ± 0. 1 c
FFT（mm）	7. 2 ± 0. 1 b	6. 3 ± 0. 3 c	7. 7 ± 0. 3 a	7. 4 ± 0. 1 ab	6. 6 ± 0. 1 c
SCD（mm）	16. 6 ± 0. 4 a	17. 0 ± 0. 4 a	16. 5 ± 0. 4 a	15. 9 ± 0. 1 b	17. 0 ± 0. 1 a
FSL（mm）	68. 5 ± 5. 6 a	9. 6 ± 0. 6 d	28. 6 ± 1. 3 c	32. 7 ± 0. 8 b	27. 6 ± 0. 8 c
FPL（mm）	15. 2 ± 2. 3 c	46. 7 ± 2. 6 a	43. 4 ± 2. 9 a	33. 2 ± 1. 1 b	29. 6 ± 0. 9 b
LDR	8. 9 ± 0. 1 a	5. 2 ± 0. 1 d	7. 3 ± 0. 1 bc	7. 4 ± 0. 1 b	6. 9 ± 0. 1 c
LSR	5. 6 ± 0. 9 d	18. 2 ± 1. 3 a	8. 9 ± 0. 4 c	8. 2 ± 0. 1 c	10. 5 ± 0. 3 b

注：①性状简称：瓜长（FL），瓜横径（FD），瓜重（FW），果柄长（FPL），果肉厚度（FFT），心腔直径（SCD），瓜把长（FSL），长径比（LDR），长把比（LSR）；

②字母代表 P = 0. 05 水平时显著差异

果实相关9个性状在F_7/秋与F_7/春两季共检测73个QTLs位点（秋季52个，春季49个），分布于所有染色体上（表3）。其中，瓜重、瓜长和果柄长性状各检测到9个QTLs；瓜横径、心腔直径、瓜把长和长径比各检测8个QTLs；果肉厚度和长把比各检测到的7个QTLs，检测数目最少。除瓜长和长径比，其他性状均获得1个及以上贡献率大于10%的QTLs位点；仅瓜重QTL *fw4.1* 在春秋两季都能稳定检测到且贡献率较高的QTLs位点（秋季14.7%和秋季21.7%），其余位点高的贡献率（>10%）都在单一季节表现，秋季表现高贡献率的QTLs位点有瓜直径QTL *fd1.1*（14.4%）和 *fd6.2*（26.4%），心腔直径QTL *scd1.1*（10.2%），瓜把长QTL *fsl3.1*（14.2%）；春季的有瓜把长QTL *fsl4.1*（24.4%），果柄长QTL *fpl6.2*（10.3%）和 *fpl6.3*（11.8%），长把比QTL *lsr4.1*（11.6%）和 *lsr5.1*（11.7%）。

果实QTLs在春秋两季定位结果显示，有27处存在相同性状在两季中QTL定位相同的情况（表3），然而有些分属不同性状的QTL在相同的标记区段被检测到，如第一染色体e24m38d - SSR00160区间检测了5个性状的QTL *fw1.1*、*fd1.1*、*scd1.1*、*fft1.1* 和 *fsl1.1*，而其相邻的区间SSR02546 - e24m38d（<1.4cm）和SSR00160 - e24m38c（<1.6cm）分别检测了2个性状的QTL *fl1.1*、*lsr1.1* 和1个性状的QTL *fpl1.1*，检测结果发现在SSR02546 - e24m38d - SSR00160 - e24m38c约3cm的区间内，8个不同果实性状的QTL均检测到，相同的现象在其余染色体上也有发生如Chr.3，Chr.4（图1）。

表3　果实相关性状QTL定位

性状/QTL[1]	季节[2]	染色体	位置（cm）	标记间距	LOD值	贡献率 r^2（%）	加性效应
Fruit weight							
fw1.1	A	1	17.8	SSR00160 - SSR14697	5.85	4.84	6.87
	S	1	17.8	SSR00160 - SSR14697	3.52	2.58	5.15
fw2.1	A	2	7.1	e25m18a - e23m18c	4.12	3.3	5.87
fw2.2	A	2	51.8	CSWGAAT01 - ME7EM3	3.62	3.97	9.02
	S	2	53.2	ME7EM3 - PM8EM7	4.5	3.58	7.41

（续表）

性状/QTL[1]	季节[2]	染色体	位置（cm）	标记间距	LOD 值	贡献率 r^2（%）	加性效应
fw3. 1	S	3	1. 9	SSR00311 – SSR04553	5. 19	3. 8	7. 04
	A	3	16. 1	SSR20062 – SSR19339	4. 4	3. 59	10. 55
fw3. 2	A	3	97. 1	SSR13163 – SSR23083	5. 65	4. 62	6. 75
fw4. 1	A	4	56. 9	CSJCT42 – SSR05415	15. 83	14. 72	12. 07
	S	4	57. 4	SSR05415 – ME11EM5	23. 75	21. 71	14. 66
fw5. 1	S	5	39. 0	S_ BC526_ 2 – ME10EM6b	4. 24	3. 84	–6. 6
fw6. 1	S	6	82. 5	SSR15516 – SSR23856	7. 5	5. 66	8. 71
	A	6	84. 4	m44EM4b – ME4EM5a	4. 64	3. 72	7. 7
fw7. 1	A	7	48. 3	SSR11665 – SSR14861	4. 57	4. 16	6. 46
	S	7	51. 8	SSR14861 – SSR19902	3. 79	2. 75	5. 28
Fruit length							
fl1. 1	A	1	17. 2	SSR02546 – e24m38d	3. 42	2. 68	0. 69
fl2. 1	A	2	7. 1	e25m18a – e23m18c	4. 01	2. 84	0. 74
	S	2	13. 2	SSR18157 – e23m44d	3. 89	2. 55	0. 69
fl2. 2	A	2	52. 2	ME7EM3 – PM8EM7	3. 13	2. 18	0. 75
fl3. 1	A	3	1. 9	SSR00311 – SSR04553	4. 54	3. 24	0. 87
	S	3	1. 9	SSR00311 – SSR04553	6. 64	4. 42	1. 24
fl3. 2	A	3	96. 4	ME6EM5a – SSR05572	4. 47	5. 65	–1. 01

（续表）

性状/QTL[1]	季节[2]	染色体	位置（cm）	标记间距	LOD 值	贡献率 r^2（%）	加性效应
fl4. 1	A	4	56. 9	CSJCT42 - SSR05415	6. 02	4. 37	1. 16
	S	4	57. 4	SSR05415 - ME11EM5	10. 51	7. 65	1. 62
fl6. 1	A	6	71. 6	ME1SA4d - ME4SA4a	3. 74	3. 44	1
	S	6	86. 3	ME4EM5a - CSJCT390	10. 35	8. 35	1. 24
fl7. 1	A	7	7. 9	SSR10066 - SSR01099	8. 19	6. 02	-1. 09
fl7. 2	S	7	51. 8	SSR14861 - SSR19902	6. 03	4. 15	0. 85
Fruit diameter							
fd1. 1	A	1	17. 6	e24m38d - SSR00160	12. 28	14. 42	0. 07
	S	1	18. 4	SSR14697 - SSR06534	4. 39	5. 05	0. 04
fd1. 2	S	1	35. 8	SSR23787 - SSR22637	3. 81	4. 36	0. 04
	A	1	43. 7	SSR12070 - SSR04992	4. 5	4. 8	0. 04
fd3. 1	S	3	13. 3	ME11GA2c - AK5SCAR	4. 84	5. 22	0. 03
fd3. 2	A	3	38. 1	SSR04230 - SSR22514	6. 06	7. 24	-0. 07
fd4. 1	A	4	90. 9	SSR30478 - SSR05225	3. 78	4. 09	0. 03
fd5. 1	S	5	77. 8	SSR16068 - SSR13006	3. 5	3. 8	0. 03
fd6. 1	S	6	41. 9	ME23SA7 - CMBR41	4. 83	6. 48	-0. 04
fd6. 2	A	6	89. 4	CSWCT25 - SSR06752	4. 86	5. 18	0. 04
Fruit flesh thickness							
fft1. 1	S	1	17. 2	SSR02546 - e24m38d	8. 47	9. 44	0. 03

（续表）

性状/QTL[1]	季节[2]	染色体	位置（cm）	标记间距	LOD 值	贡献率 r^2（%）	加性效应
	A	1	17.8	SSR00160 - SSR14697	21.39	26.42	0.05
fft1.2	S	1	69.3	SSR12752 - ME4EM8b	4.42	4.29	0.02
	A	1	70.3	SSR12752 - ME4EM9b	6.01	6.85	0.02
fft2.1	A	2	71.7	SSR11909 - SSR12051	3.4	3.53	0.02
fft3.1	S	3	18.3	ME11SA18c - SSR00607	3.86	3.88	0.02
fft4.1	S	4	57.4	SSR05415 - ME11EM5	8.25	8.55	0.04
fft6.1	S	6	47.1	e18msp24b - SSR11623	3.93	4.06	0.02
fft7.1	A	7	61.6	SSR07246 - SSR18133	3.96	4.75	0.02
Seed cavity diameter							
scd1.1	A	1	17.6	e24m38d - SSR00160	8.13	10.24	-0.05
scd1.2	S	1	69.3	SSR13188 - CSWCT11	4.76	4.93	-0.04
scd2.1	A	2	30.7	ME1SA4h - e24m38e	3.85	5.34	-0.03
scd3.1	S	3	97.1	SSR13163 - SSR23083	3.75	3.96	0.04
scd3.2	S	3	142.6	SSR16554 - ME11EM8b	3.35	3.84	-0.04
scd4.1	S	4	28.7	SSR18340 - SSR26406	3.93	4.28	0.04
scd4.2	S	4	57.4	SSR05415 - ME11EM5	7.97	8.66	-0.07
scd5.1	A	5	76.5	ME23EM4 - SSR06660	6.61	8.15	0.04
	S	5	76.5	ME23EM4 - SSR06661	7.11	7.74	0.05
Fruit stalk length							
fsl1.1	A	1	17.6	e24m38d - SSR00160	7.11	6.13	0.4

（续表）

性状/QTL[1]	季节[2]	染色体	位置（cm）	标记间距	LOD 值	贡献率 r^2（%）	加性效应
fsl1. 2	A	1	74. 9	SSR22294 – SSR16671	3. 04	2. 62	0. 21
fsl1. 3	S	1	90. 2	SSR20354 – SSR00927	5. 67	4. 39	0. 27
fsl3. 1	A	3	1. 2	SSR25870 – ME23EM14b	15. 89	14. 24	0. 47
	S	3	1. 2	SSR25870 – ME23EM15b	7. 02	5. 39	0. 33
fsl4. 1	A	4	49. 9	m44EM4c – ME23EM2a	3. 07	2. 48	0. 26
	S	4	57. 4	SSR05415 – ME11EM5	25. 28	24. 42	0. 57
fsl5. 1	S	5	14. 3	SSR19998 – ME2SA18b	3. 92	3. 22	0. 21
fsl5. 2	A	5	73. 1	Tu – SCZ69	3. 24	2. 64	0. 21
fsl6. 1	S	6	89. 4	CSWCT25 – SSR06752	3. 96	3. 08	0. 25
Fruit pedicel length							
fpl1. 1	A	1	19. 4	e24m38c – SSR12959	12. 42	9. 95	–0. 6
fpl3. 1	A	3	48. 2	SSR20121 – SSR13274	3. 03	2. 34	0. 48
fpl3. 2	S	3	102. 6	SSR18311 – L19SCAR	7. 7	8. 21	0. 4
fpl4. 1	A	4	90. 6	SSR17406 – SSR30478	5. 34	4. 01	–0. 38
fpl5. 1	A	5	67. 6	SSR15818 – SSR11012	8. 56	6. 94	–0. 46
	S	5	81. 4	SSR13006 – SSR03529	4. 5	4. 56	–0. 3
fpl6. 1	A	6	28. 7	SSR14061 – S_ AV16 –3	3. 63	2. 68	0. 37
fpl6. 2	S	6	44. 0	CMBR41 – ME23SA4c	10. 01	10. 27	–0. 53
fpl6. 3	S	6	82. 1	SSR13251 – SSR15516	11. 88	11. 82	–0. 58

（续表）

性状/QTL[1]	季节[2]	染色体	位置（cm）	标记间距	LOD 值	贡献率 r^2（%）	加性效应
	A	6	84. 4	m44EM4b - ME4EM5a	7. 11	5. 38	-0. 47
fpl7. 1	A	7	76. 7	SSR10461 - SSR23073	3. 25	2. 41	0. 27
Fruit length/diameter ratio							
ldr2. 1	A	2	7. 1	e25m18a - e23m18c	5. 09	3. 29	0. 25
ldr3. 1	S	3	1. 2	SSR25870 - ME23EM14b	10. 24	6. 92	0. 32
	A	3	1. 9	SSR00311 - SSR04553	10. 7	7. 59	0. 35
ldr3. 2	A	3	97. 1	SSR13163 - SSR23083	9. 97	6. 84	-0. 34
	S	3	97. 9	SSR23083 - SSR12823	4. 91	3. 24	-0. 3
ldr4. 1	A	4	57. 4	SSR05415 - ME11EM5	4. 79	3. 25	0. 33
	S	4	57. 4	SSR05415 - ME11EM5	11. 04	7. 9	0. 46
ldr6. 1	S	6	45. 4	ME11EM14b - SSR12016	4. 17	2. 66	0. 21
ldr6. 2	A	6	71. 6	ME1SA4d - ME4SA4a	4. 2	2. 71	0. 26
	S	6	82. 5	SSR15516 - SSR23856	6. 76	4. 48	0. 27
ldr7. 1	A	7	6. 5	SSR30647 - SSR10066	10. 92	8. 37	-0. 38
ldr7. 2	S	7	51. 3	SSR11665 - SSR14861	9. 69	6. 95	0. 35
Fruit length/stalk ratio							
lsr1. 1	S	1	13. 8	ME23EM6c - SSR03462	4. 19	4. 11	-0. 98
	A	1	17. 2	SSR02546 - e24m38d	7. 56	8. 34	-0. 86
lsr1. 2	S	1	61. 5	282STS - PM8EM1b	4. 07	4. 29	-1. 05
	A	1	75. 6	SSR16671 - C162	3. 02	2. 85	-0. 47

（续表）

性状/QTL[1]	季节[2]	染色体	位置（cm）	标记间距	LOD 值	贡献率 r^2（%）	加性效应
lsr3. 1	A	3	1. 2	SSR25870 - ME23EM14b	8. 84	8. 96	-0. 67
lsr3. 2	A	3	83. 8	SSR11699 - CSWCT27	3. 15	3. 04	-0. 41
lsr4. 1	S	4	57. 4	SSR05415 - ME11EM5	11	11. 55	-1. 32
lsr5. 1	A	5	71. 7	SSR04142 - D	8. 25	9. 51	-0. 69
	S	5	77. 6	SSR16068 - SSR13006	11. 09	11. 67	-1. 31
lsr6. 1	A	6	101. 2	SSR17370 - SSR23750	7	7. 23	-0. 63
	S	6	101. 3	SSR23750 - SSR20702	5. 27	5. 37	-0. 92

注：①性状简称：瓜长（FL），瓜横径（FD），瓜重（FW），果柄长（FPL），果肉厚度（FFT），心腔直径（SCD），瓜把长（FSL），长径比（LDR），长把比（LSR）；

②A：秋季；S：春季

Note:[1] FW, fruit weight; FL, fruit length; FD, fruit diameter; FFT, fruit flesh thickness; SCD, seed cavity diameter; FSL, fruit stalk length; FPL, fruit pedicel length; LDR, fruit length/diameter ratio; LSR, fruit length/stalk ratio;[2] A: Autumn; S: Spring

2 讨论

基于黄瓜全基因组测序项目的完成，黄瓜遗传图谱构建上对于 SSR 标记的应用越来越多（Ren et al. , 2009; Miao et al. , 2011; 马政等, 2013）。本研究以本实验室已构建的 S94×S06 RIL 群体，通过增加大量的 SSR 标记，构建了一张总图距为 749. 2cm，包含 610 个标记位点，平均标记密度为 1. 2cm 的遗传图谱，标记分布均匀，该图谱大大提高了饱和度，使得其成为目前已发表的黄瓜近缘杂交群体（narrow cross type）构建图谱中最饱和的。另外，通过以序列为基础的标记将我们的连锁群落实到染色体上，并且大量的 SSR 标记增加，为不同图谱间比对，以及整合构建更饱和的黄瓜遗传图谱提供了条件。高密度遗传图谱更有利于分子标记辅助育种工作的开展。

目前，番茄果实相关性状 QTL 定位在作物果实性状研究的最多（Knaap et al. , 2001; Doganlar et al. , 2000; Grandillo et al. , 1999; Causse et al. , 2007），而对于黄瓜果实性状研究报道却较少。本试验基于构建的高密度遗传图谱重复分析了黄瓜 9 个重要果实相关性状 QTLs，结果春秋两季共检测

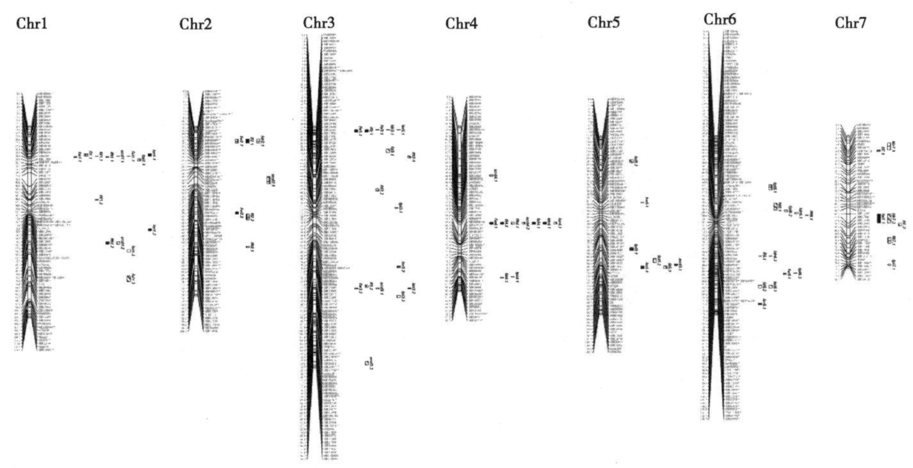

图 1　图谱上黄瓜果实相关性状的 QTL 定位

注：QTL 矩形长度为两标记区间；QTL 名称：性状简称 + 染色体编号位点序号；“▨”“⊞”“■”分别代表春季，秋季和春秋季。

到 73 个 QTLs 位点（秋季 52 个，春季 49 个），解释的表型变异从果长 *fl2. 2*（2. 18%，A）到果肉厚度 *fft1. 1*（26. 42%，A）不等，单季（春/秋）贡献率达到 10% 以上的占 12. 1% 和 9. 6%。本研究构建的高密度遗传图谱及高贡献率的 QTLs 位点对果实性状的分子标记辅助育种（MAS）和近等基因系构建图位克隆目标基因等工作奠定坚实基础。

与目标性状紧密连锁分子标记的利用，可在复杂环境影响中进行辅助育种，是改良作物复杂性状的有利手段（Fanet al.，2006；Lecomte et al.，2004；Zhu et al.，2006）。本实验利用 SSR 标记构建的高密度图谱，使得图谱的饱和度大幅度增加（固定标记 66. 9%），许多稳定、贡献率高的 QTL 位点两侧都有紧密连锁的标记，如 Chr. 1 上 SSR02546 – SSR14697 约 1cm 的区间内，定位了 7 个不同果实性状 QTLs（图 1）；另外，Chr. 4 上CSJCT42 – SSR05415 约 0. 5cm 内定位 7 个不同果实性状的 QTLs 等（图 1），因此，可利用这些 QTLs 位点两侧紧密连锁的固定标记进行辅助育种，提高选择效率，加速育种进程。此外，从本研究的 QTL 定位结果可以看出，不同果实相关性状 QTLs 位点有聚集在相同染色体区间上的现象，以往研究认为可能原因在于“一因多效”或多基因间紧密连锁造成（Ashikari et al.，2005；Clark et al.，2006）。

3 材料与方法

3.1 亲本及 RIL 群体

试验材料是华北类型 S94（母本）和欧洲类型 S06（父本）。两亲本来自上海交通大学农业与生物学院黄瓜课题组，均为经过多代自交（>10 代）后的纯系。S94 为大刺有果瘤，无光泽，果皮颜色不均一，瓜把明显（4～10cm），果实较长（28～38cm）。S06 呈现小刺无瘤，有光泽，果皮颜色均匀一致，瓜把不明显（0.2～2cm），果实较短（15～20cm）。

S94 和 S06 杂交产生 F_1（2003 年，春季），而后 F_1代植株进行自交获得 F_2；F_2群体中随机选择定植 252 株（2004 年，春季）（Yuan et al.，2008a）；通过采取单粒传（SSD，single－seed descent）方法获得 224 个 $F_{6:7}$永久群体（RILs）（Yuan et al.，2008b；袁晓君，2008）。

3.2 遗传图谱构建

3.2.1 DNA 提取

采用 CTAB 法提取黄瓜基因组 DNA。0.8% 琼脂糖凝胶电泳，以 50ng/μL的 λDNA 为标准，估计所得 DNA 的浓度。

3.2.2 SSR 标记来源

本试验共用 2 010个 SSR 标记进行 S94 和 S06 两个亲本多态性分析。SSR_ 系列标记共 1 920个，源于黄瓜全基因组测序计划开发，由中国农科院蔬菜花卉研究所黄三文教授馈赠；CM_ ，CMMS_ 和 CSJCT_ 系列标记共 90 个，引物序列分别参照 Kong 等（2007），Chiba 等（2003），Watcharawongpaiboon 等（2007）的文献。本实验所需引物序列均由生物（上海）工程有限公司合成。

3.2.3 PCR 体系和程序

SSR－PCR 反应体系：基因组 DNA 20ng，200μmol/L dNTPs，1.5mmol/L $MgCl_2$，引物 0.5μmol/L，0.5U Taq DNA 聚合酶（Promega）加水至总体积 10μL，混合均匀，加液状石蜡油覆盖；PCR 反应程序：94℃变性 3 分钟；94℃ 30 秒，50℃ 30 秒，72℃ 30 秒，30 个循环；72℃ 5 分钟；PCR 产物用 6% 的聚丙烯酰胺凝胶电泳分离，50W 恒功率电泳 1.5～2 小时；采用银染法进行显色（朱正歌等，2002），白炽灯下观察电泳结果，进行数据统计和照相。

3.2.4 数据采集与连锁分析

基因型数据统计：亲本 S94（P1）基因型记为 A，亲本 S06（P2）的基因型记为 B，杂合基因型记为 H，RIL 群体中，各株系分别记为 A（P1），B（P2），H（杂合），数据缺失记为 -。本实验将原有 S94 × S06 图谱（Yuan et al. 2008b）上的 257 个标记（206SRAPs，25SCARs，22SSRs1STS 和 3MTM）及新加入的 SSR 标记的分离数据一起用于重新构建 S94 × S06 图谱。为了建图准确性，我们采用 JoinMap 软件先构建 SSR 框架图谱，然后再利用 “Fixed Order module” 模块将其他类型的标记包括 SRAP，SCAR 和 STS 添加到框架图谱中的策略。

3.3 QTL 的定位

3.3.1 果实相关性状统计

果实相关性状包括瓜长（fruit length，FL）、瓜重（fruit weight，FW）、瓜把长（fruit stalk length，FSL）、瓜横径（fruit diameter，FD）、果柄长（fruit pedicel length，FPL）、果肉厚度（fruit flesh thickness，FFT）、心腔直径（seed - cavity diameter，SCD）、果型指数：长把比（fruit length/stalk ratio，LSR）、长径比（fruit length/diameter ratio，LDR），每性状每单株重复测定两次，于家系内进行平均后进行 QTLs 估算。果实质量性状无光泽果皮（*D*）、一致果皮颜色（*u*）和小刺基因（*ss*），每性状每单株重复测定 3 次，以准确判断其性状（Yuan et al.，2008b）。

3.3.2 QTL 分析和命名

QTL 分析利用 WinQTLCart 2.5 软件进行。经过 1 000次排序确定了每个 QTL 的 LOD 值显著水平测验（P = 0.05）。采用复合区间作图法进行全基因组扫描（1cm），背景参数为 3 cm 窗口大小，控制标记数为 15，采用回归方法 - 正向进行。区域内 LOD ≥ 3.0 时读取 LOD 值最高处 QTL 的准确位点，如果春秋两季间相同性状的 QTLs 位点间临近距离 < 15 cm 则视为同一位点。

QTL 命名为“性状英文简称小写” + “染色体编号” + “QTL 上至下编号”，其中，染色体编号和 QTL 编号间用“”隔开。例如，瓜重（Fruit weight，FW）在第 1 条染色体上的第 1 个 QTL 位点命名为 *fw1. 1*。

参考文献

Ashikari M.，Sakakibara H.，Lin S.，Yamamoto T.，Takashi T.，Nishimura A.，Angeles E. R.，Qian Q.，Kitano H.，and Matsuoka M.，2005，Cytokinin oxidase regulates rice grain production，Science，309（5735）：741 - 745.

Causse M.，Chaib J.，Lecomte L.，Buret M.，and Hospital F.，2007，

Both additivity and epistasis control the genetic variation for fruit quality traits in tomato, Theoretical and Applied Genetics, 201 (5): 672 – 80.

Chiba N., Suwabe K., Nunome T., and Hirai M., 2003, Development of microsatellite markers in melon (*Cucumis melo* L.) and their application to major cucurbit crops, Breeding Science, 53 (1): 21 – 27.

Clark R. M., Wagler T. N., Quijada P., and Doebley J., 2006, A distant upstream enhancer at the maize domestication gene *tb*1 has pleiotropic effects on plant and inflorescent architecture, Nature Genetics, 38 (5): 594 – 597.

Dijkuizen A., and Staub J. E., 2002, QTL conditioning yield and fruit quality traits in cucumber (*Cucumis sativus* L.), Journal of New Seeds, 4 (4): 1 – 30.

Doganlar S., Tanksley S. D., and Mutschler M. A., 2000, Identification and molecular mapping of loci controlling fruit ripening time in tomato, Theoretical and Applied Genetics, 100 (2): 249 – 255.

Fazio G., Staub J. E., and Stevens M. R., 2003, Genetic mapping and QTL analysis of horticultural traits in cucumber (*Cucumis sativus* L.) using recombinant inbred lines, Theoretical and Applied Genetics, 107 (5): 864 – 874.

Fan Z. H., Robbins M. D., and Staub J. E., 2006, Population development by phenotypic selection with subsequent marker – assisted selection for line extraction in cucumber (*Cucumis sativus* L.), Theoretical and Applied Genetics, 112 (112): 843 – 855.

Grandillo S., Ku H. M., and Tanksley S. D., 1999, Identifying the loci responsible for natural variation in fruit size and shape in tomato, Theoretical and Applied Genetics, 99 (6): 978 – 987.

Wenzel G., Kennard W. C., andHavey M. J., 1995, Quantitative trait analysis of fruit quality in cucumber, QTL detection, confirmation, and comparison with mating – design variation, Theoretical and Applied Genetics, 91 (1): 53 – 61.

Knaap E. V. D., and Tanksley S. D., 2001, Identification and characterization of a novel locus controlling early fruit development in tomato, Theoretical and Applied Genetics, 103 (3): 353 – 358.

Kong Q. , Xiang C. , Yu Z. , Zhang C. , Liu F. , Peng C. , and Peng X. , 2007, Mining and charactering microsatellites in Cucumis melo expressed sequence tags from sequence database, Molecular Ecology Notes, 7 (2): 281 –283. .

Lecomte L. , Duffe P. , Buret M. , Servin B. , Hospital F. , and Causse M. , 2004, Marker – assisted introgression of five QTLs controlling fruit quality traits into three tomato lines revealed interactions between QTLs and genetic backgrounds, Theoretical and Applied Genetics, 109 (3): 658 –668.

MarcelisL. F. M. , 1992, The dynamics of growth and dry matter distribution in cucumber, Annals of Botany, 69 (6): 487 –492.

Ma Z. , Bo K. L. , Li L. , Qian C. T. , and Chen J. F. , 2014, QTL Mapping and analysis of the important agronomic traits of Beijingjietou × Xishuangbanna cucumber recombinant inbred lines, Zhongguo Nongye Kexue (Scientia Agricultura Sinica), 47 (3): 528 –536 (马政，薄凯亮，李蕾，钱春桃，陈劲枫，2014，基于西双版纳黄瓜的遗传图谱构建及其重要农艺性状 QTL 定位分析，中国农业科学，47 (3): 528 –536) .

Miao H. , Zhang S. P. , Wang X. W. , Zhang Z. H. , Li M. , Mu S. Q. , Cheng Z. C. , Zhang R. W. , Huang S. W. , Xie B. Y. , Fang Z. Y. , Zhang Z. X. , Weng Y. Q. , and Gu X. F. , 2011, A linkage map of cultivated cucumber (*Cucumis sativus* L.) with 248 microsatellite marker loci and seven genes for horticulturally important traits, Euphytica, 182 (2): 167 –176. .

Owens K. W. , Bliss F. A. , and Peterson C. E. , 1985, Genetic analysis of fruit length and weight in two cucumber populations using the inbred backcross line method, Jouranl of American Society for Horticultural Science, 110: 431 –436.

Ren Y. , Zhang Z. H. , Liu H. J. , Staub J. , Han Y. H. , Cheng Y. H. , LiX. F. , Lu J. Y. , Miao H. , Kang H. X. , Xie B. Y. , Gu X. F. , WangX. W. , Du Y. C. , Jin W. W. , and Huang S. W. , 2009, An integrated genetic and cytogenetic map of the cucumbergenome, PloS One, 4 (6): 5 795.

Serquen F. C. , Bacher J. , and Staub J. E. ,· 1997, Mapping and QTL analysis of horticultural traits in a narrow cross in cucumber (*Cucumis sativas* L.) using random amplified polymorphic DNA makers, Molecular Breeding, 3 (4): 257 –268.

Watcharawongpaiboon N. , and Chunwongse J. , 2007, Development and characterization of microsatellite markers from an enriched genomic library of cucumber (*Cucumis sativus*), Plant Breeding, 127 (1): 74 –81.

Yuan X. J. , Li X. Z. , Pan J. S. , Wang G. , Jiang S. , Li H. X. , Deng S. L. , He H. L. , Si M. X. , Lai L. , Wu A. Z. , Zhu L. H. , and Cai R. , 2008a, Genetic linkage map construction and location of QTLs for fruit –related traits in cucumber, Plant Breeding. 127 (2): 180 –188.

Yuan X. J. , Pan J. S. , Cai R. , Guan Y. , Liu L. Z. , Zhang W. W. , Li Z. , He H. L. , Zhang C. , Si L. T. , and Zhu L. H. , 2008b, Genetic mapping and QTL analysis of fruit and flower related traits in cucumber (*Cucumis sativus* L.) using recombinant inbred lines, Euphytica, 164 (2): 473 –491.

Yuan X. J. , 2008 QTL mapping and analysis of fruit and flower related traits in cumber (*cucumis sativus* L.), Dissertation for Ph. D. , Shanghai Jiaotong University, Supervisor: Cai R. , Zhu L. H. , and Pan J. S. (袁晓君，2008，黄瓜永久群体遗传图谱的构建及花，果实相关性状的 QTL 定位，博士学位论文，上海交通大学，导师：蔡润，朱立煌，潘俊松).

Zhu B. G. , and Sun Y. R. , 2006, Inheritance of the four – seeded – pod trait in a soybean mutant and marker – assisted selection for this trait, Plant Breeding, 125 (4): 405 –407.

Zhu Z. G. , Jia J. Z. , and Sun Z. X. , 2002, Improvement of AFLP protocol for silver –straining in rice, Zhongguo Shuidao Kexue (Chinese Rice Science), 16 (1): 71 –73 (朱正歌，贾继增，孙宗修，2002，水稻 AFLP 指纹银染法显带研究，中国水稻科学，16 (1): 71 –73).

罗汉菜栽培技术[*]

周晓晨[**]　陈　珏[***]　倪　江　龚　玮
（上海市嘉定区农业技术推广服务中心，上海嘉定）

罗汉菜，十字花科菥蓂属遏蓝菜（*Thlaspi arvense* L.），又名菥蓂、苦格菜、苦芥子、苦根等，分布广泛，多长于山坡、草地、路旁、田边。罗汉菜作为上海嘉定区具有地方特色的传统腌制蔬菜，有着悠久的历史，曾为宫廷御菜，腌制后的罗汉菜因味道鲜美等广受市民喜爱。此外，罗汉菜全株和种子均可药用，具有清肝明目、和中解毒的功能，用于治疗目赤肿痛、消化不良、脘腹疼痛等。罗汉菜鲜菜营养价值高，经检测罗汉菜鲜菜含多糖0.1238%，黄酮0.207%，纤维素6.85%，β-胡萝卜素5.39μg/g，蛋白质29.5g/100g，可作为色拉蔬菜或馄饨馅等。罗汉菜种子还含有生物类活性物质，我们检测分析获得种子中含硫甙45.78μmol/L，黑芥子甙0.55%，据报道其种子中还含有神经酸活性物质，具有修复受损脑细胞功效，因此，罗汉菜的开发价值很大，推广应用前景广泛。

2012年，嘉定区农业技术推广服务中心选育出了“嘉秀”罗汉菜新品种，该品种主根粗大，侧根也较发达，根系主要分布于15cm的表土层中；基生叶丛生，呈莲座状密集簇生于短缩茎上，鲜绿色，叶面光滑，叶柄细长，浅绿色，鲜食有苦味，腌制后味鲜美；营养生长期植株平均株高10.6cm，开展度26.9cm，分蘖性强，最多分蘖可达30个，每个分蘖具6~26片叶片，最大叶长14.4cm，叶宽3.4cm，叶柄长7.9cm，平均单株重96.7g，耐热性弱，耐寒性强，一般宜作秋冬栽培，每667m^2产量600~800kg。通过多年的探索研究，总结出了一套罗汉菜的栽培技术。

---

* 基金项目：上海市农业种质资源创新与良种良法配套技术集成应用项目（沪农科种字（2014）第3-3号）

** 周晓晨，倪江，龚玮，上海市嘉定区农业技术推广服务中心

*** 陈珏，上海市嘉定区农业技术推广服务中心，200899，电话：13611629130 邮箱：goodbaby001@126.com

1 适时播种

罗汉菜常规种植以秋播为主，多采用直播，也可进行育苗移栽，营养生长期120天左右，秋播茬口以9月下旬至10月中旬为佳。

播种前10天左右，每667m^{2}施商品有机肥1 000kg、蔬菜专用复合肥（15－15－15）20kg，罗汉菜生长期较长，施用缓释肥效果更佳，耕翻做畦，耕翻深度15～20cm，畦宽2m（连沟），沟深25cm，四周开围沟以利排灌。

罗汉菜具有野生特性，种子休眠期较长，出苗率低且出苗不整齐，可以采用土埋、砂培或低温催芽、激素处理等措施进行打破休眠，提高出苗率和出苗整齐度。用土埋法破除休眠，方法是在夏季将当年采收的种子用尼龙袋包好，深埋于50cm的土下50～60天后取出，清洗并晾干或38℃下烘干备用。低温催芽需保持充足水分，依种子成熟度催芽时间5～20天；激素处理采用100mg/L赤霉素GA4＋7于20℃环境中作浸种处理，过程遮光，处理24h后清水冲洗若干次晾干备用。目前，采用激素处理方法可较为显著地提高罗汉菜种子发芽率和发芽势。经土埋或层积处理的种子667m^{2}播种量400～500g，催芽的种子至露白即可播种，667m^{2}播种量200～300g。激素处理的种子667m^{2}播种量100～150g，播种时将种子掺入干细土拌和均匀撒播，播后覆盖遮阳网，并均匀喷水保持土壤湿润，一般播种后经过6～8天出苗，12～14天齐苗。

2 育苗移栽

育苗的罗汉菜，5～6张真叶时定植。定植时一般选用前茬未种十字花科蔬菜，排灌方便的田块，或前茬未种十字花科的设施大棚进行定植。定植畦宽2m（连沟），沟深25cm，行距为25cm，株距为20cm，667m^{2}栽12 000株左右。定植时宜带土移栽，随后浇定棵水，随种随浇，次日再复水1次，移栽时适当浅栽，以利分蘖。

3 田间管理

3.1 及时除草

罗汉菜对除草剂较为敏感，播种前不宜使用除草剂，同时，还要避开前茬使用过较多除草剂的田块，如稻麦茬口等。罗汉菜前期个体小，需及时除草以降低其对罗汉菜生长的影响，最好采用人工除草。

3.2　适时追肥

罗汉菜生长期间可以根据土壤肥力和植株长势，适当追肥 2～3 次，第一次追肥为提苗肥，在定植后 20 天左右，间隔 20～30 天后追第二次为分蘖肥，以后可根据植株生长情况适当追肥，追肥可以选择高氮水溶性化肥、尿素或水溶性有机液肥进行追肥，每次追肥按尿素 10kg/667m^2 为适宜的追肥用量，有机液肥较尿素更有利于提高产量。有水肥一体化条件的基地，定植 20 天以后选择高氮型水溶性肥料少量多次随水施入，追肥总量可适当减少。

3.3　病虫害防治

由于罗汉菜苦味较重，且秋种春收的生育期内温度偏低，病虫害危害相对较轻，大棚设施栽培如棚内湿度高，有菌核病和丝核菌发病，菌核病：可选用 400g/L 嘧霉胺悬浮剂（施佳乐）667m^{2}用量 100～120g、50% 啶酰菌胺水分散粒剂（凯泽）667m^{2}用量 80～100g 在发病初期均匀对水喷雾，每隔 7～10 天喷施 1 次，连续 2～3 次。丝核菌：可选用立枯净 800 倍液均匀喷雾，每隔 7～10 天喷施 1 次，连续 2～3 次。

虫害主要有小菜蛾、菜青虫、蚜虫、黄曲条跳甲、斑潜蝇危害，可选择防虫网、黄板、性诱剂等绿色防控产品防控。

化学防治：对白地或换茬地，在种植前可用 5% 辛硫磷颗粒剂（铜农）每 667m^{2}沟施 3 200～4 000g，防止地下害虫为害。

小菜蛾：可选用药剂有：每 667m^2 使用 10% 虫螨腈悬浮剂（除尽）33.5～50mL；或 5% 氯虫苯甲酰胺悬浮剂（普尊）30～55g；或 5.7% 甲氨基阿维菌素苯甲酸盐水分散粒剂（尊典）2～6g；或 32 000IU/mg 苏云金杆菌可湿性粉剂（无敌小子）30～50g 等药剂对水均匀喷雾。

菜青虫：可选用生物农药 32 000IU/mg 苏云金杆菌可湿性粉剂（无敌小子）667m^{2}使用量 30～50g 对水喷雾防治。

蚜虫：可选用生物农药 5% 桉精油可溶液剂 667m^{2}用量 100ml；或 1.5% 除虫菊素水乳剂 667m^{2}用量 90～120ml 对水喷雾防治。化学农药可每 667m^{2}使用 24% 螺虫乙酯悬浮剂（亩旺特）25～30g、25% 噻虫嗪可分散粒剂（阿克泰）12～15g、40% 啶虫脒水分散粒剂（更猛）25～40g 等药剂对水均匀喷雾。

黄条跳甲：在成虫发生盛期，每 667m^{2}使用 28% 杀虫·啶虫脒可湿性粉剂（甲王星）30～40g、40% 啶虫脒水分散粒剂（更猛）80～100g 等药剂对水均匀喷雾。由于成虫善跳跃，在药剂防治时，注意用药方法，从田块外围到中心圈打为宜。时间上宜在早晨和傍晚喷药。

斑潜蝇：每667m^{2}使用75%灭蝇胺可湿性粉剂30～45g、60%灭蝇胺水分散粒剂（网蝇）12～15g等药剂对水均匀喷雾。

4 及时采收

秋播罗汉菜从播种至采收约需110～120天，每年因季节变化会有所不同，在抽薹前和老叶黄化前需及时采收。当株高达10cm左右、开展度25cm左右时即可采收，采收太迟因抽薹导致主茎偏木质化，影响口感。可根据植株长势，分批挑收，先采收大棵植株，未产生黄叶时及时完成采收。

第二部分

研究会会刊论文精选（2015—2016）

如何有效加强地产农产品质量安全监管

顾月红

（上海市金山区农产品质量安全中心，上海金山）

金山区是上海市的农业大区，也是上海都市现代农业发展重点区域、上海都市现代农业发展先行地，拥有丰富的土地资源，农业区域特色明显，种植业、养殖业在上海市农业产业中占有重要地位。2015 年金山区粮食播种面积 2.84 万 hm^2，产量 19.81 万 t；蔬菜播种面积 1.27 万 hm^2 次，产量 42.46 万 t；生猪出栏 30.80 万头，家禽出栏 630.89 万只；淡水养殖面积 1 147hm^2，产量 8 740t。2016 年是“十三五”规划开局之年，是全面深化改革、全面推进依法治国的关键之年，继续做好农产品质量安全监管工作，任务艰巨、责任重大。2016 年我区农产品监管工作的总体要求是：确保获证产品不发生质量安全事件，确保获证企业监管检查覆盖率不低于 95%，确保获证产品抽检合格率达 99.0% 以上，确保我区“三品”（无公害食品、绿色食品、有机食品）监管队伍专业素质、业务能力、责任意识得到显著提升。

1　全面加强监管体系建设，提升监管能力和水平

健全金山区 9 个镇 1 个工业区的农产品质量安全监管机构，进一步理顺体制，明确职能，充实监管力量，建好村监管员、协管员队伍；加大业务培训力度，对我区监管队伍中的骨干进行重点培训，整体提升监管队伍的能力素质。不断加强监管体系的能力建设，提高应对突发事件的处理能力，提升监管水平和监管效率，有效提升全区的农产品质量安全监管水平。

以全面创建国家农产品质量安全县（区）为契机，积极完善区、镇、村三级监管体系，大力加强监测、执法力度，推进农产品认证监管工作，建立健全 7 大体系，即农产品质量安全监管体系、农业标准化和农产品认证体系、农产品质量安全监管检测体系、农产品质量安全监管执法体系、农产品质量安全监管宣传体系、农产品质量安全追溯体系、区镇村三级监管网络体

系，为我区农产品质量安全可控提供强有力的保障，定期或不定期公示本地农产品质量安全监督抽查、投入品监管、质量安全风险监测等结果。

2 严格监管农业投入品，控制好农产品质量安全源头

严格监管兽药的生产、经营，全面落实兽药 GMP、GSP 制度，推进国家兽药追溯管理制度。加强对投入品经销的巡查监督，加大对农药、兽药、饲料、饲料添加剂质量的监测力度，定期抽查可能危害农产品质量安全的肥料，及时发现、依法惩处违法经营行为。广泛宣传农兽药等投入品的安全使用规范和要求，公示禁用和限用的农药、兽药产品品种，制订、发布科学的施肥指导意见，增强生产者安全、合理用药用肥的意识。大力发展绿色生产和畜禽健康养殖，加大高效、低毒农兽药的推广力度。

3 大力实施标准化生产，确保农产品质量安全

农产品的质量是生产出来的，不是检测出来的，只有严格按照有关标准组织生产，才能确保农产品的质量。加大农业标准化的宣传、培训、示范和推广力度，把农业标准化的重点放在标准的示范和推广上。一是把推广农业标准化技术作为农技推广工作的重要内容，按照农业标准化的要求，推广高效、低毒、低残留的农药和兽药，科学、合理地使用无污染添加剂，规范种植、养殖行为。二是继续抓好培训工作，开展农产品质量安全专题技术讲座，保证农产品质量安全标准在每个生产环节得到落实，增强企业和农户的责任感。三是加快无公害食品、绿色食品、有机食品生产基地和标准化生产综合示范区的建设，逐步增加和扩大标准化示范区和基地的数量和规模，扩大示范区的辐射面和影响力，增强其示范带动能力。

4 加强农产品质量认证，提高农产品质量安全水平

4.1 大力推进农产品认证体系的建设

金山区农委在“十二五”之初发布了《金山区加快推进“三品一标”（无公害、绿色、有机食品和农产品地理标志）工作的实施意见》，大力推进农产品认证工作，明确由区农产品质量安全中心负责全区农产品的认证工作，由区农委各专业办、各镇（金山工业区）做好农产品认证相关配合工作，不断理顺农产品认证工作机制，大幅提升农产品认证率。至 2015 年年底，全区“三品一标”认证企业（合作社）有 212 家，其中，无公害农产品获证企业 188 家，认证产量 68.23 万 t；绿色农产品获证企业 21 家，认证

产量 1.95 万 t；无公害认证农产品 763 个、绿色认证农产品 25 个、地理标志登记 3 个、农业生产规范（GAP）认证 4 个；认证率相比 2010 年提高了 81.84%，连续 3 年位居全市之首。

4.2 进一步加强“三品一标”认证认可体系的建设

以产品认证为重点，以绿色食品为导向，以无公害产品为基础，以有机食品为补充，实行产品认证与体系认证相结合。在产品认证中要突出 3 个重点：①突出重点区域（农业标准化示范区生产的产品）；②突出重点企业（龙头企业、知名品牌企业生产的产品）；③突出重点产品（地方名特优产品、精深加工产品和出口产品）。在加强产品认证体系建设的同时，加强生产管理体系的认证，如农业生产规范（GAP）等，为实现农产品的全程质量控制奠定坚实的基础。

4.3 加强技术研究和推广体系的建设

立足于金山区的实际情况和特点，加强农产品质量安全关键控制技术和综合配套技术的研究和推广，抓好新品种、新技术、新产品的研究、开发、推广和技术服务工作。

4.4 完善农产品质量安全信息体系

建立主要农产品质量监督检测信息数据库和农产品质量安全监测、预报和预警系统，全面掌握农产品质量安全信息，对农产品质量安全信息数据和情况进行综合分析预测，并适时发布，为农产品生产、加工、经营和消费者提供权威、系统、准确的信息服务，为政府决策提供依据。

5 强化日常监管，保证上市农产品的质量安全

为了强化日常监管，金山区从以下 5 个方面入手开展日常监管工作：①开展企业自查自纠；②开展企业监管检查；③开展获证产品质量抽检和环境监测；④开展市场标志监察；⑤开展区县机构“三品一标”监管工作考评及其他工作。

6 加强农产品包装标志管理，保障农产品质量安全

建立农产品包装标志制度是强化农产品质量安全监管、实施质量追踪溯源、落实质量责任的基本前提，也是对农产品传统销售方式的重大改革。对农产品包装标志进行专题培训，提升金山区获证企业对农产品包装标志有关法规、标准的理解和贯彻能力，并规范使用农产品包装标志。同时，加强联合执法，依法查处假冒质量标志的违法行为。

浅谈区域农产品质量安全监管体系建设及责任落实

于彩琴　王文平
（甘肃省酒泉市肃州区农产品质量监督检测站，
甘肃酒泉）

摘　要　我们按照“政府负总责、县乡有机构、监管到村组、检测全覆盖”的监管体系建设思路，不断加大农产品质量安全监管体系建设力度，到目前为止，肃州区15个乡镇全部建立了农产品质量监管站，专、兼职监管人员65人，有81个行政村配置了专职质量监管员，47个行政村配置了农残速测仪，6个农产品综合市场设立了定点检测点，区、乡、村三级监管网络基本形成。

关键词　农产品　质量安全　监管　体系建设　责任落实

酒泉市肃州区地处甘肃省河西走廊西端，是国家级现代农业示范区之一，也是甘肃省重要的农产品生产供应区和农产品质量安全监管重点区。肃州区现有耕地面积4.176万hm^2，辖5乡10镇、123个行政村，总人口36.4万，其中，农村人口22.4万。近年来，全区按照构建大产业、大基地、大龙头、大园区系统支撑现代农业新格局的要求，以构建农产品质量安全网格化管理为核心，抓产地－治理隐患促清洁，抓投入－控制源头保安全，抓标准－规范生产上水平，抓机构－健全体系强能力，抓服务－完善制度建机制，强力推进基地标准化、产业集群化、龙头现代化、加工园区化、质量追溯化进程，为区域经济社会率先实现小康提供基础支撑。目前，肃州区已成为我国第二大对外经作制种基地、西北最大的洋葱生产集散基地、甘肃较大的奶牛饲养区和以其命名的肉牛肉羊养殖区，先后被农业部等多部委命名为全国重要的粮油生产基地、最大的非耕地设施生产示范县、全国无公害蔬菜生产示范县、国家级农业产业化基地、全国无公害农产品加工示范基地、国家级出口农产品质量安全监管示范区以及国家现代农业示范区。现将肃州区农产品质量安全监管体系建设现状、存在的问题以及对策措施介绍如下。

1 基本情况

肃州区围绕促增长、保安全的要求，按照政府负总责、县乡有机构、监管到村组、检测全覆盖的监管体系建设思路，以创建国家级农产品监管示范区建设为抓手，以促进区域经济由数量增长型向数量质量双向增长型跨越为目标，进一步明确目标任务，强化工作落实，不断加大农产品质量安全监管体系建设力度，在2012年成立农产品质量监督检测站和农业综合执法大队的基础上，全区15个乡镇全部建立了农产品质量监管站，专、兼职监管人员65人，有81个行政村配置了专职质量监管员，47个行政村配置了农残速测仪，在6个农产品综合市场设立了定点检测点，全区建立标准化示范基地17个，区、乡、村三级监管网络基本形成。

2 存在问题

肃州区不仅是甘肃省重要的“菜篮子”产品供应区，也是全省农产品质量监管重点区。通过连续8年出台《加强农产品质量安全监管意见》、连续8年实施农产品质量专项整治行动、连续10年开展“绿剑护农”专项活动，农产品质量监管工作取得了一定成效，但仍存在点多、面广、线长、任务重、潜在危害因素多等一些外在因素。同时，区域内部存在标准化生产水平低，科技园区示范力和带动力没有充分发挥出来；农兽药残留超标，产地环境亟待改善和恢复；乡镇监管站重成立轻管理现象突出，监管力量薄弱；农产品监管制度、执法制度不健全等问题。这些问题已成为我区急需解决的突出问题，全区农产品质量管理形势依然严峻，监管工作任重道远。

3 对策与措施

3.1 严把产地关，切实保障安全的生产环境

环保部门要加强对农产品产地环境的监控，制定产地环境保护治理规划表，合理划分宜生产区、禁生产区和优势生产区，加大绿色生产基地建设，加大对土壤重金属离子、农药残留超标、重肥污染、废旧地膜等危害因素的治理力度，确保产地安全。农业技术部门在指导农户标准化生产、科学进行农事操作的同时，积极抓好测土配方施肥等技术的推广应用，加快高标准农田建设，不断改善土壤理化结构，从技术上切实保障农产品安全、优质，确保农产品“生活”在肥沃、干净又健康的土壤上。

3.2 严把投入关，切实加强质量安全源头治理

工商、质检、农业等执法部门要加大对农业投入品市场的监管力度，坚决杜绝高剧毒农药、假劣农资、过期农资流向农田，采取连续作战、持续作战、协同作战的方式重拳打击一切违法销售和使用农业投入品的行为。①及时组织开展春秋季“绿剑护农”、夏季“农资打假百日行动”等多项整治行动，从抓源头、抓重点、抓大案要案入手，建立“检打”机制，加强对重点地区、重点市场、重点产品和重点季节的执法检查。②落实农资市场、生产基地检查登记制度，落实农资质量承诺公示制度，健全和完善农业投入品经营和使用档案管理制。③积极开展“放心农资下乡”和“绿色配送”活动，推进区级农资经营标准化示范店和农资连锁经营店建设，保障农资消费安全。④建立诚信通报制、限用农药购销实名制，将不诚信之人列入黑名单，实行有奖举报，积极发挥社会各级人士的监督作用，提高违法成本，打击违法行为。

3.3 严把标准关，切实提高农事规范操作水平

围绕省、市、区确定的“菜篮子”产品标准园、科技示范园区、粮食高产示范区、畜禽标准化养殖示范场等生产项目，抓好本行业、本区域内各类标准园的创建、布置、设计和管理。乡镇要按照有醒目标志、有质量标准、有技术规程、有农事记录、有监测抽检、有服务承诺的要求，培育1～2个优质农产品质量安全示范点（园），在推广反季节蔬菜生产、秸秆饲料化应用等实用技术的同时，强化质量管控措施，重点示范生物防虫、无公害生产、跟踪监管、检测追溯等技术；引导农户健全农产品生产档案，严格执行农业投入品禁、限用及农药安全间隔期等规定，加强农业环境监控、病虫害绿色防控和统防统治工作。技术单位要加快区域农牧业地方标准化修（制）定工作，及时制定重点产业技术规程，全面推进标准化生产技术。

3.4 健全体系，提升和完善监管机构规范化运行

按照“政府负总责、三级有机构、监管到村组、检测全覆盖”的建设思路及“加强基层、重心下移”的原则，建立职能明确、人员到位、力量匹配、业务规范、服务有力的监管体系。政府部门要加大投入、加强指导、加速推进各项工作。区级有关部门要重新定位监管、检测和执法的职责，建立责权一致的相关监管机构；各乡镇要围绕有机构、有牌子、有人员、有制度、有档案、有手段、有专项行动、有基本经费的“八有”目标，独立设站，加大省级示范监管站的创建；各村必须配备监管员，以保障监管体系规范化运行，建立上下联动的监管网络。同时，加大力度对区、乡监管员的培

训和指导，进一步明确职责范围，引导“制度上墙”，加快规范运行。

3.5 强化服务，不断激发监管制度机制创新

在明确政府、相关部门和生产者三者的主体、主导、主要责任的同时，进一步加强农产品质量安全责任制度的建设。以推行大场大户、合作社、企业等经营主体签订农产品质量安全责任书和质量承诺书落实“三长（站长、村长、合作社长）两书（责任书、承诺书）”层层目标责任制；以“有标贯标”、“无标制标”和“贯标与制标并重”，落实农产品标准化生产制度；开展质量安全追溯试点管理。通过把好产地、生产、加工、流通和销售5个环节，落实目标管理、标准化生产、产地准出、市场准入、质量追溯5项制度，完善标准化建设、检验检测、质量认证、风险应急、执法监管5项体系建设，提升执法监督、风险预警、监测评估、应急处置和服务指导5项工作能力，全力保障农产品生产安全、上市安全和消费安全，推进农产品质量监管工作提档次、上水平。

浦东新区蔬菜园艺场生产经营现状与发展对策

袁 娟 吴寒冰

（上海市浦东新区农业技术推广中心，上海浦东）

浦东新区是上海市蔬菜生产大区，常年蔬菜种植面积5 301.7hm^2，其中，247家园艺场、合作社种植面积2 177.8hm^2，占全区蔬菜种植总面积的41.1%。因此，园艺场、合作社的蔬菜生产经营状况对稳定浦东新区蔬菜生产及市场供应起到至关重要的作用。本文依托上海市农业委员会《上海市设施菜田经营状况调查项目》调研了2013—2015年浦东新区蔬菜园艺场、合作社生产经营情况，以期分析与掌握蔬菜种植的生产、收益现状及存在问题，旨在指导菜农生产、促进浦东新区蔬菜产业的发展。

1 浦东新区蔬菜园艺场、合作社基本情况

1.1 劳动力组成

2016年7月调查结果显示，浦东新区蔬菜园艺场负责人年龄为34～68岁，大部分在50岁左右；文化水平从初中至大学本科不等，93%具有高中及以上学历。生产一线人员年龄普遍较大且文化水平较低。

1.2 园艺场性质

调查显示，浦东新区的园艺场单位性质有集体和民营两种形式，绝大多数为民营企业，只有少数园艺场为集体企业。

1.3 蔬菜种植情况

浦东新区园艺场种植的蔬菜种类以黄瓜、番茄、绿叶菜、扁豆等为主，其中北片地区以种植番茄、黄瓜、青菜、杭白菜、生菜等为主，南片地区多种植黄瓜、番茄、青菜、扁豆、刀豆等。近年来，浦东新区积极打造绿叶菜生产基地，涌现了一批周年生产绿叶菜与特色蔬菜企业，种植结构日趋多样化。

2 浦东新区蔬菜生产经营现状

2.1 发展经营模式

调查显示，浦东新区蔬菜园艺场的经营模式有统一经营、分散承包、统分结合，其中，168 家统一经营、35 家分散承包、44 家统分结合。浦东新区 68% 的蔬菜园艺场采用统一经营方式运营，是因为该经营模式可以更好地控制农产品质量安全，保障市场供应。

2.2 生产资金投入情况

由表 1 可知，2013—2015 年浦东新区蔬菜园艺场的总生产成本呈逐年递增趋势。其中，地租成本和其他成本 3 年保持不变，分别为 2 300元/667m^2 和 500 元/667m^2；农资成本从 5 350元/667m^2 逐渐上浮至 5 660元/667m^2，上涨了 300 元/667m^2，涨幅达到 5.8%；劳动力成本从 6 600元/667m^2 上浮至 7 200元/667m^2，上浮 600 元/667m^2，涨幅最大，达到 9.1%。

表 1 2013—2015 年浦东新区蔬菜园艺场生产成本

年份	总生产成本（元/667m^2）	农资成本（元/667m^2）	地租成本（元/667m^2）	劳动力成本（元/667m^2）	其他成本（元/667m^2）
2013	14 750	5 350	2 300	6 600	500
2014	15 440	5 640	2 300	7 000	500
2015	15 660	5 660	2 300	7 200	500

2.3 收入状况

由表 2 可知，2013—2015 年，市、区两级政府对园艺场的各类补贴保持不变，平均为 360 元/667m^2。2014 年蔬菜平均 667m^2 产量最高，为 6.550t，2013 年和 2015 年产量变化不大，分别为 6.025t 和 6.038t。平均 667m^2 产值和 667m^2 纯收益均呈现逐年上升趋势，667m^2 产值由 16 000元上升至 17 400元，升幅达 8.8%；667m^2 纯收益由 1 250元增加至 1 740元，增幅达 39.2%。调查分析表明，2014 年蔬菜收益增加与 667m^2 产量提高有关，2015 年 667m^2 收益提高与蔬菜价格上涨有关。

表 2 2013—2015 年浦东新区蔬菜园艺场蔬菜的产量和产值

年份	（667m^2 产量/t）	（667m^2 产值/元）	（667m^2 纯收益/元）	（667m^2 各类补贴/元）
2013	6.025	16 000	1 250	360
2014	6.550	16 800	1 360	360
2015	6.038	17 400	1 740	360

3 存在的主要问题

目前，浦东新区的蔬菜园艺场经营管理日趋成熟，但随着时间的推移也出现了相应的问题，主要集中在以下几个方面：劳动力紧缺，劳动力用工成本提高；专业技术人员缺乏，技术力量薄弱；设施菜田土壤连作障碍、水质污染严重；生产经营资金周转期较长，资金投入短缺等。

4 发展对策与建议

根据上述情况，为进一步促进浦东新区蔬菜园艺场良性发展，使其更好地为城市蔬菜市场提供质优量足的蔬菜产品，建议在今后的蔬菜产销工作中加强 5 个方面工作。①加强新生代职业农民的引进与培养，保障蔬菜产业发展后继有人；②加强蔬菜科技培训，及时介绍蔬菜新品种和种植新技术等，切实提高种菜科技含量与菜农的技能水平；③加强“四新”技术的推广，研发解决问题的新技术，如水肥一体化、废弃物综合利用、土壤保育等先进适用技术等方面的生产应用，解决蔬菜生产中遇到的实际问题；④加强蔬菜新型大棚、机械等设施设备的引进与推广，减轻劳动强度，缓解用工紧张，提高生产效率；⑤加强政策扶持，多方聚力，逐年加大对园艺场、合作社的补贴力度，以吸引更多的优秀人才从事蔬菜生产，保障蔬菜园艺场的可持续发展。

浅谈我国现行农业技术推广体系

谢仁菊
(贵州省瓮安县瓮水街道办事处农业服务中心，
贵州瓮安)

1 我国现行农技推广体系存在的主要问题

我国现行的农业技术推广体系是在长期计划经济体制下逐步形成的，随着市场化进程的推进和市场需求格局的变化，我国农业技术的推广工作面临着一系列问题，体系内的有些环节不同程度地制约了农村经济的发展，主要体现在以下几方面。①农业技术推广资金投入不足，制约着推广力度。据有关部门测算，我国农技经费占农业总产值不足0.2%，人均经费更少。因经费不足等原因，部分地方政府“卸包袱”，出现了许多被动局面。②大部分农民对现代农业高新技术接纳能力差，并且缺乏采用新技术的需求动力，影响了农业新技术成果推广的转化质量。③农业科技推广在推广项目、技术上存在不能适应变化中的农户生产需求，如由节约资金技术的需求转变为节约劳动技术的需求。④有些农业推广制度对农业科技进步缺乏有效的激励，农业技术推广及开发的速度、效果、服务质量、最后效益不能和推广主体的努力程度或付出挂钩。⑤农民居住地分散，组织化程度低，村委组织功能不强，农业技术推广缺乏有效渠道，导致有些技术与产业割裂。

2 对策与建议

2.1 提高农民采纳农业新技术的自愿性

农技推广部门应及时传递市场需求的准确信息、先进技术，让农民自己选择，引导千家万户自愿采纳农业新技术。

2.2 采取市场化的激励手段创新推广机制

农业技术推广体系机制的完善，关键在于解决推广主体的激励问题，应调动农民、企业等社会力量参与农业技术推广工作的积极性，创新农技推广机制。如支持农技推广机构和农技人员开展技术承包、有偿服务、签订“超产提成、减产赔偿”协议等，使科技人员与农业生产者形成利益共同体，通过长期有效的合作，实现科研机构与农业生产者的双赢。

2.3 形成广泛参与的服务体系

一是创新农业推广体系，发挥政府农技推广队伍的骨干作用。农业科技推广部门必须更新观念、创新机制，结合农业产业结构调整，按照市场经济发展要求把服务领域由产中向产前、产后延伸，由单项向综合服务延伸，利用技术和信息引导农民进入市场，参与并促进农业产业化发展。

二是鼓励企业、农民等参与农业技术推广，大力培育多种形式的农技服务组织，形成社会力量广泛参与的农业技术社会化服务体系。各级农业管理部门和政府农技推广机构要扶持农业科研、教育单位、农民技术协会、种养大户等组织和企业的发展，鼓励他们以多种形式向农民推广技术、对农民进行培训；加强农业科研、教育、推广部门之间的联合，拓宽科技下乡渠道，加速科技成果转化；注意发挥各类农技推广服务组织的作用，建立多方合作机制。同时，要把技术推广与提高农民组织化程度密切结合起来，降低农业技术推广成本，降低在技术市场交易中的交易成本，提高推广效率。

总之，针对现行农业技术推广体制存在的问题，政府有关部门必须进一步加强对农技推广工作的支持，深化农业技术推广机制改革，创新农业技术推广组织，形成社会化的农业技术服务体系，以适应新时期我国农业经济发展的需求。

强化配套服务　为高效设施农业发展提供可靠保障

沈玉琼　沙宏峰　李　建
（江苏省如皋市农业技术推广中心，江苏如皋）

摘　要　本文简要介绍了如皋市设施高效农业保险工作的基本情况及推进高效设施农业保险的主要措施，提出了推进高效设施农业保险工作的思考与建议。

关键词　配套服务　高效设施农业　提供保障

高效设施农业生产极大地提高了资源利用率、土地产出率、劳动生产率，是传统农业向现代农业生产方式转变、建设新型现代农业的重要内容之一。如皋市是江苏省高效设施农业先进县（市），由于地处滨江临海，常发生旱、涝、风、雹等自然灾害，设施农业易遭受损失。开展高效设施农业政策性保险，对促进高效设施农业健康、持续发展，保障农民增收，提高设施农业的抗风险能力以及保障菜篮子工程建设、稳定蔬菜供应等具有十分重要的意义。

1　如皋市高效设施农业政策性保险工作的开展情况

2015 年如皋市高效设施农业保险承保面积 414.05hm^2，政策性农险保费总收入 177.40 万元，其中，各级财政保费补贴 124.18 万元、农户自缴保费 53.22 万元。截至 2016 年 3 月，承保面积增至 459.43hm^2，总保费 207.24 万元，其中，各级财政保费补贴 145.07 万元、农户自缴保费 62.17 万元。2016 年初遭受极端低温、降雪及大风等气象灾害，1—3 月承保理赔 44.08 万元，受益农户达 46 家。实践表明，经过近几年的宣传推广，我市广大种植户投保高效设施农业的意识逐步增强，投保积极性逐渐提高，由“要我投保”逐渐向“我要投保”转变。但在高效设施农业保险推进过程中也面临一些难题，如有些高效设施农业面积较小的种植户，还存在“靠天吃饭”的想法；较少部分面积较大的高效设施农业园区，虽然投保的积极性较高，但由于需自缴的保费数额较大，有“心有余而力不足”的困境。

2 推进高效设施农业保险工作的主要做法

2.1 强化宣传，增强高效设施农业保险意识

每年年初，我们在全市蔬菜生产总结会上将高效设施农业保险作为1项重要内容，邀请承保公司（人保财险如皋支公司）负责人通过PPT进行讲解，加深基层一线农技推广部门及种植业主对高效设施农业保险工作的认知；日常工作中，注重对高效设施农业保险典型事例的宣传，让参加高效设施农业保险的农户增强信心，让还未投保的农户感受到参保的好处。例如，2016年1月下旬2月上旬，在短短20多天时间内相继发生了低温、雪灾及风灾等灾害性天气，如皋市农险办及时组织技术人员查勘、办理理赔，其中，白蒲镇朱窑村三开蔬菜专业合作社大棚受损面积6.37hm^2，承办理赔6.02万元（承保面积6.67hm^2，自缴保费0.909万元），理赔款为自缴保费的6.62倍。

2.2 提高建设标准和高效设施农业抗御自然灾害能力

农业生产自古以来就是靠天吃饭，虽然近年来设施大棚的出现在一定程度上缓解了这一问题，但天气因素还是会对设施农业生产产生重要的影响。针对生产实际，我们通过参与市政府现代农业奖补政策制定、各级扶持现代农业产业化项目申报与实施等工作，不断修改完善设施农业建设要求，如在如皋市《2016年加快推进现代农业发展的激励办法》中明确提出了大棚建设钢管间距、直径及壁厚等标准要求，进一步提高高效设施农业抵御自然灾害的能力。

2.3 加强跟踪服务，将日常技术指导与高效设施农业保险相结合

近年来，部分种植户因缺乏气象灾害防范意识而造成损失的案例很多，我们在开展正常性技术指导工作的同时，还积极指导农户增强应对灾害性天气的能力。2016年1月下旬，最低温度降至－10℃左右，我们在强降温和大雪天气来临前，通过现场指导、电话沟通、发布技术措施等多种形式，广泛宣传切实可行的抗灾应变技术，让种植户提前采取针对性预防措施，将设施农业灾害损失降低到最低限度。

2.4 创新举措，切实推进高效设施农业保险

一是运用新媒体网络平台，采取多种宣传手段，做好高效设施农业保险

的推进工作。我们建立了“如皋蔬菜”QQ 群，目前群成员有 111 人，并以园区业主和种植大户为主。我们充分利用这一平台，及时介绍各地设施大棚管理的先进经验，增强种植户防范灾害的意识与本领；灾害性天气来临前，及时发出预警信息，提醒种植户采取加固设施、疏通沟系、增加覆盖等对应措施进行防范。同时，我们还通过该平台与参保户进行即时信息交流，切实加强沟通。

二是加强与农业气象部门合作，及时发布气象简报。近年来，我们给 100 多家规模高效设施农业基地定期寄发《如皋特色农业气象》简报。由于及时发布预警信息，分析未来天气状况及提出农事操作建议，2016 年 1 月大雪来临之前，各地预防措施恰当，有效防御了高效设施蔬菜的冻害发生，大大降低了种植户在灾害性气象条件下的经济损失。

3　推进高效设施农业保险工作的思考与建议

3.1　关于推进高效设施农业保险的配套政策

对于高效设施农业面积较大的种植主体，由于一次性自缴保费数额较大，往往受经营资金影响，不能及时实现承保愿望；许多经济基础较差的种植户，日常资金只能应付正常的生产经营活动，也会无奈地放弃参保。为此，建议保费补贴政策要同农村信贷等各项强农惠农政策有机地结合起来，农业、宣传、财政部门要密切配合，共同推进高效设施农业保险的发展，为农业增产、农民增收保驾护航。此外，建议政府部门进一步加大支持力度，并明确将其立为一项长期支农惠农的制度。

3.2　关于高效设施农业保险条款中的有关问题

一是保费缴纳的政策性与灵活性。结合设施农业保险发展实际，根据设施大棚生产特点制定个性化承包方案还需进一步改进。以如皋市城北街道一心州农业投资公司为例，现有 6.67hm^2 连栋大棚，由于建设标准和材料要求都非常高，抵御自然灾害能力强，自参保以来的连续数年未遭受自然灾害损失。针对这种现象，设施农业保险能否参照其他行业规定，如在一定期限内未出险，则可相应降低缴纳比例或予以适当奖补，既可提高农户自我防范意识，又有利于提高参加高效设施农业保险的积极性。

二是承保险种。在实际工作中，我们发现高效设施农业因受冬季大风、降雪等灾害影响，设施内作物极易造成冻害，造成的损失在很多情况下要超出其他方面的损失。如 2016 年受极端低温降雪天气影响，白蒲镇三开蔬菜专业合作社直接经济损失近40万元，其中，冻害损失占60%左右，而现有保险政策中，仅露地作物有冻害损失赔偿条款，设施作物没有冻害损失赔偿规定，导致理赔金额与农户的期望值相差较大，保险的保障功能体现不充分，建议调整有关设施农业保险的相关责任条款。

连云港市开展“农超”对接的对策与建议

路　辉[1]　李　筠[1]　孔令军[1]　刘　伟[2]
（1. 江苏省连云港市农业委员，江苏连云港；
2. 人保财险灌云支公司，江苏连云港）

摘　要　本文对连云港市开展“农超”对接具有的优势及目前存在的问题进行了分析，提出在“农超”对接中，应坚持政策引导、市场运作，加大财政扶持力度，进一步优化农产品供应链，制定切实可行的政策措施，切实加快“农超”对接的发展进程。

关键词　农超对接　问题　政策措施

进入21世纪以来，随着高效设施农业的快速发展，连云港市蔬菜产业作为产业结构调整的重点，极大改善了蔬菜均衡供求的状况。随着连锁超市和产地农民专业合作社的快速发展，连云港市已经具备了生鲜农产品从产地直接进入超市的基本条件。开展生鲜农产品“农超”对接，积极推动生鲜农产品销售，是减少农产品流通环节、降低流通成本的有效手段，有利于实现农产品从农田到餐桌的全过程质量控制，对建立农产品现代流通体制、增加农民收入和促进城乡统筹协调发展具有重要的现实意义。

1　连云港市蔬菜商品化处理发展现状

1.1　基本情况

据统计，2014年连云港市销售蔬菜种类达200多种，全年蔬菜播种面积11.17万hm^2次，总产量577.14万t，外销量483.34万t左右，其中，出省272.22万t、出口11.78万t，总产值96.33亿元，平均667m^2产量3.45t、产值5 750元，全市现有各类蔬菜交易批发市场30多个，蔬菜生产标准化体系和市场体系已初步建成，蔬菜流通渠道呈多元化发展趋势。

1.2 商品化处理的布局与类型

蔬菜的商品化处理主要集中在蔬菜生产基地、专业合作社和营销企业，以下分别以雅仕农场有限公司和云台出口蔬菜基地为蔬菜生产基地代表、以北芹专业合作社为蔬菜专业合作社代表、以四季农产品交易中心为营销企业代表，按照不同类型分析目前连云港市蔬菜商品化处理的现状。

1.2.1 蔬菜生产基地

一是雅仕农场有限公司蔬菜基地面积200hm^2，年销售量达1万t，主要种植蔬菜种类有叶菜类、茄果类和根茎类（番茄、芹菜、辣椒、甘蓝、西兰花、草莓、马铃薯等），客户类群为门店自营、商超专柜、大客户（餐饮企业、学校、企事业单位等）专供等，分别占销售总量的10%、20%、70%。蔬菜送到自营店和商超专柜之前，称重、包装、扎捆，并贴上价格标签，送到店面后不需要再进行称重即可直接销售。大客户的配送标准较低，一般不需要进行分级、包装，只要保证蔬菜农残不超标、蔬菜无污染即可。

二是云台出口蔬菜基地蔬菜种植面积800hm^2，年销售量达2.6万t，主要种植蔬菜种类有茄果类（番茄、辣椒等）、根茎类（萝卜、牛蒡、莲藕等）等，主要客户群类型为出口（日本、韩国、欧美等国家）、超市（酒店）、配送中心和农贸市场，分别占销售总量的70%、10%、10%、10%。出口蔬菜按照出口国要求采收，在田间进行简单整修清理装入周转筐后运至处理车间，根据客户需要进行分级、清洗、预冷、包装和贴标，通过集装箱发往出口国；超市、酒店及配送中心主要按照订单要求进行生产、加工，然后送往指定地点；配送至农贸市场的蔬菜，只需进行简单整理或包装。

1.2.2 蔬菜专业合作社

北芹蔬菜专业合作社自身建有蔬菜交易大厅，蔬菜种植面积1 000hm^2，主要以日光温室大棚为主，种植西葫芦、番茄、丝瓜、黄瓜等茄果类和部分叶菜类、根茎类蔬菜，产品主要销往山东、安徽、上海、浙江和苏南等省市。农户把种植的蔬菜经过简单的清洗、择捡、包装等处理，运到交易大厅，由合作社根据质量、等级等进行分级、捆扎、包装，由运（经）销商运往消费地市场。农户也可直接与运销商对接，销往消费地市场。

1.2.3 营销企业

四季农产品交易中心每天蔬菜类销售量达到700t，销售品种300多个，其中，茄果类、根茎类和叶菜类各占销售量的1/3，主要销往超市、社区店和各类农贸（菜）市场、零售商。蔬菜送到超市或社区店之前，通常进行清洗、择捡、包装和扎捆等简单处理，送到超市和社区店后直接销售；对各类农贸市场、零售商的配送标准较低，一般不进行处理，由零售商进行清洗、择捡和分级等处理。

2 “农超”对接的优势

2.1 “农超”对接减少了农产品流通渠道的中间环节

通过“农超”对接缩短了生产者和消费者的距离，减少了流通环节和流通成本，大大降低了农产品流通过程中的损耗（达30%以上），增大了农户和超市的利润空间，可为超市节约20%～30%采购费用，农民专业合作社销售价格可提高10%～20%。同时，超市可利用自身的冷藏冷冻设施储存农产品，并根据市场需求调节供应量，在平抑农产品价格方面发挥积极作用。

2.2 建立和完善了质量安全追溯体系

超市在同农民专业合作社签订采购合同之前，都要对生产基地进行安全检测，农产品进入超市门店前也必须经过抽样检测。通过“农超”对接，完成了从农户到超市的直接供应链条，通过田间生产管理记录台账的建立和超市物流的有效管理，保障了产品原料从农田到货架的物流和信息流的完整连接。农产品种类、生产基地、检测结果、配送店等信息均可以查阅，一旦发现质量问题，可以直接追溯到原产地，也可第一时间召回已配送到门店的产品，加以整改。

2.3 实现农民增收增效

“农超”对接拓宽了农产品流通渠道，直接解决了部分农产品销售难的问题。农民专业合作社积极加强自身软硬件建设，规范管理，提高产品质量，在产品的品牌化和高附加值上做文章，既扩大了产品销路又增加了农民收益。“农超”对接之后，农民可根据订单有计划地种植，避免了生产盲目性，增加了社员的收入。

2.4 “农超”对接改善了消费环境

“农超”对接是政府引导、组织运作、基地参与、共同受益的民心工程，既改变了超市生鲜食品收益低的局面，又增加了农民收入，还稳定了市场价格，优化了消费环境，形成了良好互动的生产消费循环。

3 存在的问题

3.1 农产品商品化处理能力较低

在生鲜农产品商品化处理过程中，整修、洗涤、分级和包装需劳动力较多，目前连云港市只有部分超市配送企业采用半自动包装机，其他生产环节主要还是依靠人工，缺乏配套的机械设备，机械化程度低。分析其原因主要是农产品种类繁杂，颜色、形状、品质等各异，商品化处理方式也千差万别，而目前市场上仅有针对 1 种或几种农产品设计的机械，实用性不高，难以满足企业的要求。人工处理具有处理效果好、能适应不同品种蔬菜的要求等优点。

3.2 农产品商品化处理标准不够完善

目前，针对各类农产品的商品化处理方法还没有相应的国家或地方标准，农产品生产营销企业主要依据订单要求或市场需求进行处理，没有统一规范的预冷、清洗、分级、包装、加工、贮运和保鲜等产后商品化处理分级标准。特别是蔬菜在采收、贮运和销售过程中损伤、挤压和腐烂现象较为严重，严重影响了蔬菜的品质和商品性，制约了蔬菜商品增值和生产者、经营者效益的增加。

3.3 超市商品周年化和合作社产品季节性强的矛盾

大多数合作社受资金限制没有相应的分级选择机械和初加工机械，加上社员对质量规格的认识程度低，农民专业合作社的产品规格化程度普遍较低，产品附加值不高，无法满足超市要求；另外，因为受到地域、气候和技术等因素限制，有些合作社无法常年提供产品，或者因为产品的季节性，供应量不稳定。

3.4 农产品配送全程冷链程度不高

连云港市只有部分企业建有冷藏库和冷藏车，数量和规模还相对较小，大部分企业缺乏冷库和冷藏车。此外，超市的冷柜生鲜农产品销售量不大，蔬菜等品种从田间种植、采摘、预冷、加工、冷藏、配送直至到消费者手上的全程冷链体系还不健全。

3.5 消费习惯难以改变

受传统消费习惯的影响，人们在选购生鲜农产品时重点关注的是价格和新鲜度，散装菜虽然外观没有包装菜精美，但以其相对低廉的价格和水灵鲜嫩的新鲜度，成为绝大多数市民的第一选择。此外，超市生鲜农产品商品化处理水平较低，部分蔬菜新鲜度不足，一定程度上也抑制了消费者对超市生鲜农产品的需求。

4 对策建议

4.1 提高农民的标准化生产、合约化经营意识

超市经营农产品的要求是质量一致和长期稳定供货。一般农户的质量标

准管理意识同超市的要求差距甚远。由于农户长期按照传统销售方式生产蔬菜，注重产量忽视质量，当超市要求他们按照标准对产品分等级时，担心剔除次品会影响收入。当中间商收购价高于超市订单时，往往不能守约供货给超市。

4.2 增强生鲜农产品加工配送能力

采用支持大型连锁商业企业新建生鲜农产品配送中心、在现有日用消费品配送中心中增加生鲜农产品配送功能、发展第三方农产品物流配送等多种方式，建立与农产品生产规模及零售规模相适应的物流配送体系。

4.3 商超合理让利提高农民的积极性

在“农超”对接的合作中，超市应在采购价格方面给予农民一定的优惠，把节省的部分利润返回给农民。但是，如前所述超市本身也存在着巨大的价格压力，提升采购价格的空间很小，没有农民所想象的那样“大公司应该出大价钱”。而且，超市一般采用周期结算方式，每月或按季度结算，对超市来说是很短的账期，但农民习惯现金交易，往往难以接受。超市应有针对性地改变结算方式，以提高农民的积极性。

4.4 培育农民专业合作社自有品牌

超市要广泛宣传和大力支持农民专业合作社打造自有生鲜农产品品牌，向消费者提供质量安全可靠的农产品及加工制品，增强消费者对农民专业合作社生鲜农产品质量安全的信心，促进农民专业合作社生鲜农产品销售规模的扩大。

4.5 调整连锁超市商品经营结构

围绕扩大农民专业合作社生鲜农产品的经营规模，适当调整连锁超市的商品布局，增加生鲜农产品的销售种类，扩大生鲜农产品的经营面积，提高生鲜农产品的销售比重。通过扩大农民专业合作社生鲜农产品的经营规模，提高连锁商业企业的市场竞争力。

5 保障措施

5.1 坚持政策引导，建立新型农产品流通渠道

2011 年商务部、农业部联合印发《关于全面推进农超对接工作的指导意见》(以下简称意见)，部署“农超”对接工作。《意见》要求，各地商务、农业主管部门要抓好“农超”对接三大主要任务：一是积极搭建对接平台，畅通“农超”对接渠道。通过组织开展“农超”对接推广活动，如洽谈会、展销会等形式，创造供需双方见面和沟通的机会；加强“农超”

对接信息化建设，鼓励通过“农超”对接信息系统发布供求信息，开展网上签约和交易试点。二是培育对接主体，提升“农超”对接水平。加强对连锁经营企业的培训和指导，帮助建立现代经营管理制度；加强对农民专业合作社的指导和扶持，形成规模效益；开设“农超”对接培训班，为超市和合作社人员提供专业知识和技术培训。三是加强指导监督，规范“农超”对接行为。降低合作社鲜活农产品进入超市的门槛，鼓励对接双方建立长期对接合同；推进农产品标准化生产和流通，支持品牌建设，实现质量可追溯。

5.2 “农超”之间建立产品分等级、以质论价的买卖原则

农产品价格形成是1个非常难但又不能不逾越的问题。作为商品的农产品具有不同于工业产品的自身特点，对自然环境的依赖性、产品的易腐蚀性、非标准化生产及生长的周期性、市场经济的价格决定方式，直接影响着农产品的买卖及农民的收益。对于习惯了以量取胜的农民应尽快转变观念，尽快适应产品以质论价的买卖方式。

5.3 加大对农产品物流基础设施的投入，完善物流配送网络

政府应加大对农产品物流基础设施的投入，加强对农产品物流发展的宏观管理，制定和完善相应的政策法规，各部门和各级政府应相互协调、相互配合，支持农产品物流的发展，构建完备的农产品物流信息系统。政府应加速建立完善的公共信息平台，通过电视、广播和互联网等媒体，及时、准确地发布农产品供求信息，提高农产品物流产业链各个相关企业利用信息的能力和效率，鼓励和支持农产品物流信息技术的研究和开发。在“农超”对接中，超市应建立完善的物流体系。超市只有建设覆盖农产品生产、加工、运输、销售全过程的物流配送系统和冷链系统，整合生鲜供应链体系，才能提高生鲜农产品进入超市卖场的速度，降低生鲜农产品的流通成本和减少店铺的缺货率，提高生鲜农产品的新鲜度和质量安全水平，为顾客及时提供充足、多样、低价、有品质保障的生鲜农产品。

5.4 采购链前伸，实行订单牵拉模式

超市直采模式工作需要超市将采购链前伸至农产品基地，通过订单牵拉模式的运作发挥超市的市场需求指导作用。采购订单牵拉模式具体来说是超市从农户种植开始就进行专业指导并定量规划。首先选择具有较大规模和先进生产技术的合作社作为超市直采模式的合作伙伴，并对其进行相应改造和专业人员培训，然后给予他们定量和定品种生产的订单。农产品数量和品种的制定来源于超市的调研团队，对各个门店每天的各类蔬菜销售情况进行实

时统计，得出准确数据，以此为依据向合作农户开出订单。农户按需生产，施肥、喷药等种植环节以及采摘、包装、运输环节应按照超市要求进行。传统销售方式会产生约30%的蔬菜损耗，而按订单生产的蔬菜损耗仅在8%左右。按订单生产，在一定程度上降低了农民生产风险，提高了农业收益。“农超”对接作为农产品产销的1种新模式，在起步阶段必然会面临各种问题和挑战。影响“农超”对接的因素错综复杂，既有认知和政策的因素，也有消费水平和消费习惯等因素。各级政府应坚持政策引导、市场运作，加大财政扶持力度，进一步优化农产品供应链，促进“农超”对接落到实处。

参考文献

李晓然. 2014. 现代农业背景下农超对接问题与对策［J］. 合作经济与科技（18）：26－27.

郑光财. 2011. 农超对接亟待解决的八大问题［J］. 中国市场（15）：24－26.

多利农庄推广应用绿色防控技术生产有机蔬菜

严宝华[1]　陈　杰[2]　张丹萍[1]

（1. 上海市浦东新区农业服务中心大团站，上海；

2. 上海市浦东新区农业技术推广中心，上海）

为了引领上海地区发展有机蔬菜产业，上海市浦东新区农委规划了大团镇的金园、园艺、车站、金石 4 个村的成片农田，将其建成“上海百公顷级十大设施蔬菜生产基地”，并于 2004 年 3 月成立多利农业发展有限公司（以下简称多利农庄），专业从事有机蔬菜种植，并在园区建设、设施维护、土壤改良、水质净化、有机肥制作、病虫绿色防控资材、品牌建设等方面争取更多的财政补贴支持，全心致力于都市有机生态农业的建设，使其成为安全、天然、健康的有机蔬菜特供基地。多利农庄能够长久、扎实的从事有机蔬菜生产，主要是应用了科学、实用、有效、易推广的绿色防控技术。现将其生产经验总结如下，供各有机蔬菜生产基地、标准化生产园艺场参考。

1　应用农业措施控制病虫害发生

1.1　清洁田园

蔬菜采收后及时清理残株，秸秆等废弃物回收后进行无害化堆肥再利用，防止有害生物残留于田间，减少病虫对相临田块迁移为害，保证后茬作物健康生长。

1.2　轮作换茬

通过建立田间档案，合理安排蔬菜茬口，严格实施轮作制度，控制有害生物、有害毒素在土壤中累积，调节土壤生态、微量元素的平衡。

1.3　废弃物循环利用，自制有机肥

多利农庄利用蔬菜废弃物制堆肥，由奉贤润宝蛋鸡场提供鸡粪，并请上海中德有机肥厂技术人员作技术指导，自制的有机肥符合优质有机肥料标准，为有机蔬菜的持续生产提供了可靠的高效肥源。

1.4 灌水洗盐，高温闷棚消毒

多利农庄蔬菜种植面积 100hm^2，85% 为保护地，土壤易发生盐渍化，设施内常发生菌核病、灰霉病、白粉病、根腐病、叶枯病、根结线虫病、细菌性软腐病等病害，病菌寄主范围广、为害重，即使采用化学农药防治效果也不理想。同时，黄条跳甲、蚜虫、蜡类、蓟马、烟粉虱、潜叶蝇等多种害虫的休眠虫态都存在于土壤中。由于保护地内没有雨水冲刷的自然杀虫作用，虫害易早发、重发，造成严重减产，甚至造成绝收。多利农庄每年在高温季节分批进行轮换灌水洗盐，施用氢氧化钙进行酸碱中和，改良设施土壤，高温闷棚杀灭土壤中的有害生物、旱地杂草，促进土壤中微量元素的分解，为有机蔬菜生产提供健康土壤，病虫害发生程度大大减轻或延迟发生。

2 制订科学的标准化栽培技术和管理体系

多利农庄制订了各种企业内部的有机蔬菜生产技术手册，有机蔬菜生产规程、产品标准，有机蔬菜标准化、规范化种植管理体系等主要技术标准，保障了有机蔬菜的有序、稳定发展。

3 引进应用抗病虫蔬菜新品种

多利农庄生产约 110 种有机蔬菜品种。在引进优良品种前，先组织生产性抗病虫试验示范，评价品种的抗病虫特性，尽量选用抗病虫、品质优良、口感佳的蔬菜新品种。

4 应用“四新”技术抑制和驱避病虫害发生

多利农庄应用防虫网控害生产面积有 80hm^2 耐，覆盖率达到 80%；应用性诱剂控害生产面积达到 100%；安装各种杀虫灯 50 盏；应用黄板诱杀、银灰膜避虫生产面积 100hm^2，覆盖率达到 10%。加强病虫测报，有效控制病虫早期发生基数，延迟病虫发生期农庄配备有专职病虫测报调查员 2 名、植保员 3 名。在市、区农技推广中心的指导下，调查员对有机蔬菜生产区域定期测报调查和不定期巡查病虫发生状态，一旦始见病虫，立即通知植保员加强温湿度生态调节控害和采取适当防治措施，把病虫害有效控制在初发期。对进入病虫发生高峰期的设施，采用封棚、施用碳酸氢铵进行消毒控害，减少相互传染。合理布局基地，科学利用各地气候条件差别，栽培特色有机蔬菜适宜的温湿度、光照条件对生产有机蔬菜非常重要，环境条件差，蔬菜也易发生病虫害。一年中，上海有较长时间不适宜蔬菜生长，因此，多利农庄在外省市建有生产基地9个，分布在四川省九寨沟、海南省三亚和海口、四川省成都、北京市昌平、云南省丽江、福建省武夷山等地。外省市基地生产的有机蔬菜通过空运等快速物流配送给客户。多年来，多利农庄生产经营有机蔬菜，开创了从田园到餐桌的新鲜直送，真正让客户享受安全、美味、健康的农产品。经济效益方面，多利农庄2013年产值达10 395万元、净利润达755万元，2014年产值约13 000万元、净利润达300多万元；社会效益方面，为大团镇的金园、园艺、车站、金石4个村700多户农民直接或间接解决了就业问题，保障了务农人员的收益，推进了周边“三农”的标准化生产技术；在生态效益方面，多利农庄经营区域已形成了现代农业风景区，改良和培育了120hm^{2}优质农田，创造了良好的生态环境，已经成为浦东农业乃至上海都市农业的一大亮点。

参考文献

李惠明，赵康，赵胜荣，等．2010. 蔬菜病虫害诊断与防治实用手册［M］. 上海：上海科技出版社．

杨普云，赵中华．2012. 农作物病虫害绿色防控技术指南［M］. 北京：中国农业出版社．

关于改进如皋市蔬菜质量安全检测监管模式的建议

展锦波
（江苏省如皋市农产品质量安全检验测试中心，
江苏如皋）

摘　要　本文总结了如皋市蔬菜质量安全检测监管工作的成功做法和取得的成效，分析了存在的问题，就改进蔬菜质量安全检测监管工作提出一些建议。

关键词　蔬菜　质量安全　监管模式　改进建议

民以食为天，食以安为先。蔬菜是人们日常消费的主要食用农产品之一，也是农业行政主管部门农产品质量监督管理的重点内容。根据《中华人民共和国农产品质量安全法》规定，农产品质量安全例行检测制度是农产品质量安全监管的重要组成部分，也是农产品质量安全监管的重要手段。2003 年江苏省如皋市开始实施蔬菜农药残留例行检测制度，经过多年摸索，以蔬菜农药残留例行检测制度为核心的蔬菜质量安全检测监管模式已基本形成，在一定程度上提升了如皋市蔬菜质量的安全水平。

1　如皋市蔬菜质量安全检测监管模式现状

1.1　蔬菜质量安全例行监测制度化

根据农业部无公害农产品行动计划的要求，2003 年如皋市启动蔬菜农药残留例行检测工作，经过多年实践已形成一些有效做法。一是为了加强监测力度，全面掌握全市蔬菜质量安全状况，蔬菜质量安全例行监测实行周检周报制度，每周定点检测蔬菜农药残留情况。二是为保证监测工作的有效性，如皋市农委质量监管科事前制定蔬菜农药残留例行监测实施方案，并发文通知各相关部门和乡镇，明确监测工作内容和相关单位任务。三是为保证检测结果的准确性和时效性，采用以速测法为主、定量检测为辅的检测方式，充分发挥了速测法和定量检测的优势。

1.2 检测监管体系建设网络化

如皋市市委、市政府高度重视蔬菜质量安全检测监管工作。2003 年，如皋市编委批复同意成立如皋市农产品质量安全检验测试中心，承担县级农产品质量安全监测和监督检验工作。2012 年，按照农业部的要求，如皋市积极推进乡镇农产品质量安全监管服务机构建设，在乡镇农技站挂牌成立农产品质量安全监管服务所，同时，按照有场所、有制度、有人员、有仪器的要求建设农产品农药残留检测室。此外，如皋市还积极推动城区农贸市场、批发市场、超市和全市境内农产品生产基地按照“五有”标准，建设农产品农药残留检测室。乡镇检测室对所属区域内上市农产品开展检测监管，实行周检制，检测结果上报市农检中心。到目前为止，如皋市已建成市、乡、基地 3 级农产品农药残留检测监管体系，有效提升了蔬菜质量安全水平，保障了全市蔬菜的食用安全。

1.3 检测机构建设、管理规范化

一是如皋市农产品检验测试中心规范化建设取得跨越式发展。2012 年 4 月，市农产品检验测试中心通过省级计量认证，获得省实验室计量认证证书；2013 年 12 月，市农产品检验测试中心通过江苏省农产品检测机构考核。获得省计量认证和通过省农产品检测机构考核，标志着如皋市农产品检验测试中心的管理工作迈上了科学化、规范化轨道，实验室检测能力得到上级主管部门认可，可以为农产品质量安全监管和执法出具权威检测报告。

二是乡镇农产品检测室建设、运行规范化。2012 年，如皋市农委在建设乡镇农产品质量监管检测体系时，要求按照“五有”“五统一”标准建设各乡镇检测室。在运行管理上，明确要求镇农服中心主任为检测室规范建设和管理的第一责任人；检测人员须严格按快速检测国家标准规范化操作，并按统一规定制作检测结果记录表，详细记录检测数据，及时上报检测结果，检测室的规范化管理情况纳入年终乡镇考核内容。

1.4 检测监管工作机制化

一是部门联动机制。蔬菜质量安全监管涉及质监科、农检中心、蔬菜办、农业行政执法大队等单位。为充分发挥各单位的作用，加强沟通协调，形成监管合力，如皋市农委建立了蔬菜质量安全监管联席会议制度，统筹安排检测监管工作。

二是目标考核机制。蔬菜农药残留检测是政府为民办实事的公益事业，不直接产生经济效益。为了落实蔬菜生产质量安全监管责任，提升监管质量

和效率，如皋市农委把检测监管工作任务纳入目标责任制考核范围，层层分解，落实监管责任，形成检测监管齐抓共管的工作机制。

2 存在的问题

经过多年实践，如皋市蔬菜质量安全检测监管工作已形成“四化”模式，并取得一定成效。截至 2014 年 6 月，全市已建成以市农检中心为龙头、以乡镇检测室为骨干、园区检测室为补充的 3 级检测监管体系。自 2003 年推行蔬菜农药残留例行监测制度以来，蔬菜农药残留检测合格率逐年上升，特别是近两年来抽检合格率均在 9% 以上，至今未发生一起重大的农产品质量安全事故，有效保障了市民的蔬菜食用安全。虽然蔬菜质量安全监管工作取得了一定成效，但也存在一些问题和不足。

2.1 监管模式激励和约束机制不足

蔬菜质量安全监管工作涉及农业行政部门内部多个单位，由于目标函数不一致，各单位的意愿也不尽相同。当前的监管体制不符合激励和约束原则，有些相关单位缺乏蔬菜质量安全监管动力，导致监管工作不接地气，执行不到位。

2.2 监管模式管理手段落后

蔬菜质量安全监管工作涉及监管科、执法大队、蔬菜办、农检中心等单位，各单位在协调沟通时仍以会议、文件等传统手段上传下达，信息资源没有整合共享，监管效率不高。

2.3 例行监测力度不够

蔬菜农药残留例行监测制度建立以来，市农检中心逐年增加监测濒次和抽样数量。目前，蔬菜农药残留速测实行周检制，全市每周检测不少于 1 000个样品。从全市蔬菜质量安全监管的情况看，监测濒次和抽样数量还要进一步增加。

2.4 监督检查没有有效实施

例行监测和监督检查是蔬菜质量安全监管工作的重要措施。现行开展的例行监测任务是为了及时掌握蔬菜中农药残留状况，没有对蔬菜质量安全监督检查的作用。

2.5 乡镇检测技术力量薄弱

蔬菜质量安全检测是一项专业性强、技术要求高的专业技术工作。乡镇检测室刚运行不久，检测员都是由农技推广人员兼职的，人员知识结构不合理、检测操作不规范、技术不熟练，与蔬菜质量安全监管工作要求不相适应。

3 当前监管模式的改进建议

随着经济社会的转型发展升级，广大消费者对蔬菜质量安全监管工作的要求也逐步提高。为了有效提升蔬菜质量安全监管能力，必须改进当前蔬菜质量安全检测监管模式。针对上述存在的问题，可以从下面几个方面进行改进。

3.1 升级监管模式管理体制

充分发挥市农业部门对蔬菜质量安全监管工作的主导作用，升级内部激励和约束机制。①把蔬菜质量安全状况和蔬菜安全生产发展状况作为监管工作的绩效考核内容，使各单位工作绩效与蔬菜质量安全生产监管密切联系，形成监管模式内部激励约束机制。②理顺农业部门内部的蔬菜监管联动机制，探索建立职责明确、分工合作、形成合力的监管体制。③强化市、镇、村、基地4级联动监管网络，市与镇、镇与村、镇与基地、村与农户，层层落实监管责任，责任明确，责任到人，形成上下联动的网络化监管体系。

3.2 利用信息技术转变监管方式

一是为转变监管方式，提高工作效率，应建设农产品质量安全信息系统，在监管服务、检测管理等方面利用计算机、通信、网格等信息技术，开发利用信息资源，实现监管办公信息化。

二是利用信息技术升级蔬菜质量安全监管的管理方式。开发建设农产品质量安全信息系统，利用信息技术在采集、统计、分析等方面的优势，在蔬菜基地环境监控、田间生产档案信息、最终产品质量安全检测、农产品标志、产品质量追溯等方面进行监管，实现监管手段多样化。

3.3 完善蔬菜质量安全监测制度

实行例行监测和监督检查相结合，日常监测和专项检测相结合，完善蔬菜质量安全例行监测制度，不断增加监测频次和监测数量，制定科学的监测方案，规范监测行为，提高监测效果。

3.4 加强对乡镇检测室的业务指导和培训

一是市农检中心要定期对在岗检测技术人员进行检测技术、样品采样知识和农产品质量安全法律法规等方面的培训，不断提高其业务素质和检测技术。

二是市农检中心对乡镇检测员和基地检测员实施动态管理，及时掌握人员变动情况，对新任检测员要组织上岗培训，经考核合格后才能从事检测工作。

参考文献

郭雅俭．2012．农产品质量安全监管“商络模式”探析［J］．农产品质量与安全，(2)：68－70．

胡新良．2010．对农产品质量安全管理机制改革的思考［J］．理论与视野，(6)：61－62．

刘淑萍，贾兰英，成振华．2006．健全蔬菜质量安全监管体系提高产品质量整体水平［J］．农业环境与发展，23（2)：50－52．

杨光瑞，徐亚浓．2012．信息技术在农产品安全监管中的应用与思考［J］．浙江现代农业，(4)：33－34．

张莉侠．2009．上海市蔬菜质量安全监管现状问题与对策［J］．上海农村经济，(7)：34－36．

美国现代农业对毕节市蔬菜产业发展的启示

孙川川　郑元红　陈祖瑶　牟东岭　周金钟
（贵州省毕节市农业产业办公室，贵州毕节）

摘　要　农业的发展离不开科学技术的支持，美国农业依靠科技进步和政府的支持，1%～2%的农业人口不仅养活了全国3亿人，而且使美国成为全球最大的农产品出口国。由此得到启发，毕节市的蔬菜产业发展应以土地节约型的现代化种植技术为方向，政府应加大基础设施及技术教育的投资力度，使农、科、教紧密结合，制定完善的法律法规及保护措施，完善市场体系建设，加快农业信息化平台建设，着力打造农业信息收集和发布的公共服务平台，加强农民教育培训，稳定市场信息的同时，提高劳动生产率。

关键词　美国农业　毕节市　蔬菜产业　启示

农业技术进步是指农业技术在实现一定目标方面所取得的进化变革。所谓一定目标，是指人们对技术应用所期望达到的目的及其实现程度，具体来讲，目标可以是提高农副产品产量、改善农产品质量、减轻劳动强度、节约物化投入及改善生态环境等（吴敬学，1997），如计算机在美国农业中的应用，促使了美国农业的飞速发展。

1　美国农业的发展现状

美国幅员辽阔、地广人稀，全国耕地面积非常广大，约占世界耕地面积的10%，纵观美国农业发展历程，科技支持贯穿始终。从19世纪60年代到20世纪初，美国实现了农业半机械化，并向机械化前进，到1940年美国基本上实现了农业机械化，并大量应用先进的农业科学技术防治病虫害、改良品种，从1950年至今，美国实现了农业现代化。水利化、良种化、化学化等农业方面的先进技术达到了很高的水平，畜牧业和种植业等逐渐实现了全面机械化（章冠博，2015）。农业技术进步对美国农业结构的影响也十分显著，与 19 世纪中期美国农业人口总数占全国人口 64% 以上的水平相比，目前美国从事农业生产的人口只占到 1% ~2%，而就是这 1% ~2% 的农业人口，不仅养活了 3 亿美国人，而且使美国成为全球最大的农产品出口国（王琛等，2014）。美国农业的主要模式是家庭农场，农业技术进步使得较少的农民可以耕种较大面积的土地，全国保有农场数量也从 20 世纪 50 年代的 680 万户骤然减少到如今的 200 万户，而农场的平均面积却由 155hm^2 增加到 475hm^2，而目前美国家庭农场的平均收入远远高于美国全国家庭平均收入水平。由此可以看出，农业技术的进步在美国的农业现代化历程中起到了至关重要的作用，而正是由于有了高新农业科学技术应用这个前提，目前美国农业正朝着一个新的阶段—精准农业发展。精准农业是农业信息技术和现代农业机械制造技术的高度融合，不断进步的农业科学技术使美国成为世界上农业现代化程度最高的国家之一（万昱原，2009）。

2 美国政府对农业的贡献

如果说农业技术进步对美国农业的发展起到较强的推动作用，那么政府对农业支持、调控、干预和保护以及完善的法律法规和市场体制对美国农业的发展则起到决定性作用。从美国农业发展的历程可以看出，在其不同时期尽管遇到的问题、矛盾均不相同，但是由于政府的干预，使有些矛盾化解了、有些缩小了、有些消失了。如 1862 年颁布的《宅地法》使农民获得了发展农业的土地，林肯总统签署的《农业部组织法》使农业的发展有了政府指导的组织机构，此机构的建立为农业的发展奠定了良好的条件和基础。美国国会通过的《莫里尔赠地学院法》，为举办农业科研院所大开方便之门，使遍布全国的农业院校为发展农业提供了源源不断的优秀人才。而 1887 年颁布的《哈奇法》及 1914 年颁布的《史密斯 - 利佛尔法》，把农业院校、农业实验站和农业技术推广站组合成了学习、实验、推广的有机统一体，极大地促进了农业技术水平的提高和普及（成玉林，2005）。在每个历史时期，根据不同的需求，美国政府都会对农业采取积极的干预和调控措施，虽然这种干预和调控是间接的，但可以调动生产者的主观能动性，取得双赢效果。

3 毕节市蔬菜产业的发展现状

毕节市没有平原，耕地破碎，农业起步较晚，2010 年之前全市 95% 以上的蔬菜生产依然停留在“靠天收”阶段，基础设施较弱，反季节栽培的蔬菜还停留在小拱棚育苗和简易塑料大棚时代，发展缓慢，近70%以上蔬菜靠外地供应。近年来，由于新技术、新品种、新设备等现代农业技术的广泛应用，加上交通条件的改善，如毕节机场、铁路，高速公路的建设，方便了我市同其他先进农业省市之间的交流，蔬菜产业发展迅猛，同时，由于毕节市气候条件优越，逐渐成为广州、港澳、长江流域等地区重要的“后菜园”和“菜篮子”基地。目前，依靠现代农业技术，在市政府、市农委及相关农业部门的领导下，毕节市蔬菜产业正从各个农户的分散经营向集约化、规模化、区域化、品牌化过渡，而以往的手工劳动也逐渐转向半机械化操作阶段，同时，毕节市及各个区县陆续出现一些现代化的大型观光温室，主要以栽培蔬菜为主，水肥一体化设备先进，蔬菜产量及品质得到极大的提高。2010年，毕节市蔬菜种植面积为16.69万hm^2，平均667m^2产量1 585kg，农户人均蔬菜收入为523.38元；2015年，我市蔬菜种植面积26.67万hm^2，平均667m^2产量2 300kg，农户人均蔬菜收入为1 000元，平均每667m^2蔬菜产量增加715kg，农户人均蔬菜收入增加476.62元。仅仅通过5年时间，依靠现代化的农业技术、自身的优势及当地政府的支持，毕节市蔬菜产业发生了迅猛的变化，蔬菜产业的发展极大地提高了当地农民的收入。

4 美国现代农业对毕节市蔬菜产业发展的启示

纵观以上，无论是美国农业还是我市蔬菜产业，在发展过程中科技起到相当重要的作用，而美国农业技术进步过程的最初驱动力是依据美国相对稀缺的劳动力资源与相对富余的土地资源，试图寻求节约劳动力同时可以提高土地利用率的技术手段，随着美国农业技术的不断进步，农业生产和农产品出口的竞争优势并不局限于来自本国的资源禀赋优势，美国通过农业技术进步突破现有资源的约束，以不断提高生产率作为保持国际竞争力的根本途径。毕节市农业基础设施较差，市场体系及法律法规不完善，农民的整体耕作水平较低，文化水平不高，土地资源缺乏，人均土地面积较小，而相对应的劳动力供给富足，所以，毕节市的蔬菜产业发展还是应以土地节约型的现代化种植技术为方向，政府应加大基础设施及技术教育的投资力度，使农、教、科紧密结合，制定完善的法律法规及保护措施，完善市场体系建设，加快农业信息化平台建设，着力打造农业信息收集和发布的公共服务平台，加强农民教育培训，稳定市场信息的同时，提高劳动生产率。

参考文献

成玉林 . 2005. 美国农业发展的历程及对我们的启示［J］. 世界经济与政治（8）：69 – 71.

万昱原 . 2009. 美国现代农业发展的启示［J］. 农村财政与财务（9）：46 – 48.

王琛，吴敬学 . 2014. 美国农业技术进步经验及启示［J］. 世界农业（6）：19 – 23.

吴敬学 . 1997. 农业技术进步模式问题研究［J］. 世界农业（3）：12 – 13，43.

章冠博 . 2015. 美国农业现代化的历程及对我国的启示［J］. 湖北函授大学学报（28）3：68 – 69.

惠山区“三品一标”发展成效和措施

李　霞
（江苏省无锡市惠山区农林局，江苏无锡）

“三品一标”是我国农业在不同发展阶段、针对特定形势、立足各自侧重点发展起来的国家安全优质农产品公共品牌。“三品一标”事业的发展，为实现确保不发生重大农产品质量安全事件的目标、提升我国农产品质量安全水平发挥十分重要的作用。

1　发展成效

1.1　“三品一标”认证总量稳中有升

自 2002 年农业部在全国范围内全面推进无公害食品行动计划以来，惠山区坚持提质增量两手抓，加快推进“三品一标”认定步伐。截至 2014 年年底，全区发展“三品一标”基地 28 个，基地面积 9 368hm^2（占耕地面积的 95.59%）。全区共发展“三品一标”有效产品总数 98 个，其中，无公害农产品 105 个、绿色食品 6 个、登记保护地理标志农产品 1 个。

1.2　“三品一标”复查换证率高

“三品一标”复查换证率是衡量“三品一标”事业是否良性发展的核心指标。复查换证率高说明动力足、可持续性好，反之则表示动机偶然、持续性差。据统计，全国无公害农产品近 3 年复查换证率连续低于 50%，2014 年只有 36%。而惠山区的“三品一标”复查换证率达到了 85.6%，那些未复查换证的，是因为当前认证审查和监管的新要求使得一些获证产品、获证主体无法继续满足相应条件而选择退出。

1.3　推广了标准化生产

农业标准化是农产品质量安全的根本保证，结合当地农业生产的特点，我们以申报“三品一标”为契机，加快制定和修订了省、市级农业地方标准（无公害农产品生产技术规程）20 余项。成功创建了 2 133hm^2 国家级阳山水蜜桃农业标准化示范园区，666.7hm^2 省级蔬菜标准化示范园区以及

66hm^2 市级水稻标准化示范园区。通过标准化示范园区项目的示范引导、辐射带动，全面推行“三品一标”产品标准化生产，有效提升了农产品的质量水平。

1.4 “三品一标”认证的产品质量有保证

从2002年实施无公害农产品行动以来，我们不间断地重点抓种植业初级农产品生产环节的质量监管工作，基本建立起了种植业初级农产品质量安全保障体系。惠山区现已建成了以区为中心、镇街道为站、主要生产基地为点的农产品质量监测检验网络体系，并开展了常年性监督检验工作，杜绝违禁农药和剧毒高残留农药施入田间。近3年来，部、省、市及区共抽检“三品一标”认证产品2 246批次，检测合格率均稳定保持在9% 以上；基地速测巧9万批次，合格率达9.8%；未发生“三品一标”质量安全事件，合格率达10%。

1.5 培育了一批名特优农产品

发展农业“三品一标”是培育农业品牌的基础，是农产品安全建设的重要内容。截至2014年年底，惠山区共有中国名牌产品1个、省级名牌产品5个、市级名牌产品10个。

2 对策及措施

2.1 加大技术指导和技术培训力度

近年来，惠山区采取多种方式开展宣传活动，多次举办无公害农产品栽培技术培训班、农产品质量安全监管人员培训班，对农产品生产基地的农民和企业工人进行了技术指导和农产品质量安全知识培训。

2.2 加强农产品质量安全行政执法工作，规范基地农业投入品管理

从源头抓起，强化农产品生产全过程质量安全监控。在加强农产品产前、产中、产后全过程质量控制的基础上，把源头治理作为重点，切实加强对农产品生产源头的管理。积极推行农药等农业投入品的购销、使用台账制度，实行源头追溯制，确保农产品质量安全。

2.3 规范认证程序

严格规范“三品一标”认证程序，切实保证认证产品质量合格、生产过程规范安全、质量控制措施细致到位。

2.4 加大宣传，提高对“三品一标”的认识

利用网络、报刊、电视等媒体广泛宣传“三品一标”品牌的有关知识，积极引导广大消费者和市场经营主体正确识别、选购“三品一标”产品，

提升品牌公信力，为生产、消费营造良好氛围。充分发挥“三品一标”在制度规范、技术标准等方面的优势，带动和引领整个农产品标准化生产、全程质量控制，在保障质量安全水平上发挥更加突出的辐射带动功能。

3 建议

3.1 建立奖励机制

为全面推进惠山区农业标准化以及无公害农产品、绿色食品、有机食品的认证工作，提高惠山区农业生产和农产品质量安全水平，实现农业增效、农民增收的目的，按照“三品一标”认证产品数量给予一定的政策性奖励补助。

3.2 开展基地监测，把好产品“准出关”

充分发挥惠山区蔬菜检测网络体系较为健全的优势，将生产基地的农药残留监测作为重点来抓，以此推动无公害农产品质量安全建设的进一步完善，从源头上把好产品“准出关”。加强对上市的“三品一标”农产品进行批批检测，合格的发放无公害农产品绿色“准出卡”，并享受本地市场免检待遇。

3.3 积极试行农产品包装和标志制度，实现责任可追溯管理

鼓励生产者对产品包装上市，已通过“三品”认证的产品，加印统一格式的“三品”标志。在农贸市场或超市设立无公害、绿色或有机等农产品专柜、专销区，加挂统一格式的产品标志牌，产品贴标、包装后销售。

瓮安县蔬果产业发展的探索与思考

贾朝应
（贵州省瓮安县蔬果站，贵州瓮安）

随着农业产业结构调整的不断深入以及农村劳动力大量外出务工、种植效益比较低、居民消费需求提升等新情况和新形势，瓮安县蔬果产业正面解决如何扩大面积、提质增效、实现可持续发展的问题。解决发展中的制约瓶颈，巩固多年来的发展成果，实现提质转型，是当前瓮安县蔬果产业需要研究解决的首要问题。

1 瓮安县蔬果产业的发展现状

截至2014年年底，瓮安县共有62个村51 340户农户种植蔬菜，种植面积达2.34万hm^2次，总产量72万t，总产值16.55亿元，平均667m^2产值达4 715.1元，平均667m投入1 180元，平均667m^2净产值为3 535.1元，总净产值12.41亿万元，仅蔬菜产业全县农民人均辣椒纯收入1 248.9元，辣椒已成为瓮安县农民增收的主要支柱产业之一。2014年瓮安县水果种植面积达4 533.3hm^2，栽培商品果树10余种，主要以桃、李、核桃、刺梨为主，其中，梨种植面积1 666.7hm^2、柑橘233.3hm^2，桃1 466.7hm^2、猕猴桃900hm^2，优质水果挂果面积3 666.7hm^2，总产量4.5万t，总产值13 500万元。蔬果产业的健康发展带动了餐饮、物流、运输、城镇建设等二三产业发展。

2 存在的问题

2.1 蔬菜产业面临萎缩

由于种植玉米对技术要求不高，田间管理较为简单，劳动力投入较少，近年来种植面积不断增加，但每667m^2玉米收入仅为1 200～1 600元，比辣椒少3 400～3 800元、比番茄少8 400～8 800元，导致种植效益下降，造成常规农业品种种植面积逐年上升，蔬果产业种植面积逐年下降。

2.2 科技成果转化速度缓慢

由于缺少必要的试验、示范环节，多年来瓮安县农户一直沿用传统的蔬果品种及种植模式，新品种、新技术、新模式、新材料等“四新技术”得不到及时推广和应用，如漂浮育苗、穴盘育苗技术、长研十七高抗辣椒品种、系列蔬果高产栽培新模式等推广速度较慢。究其原因：一是业务部门缺乏必要的试验、示范经费。全县几乎没有用于新品种、新技术、新材料、新模式的试验示范经费，科技推广工作难以开展。二是技术团队老龄化。目前，瓮安县从事蔬果技术推广的事业单位人员编制仅 7 人，其中，高级职称 2 人（已抽调到其他部门）、中级职称 5 人（有 3 人 2 年内退休，1 人借调到局综合科）。多年来，没有 1 人出去接受新的培训和深造，导致农业部门在思维方式和技术指导上没有创新，技术人员无法单独担任技术指导工作。

2.3 基础设施不配套

一是现有的水利设施老化破损严重，蔬果产业出现大灾大减产、小灾小减产、无灾只保产的局面，抵御自然灾害的能力较弱，无法保证蔬果正常生产。二是缺乏大型的蔬果批发市场。三是采后商品化处理、冷库、分级包装等环节尚未起步，影响了品牌效应和采后附加值的提高。

2.4 组织化程度不高

目前，全县蔬果产业生产上仍以农户自产自销较多，营销组织不健全，生产分散，规模小，生产波动性大，规模效益不高，发展后劲不足。

3 下一步工作重点

瓮安县蔬果产业下一步发展的总体思路是：加大高山冷凉型蔬菜的开发力度，重点围绕贵阳—瓮安、道真—瓮安、瓮安—马场坪和江口—瓮安 4 条高速公路，马遵、久铜 2 条公路沿线打造优质冷凉型蔬菜带，围绕猴场三佰佬大坝打造蔬菜科技示范园区，建设岚关、建中、猴场、珠藏蔬菜专业乡镇，辐射带动全县冷凉型蔬菜快速发展，逐年增大瓮安县蔬菜种植面积。每年开展蔬菜新优品种的试验示范，通过试验示范选择优良品种，使瓮安县蔬菜产业实现可持续发展。精品果业发展以桃为主，李、葡萄、杨梅、枇杷等水果为辅，积极推进休闲观光采摘园，做大做强蔬果产业。

3.1 优化区域布局

3.1.1 干鲜两用辣椒基地

规划面积 1.67 万 hm^2，分布在猴场、银盏、平定营、建中、玉山、江界河、珠藏、中坪、永和、岚关 10 个乡镇。

3.1.2 时鲜蔬菜基地

规划面积 1 万 hm^2，其中，以番茄、茄子等为主的时鲜蔬菜基地 2 000hm^2，主要分布在猴场、银盏、玉山、平定营、瓮水办等乡镇；以萝卜为主的时鲜蔬菜基地 1 333.3hm^2，主要分布在平定营镇、岚关、永和、建中等乡镇；以菜用马铃薯、菜玉米为主的时鲜蔬菜生产基地 4 000hm^2，主要分布在中坪、玉山、江界河、珠藏等乡镇；以甘蓝、白菜为主的时鲜蔬菜基地 1 333.3hm^2，分布在中部的 6 个乡镇；以西葫芦、黄瓜为主的时鲜蔬菜生产基地 666.7hm^2，主要分布在瓮水办等中南部相邻乡镇。

3.1.3 冷凉型蔬菜专业乡镇

在岚关建高山冷凉蔬菜基地 1 333.3hm^2，在珠藏建以大葱为主的蔬菜基地 2 000hm^2，在猴场建以辣椒、番茄为主的蔬菜基地 2 666.7hm^2，在建中、中坪以贵阳城市后花园建茄果类、叶菜类时鲜蔬菜基地 2 000hm^2 作为省城保供蔬菜基地。

3.1.4 精品果生产基地

根据瓮安县以融入贵阳市城市经济圈为契机、打造城郊型现代农业的发展指导思想，结合全县境内坡耕地和山地资源的具体条件，沿 4 条高速、2 条公路，以玉山、渔河、龙塘、中坪、白沙、玉华等乡镇为主，建设 3 666.7hm^2 以桃、李、葡萄为主的精品水果基地，核心区 1 000hm^2，辐射带动区 2 333.3hm^2。其中重点规划发展桃的乡镇有草塘、木老坪、老坟嘴、小河山、松坪、岚关、永和等；梨等其他果树维持原有面积，以提高品质、增加单产、加强管理和维护为主；在平定营镇和城关镇分别新建或改扩建年加工鲜果达 1 万 t 的果品深加工工厂各 1 家，以提高果品附加值，延伸产业链条，确保果农增收，促进果品产业健康、可持续发展。

3.2 推进标准化体系建设

大力实施蔬菜水果生态标准化栽培示范，兼顾产品质量安全、加工包装、贮运标准、市场准入等，提高蔬菜水果的商品率，确保优质优价，增加经济效益。①结合全县蔬菜水果标准化生产的实际特点，制定生产技术标准、质量标准、采收标准、分级标准、包装标准、贮运标准等，指导全县蔬菜水果种植户由经验种植向标准化、生态化种植转变。②注重标准化示范基地建设，紧紧围绕当地主导产品、特色产品，加大建设蔬菜水果标准化示范基地的工作力度，将标准化工作由点及面开展起来。同时，加大“四新”技术的科技成果转化应用力度，把过去传统种植技术转变为现代高效综合配套技术，以获得更高的经济效益。③完善质量检验检测体系，建立田间档案，完善质量安全可追溯制度，抓好蔬菜水果全程监控指导。

3.3 推进产业园区化建设

一是抓土地流转。为适应农村新情况、新形势需要，推动蔬果产业的提质增效，加大农村土地流转，引导和扶持企业、合作社流转土地，发展适度规模的蔬菜标准化生产基地。

二是抓基础设施配套。根据蔬果产业（基地）布局，重点配套基础设施建设，水利、发改、财政、扶贫、农业等部门，要围绕改善蔬果基地灌溉条件的工作，推进小水池、小水窖、灌渠、喷滴灌、冷库等为重点的基础设施建设，并将其纳入“十三五”规划，加快建设力度，力争达到6 666.7hm^{2}蔬果基地实现水肥一体化灌溉、园区化标准栽培，夯实蔬果产业基础。

三是抓管理体制创新。以产业基地建设为载体，整合产业发展中的技术、人才、资金、政策各要素，努力推进蔬菜水果产业发展的创新机制。积极探索“科技人员 + 基地”“科技人员 + 科技大户 + 基地”“科技人员 + 专业合作经济组织 + 龙头企业 + 基地”等多种运行模式。鼓励科技人员以技术承包方式到生产一线，以企业管理的形式领办标准示范基地，推广“四新”技术，加速科技成果转化。

四是抓专业合作社建设。合作社起到上连企业和市场、下接农户组织生产管理的作用，为此，下大力做好合作社规范管理服务，推进“龙头企业 + 专业合作组织 + 基地 + 农户”的产业链利益联结，通过企业和合作组织的带动，逐步形成集约化、规模化种植的生产格局，促进蔬果生产，使农民从中分享到收益。

3.4 加大品种结构调整力度

以市场为导向，建立种植农户与市场联结机制，推广种植适销对路品种，合理调整品种结构。

一是抓市场调研。瞄准贵阳、重庆、长沙、武汉、广州等目标市场积极开展调研，根据市场需求变化来确定品种布局和茬口 安排，通过网络、报纸等媒体和召开群众会、培训等形式发布准确的市场价格信息，为农户提供参考，增加市场紧缺的品种种植面积，适当调减滞销、价低品种的种植面积，确保蔬果生产的经济效益。

二是抓试验示范。在前期市场调研的基础上，以市场需求为导向，加大市场需求的蔬菜新品种、种植新技术的试验示范力度，选择适销对路的新品种以及省工节本增效的种植技术加以推广，充分发挥蔬菜科技人才的作用，帮助农户提高种植效益，为蔬果产业持续健康发展提供技术保障。

3.5 狠抓质量安全创品牌

①配合县农（畜）产品质量安全检测中心完善农产品质量安全监测体系，在蔬果生产期开展农业投入监管，在蔬果基地、农产品批发市场、超市开展农产品抽样检测工作，提高瓮安县蔬果产品的品质。②根据市民不同层次的需求进行分类、分级包装，提高产品档次，提升产品附加值。③狠抓标准化体系建设，从建立田间档案着手，加强品牌创建，打造我县特色蔬果品牌。④鼓励开展无公害产地和产品的认定、认证等工作。

4 需要解决的问题

瓮安县蔬果产业的持续发展，深受各级领导的关心和重视。抓好蔬果产业，既是一项民生问题，也是一项关乎能否与全州、全省、全国同步小康的政治任务。为促进我县蔬果产业的健康发展，急需解决以下问题。

4.1 加强蔬果科技队伍的建设

①增加县级业务部门的技术力量，为使全县蔬果产业健康有序发展，建议将县蔬果站的事业编制从现有的 7 人增加到 15 人。②调整充实县乡两级技术队伍，在人员招录时，每年安排一定比例增加蔬果专业毕业的人员。③加大培训力度，提升业务水平，采取送出去、请进来的方式对现有的科技人员进行系统的培训。

4.2 加大资金投入力度

建立财政稳定投入的长效机制，确保我县“四新”技术的科技创新和成果转化，使蔬果产品跟上消费者的需求。县财政每年需从预算中拿出 50 万元经费，用于科技培训、新品种选育、栽培技术研究、试验示范、市场调研、表彰奖励等；县直相关部门在安排资金时，要结合蔬果产业发展给予重点倾斜。县蔬果中心也要积极探索蔬果产业发展的投、融资机制，进行蔬果生产、加工的项目招商，努力推动我县蔬果产业的健康持续发展。

4.3 推进品牌创建

财政安排一定的经费，采取补贴的形式，鼓励蔬果产品的销售、商标注册等，全面提升我县蔬果质量，确保蔬果产品实行品牌销售。

4.4 加快出台蔬果产业发展意见（扶持政策）

制定出台系列蔬菜产业、精品果业优惠扶持政策，使瓮安县蔬果产业得以迅速健康发展。

2013—2015 年浙江省蔬菜产销特点及稳定蔬菜价格的对策与建议

杜叶红　翟福勤
（1. 浙江省种植业管理局，浙江杭州；
2. 浙江省嘉善县农经局，浙江嘉善）

蔬菜在我国农产品中占据重要的经济地位，与居民生活密切相关，蔬菜价格相对稳定对社会经济有序发展至关重要。前几年，全国蔬菜价格经历“过山车”式的波动，潘凤杰等运用多元回归模型分析了北京市蔬菜价格变动的影响因素，郭力野等分析了全国 36 个大中城市蔬菜批发价格的市场影响因素，往往出现蔬菜产地严重滞销、价格急剧下滑，而城镇消费者购买蔬菜的价格不降反升的现象 。为此，2011 年农业部发布了《蔬菜生产信息监测管理办法（试行)》，安排专项经费，从全国八大蔬菜重点发展区域选择 580 个重点县，采集每月 3 个旬度的蔬菜产地批发价格、月底在田面积等数据，及时发布，指导生产。近年来，浙江省全年蔬菜播种面积 60 多万 hm^2，年产量超过 1 700多万 t。通过分析我省蔬菜产销特点及价格变动规律和影响因素，我们提出了稳定蔬菜价格的相关对策建议，对保障浙江省蔬菜市场的平衡供给、促进农民增收具有重要意义。

1　2013—2015 年浙江省蔬菜产销特点

1.1　田头批发价格相对稳定，年度间增长迟缓

根据浙江省蔬菜生产信息监测网对全省 240 个采集点田头批发价监测显示，2013—2015 年 25 个主要蔬菜品种平均价格整体呈现平稳态势（图 1），每年平均价格分别为 3. 70 元/kg、3. 50 元/kg 和 3. 72 元/kg，年度间小幅波动。2013 年 4 月中旬平均价格最高，为 4. 41 元/kg；2014 年 6 月中旬最低，为 2. 66 元/kg。2015 年蔬菜最高价格为 4. 3 元/kg，最低为 3. 31 元/kg，整体波动较小。

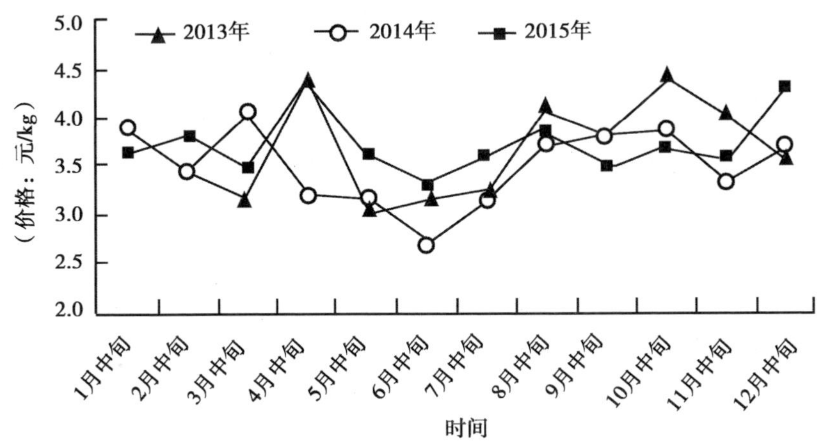

图1　2013—2015 年浙江省 25 个蔬菜品种平均田头批发价走势

1.2　部分品种蔬菜价格波动剧烈

由图 1 可知，每年 1—12 月蔬菜平均田头批发价具有较明显的季节性波动特征。1—3 月，菜价于春节后从高位开始回落；4 月处于茬口交替时期，蔬菜量少价高；5—6 月茄果类、瓜类、豆类等进入采收旺季，价格回落；7—8 月平原蔬菜陆续采收结束，价格攀升；9—10 月为蔬菜生产旺季，上市量增加，价格回落；11 月之后蔬菜生长缓慢，上市量较少，价格上涨。此外，受异常天气影响，部分菜价波动剧烈。2013 年 7—8 月，持续高温干旱天气导致蔬菜育苗及移栽期推迟；10 月又受强台风“菲特”影响，蔬菜供应量减少，价格不断提升；11 月中旬番茄田头批发价达 3 ~ 6 元/kg，相比最低 6 月中旬的 2.56 元/kg 高 1 倍多（图 2）。

1.3　阶段性滞销现象仍有发生

2014 年 3 月，温岭 200 多 hm^2 约 15 000 多 t 大白菜无人收割，烂在田里；2015 年 4 月，温州苍南番茄 10 块钱能买 1 麻袋。据了解，该地大棚越冬番茄因种植面积扩大，且暖冬天气导致与江苏等其他产地上市期重叠，2 月起价格持续走低，最低时每千克仅 0.6 元。

2　原因分析

2.1　销售模式单一

目前，浙江省大部分蔬菜需经生产者、小贩或者经销商、批发市场、超市到消费者手中，流通环节冗长，一方面增加了流通成本；另一方面流通过

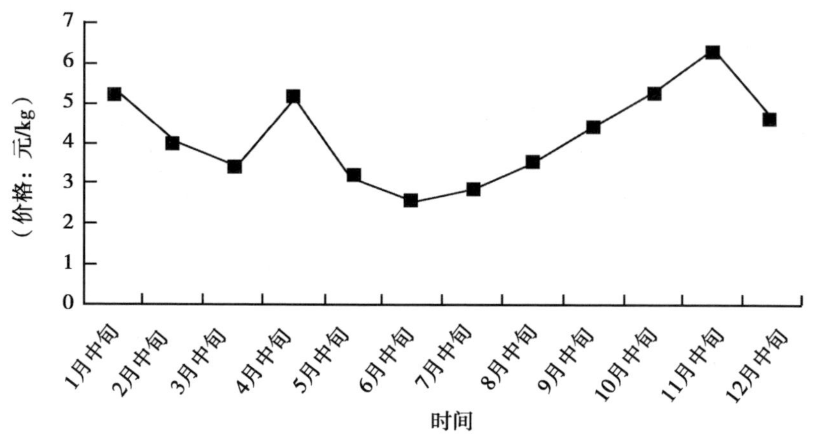

图2　2013年番茄田头批发价走势

程中的损耗也提升了蔬菜最终售价。研究表明，蔬菜流通的每个环节加价5%～10%，经过多个流通环节，1棵普通大白菜卖到市民家门口的菜市场价格可能翻了2～3倍。因此，尽管市场上菜价居高不下，但田头批发价有时不增反减，蔬菜集中上市时，低价仍无人收购。

2.2　灾害性天气增多

蔬菜生产受自然条件影响较大，近几年灾害性天气增多，2013年夏季持续高温干旱，10月台风导致强降水；2014年夏季持续低温，阴雨寡照；2015年夏秋连续台风以及10月底以后1个多月持续阴雨。灾害性天气一方面导致在田蔬菜生长缓慢，抗病性差，上市量减少，价格抬高；另一方面，不利天气影响茬口安排，导致播种、移栽提前或推后，引起季节性、区域性、品种结构性过剩与不足的矛盾，短期内导致价格波动剧烈，甚至出现菜贱伤农现象。

2.3　跟风种植现象较普遍

2013年10月强台风“菲特”引起的强降雨，导致温州等地大棚越冬番茄种植面积减小，2014年温州市番茄始收价达7.8元/kg，均价3.6元/kg，番茄667m^{2}产值超2万元。在高效益刺激下，全国各地番茄种植面积都有所增加，受暖冬影响各地上市期重叠，导致2015年番茄集中大量上市，市场价格走低。2013年春季莴笋价格较高，4月浙江省金东区露地莴笋平均价格为1.83元/kg；受高价影响，2014年各地种植面积增加，加上天气好增产明显，导致大量集中上市，莴笋价格最低跌至0.3

元/kg，滞销严重。

3 稳定蔬菜价格的对策与建议

3.1 加强基地建设，提升蔬菜抗灾能力

通过合理布局，建设一批基础设施和生产条件良好、可周年生产蔬菜、具有蔬菜应急保障供应能力的常年蔬菜生产基地，不断提高本地蔬菜自给水平，不断增强应急生产和保障供应能力。

3.2 完善信息监测预警，引导理性种植

加强信息监测预警，不断完善蔬菜生产信息采集与发布，定期公布蔬菜产地批发价格和种植面积的变化趋势，引导农户合理安排生产经营，增强应对市场风险的能力。

3.3 创新营销模式，促进产销对接

创新农产品现代流通方式，降低流通成本，促进产销对接。积极推进“农超”对接模式、生产基地直供直销模式等，减少流通中间环节，蔬菜由产地直接面向终端市场。发展蔬菜电子商务，促进各类经营主体同大型电商平台合作，充分利用电子商务流通平台整合、优化蔬菜产品供应链，拓展消费市场。

3.4 推进蔬菜综合保险，完善风险保障机制

探索和扩大蔬菜政策性综合保险，通过开展蔬菜大棚、薄膜、棚内作物及叶菜价格指数等保险，增强蔬菜生产基地抵抗自然灾害和市场风险的能力。上海市已于 2011 年率先推出绿叶菜综合成本价格保险，分“冬淡”“夏淡”2 个时间段鼓励菜农在淡季增加绿叶菜种植面积，有效推动了绿叶菜均衡生产和均衡上市潮。

参考文献

陈永福，马国英. 2012. 日本稳定蔬菜价格的制度机制评价和启示 [J]. 日本学刊（1），65 – 77.

郭力野. 2013. 2012 年全国蔬菜市场运行情况的分析及展望 [J]. 中国蔬菜（3）：6 – 9.

潘凤杰，穆月英. 2011. 北京市蔬菜价格变动的特征及影响因素 [J]. 中国蔬菜（22）：1 – 7.

王宝维等. 2013. 青岛市蔬菜价格居高不下的原因分析与对策 [J]. 青岛农业大学学报（社会科学版），25（4）：12 – 18.

赵俊哗，张峭 . 2014. 蔬菜价格保险推进特点、存在问题与建议 [J]. 农业经济展望 (1)：28 – 32.

赵美华等 . 2011. 建立稳定蔬菜价格长效机制的对策研究 [J]. 山西农业科学，39 (9)：1 029 – 1 031，1 034.

靖江市蔬菜种源产业现状与发展对策研究

韩　利
（江苏省靖江市农业委员会经济作物指导站，
江苏靖江）

蔬菜产业是靖江市种植业中农民自主投入较多、经济效益较高、发展速度较快的产业之一。良种是蔬菜生产最基本、最重要的生产资料，是提高蔬菜产品质量、提升蔬菜产业竞争力和增加农民收入的最基础支撑。本文从调查靖江市蔬菜种植结构、品种来源的现状入手，剖析本市蔬菜种植品种发展需求及蔬菜种源产业发展存在的问题，旨在为靖江市蔬菜种源产业发展提出相应对策和合理化建议，加快蔬菜品种更新换代，提高蔬菜品种与市场需求吻合度，促进靖江市蔬菜产业的持续健康发展。

1　靖江市蔬菜种植品种应用现状

1.1　蔬菜种植品种结构

我们于2013—2015连续3年对靖江市蔬菜种植品种进行了调查，结果表明，近年来，靖江市蔬菜种植品种结构稳定，变化不大。根据2014年的调查结果（表1），全市蔬菜累计播种面积6 402hm²。从种植品种和结构看，白菜类、绿叶菜类、茄果类、瓜菜类和菜用豆类占据了主要部分，种植面积合计3 895hm²，占蔬菜总种植面积的60.84%；此外，菜粮兼用的特色农产品香沙芋种植规模也较大，面积达1 800 hm²，占蔬菜总种植面积的28.11%；其余瓜果类、葱蒜类、特菜类、块根块茎类等种植面积合计707hm²，占蔬菜总种植面积的11.04%。靖江市蔬菜种植结构呈现出以大路菜为主、地缘蔬菜为辅、高效益蔬菜瓜果兼有的态势。

表1　2014年靖江市蔬菜种植品种结构

种植种类	种植面积（hm^2）	占比（%）
白菜类（大白菜、小白菜、甘蓝）	1 037	16.19
绿叶菜类（苋菜、芹菜、莴苣）	617	9.63
茄果类（茄子、辣椒、西红柿）	1 052	16.43
瓜菜类（黄瓜、西葫芦）	567	8.85
菜用豆类（毛豆、豇豆）	623	9.74
瓜果类（西甜瓜、草莓）	164	2.56
葱蒜类（大蒜、葱、韭菜）	125	1.96
特菜类（芦笋、水生蔬菜）	199	3.11
块根块茎类（萝卜、胡萝卜、土豆）	219	3.42
香沙芋	1 800	28.11

1.2　蔬菜种植品种应用格局

近年来，随着蔬菜种植规模化、组织化、标准化和品牌化水平不断提高以及电子商务的不断发展，靖江市蔬菜品种引进渠道增多，逐步形成了本省、外省市和国外品种在不同蔬菜种类上各有优势的应用格局。根据对我市34个蔬菜主要生产基地用种情况的调查（表2），结果显示，全市蔬菜品种应用情况主要分为以下四类。

1.2.1　省内品种省内品种

在甘蓝、辣椒、茄子、毛豆、豇豆等蔬菜种类上的应用优势明显。这些蔬菜品种符合本地消费习惯且具有丰产、早熟等生产特性，因此，栽培面积处于领先地位。如江苏省农科院培育的苏椒系列，符合本地居民对薄皮微辣型嫩辣椒的消费需求，也满足生产基地设施早熟栽培的需要，因此，在本地的栽培面积比例达到80%以上。

1.2.2　外省市品种

大白菜、小白菜、本芹、莴苣、苋菜、番茄、黄瓜、西瓜等，主要以栽培外省市品种为主。①大白菜、本芹、苋菜、黄瓜，外省市品种应用率达到了100%。如本市黄瓜生产基地均采用天津培育的津研系列、津绿系列和津优系列品种，大白菜以山东品种和浙江品种为主，苋菜以重庆大红袍、上海红圆叶、上海大圆叶为主，其中，大红袍应用面积最广，栽培面积占苋菜总面积的85%以上。②在本地西瓜生产基地，种植户只选择上海的8424和日本的早春红玉2个品种，且8424的种植面积达到了西瓜总面积的90%以上，具有绝对的品牌优势。③小白菜品种除抗热小白菜外，外省市品种应用比例略高于本省品种，本省培育的苏州青和上海培育的上海青、新夏青、新四季等品种应用均较多。④莴苣中的茎用莴苣以四川品种为主，如种都系列、春秋二白皮、耐热二白皮等。⑤番茄品种中，上海市的合作系列、浙江省的浙粉系列、北京市的中研系列合计在本市的应用比例大于江苏省农科院培育的苏粉系列。

1.2.3 国外品种国外品种

应用主要集中在抗热小白菜、西芹、叶用莴苣、白萝卜、芦笋和草莓等优势明显、效益高的蔬菜种类上，生产上占据了绝对的主导地位，如抗热小白菜品种有日本的华冠、华王、华帝，西芹有美国的文图拉、佛罗里达638，叶用莴苣为意大利生菜，长白萝卜主要有韩国的白玉春、韩玉春、白玉大根 F1 等，芦笋和草莓 100% 采用国外品种，芦笋品种为美国的格兰蒂，草莓品种为日本的章姬和红颜。

1.2.4 本地农家品种

本地农家品种应用主要是特色农产品香沙芋。作为靖江市极具地域特色的优良地方品种，红芽密节型香沙芋质地细腻，品味独特，种植历史悠久，生产上采用的品种均为农家品种。

2 靖江市蔬菜种植品种需求趋势

为了摸清种植户对蔬菜品种的需求，我们对靖江市主要的 34 个蔬菜基地进行了走访调查。调查结果表明，目前靖江市蔬菜种植户对以下几类蔬菜品种需求迫切：耐低温弱光品种、抗病虫品种、耐寒品种、越夏品种、优质品种、丰产品种、稳产性好的品种和耐贮运品种。如抗热小白菜、耐寒青花菜、越夏番茄等，这些品种能丰富淡季蔬菜市场，错位竞争优势明显，可以取得良好的经济效益和社会效益。如江市东兴镇圣绿蔬菜专业合作社种植青花菜 8hm^2，合作社负责人孙宇通过市场行情分析，于 2014 年从浙江省引进耐寒青花菜品种寒秀，错季种植，8 月下旬播种，9 月中旬移栽，12 月下旬开始上市，成功抓住苏北青花菜下市之后、浙江省青花菜上市之前的市场空当期，当年即取得了良好的经济效益。667m^{2}产量 1 100kg，批发价 4 元/kg，667m^{2}纯收益 2 600多元。

3 靖江市蔬菜品种应用存在的问题

3.1 品种结构与消费需求矛盾

目前我市蔬菜生产上，大宗蔬菜品种多，特色蔬菜品种少；高产品种多，优质品种少；普通品种多，名牌品种少。大宗蔬菜产品出现了结构性、阶段性过剩，常造成菜难卖、菜贱卖、菜农收入低的问题。

3.2 外地引进品种多，省内自育品种少

从生产基地蔬菜品种应用情况的调查结果可以看出，目前靖江市生产上应用的蔬菜品种中省外和国外品种较多，省内自育品种所占比例少，如黄瓜品种、大白菜品种均是省外品种，芦笋、草莓品种均为国外品种，说明省内的品种繁育能力不强，市场营销能力较差，市场竞争力较弱。

3.3 蔬菜品种更新较慢

在发达国家，农作物品种一般 3～5 年更新 1 次，相比之下我市蔬菜品种更新较慢。目前，有些品种如华王青菜、合作系列番茄等已在本市种植了 10 多年，由于多年种植，产量和品质得不到提高，部分蔬菜品种出现了品质退化、病害发生严重等问题。造成品种更新慢的原因是多方面的。首先，种植户的观念较为保守，如 1 个蔬菜品种种植表现较好，往往几年内都很难再试种其他品种，只有在看到别人确实成功的情况下，才可能改用其他品种；其次，人们的消费习惯制约了品种的更新，消费者对新的蔬菜品种短期内认同率较低，如靖江市农委经作站曾做过上海紫青菜的引种试验，该青菜品种产量和品质均较好，但在本地市场上却乏人问津；再次，优良品种尤其是国外品种种子价格昂贵，用种成本的增加也在一定程度上制约了品种的更新换代。

3.4 品种引进渠道多，种子质量难以保证

蔬菜生产技术推广部门引进蔬菜新品种，一般都要进行试验示范后再进行推广，以保证种子的质量、适应性和种植效果。随着蔬菜产业的发展和电子商务的繁荣，蔬菜品种引进渠道大为增加，由此出现了不少问题。一是盲目引种，没有经过当地的适应性试验；二是网购时种子经营主体资质难以确认，致使种子质量参差不齐；三是蔬菜种子包装标签标注不规范，部分散装种子仍然在市场销售；四是蔬菜品种名称不规范，同 1 个蔬菜品种有多个名称，一些不良种子经销商偷梁换柱，以次充好。根据对全市各生产基地的调查结果，除地方农家品种、无性繁殖品种外，生产用种的购买渠道主要有以下 5 种：到农技部门推荐的种子门店购买；随意选择本地种子门店，看品种

说明合适就买；直接到外地门店购买或邮寄购买外地有知名度的蔬菜品种；根据品种介绍，网上购买；与蔬菜科研院所直接联系购买，如靖江市绿谷鑫丰蔬菜专业合作社直接与郑州市蔬菜研究所联系，陆续引进了该所的郑研紫茄、郑研鼎厦菠菜、河南寒绿王韭菜、郑研冬久2039甘蓝等蔬菜品种，研究所对合作社进行了种植技术指导和培训。不论采用哪种购种渠道，如果不经过常规的试验、示范而直接大规模引进，一旦出现问题，种植户势必会遭受不小的损失。

3.5 传统农家品种有待商品化销售

靖江香沙芋深受本地和周边地区消费者青睐，市场需求量较大。但香莎芋一直以来是通过自留种的方式进行生产，种性退化较严重，产量、品质有所下降，县级农技部门科研力量薄弱，提纯复壮工作开展不顺利，至今没有建立香沙芋种芋集中快繁商业化体系。

4 发展对策

4.1 更新优化大宗蔬菜品种，避免“菜贱伤农”

靖江市大宗蔬菜种类如大白菜、小白菜、番茄、茄子、黄瓜等种植面积较大，其效益对实现菜农增收具有重要作用。随着蔬菜物流产业的发展，本市的大宗蔬菜产品容易出现结构性、阶段性过剩，影响菜农收入，因此需要围绕目标市场，更新优化这些大宗蔬菜的品种，提高产品质量，合理布局上市时间，增强市场竞争力，促进蔬菜产业健康发展。有条件的生产基地，可以根据自身特点，筛选出优良稳定的大宗蔬菜品种，增强区域化单一品种的规模优势。

4.2 加强省内蔬菜品种的育种能力和营销能力

加强省内蔬菜育种单位的育种能力和种子经销公司的营销能力，做到既能育出好种、也能卖出好种，提高省内蔬菜品种市场的占有率，加快靖江市蔬菜品种的更新速度。同时，要在政策、贷款、科研、技术等方面支持省内优质的蔬菜育种单位和销售单位，尽快培育一批品质优良的蔬菜品种，培养一批营销能力强的种子销售单位，扩大省内自育品种在蔬菜生产上的占有率，促进江苏省蔬菜种业快速发展。

4.3 宣传引种成功案例，加快品种更新进程

引进推广优良品种是一项最经济有效的农业措施，积极引进适合本地生产的新优品种，掌握配套的栽培管理技术，充分发挥良种的特性，取得最大的经济效益。蔬菜技术推广部门要对本地和周边类似生态环境地区新品种引

进的成功案例进行归纳总结和适度宣传，引导种植户打破保守的种植观念，加快蔬菜品种的更新进程。

4.4 规范蔬菜种子市场管理

针对目前市场上蔬菜品种的多、杂、乱现象，种子管理部门、工商部门应加强管理，规范市场：①在蔬菜种子生产和流通领域，加强普法，营造依法经营、依法管理的氛围；②强化品种管理，规范蔬菜种子引进、示范、推广行为；③狠抓市场监管，惩治违法经营行为；④实行蔬菜种子的生产经营许可制度，强化质量管理，落实蔬菜种子品种登记备案制度；⑤制定网络蔬菜种子销售管理办法，明确网络种子经营主体，切实维护购种者的合法权益。

4.5 加强对传统优良农家品种资源的保护

优良农家品种是经过长期人工选择和自然淘汰的产物，高度适应本地区的生态环境、耕作制度和消费习惯，具有独特的产品品质，并在本地区和省内外拥有较高的知名度。要做好传统农家品种种质资源的保护和提纯复壮（如靖江市大面积种植的香沙芋），利用现代生物技术培育良种，提高优质品种覆盖率和统供种苗覆盖率，提高香沙芋产品的市场竞争力。

启东市设施蔬菜植保工作现状及发展建议

唐凯健　高　雪
（江苏省启东市植保植检站，江苏启东）

摘　要　本文阐述了启东市设施蔬菜的发展现状，分析了设施病虫害发生特点，并对启东市设施蔬菜的植保工作提出了几点建议。

关键词　设施蔬菜　植保工作　建议

启东市地处长江入海口，滨江临海，水域资源丰富，崇启大桥的开通为启东市农业融入上海市带来了机遇，启东市已成为上海市“菜篮子”工程的新基地。为保证各类农产品全年均衡供应，近年来，启东市的高效设施农业发展迅猛，其中，设施蔬菜已成为启东市高效设施农业的重要组成部分，是当地农业经济的支柱产业。但设施蔬菜大都反季节种植、复种指数较高，加上保护地面积的不断扩大，病虫害的滋生和繁殖率大大提高，病虫害的种类、种群和为害季节发生了变化，发生规律变得较为复杂，为害猖獗，严重影响了蔬菜产量和质量，病虫害已成为制约设施蔬菜可持续发展的重要因素。因此提升植保服务水平和服务能力，树立公共植保、服务植保、社会植保、发展植保、绿色植保、预防植保理念，是促进和推动设施蔬菜发展的有力举措之一。

1　启东市设施蔬菜发展现状

受市场拉动和效益驱动，启东市设施蔬菜呈现较好的发展态势。截至2014 年年底，启东市设施农业面积 1.43 万 hm^2，占全市耕地面积的20.12%。2015 年新增设施农业面积 940hm^2，新建规模以上设施大棚面积493.47hm^2。设施基础较好的地方，设施蔬菜规模不断扩大，设施蔬菜种植基地向产业化、集约化方向发展，建立了启东现代农业产业示范园和海复镇现代农业园区 2 个国家级重点园区。启东现代农业产业示范园建有钢架大棚

83.33hm^2，现已全面投入生产。设施农业的发展为蔬菜生长提供了适宜的条件，提高了产量水平，实现了夏菜冬长、南果北栽，保证了市场供给，但同时也给病虫害的发生带来了有利条件。

2 设施蔬菜病虫害发生特点

设施内温度高、湿度大、通气性差，而且通常长期种植蔬菜，甚至连种1种蔬菜，棚室内积累的病原菌和害虫生活周期缩短，世代增多，发生数量加大。同时，设施内高温高湿的环境条件为病菌、害虫的周年为害和繁殖提供了适宜的环境条件和越冬场所。

2.1 病虫害种类多

据调查，启东市常发性蔬菜病虫害达几十种，其中，常年发生的害虫有10多种，主要有菜青虫、小菜蛾、斜纹夜蛾、斑潜蝇和蚜虫等；常年发生的病害有40多种，近年发生较严重的有瓜类蔬菜的霜霉病，豆类蔬菜的白粉病、锈病、病毒病，茄果类蔬菜的早疫病、灰霉病和叶霉病等。

2.2 病虫害发生时间提早，发生高峰期增多

设施面积的迅速扩大，为病虫害越冬提供了有利条件，高湿、低温病害和小虫类虫害发展迅速，流行频率加大，发生期拉长，增加了防治难度。如烟粉虱和蚜虫等小型害虫发生、繁殖速度加快，为害加重，造成的损失较大。

2.3 次要性病虫害上升为主要病虫害

土传病害、病毒病等病害发生日趋严重。设施栽培轮作倒茬困难，土壤中病原菌积累，根病积年流行，斜纹夜蛾、甜菜夜蛾等偶发性害虫已成为大发性害虫。

2.4 病虫害发生广、蔓延速度快

斜纹夜蛾、菜青虫、斑潜蝇和菜蚜等蔬菜主要害虫，在全市范围内均可发生为害，而且寄主范围广，可为害多种蔬菜。设施栽培条件下，气传流行性病害蔓延迅速，高温高湿有利于多种病害发生。

2.5 病虫害的抗药性增强

设施内病虫害的发生量增大、世代重叠，使用药次数增多，加上有些农户不注意交替使用和合理混配药剂，病虫害的抗药性日趋增强，小菜蛾、斜纹夜蛾几乎对常用杀虫剂产生了较高抗药性，给防治工作带来了困难。

3 当前植保工作现状

3.1 测报手段、综防技术运用较少

目前，启东市植保部门主要围绕主要粮食作物病虫害进行测报，发布病虫情报，而有关蔬菜尤其是设施蔬菜的病虫情报较少。菜农乱用药、用药频率高，且以见效快、效果好、成本低、使用方便的化学防治为主，很少采用防虫网、杀虫灯及生物农药等综合防治措施。如长期过多依赖化学防治方法，设施蔬菜品质难以得到提升，设施蔬菜的经济效益难以得到提高。

3.2 专业技术人员相对缺乏

现在从事设施蔬菜生产的农民以前大部分以种植粮食作物为主，且文化水平较低，习惯于旧的生产方式，对设施蔬菜、有机蔬菜等了解甚少，设施栽培技术不高。

3.3 植保类机械种类偏少

设施主要起防寒保温、防霜冻、遮阳降温、避雨控湿防病等作用，大多用于种植反季节蔬菜，种植品种主要有番茄、黄瓜、青椒、叶菜类等。目前，启东市棚内设施配备比较简单，有些大棚配有拌肥（药）、微喷、滴灌装置，棚内配备杀虫灯、灭菌器的蔬菜基地较少，主要采用小型机动弥雾机施药，仍以人力为主，劳动强度大，效率较低。

4 对启东市设施蔬菜植保工作的几点建议

4.1 积极开展培训，加强技术指导

一是做好技术培训工作，努力提高农民素质。普及农药知识，指导农户用药，混合使用药剂时要注意药性，避免降低药效和引起药害。二是通过多种渠道提高农民环保意识。积极引导农民使用高效、低毒、低残留药剂，并坚持预防为主、综合防治的植保方针。三是加强病虫测报。及时通报病虫害发生期、发生量，正确指导防治工作。

4.2 树立绿色植保理念，开展综合防治

坚持以农业防治为基础、优先采用生物防治、协调利用物理防治、科学合理应用化学防治的综合防治策略，把为害损失控制在允许的范围内，达到优质、高产、高效的目的。

4.2.1 强化农业防治

选用抗性品种，采用健身栽培、合理轮作等农业措施，提高蔬菜抗逆性，减轻病虫危害。主要措施有：①因地制宜选用抗病虫蔬菜品种，并进行

种子处理和苗床高温消毒。②适时播种，根据当地气象预报和蔬菜品种特性选择适宜的播期。③在中棚或温室内采用营养钵育苗，适当炼苗，防止秧苗徒长，减轻苗期病害，使幼苗生长健壮，抗病力强。④深翻整地，施足腐熟基肥，合理轮作、间作。深翻可促进病残株、落叶在土下腐烂，并将地下病菌、害虫翻到地表，不利于其越冬，以减少病源、虫源。⑤改进栽培方式，加强田间管理，通过控制棚室内环境条件防止病害发生。⑥采取嫁接方法防治土传病害。

4.2.2 积极推广生物防治

合理保护和利用天敌；利用苏云金杆菌（Bt）等原生动物杀死蚜虫、叶蝉、飞虱等传播病毒病、煤污病的害虫；利用烟草花叶病毒弱毒疫苗 N14 防治病毒病；使用井冈霉素、多抗霉素、农抗 120、武夷菌素、农用链霉素及新植霉素等农用抗生素防治病害。

4.2.3 大力发展物理防治

棚室覆盖塑料薄膜、遮阳网、防虫网等进行避雨、遮阳、防虫隔离栽培，减轻病虫害发生；利用灯光、性诱剂、色板、黄板等诱杀害虫，使用银灰膜、银灰拉网或悬挂条驱避害虫；利用阳光晒种、温汤浸种等进行种子处理杀虫灭菌；利用高温灭杀土壤中的病虫，还可通过高温闷棚抑制病情发展。

4.2.4 合理进行化学防治

优先选用粉尘剂和烟剂，少用水剂，降低室内湿度；严禁使用高毒、高残留和有“三致”作用的农药，推广高效、低毒、低残留的新型农药；准确掌握防治最佳适期和防治方法，根据病虫害发生规律预测发生高峰期，适时用药防治；根据病虫害的发生特点、作物的生育期、用药方法确定药液浓度、单位面积用药量和施药次数，以达到最佳防治效果；合理施药，坚持交替使用多种药剂，科学合理复配混用，避免长期使用单一药剂、盲目加大施药剂量，合理复配两种或两种以上不同作用机制的农药，可起到扩大防治范围、兼治不同病虫害、降低毒性、增加药效、延缓抗性等效果。

4.3 加大补贴力度，引进新型植保机械

政府在重视硬件设施建设补贴的同时，要重视设施内装备的补贴及技术推广服务等软件投入。温室内常用的防治病害设施有频振式杀虫灯、硫黄熏蒸器、臭氧解毒器等，这些设备操作简单，使用方便，且无毒害、无污染，可提高农产品质量，达到生产无公害农产品的目的。积极引进新型植保机械，经试验示范后加以推广，如韩国生产的手提式烟雾杀虫灭菌器，采用超

低量喷雾机，防病治虫效果较好。总之，在开展设施蔬菜病虫害防治工作中，要采取以农业防治、生物防治、物理防治为主，化学防治为辅的综合防治措施，并积极引进先进的植保机械，确保蔬菜产品质量安全，提高设施蔬菜的经济效益与生态效益。

参考文献

付静，李汝萃，丛宏斌，等.2006. 我国议施农业机械的发展现状与方向［J］. 农业机械（6）：120.

龚美亮，邓荣俄，熊公员.2011. 简述植保工作对设施农业的重要性［J］. 工程管理（7）：277－248.

如皋市设施蔬菜质量安全生产技术体系建设的实践与成效

李　建　沙宏锋

（江苏省如皋市农业技术推广中心，江苏如皋）

摘　要　2009年以来，如皋市设施蔬菜产业步入快速发展阶段。由于外来蔬菜品种乱杂、种植技术不规范、病虫害发生日益加重，不仅产量与质量下降，还给蔬菜市场安全供应带来隐患。为此，我们根据本地蔬菜产业发展需求，结合自身实际情况，开展了设施蔬菜质量安全生产技术的相关研究和推广，以期使如皋市蔬菜产业的各项工作走上新的台阶。

关键词　设施蔬菜　质量安全　技术体系　推广体系

为了全面提升农产品质量安全科技创新能力，着力推进农产品质量安全科学监管，根据2012年农业部和江苏省农委制定的农产品质量安全科技促进年活动实施方案，从2012年7月开始，如皋市正式启动了“蔬菜质量安全百千万行动计划”。该计划将如皋市农业技术推广中心（蔬菜办公室、植保站）、农林科技与信息中心、质量监管科、农产品检测中心、农业行政执法大队等部门联合在一起，由蔬菜生产主要技术指导部门蔬菜办公室牵头，相关职能部门依据各自职能分工共同参与、紧密协作，全方位合力推进蔬菜质量安全生产活动。活动中，我们组织全市各镇规模园区和传统蔬菜生产基地共计100多家单位，签订蔬菜质量安全生产承诺书，每个承诺单位组织管理人员、技术负责人员、生产班组长在内不少于10人签字，合计参与人员1 000名以上。通过在生产基地开展宣传活动，使蔬菜生产一线工作人员约10 000名知晓并参与此次宣传活动，同时，广泛宣传报道该活动，使全市农户知晓农产品质量安全生产要求与要领，加强蔬菜标准化生产技术推广，并通过加强“三品”认证及监督检查等工作，提升全市蔬菜质量安全生产水平，让优质蔬菜品牌建设工作走上新的台阶。

1 主要措施

1.1 以实施科技项目为依托，构建蔬菜质量安全生产技术体系

2012—2015 年，如皋市蔬菜办公室组织实施了江苏省农业三新工程项目 2 项、科技入户项目 3 项，与协作单位共同实施了全国基层农技推广、江苏省重大病虫害防治补助等项目 6 项。以设施蔬菜新品种引进与筛选及生物农药、诱虫板、石灰氮等新农药、新材料应用试验为基础，围绕设施蔬菜安全高效栽培、病虫害综合防控、连作障碍防控等关键环节，研究集成设施蔬菜质量安全生产技术体系。

1.1.1 设施蔬菜优良品种推广应用

针对设施蔬菜品种早春耐低温、夏秋耐热、秋冬耐寒的特点，我们开展了抗病、优质、高产品种引进筛选与推广应用试验，共引进筛选叶菜类、茄果类、瓜类等设施蔬菜新品种 21 个。2014 年在如城镇龙杰家庭农场引进种植冰草，目前种植面积已扩大到 1. 33hm^2；示范推广设施栽培鲜食蚕豆通鲜 2 号，荣获 2013 年南通市科学技术进步一等奖；普及推广了草莓脱毒苗技术及萧美系列大椒、申香芹等品种。

1.1.2 设施蔬菜安全高效配套栽培技术

主要研究推广以设施蔬菜植株调整、温湿度调控及水肥一体化为重点的设施蔬菜安全高效栽培技术。①以豆类、瓜类吊蔓栽培以及茄果类、甜豌豆支架栽培等为主的植株调整技术。总结形成了设施黄瓜栽培、茄子再生栽培、有机甜豌豆栽培等技术，参与出版了《现代农业技术读本》专著 1 部。②设施蔬菜温湿度调控技术。总结出大棚蚕豆、莴笋、辣椒、草莓等温湿度调控栽培技术，同时，通过市蔬菜办公室主办的《如皋蔬菜》将技术材料及时印发至各生产基地。③水肥一体化技术。一是在试验研究基础上制定生产技术规程。在市农科所等地开展番茄、大椒、西瓜、草莓等主栽蔬菜品种水肥参数研究，编制了本地化的蔬菜水肥一体化喷滴灌栽培技术规程。二是培育多种类型的水肥一体化技术示范应用典型。如在金阳现代农业园区的智能温室发展全自动水培高档观赏蔬菜等；在禾盛现代农业科技园区引进营养液全自动配肥施肥机应用于大棚蚕豆等蔬菜种植；东陈镇全红草莓园区通过应用简易水肥一体化技术，生产的草莓在江苏省草莓协会举办的 2016 年优质草莓评比活动中荣获金奖。三是加大技术培训与示范推广工作力度。根据我市规模蔬菜基地的实际生产情况，大力推广投资成本低、技术操作简便易掌握的简易水肥一体化喷滴灌栽培技术。由市蔬菜办公室主持的《设施蔬

菜简易水肥一体化喷滴灌栽培技术集成与应用》项目，获 2015 年南通市农业技术推广三等奖。

1.1.3 设施蔬菜病虫害防控技术

在设施蔬菜生产中应用诱虫板，有效减少了蚜虫、烟粉虱等害虫的早期发生基数，减轻了中后期防控压力。在此基础上，通过开展生物农药防控技术研究，为规模化生产提供绿色防控具体技术依据，有效解决了传统种植中随意用药、过量用药等问题。

1.1.3.1 在试验示范基础上，抓好以生物农药应用为重点的技术指导工作

第一，生物农药筛选。如皋市植保站根据本地蔬菜病虫害发生情况，每年重点开展针对性试验，近几年先后开展了茶核·苏云菌、甜菜夜蛾核型多角体病毒、斜纹夜蛾核型多角体病毒、多杀霉素、茚虫威等生物药剂的筛选试验，同时，在蔬菜病虫害防治重点时期，及时印发《病虫情报》，指导各地开展蔬菜病虫害绿色防控工作。第二，生物农药推广应用。市蔬菜办公室的《如皋蔬菜》简报编印并发放了无公害蔬菜栽培技术规程、夏秋季无公害青菜种植关键技术、芹菜无公害栽培技术等资料；如皋市植保站利用省蔬菜生物农药补贴项目，2014 年为 35 家单位发放苦参碱和甜核，2015 年为 72 家单位发放短稳杆菌和甜核。目前，如皋市蔬菜生产生物农药使用种类已达 12 个。

1.1.3.2 大力推进诱虫板在连栋大棚及大棚草莓生产中的应用

在 2014 年 11 月 21 日举办的设施草莓观摩活动中，有关部门为 13 家大棚草莓生产园区发放了诱虫黄板、蓝板各 2 000张，起到了良好的示范带动作用。通过推广使用以生物农药为主体的新药剂及新材料，不仅有效控制了中高毒农药的使用量，而且在规模设施蔬菜基地逐步树立了绿色防控理念。如皋市植保站主持的《设施蔬菜病虫害综合防治技术集成与推广》项目，获 2013 年南通市农业技术推广三等奖。

1.1.4 设施蔬菜连作障碍防控技术

通过实施旱生蔬菜与水生蔬菜、豆科作物等合理轮作，秸秆还田、增施有机肥、太阳能高温闷棚等配套措施，极大降低了病虫草害发生基数，有效减少了化学农药施用量，保障了蔬菜产品的食用安全。①示范推广瓜类、茄果类蔬菜与水生蔬菜、豆科作物等进行年度间轮作。通过实施江苏省农业三新工程项目，示范推广设施水生蔬菜栽培新技术，先后总结出设施蕹菜水生栽培技术、大棚蕹菜—莴笋水旱轮作配套栽培技术、大棚鲜食蚕豆—慈姑种植模式等，参与出版专著《设施蔬菜水旱轮作新模式》；在城北、长江、磨

头等地总结推广了大棚蕹菜—莴笋、大棚鲜食蚕豆＋青菜—水蕹菜、大棚鲜食蚕豆—慈姑、大棚茖荷—扁豆＋丝瓜、中棚黄瓜—豇豆—芹菜5种高效种植模式。②示范推广太阳能高温闷棚消毒技术。2012年，我们首先在磨头、东陈等地的大棚草莓—玉米—草莓种植田块开展玉米秸秆还田、高温闷棚示范；2013年通过增施石灰氮进一步完善该项技术，总结形成了石灰氮土壤消毒技术；2014年开始重点在连栋大棚及大棚草莓生产中推广应用秸秆还田、增施有机肥、太阳能高温闷棚等配套措施。

1.2　通过典型引导，抓技术应用

1.2.1　依托项目建立“三新”技术展示基地

如皋市蔬菜办公室依托江苏省农业三新工程项目，共建立了2个核心基地、6个示范基地；农林科技信息中心依托全国基层农技推广补助项目，3年来分别在城北、如城、磨头等地建成3个农业（蔬菜）科技试验示范基地；2015年如皋市植保站在搬经绿野农业园区建设绿色防控示范基地1个。上述展示基地以关键性栽培技术探索为中心，总结推广高产高效栽培技术及模式。

1.2.2　抓好示范区建设，加强技术的普及与推广

一是围绕重点推介项目内容，着重做好示范点、示范基地和规模种植基地的技术指导和服务。二是紧扣关键时节和关键技术，通过定期巡回指导、开展观摩交流等活动，有效解决了大面积生产中的技术难题，确保技术指导到位、管理措施到位，切实增强示范带动和辐射能力。每年7—9月高温季节是设施蔬菜质量安全生产的关键时段，我们都会组织蔬菜生产基地技术人员到项目核心试验区、重点示范区观摩设施蔬菜质量安全生产技术及种植模式。同时，多次邀请科研院所专家来我市指导，实地查看基地生产现状，对如皋市设施蔬菜生产发展提出针对性指导意见，有力推进了蔬菜“三新”技术的示范应用。

1.3　以“蔬菜质量安全百千万行动计划”活动为主线，构建蔬菜质量安全生产推广应用体系

坚持产管并重、打防结合、标本兼治的原则，构建设施蔬菜质量安全生产技术推广体系；创新推广模式，通过开展“蔬菜质量安全百千万行动”活动，建立如皋市蔬菜生产协会、如皋蔬菜QQ群、农业投入品信息网络监管平台等，加快设施蔬菜质量安全生产技术体系的推广和应用。

1.3.1　加强“蔬菜质量安全百千万行动计划”活动的组织推进

我们印发了“蔬菜质量安全百千万行动计划”活动手册120多份，在

各个规模设施蔬菜园区开展广泛宣传发动，105 个园区悬挂了蔬菜质量安全宣传横幅、签订了蔬菜安全生产承诺书，要求将承诺书在各自基地进行公示；2012 年 5 月创建了如皋蔬菜 QQ 群，目前该群成员达 120 多人，种植户可以通过手机拍照与专家即时交流蔬菜病虫害防治等问题；2014 年 9 月成立了如皋市蔬菜生产协会，目前成员单位已有 132 家，包括各规模设施蔬菜园区及镇农服中心，协会成员可以随时进行现场生产技术与品牌创建体会的交流，共同进行市场拓展；2014 年 12 月创建了如皋市农业投入品监管信息平台，实现了农业投入品的动态管理，2015 年如皋市荣获江苏省高毒农药定点经营示范县，高毒农药定点销售制度作为典型在全国范围推广。为了不断深化活动内容，我们还组织了多样化技术培训、观摩与生产指导，开展全市蔬菜生产技术培训与观摩交流活动 29 次，参培人员 1 284人次，开展到村农民培训活动，编印《如皋蔬菜》等技术资料 1.6 万多份，真正做到让蔬菜生产者在生产过程中看得见、用得到并取得实效。

1.3.2　加强蔬菜质量安全生产监管工作

2013 年 5 月下旬，如皋市农委牵头组织蔬菜办公室、执法大队等相关部门联合检查蔬菜园区的农资使用情况，在某蔬菜基地农资仓库发现刚进货的吡·灭多威复配剂，农业执法大队按程序当场开出处理通知书。由于发现及时，基地采取了退回措施，避免了生产中误用高毒农药；2015 年 5 月上旬，市农委牵头组织蔬菜办公室、农产品检测中心、执法大队对草莓基地进行抽样检测，发现某草莓田的产品中杀菌剂含量接近允许值上限，蔬菜办公室及时进行调查分析，指导农户科学掌握农药安全使用间隔期。

1.3.3　加强品牌建设与产业化发展

对照标准化生产要求，我们积极组织设施蔬菜生产单位做好以“三品”认证为前提的品牌创建工作。例如，以推进“2 个省级菜篮子工程万亩蔬菜基地建设”为重点，2015 年建成省级蔬菜标准园 3 个、蔬菜绿色防控示范区 1 个，组织蔬菜生产单位申报并取得认定 2 个南通市级、8 个如皋市级的示范家庭农场；江苏绿野农业投资有限公司为省菜篮子工程如皋市如西万亩蔬菜基地核心单位，已建成标准钢架大棚面积 173.3hm^2，现有绿色产品认证 3 个、无公害产品认证 5 个，并建有规范运作的农产品检测室及农产品质量安全追溯平台；江苏绿野农业投资有限公司、如皋市禾盛现代农业科技发展有限公司等单位，注册了“绿野长寿”“禾盛春田”等产品商标。以上海市场对接活动为重点，促进市场与生产的良性互动，组织开展好各类农产品展示展销活动，通过市场运作来推进产业化发展。2013—2015 年，我们开展了“如皋长寿农产品进上海推介会”等市场对接活动20多次，同时，注重在报刊、电视台、网站等新闻媒体上的宣传报道，“如皋蔬菜”的知名度与美誉度迅速提升。如2013年年初始建的南通乡土情有限公司通过加强在上海市场的品牌推介，已与22家上海市蔬菜市场建立了稳固的产销关系。

2 取得的成效

2.1 推广应用成效

通过创新管理机制和推广模式，加速设施蔬菜质量安全生产技术体系的推广应用，如皋市设施蔬菜栽培配套技术水平、产品质量安全水平、产业化发展水平得到迅速提升，经济效益和社会效益显著。

2.1.1 设施蔬菜优良品种覆盖率显著提高，种植技术水平有效提升

全市设施蔬菜优良品种应用覆盖率由2012年的77.2%上升到2015年的95.6%，同时，设施蔬菜生产技术水平大幅度提升，规模蔬菜基地基本按无公害栽培技术规程种植。其中，以设施蔬菜植株调整、温湿度调控及水肥一体化为主的设施蔬菜安全高效栽培技术应用覆盖率达98.5%；生物农药使用覆盖率由2012年的76.6%上升到2015年的98.7%；诱虫板在连栋大棚及大棚草莓生产中的应用覆盖率达95.3%；除叶菜类蔬菜周年生产基地外，瓜类、茄果类蔬菜一般每2~3年与豆科作物、水生蔬菜等轮作1次；太阳能高温闷棚消毒技术在连栋大棚及大棚草莓生产中得到普遍应用。

2.1.2 设施蔬菜生产监管体系高效运作，产品质量安全水平有效提升

菜农的设施蔬菜生产质量安全意识显著提高，高毒农药得到全面禁用。2013—2015年全市设施蔬菜抽检合格率达98.8%以上，江苏绿野、如皋禾盛分别被认定为2014年、2015年省级农产品质量安全追溯管理示范单位。

2.1.3 “三品”认证与品牌建设工作取得突破，产业化发展水平得到大力提升

随着无公害栽培技术的迅速普及，设施蔬菜品质不断提升，到2015年全市共有41家规模蔬菜生产园区、102个产品取得“三品”认证，分别为2012年的2.16倍、2.68倍。2013年以来，如皋市大棚草莓在国家、省行业评比中获金奖3个、银奖2个，其中江苏鹏展现代农业科技发展有限公司生产的红颜草莓在全国性行业评比中首获金奖。同时，由于我们始终注重产业化发展工作，尤其是通过多年与上海市场对接，全市32家规模蔬菜生产基地的46个品种已与上海、苏南等大中城市对接销售。

2.2 取得的效益

随着设施蔬菜质量安全生产技术的普及应用，大幅减少了化学农药使用量，节本增效效果显著。2013—2015 年推广应用区域平均 667m^2 产值 11 404.91元、667m^{2}成本 7 422.60元、667m^{2}效益 3 982.31元，与传统栽培方式相比，667m^{2}产值增加 596.15 元、667m^{2}节约成本 76.5 元、667m^{2}效益增加 672.65 元，3 年累计推广应用 7 740hm^2，合计新增效益 7 809.48万元。此外，通过实施本项目，不仅促进了设施蔬菜产业的转型升级，同时，也带动了传统露地蔬菜向安全高效方向发展，有效保证了市场供应，社会效益显著。

参考文献

陈德明，郁樊敏．2013. 蔬菜标准化生产技术规范［M］. 上海：上海科学技术出版社．

黄卫．2016. 保质保量狠抓蔬菜安全生产［J］. 上海蔬菜（3）：5.

马利允，王开云．2014. 设施蔬菜栽培技术［M］. 北京：中国农业科学技术出版社．

孙光闻，陈日远，刘厚诚．2010. 设施蔬菜连作障碍原因及防治措施［A］《中国设施农业可持续发展》论坛论文资料汇编［C］.

展锦波．2016. 关于改进如皋市蔬菜质量安全检测监管模式的建议［J］. 上海蔬菜（2）：3－5.

保质保量狠抓蔬菜安全生产

黄　卫
（上海市金山区朱泾镇农业技术推广服务站，上海）

金山区朱泾镇人口密集，蔬菜消费需求量较大。目前本镇蔬菜种植面广、量大、散户多，种植面积在 0.67hm^2 以上的有 85 户（总面积达 396.69hm^2），面积在 0.67hm^2 以下的农户（包括一部分外来种植户）零星遍布全镇，使得朱泾镇地产蔬菜安全监管工作复杂而又艰巨，蔬菜的安全生产成了农业工作中的重中之重。为了确保蔬菜安全，形成常效、常态化管理机制，朱泾镇蔬菜管理部门主要抓了以下八方面工作。

1　加强监管，责任分工明确

各村级监管员主要负责蔬菜种植散户的监管工作，详细建立农户监管田间档案。监管田间档案主要记载农药、肥料等投入品的品种、用量、使用时间和安全间隔期等，每次监管行为要求农户、实地监管人员签字，并在档案上记录该农户在蔬菜生产中存在的不足，并在农户监管田间档案上附上监管现场照片。监管员每周五上传本周的工作小结，镇蔬菜管理部门每月召开 1 次监管员例会，并每周检查蔬菜种植户是否放置杀虫剂、杀菌剂、除草剂 3 个泡沫箱，检查菜农是否按时记载田间档案。镇农技站蔬菜专职科室主要负责各合作社、龙头企业的生产监管工作。朱泾镇是蔬菜种植大镇，蔬菜专职科室的 3 名工作人员对全镇蔬菜种植合作社的监管工作进行了分工，每个人有对应的监管合作社，做到监管落实到人，分工明确、责任明确。

2　召开大型蔬菜安全生产监管工作会议

镇蔬菜管理部门定期组织各村农业主任、蔬菜生产负责人员、蔬菜检测员、监管员、蔬菜园艺场负责人及技术员、0.13hm^2 面积以上蔬菜种植户召开大型蔬菜安全生产监管工作会议，邀请蔬菜专家作专题讲座，让他们更多地了解蔬菜生产的专业知识，及时落实惠农政策，加强信息服务，强化对种植户及合作社的日常监督，组织开展创建、推行建管并举，提高各级单位的监管意识和安全用药意识，确保朱泾镇地产蔬菜生产安全无事故。

3 责任书、承诺书、告知书的签订及发放

每年年初镇政府与村主任签订责任书，镇监管站、村农业主任、蔬菜生产负责人、村级监管员层层签订责任书。每家种植户签订安全用药承诺书，在各村张贴告知书，告知蔬菜种植户安全使用农药、建立田间档案、实行产地准出制度等。

4 加强蔬菜生产技术培训

先在全镇范围内开展蔬菜种植户集中培训，再分村进行培训，把蔬菜种植户集中在所属村进行培训。培训内容主要包括蔬菜栽培技术、安全使用农药和田间档案准确规范记载等。

5 建立档案追溯制度

督促蔬菜种植户及时、准确、规范地记载田间档案，档案至少保存 2 年以上，形成可追溯体系。

6 督促蔬菜种植户使用推荐农药

宣传并督促蔬菜种植户到镇政府指定的农药服务点购买推荐的农药，避免水稻、果树或者无登记号等农药应用在蔬菜生产上，并严格执行安全间隔期制度。

7 加强蔬菜农药残留检测

严格执行地产蔬菜准出制度，并不定期对地摊、马路摊、菜场等周边地区的在售蔬菜进行抽样检测。

8 加强“三品一标”蔬菜园艺场证后监管

对已取得无公害、绿色认证的蔬菜园艺场，严格督查其生产档案、企业营业执照、内检员证书、农药肥料仓库、投入品出入库、规章制度、生产操作规程等，确保蔬菜生产真正达到无公害、绿色标准。

后　记

在上海蔬菜经济研究会的组织和协调下，第三辑《都市蔬菜产业与经济发展研究——2016》又和大家见面了。本书的出版受到了各方面的关注，已成为上海蔬菜经济研究会开展学术交流的品牌产品。在撰写编辑过程中得到了科研与教学、生产与流通、加工及政府等机构的关心与支持。本书的出版凝聚了上海新老蔬菜人的精力与心血，特别是年轻一代蔬菜产业工作者的成长，使人对上海蔬菜产业又好又快地发展充满了信心。在此，对大家付出的辛勤劳动和对上海菜篮子工程作出的无私奉献，我谨代表上海蔬菜经济研究会表示衷心感谢。

本书应用社会科学和蔬菜技术经济研究的手法，坚持理论研究与实证研究结合、定性研究与定量研究结合，依托科研课题成果，在成稿过程中反复研讨修改，每篇文章都集中了撰稿人的智慧，是一本既有宏观决策、又有技术指导，分析深入浅出，值得一读的了解上海蔬菜产业经济的专业图书。

俞菊生等人主要参与了本书的统稿与编校工作，本书在出版过程中还得到了张莉侠、董家田、罗强、俞美莲、马佳、马莹、刘增金、钱华、鲁珊珊等人的帮助，在此一并表示感谢。

上海蔬菜经济研究会　会长

2017 年 2 月 28 日